高质效办好每一个案件理论与实践丛书

高质效行政检察监督的理论与实践

张相军 主编

GAOZHIXIAO XINGZHENG JIANCHA JIANDU DE
LILUN YU SHIJIAN

中国检察出版社

图书在版编目（CIP）数据

高质效行政检察监督的理论与实践 / 张相军主编 .
北京 : 中国检察出版社 , 2025. -- ISBN 978-7-5102
-3183-4

Ⅰ . D926.3

中国国家版本馆 CIP 数据核字第 2024C3A658 号

高质效行政检察监督的理论与实践

张相军　主编

责任编辑：柴凯菲
技术编辑：王英英
封面设计：徐嘉武

出版发行：	中国检察出版社
社　　址：	北京市石景山区香山南路 109 号（100144）
网　　址：	中国检察出版社（www.zgjccbs.com）
编辑电话：	（010）86423768
发行电话：	（010）86423726　86423727　86423728
	（010）86423730　86423732
经　　销：	新华书店
印　　刷：	河北宝昌佳彩印刷有限公司
开　　本：	710 mm × 960 mm　16 开
印　　张：	31.75
字　　数：	451 千字
版　　次：	2025 年 4 月第一版　2025 年 9 月第二次印刷
书　　号：	ISBN 978-7-5102-3183-4
定　　价：	98.00 元

检察版图书，版权所有，侵权必究
如遇图书印装质量问题本社负责调换

《高质效行政检察监督的理论与实践》
编辑委员会

主　　编：张相军

副 主 编：郑雅方　张薰尹　高　旭

编委会成员：祁治国　汪志平　王海云

　　　　　　吴世东　李显辉　何艳敏

　　　　　　罗　欣　崔　晔　章许睿

前　言

行政检察是"四大检察"法律监督总体布局的重要组成部分，肩负着维护公正司法和促进依法行政的双重责任，对于推进国家治理体系和治理能力现代化具有重要意义。2021年6月，党中央印发的《中共中央关于加强新时代检察机关法律监督工作的意见》提出"全面深化行政检察监督"的要求。最高人民检察院党组强调，行政检察站位要高、视野要宽，方向要明确、路子要走稳。这些都为新时代新征程推进高质效行政检察工作提供了重大机遇，也赋予了更重责任。

惟改革者进，惟创新者强。行政检察是检察工作的一项传统业务，且在2018年最高人民检察院设立专门的行政检察部门后，在新时代检察工作布局中焕发了新的生机和活力。经过多年发展，在党中央的绝对领导和最高人民检察院党组的带领下，行政检察有了长足发展。2024年，行政检察又迎来重要发展机遇，最高人民检察院新一届党组提出"为大局服务、为人民司法、为法治担当，以检察工作现代化更好服务中国式现代化""学习践悟习近平法治思想，以'三个善于'做实高质效办好每一个案件""让'高质效办好每一个案件'成为基本价值追求"等要求。认真落实好最高人民检察院党组要求，行政检察一体推进有力监督和有效监督，一年来，形成一批有影响力的理论成果和实践经验。

凝聚智慧之光，共创辉煌之篇。鉴于此，特组织专家学者围

高质效行政检察监督的理论与实践

绕"高质效办好每一个行政检察监督案件"展开研究，从宏观到微观，从理念到实践，从部署要求到实务展开，致力于彰显最高人民检察院新一届党组带领全国检察机关，在行政检察履职中的新作为新成效，为加快推动新时代行政检察工作提质增效，助力向全国人大常委会做好行政检察专项工作报告，提供智力支持、实践样本、宣传素材，答好行政检察现代化答卷。

行政检察既包括传统的"诉讼内"监督，即对行政诉讼案件的受理、审理、裁判、执行的全过程监督，又积极向行政执法与刑事司法反向衔接以及行政违法行为监督等"诉讼外"监督拓展，同时扎实推进各项工作部署，以数字检察为牵引，做实高质效办好每一个行政检察监督案件。据此，本书主要内容为：

高质效行政检察履职，实现有力监督和有效监督。"高质效办好每一个案件"，是新时代检察履职办案的基本价值追求。本部分从整体上呈现，行政检察履职如何认真践行这一基本价值追求，实现有力监督与有效监督一体推进，最终实现"效率高、质量佳、效果好"。

加强对行政生效裁判、审判活动和执行活动的监督。高质效办好每一个行政检察监督案件，要始终把行政诉讼监督作为重中之重，强化对生效行政裁判以及审判和执行活动的监督，尤其是加大抗诉和再审检察建议力度。本部分围绕如何高质效办好每一个行政诉讼监督案件，有理论探讨，有具体举措，内容涵盖省、市、基层院的地方检察实践，通过做深做实行政诉讼监督主责主业，切实解决不敢监督、监督不力等问题，一体推进有力监督、有效监督，促进行政检察履职更加优质高效。

规范办理行刑反向衔接和行政违法行为监督案件。党的二十大报告强调，加强检察机关法律监督工作。开展行政违法行为监督，是以习近平同志为核心的党中央赋予人民检察院的重大政治责任，是检察机关践行习近平法治思想，促进法治政府建设，助力国家治理体系和治理能力现代化的重要方式。2023年7月，最高人民检察院印发《关于推进行刑双向衔接和行政违法行为监督构建检察监督与行政执法衔接制度的意见》，部署推进行刑双向衔接工作。2024年4月，最高人民检察院印发《关于人民检察院在履行行政诉讼监督职责中开展行政违法行为监督工作的意见》。这些规定旨在统筹推进行刑双向衔接和行政违法行为监督。本部分通过应然与实然分析、理论与实务论证，探究统筹推进反向衔接与行政违法行为监督优化路径，助力行政检察行稳致远。

服务高质量发展，加强民生司法保障。围绕中心、服务大局，是检察机关高质效办案的重要目标。高质量发展是新时代的硬道理，法治是发展的重要保障。本部分从行政检察为大局服务、为人民司法、为法治担当出发，探讨如何运用法治力量服务经济社会高质量发展，着力营造法治化营商环境。聚焦解决人民群众急难愁盼问题，做实人民群众可感受、能体验、得实惠的检察为民。

大数据赋能行政检察。数字检察是法律监督手段的革命。本部分探讨行政检察如何适应数字中国建设新要求，在办案中采用"业务主导、数据整合、技术支撑、重在应用"的数字检察工作模式，根据数字化办案特点和实际需求，科学构建行政检察大数据监督模型，实现办案模式从"个案为主、数量驱动"向"类案为主、数据赋能"转变，引领行政检察高质效履职。

加强行政检察业务管理、案件管理、质量管理。检察业务管理、案件管理、质量管理要真正关注并推动落实到每一个案件、每一个环节。行政检察是"四大检察"的重要组成部分，高质效开展行政检察工作，必须深入研究行政检察职能运行特点规律，更新管理理念，创新管理机制，转变管理方式，以高水平科学化管理促进行政检察高质效履职。

高质效行政检察监督的理论与实践

2019年以来,行政检察从"单设机构"到强化履职,从"短板弱项"到全面深化,这一发展历程,承载着新时代行政检察"破茧"向新的奋进足迹。大舸中流下,青山两岸移。2024年是中华人民共和国成立75周年,是贯彻落实党的二十届三中全会精神的重要一年,也是行政检察的"专项报告年"。2024年11月5日,十四届全国人大常委会第十二次会议专门听取和审议了最高人民检察院应勇检察长所作的《最高人民检察院关于人民检察院行政检察工作情况的报告》。这是最高人民检察院首次向全国人大常委会专项报告行政检察工作,是新时代行政检察发展的里程碑。检察机关将以此为契机,深入学习贯彻落实党的二十大和二十届二中、三中全会精神,持续推进习近平法治思想的检察实践,以"高质效办好每一个案件"持续全面深化行政检察监督,更好维护司法公正、服务法治政府建设,为推动在法治轨道上全面建设社会主义现代化国家贡献行政检察之力。

目　录

专题一　高质效行政检察履职　实现有力监督和有效监督

003　高质效办好每一个行政检察监督案件
　　　张相军

041　做优行政检察监督案件　以高质效履职维护公平正义
　　　汪志平

051　行政检察实质性化解行政争议：核心问题、实践模式和发展方向
　　　王敬波　章许睿

专题二　加强对行政生效裁判、审判活动和执行活动的监督

079　把握特点规律　高质效办好行政生效裁判监督案件
　　　王效彤

093　提升行政生效裁判结果监督质效的广西实践
　　　林鼎立

103	坚持"三个善于"高质效办理行政检察抗诉案件
	李显辉　张昊天
112	高质效办理行政生效裁判监督案件的实践探索
	夏晓鹏
122	高质效办理行政抗诉案件的实践路径
	林祎珣
133	高质效办案理念下工伤认定行政检察案件的审查路径
	方　振　毛宽桥　顾天羽
144	高质效办好行政审判活动违法监督案件路径探析
	朱长春
156	行政审判人员违法行为监督的司法实践研究
	王立兵
167	社会保险基金先行支付行政追偿的行政非诉执行监督
	陈　婧　钱地虎
176	行政非诉执行"审查前置"模式中高质效履职思考
	李晋蓉　张　肖

专题三　规范办理行刑反向衔接和行政违法行为监督案件

193	药品执法领域的行刑反向衔接
	宋华琳
219	检察机关在行刑反向衔接监督机制中的作用与职责
	刘　艺

249 行刑反向衔接重点问题实证研究

　　梁　云

262 行政检察监督视角下行刑反向衔接的逻辑与路径

　　陈重喜

279 统筹推进行刑反向衔接与行政违法行为监督研究

　　王海云

293 交通肇事相对不起诉案件的反向衔接要点

　　何　娟　贾　颖　巫辅相

311 行刑反向衔接视域内过罚相当原则的实现

　　罗　琳

324 高质效办好行刑反向衔接案件的朝阳检察实践

　　马天博　程　涛

336 行政强制隔离戒毒检察监督制度的构建与完善

　　周合星

专题四　服务高质量发展　加强民生司法保障

349 以检察建议助推涉住建领域的合法规范运营

　　杨建顺

364 从监督到治理：行政检察优化营商环境的实践经验与理论阐释

　　冯孝科

374 行政检察护航法治化营商环境的探索实践与理论思考

　　吴世东

386　全面履行行政检察职能　服务保障法治化营商环境
　　　王文燕　汪培伟　刘海璇

398　涉市场主体行政执法与检察监督探究
　　　宋建华

416　数字检察服务经济社会高质量发展
　　　汪珮琳

427　以"四全"工作法做实行政检察守护民生福祉
　　　巴瑞明

专题五　大数据赋能行政检察

441　数字行政检察：内涵、机理、隐忧及应对
　　　张　迪

458　数字检察在行政检察与行政执法监督衔接中的应用研究
　　　陈红伟　王晓萌　谢典书

专题六　加强行政检察业务管理、案件管理、质量管理

473　提升管理科学化水平　推进行政检察高质效履职
　　　衣光军

480　一体抓好"三个管理"　以高水平管理促进行政检察高质效履职
　　　雷爱民

485　以"七个结合"推动行政检察业务管理高质量发展
　　　谈　固

专题一

高质效行政检察履职
实现有力监督和有效监督

高质效办好每一个行政检察监督案件

张相军*

最高人民检察院党组和应勇检察长多次强调，要坚持以习近平法治思想为指引，践行人民至上，以人民为中心，高质效办好每一个案件，做到检察办案质量、效率、效果有机统一于公平正义，努力让人民群众在每一个司法案件中感受到公平正义。这是新时代新征程履行"四大检察"法律监督职能的基本价值追求。2024年11月，十四届全国人大常委会第十二次会议听取和审议了《最高人民检察院关于人民检察院行政检察工作情况的报告》，充分体现了全国人大常委会对检察工作尤其是行政检察监督工作的重视关心和监督支持。审议意见指出，要高度重视行政检察工作，推进行政检察工作高质量发展。行政检察是人民检察院法定职责之一，是"四大检察"法律监督基本格局的重要组成部分，依照宪法法律规定，主要承担对行政诉讼实行法律监督，对在履行法律监督职责中发现行政机关违法行使职权或者不行使职权的依照法律规定制发检察建议等督促其纠正，对人民检察院作出不起诉决定后需要给予行政处罚的案件向行政机关提出检察意见等职责。高质效办好每一个行政检察监督案件，是推动行政检察工作高质量发展的应有之义，是进一步推动"四大检察"全面协调充分发展的必然要求。行政检察事关官民和谐、事关群众切身利益、事关法治国家、法治政府、法治社会一体建设，坚持"高质效办好每一个案件"对行政检察工作具有十分重要的指

---

* 张相军，最高人民检察院检察委员会委员、行政检察厅厅长、一级高级检察官。

导意义，必须深入践行并贯彻落实到监督办案全过程和各环节。

一、强化行政检察履职，一体推进有力监督和有效监督

应勇检察长深刻指出，"高质效办好每一个案件"重在"高质效"，难在"每一个"。当前，一些地方检察机关还存在不敢监督、监督不力等问题，尤其是不少省级院和市级院办理行政生效裁判监督案件质效不高，提出抗诉和再审检察建议监督率偏低，甚至存在监督空白，这与人民群众日益增长的行政司法需求和行政争议、行政申诉大量存在又难以实质性解决的现状形成重大反差。为此，应勇检察长在2023年7月大检察官研讨班上指出，"行政检察重在强化履职，把行政诉讼监督作为重中之重，积极探索行政违法行为的监督，依法规范推进行政争议实质性化解，推动构建检察监督与行政执法衔接制度，实现有力监督"。[①] 这指明了新时代行政检察的发展方向。高质效行政检察履职，就要认真践行这一基本价值追求，做到有力监督与有效监督一体推进，实现"效率高、质量佳、效果好"。

（一）坚持人民至上，始终做到行政检察与民同行

党的二十大报告指出，"治国有常，利民为本"。[②] 应勇检察长强调，为人民司法，让人民满意是一切检察工作的出发点和着力点，根本是要以高质效法律监督维护司法公平正义，通过高质效办案让人民群众能感受、可感受、感受到公平正义，着力建设公正高效权威的社会主义司法制度。[③] 行政检察作为"四大检察"法律监督新格局的重要组成部分，

---

① 参见《大检察官研讨班开班 应勇强调为大局服务 为人民司法 为法治担当 以检察工作现代化服务中国式现代化》，载《检察日报》2023年7月19日。

② 习近平：《高举中国特色社会主义伟大旗帜 为全面建设社会主义现代化国家而团结奋斗——在中国共产党第二十次全国代表大会上的报告》，载《人民日报》2022年10月26日。

③ 参见应勇：《学思践悟习近平法治思想 以"三个善于"做实高质效办好每一个案件》，载《人民检察》2024年第8期。

一头连着群众,一头连着政府,工作做得怎么样,事关人民群众对法治的信心,事关对党和政府的信任。高质效办好每一个行政检察监督案件,必须坚持以人民为中心的司法理念,始终做到与民同行。

一是做实检察为民。近年来,最高人民检察院坚持党对检察工作的绝对领导,坚持以人民为中心,坚持党的中心工作推进到哪里,检察工作就跟进到哪里,先后部署开展了"加强行政检察监督促进行政争议实质性化解"专项活动、"全面深化行政检察监督依法护航民生民利"专项活动、"行政检察护航法治化营商环境"专项活动以及"检察护企"、"检护民生"专项行动。这些都是检察机关立足法律监督职能践行初心使命、增进民生福祉的生动体现。要总结这些专项活动和专项行动的经验做法,围绕党的二十大关于优化营商环境、完善分配制度、实施就业优先战略、健全社会保障体系、推进健康中国建设等重大部署,通过专项活动和专项行动,集中时间、集中力量解决人民群众急难愁盼,建立健全检察为民办实事长效机制,细化实化护航民生民利和优化营商环境举措,尤其是充分发挥指导性案例、典型案例的示范、引领和指导作用,用心用情办好关乎人心向背的群众身边的案件,努力让人民群众在行政检察工作中有实实在在的获得感,厚植党长期执政的政治根基。2025年,一方面要落实党中央部署,积极参与规范涉企执法专项行动,开展违规异地执法和趋利性执法司法专项监督,坚持依法平等保护,严格公正司法,加强涉企行政检察监督案件办理力度,对侵犯各种所有制经济产权和合法权益的行为实行同责同罚,坚决纠正侵犯企业合法权益的行为。重点加大对违规异地执法和趋利性执法,以及乱收费、乱罚款、乱检查、乱查封的监督力度,推动减少"小过重罚""小额滥罚"等问题,推动执法司法标准统一,以法治统一推动构建全国统一大市场。另一方面要持续做实护航民生民利。围绕就业、社保、医疗、住房、养老等重点民生领域,聚焦高校毕业生、脱贫人口、农民工等重点就业群体以及灵活就业人员和新就业形态劳动者权益保障,加大监督办案力度,推广应用劳动者权益保障行政检察大数据法律监督模型,解决群众急难愁盼,持续做实人民群众可感受、能体验、得实惠的检察为民。

高质效行政检察监督的理论与实践

二是依法规范推进行政争议实质性化解。2015年修改后的行政诉讼法将解决行政争议新增为行政诉讼法的立法目的之一，反映了对行政争议化解的高度重视。近年来，全国行政案件上诉率、申请再审率高，服判息诉率低的问题比较突出，反映出行政争议解决质效不够高，一些地方存在程序空转、案结事不了问题。司法程序终结但矛盾纠纷未得到彻底解决，进而引发另行起诉、申请再审、信访等，导致"一人多案""一事多案"现象时有发生。《中共中央关于加强新时代检察机关法律监督工作的意见》要求检察机关"在履行法律监督职责中开展行政争议实质性化解工作，促进案结事了"。这既是对以往检察机关开展行政争议实质性化解工作的充分肯定，也为检察机关开展行政争议实质性化解提供了政策依据，明确了目标。2021年修订的《人民检察院行政诉讼监督规则》在"总则"第2条监督任务中新增了"推动行政争议实质性化解"；同时，对2019年10月以来开展的"加强行政检察监督，促进行政争议实质性化解"专项活动经验进行总结、固化，增加第6条规定"实质性化解行政争议"的原则、方式等。2021年8月最高人民检察院行政检察厅制定印发《人民检察院实质性化解行政争议工作指引》。2021年9月，最高人民检察院以"行政争议实质性化解"为主题发布第三十批指导性案例。据统计，2019年1月至2024年9月，全国检察机关在办理行政生效裁判监督案件中推动实质性化解行政争议1.9万件，其中争议10年以上的3259件。检察机关监督办理的姚某"离不了"的婚一案就是其中特别典型的一起案件。姚某与"莫某"登记结婚，次日"莫某"携彩礼失踪。姚某以被骗婚向公安机关报案，因证据不足未予立案；向民政局申请撤销婚姻登记，因无胁迫情形不予受理；以莫某为被告先后向法院提起离婚诉讼、申请宣告婚姻无效，因莫某系被他人冒名、与姚某并无婚姻登记，均未获支持；以民政局为被告向法院提起行政诉讼，申请撤销婚姻登记，因超过起诉期限不予立案，后上诉、申诉均被驳回。其间，姚某与另一女子"成家"，领不了结婚证，生育两子上不了户口、无法正常就学。福建检察机关受理监督申请后，确认姚某遭遇骗婚，建议民政部门依法撤销婚姻登记，并督促公安机关立案，"莫某"终落法网获刑。最高人民检察院将此案作为指导性案例发布，并会同最高人民法院、公安部、民政部出台意见，指导各地妥善处理冒名顶替或者弄虚作假婚姻登记问题，推动处理类案 2068 件，移送犯罪线索 118 条。①

当前，新修订行政复议法实施后，行政复议化解行政争议主渠道作用不断显现。检察机关开展行政争议实质性化解工作，要树牢矛盾纠纷实质性化解理念，立足行政诉讼监督职能，综合运用监督纠正、以抗促调、促成和解、公开听证、司法救助、释法说理等方式，协同法院、行政机关等依法化解进入检察环节的行政争议。要推动公开听证常态化、制度化，对拟不支持监督申请案件加大公开听证力度。要主动融入党委领导、政府主导、各方参与的行政争议化解平台。要认真落实与最高人民法院、司法部及相关部委协同构建行政争议预防与实质化解"3+N"工作机制，推动统一执法司法标准，凝聚工作合力。要支持行政复议发挥化解行政争议主渠道作用，促推形成制度合力。

三是自觉接受群众监督。高质效办好每一个行政检察监督案件，离不开人民监督。要牢固树立监督者更要自觉接受监督的理念，既要依法监督、敢于监督、善于监督，更要勇于自我监督，以人民群众是否满意作为行政检察工作的评判标准。通过行政检察工作白皮书、行政检察年度报告、常态化公开听证、办理人大代表建议和政协委员提案、邀请人民监督员参与行政检察案件讨论等形式，积极拓宽群众有序参与和监督行政检察司法办案的渠道，以公开促公信。

（二）强化精准监督，夯实监督办案的事实、法律基础

精准监督，是做实行政检察的基本理念。一方面，要落实繁简分流办案机制，实现繁案精办，简案快办。这是践行精准监督理念的前提。繁简分流是体现行政诉讼监督特点，适应行政诉讼监督规律，促进司法资源优化配置，提升监督质量效率效果的有效举措。修订后的《人民检

---

① 《最高人民检察院关于人民检察院行政检察工作情况的报告》，载《检察日报》2024年11月7日，第2版。

察院行政诉讼监督规则》（以下简称《行政诉讼监督规则》）第 5 条第 1 款规定："人民检察院办理行政诉讼监督案件，应当实行繁简分流，繁案精办、简案快办。"《行政诉讼监督规则》第 4 章 "审查" 中专门新增一节规定了 "简易案件办理"。近年来，检察机关受理行政检察监督案件数量持续上升，特别是一些省级检察院行政检察部门受理行政生效裁判监督案件量激增。面对日益增长的案件规模，要改变不区分案件具体情况、对所有案件均衡用力的做法，对案件进行必要的评估，根据繁简程度确定审查办案思路和重点。对当事人众多、权利义务不明确、法律关系复杂的 "繁案" 加强精细化办理，以提升办案的政治效果、法律效果、社会效果。对原一审法院适用简易程序、案件事实清楚、权利义务明确、法律关系简单等 "简案"，可以适当简化程序和法律文书，以提高办案效率，促进形成 "简案有效率、繁案有质效、办案有层次、结案有保证" 的良性办案监督模式，以较小的司法成本和较少的时间成本取得较好效果。需要注意的是，要做到繁案精办不减速，简案快办不减质，保障公民、组织在每一个案件里都充分感受到 "有质有效" 的公平正义，以便更好集中资源与精力做好繁案精办，夯实监督办案的事实基础和法律基础。

另一方面，要加强精细化审查。这是落实精准监督的关键，也是保证办案质量的根本。具体来说包括以下五个方面。

一是加强调查核实。应勇检察长多次强调，调查核实要从案卷中走出来，从办公室走出来，从检察机关走出来，以审查证据的亲历性保障获取证据、补强证据的准确性、实效性。[①]《行政诉讼监督规则》第 4 章 "审查" 新增一节规定 "调查核实"，进一步明确检察机关进行调查核实的适用条件，丰富调查核实内容，完善对妨碍调查核实的处置措施。要认真落实修订后《行政诉讼监督规则》的规定，改变 "坐堂办案" 的传统模式，坚持 "走出去" 调查核实与书面审查协同推进，确保事实认定

---

① 应勇：《高质效办好每一个案件，努力让人民群众在每一个司法案件中感受到公平正义》，载《人民检察》2024 年第 18 期。

精准。如对于行政判决、裁定、调解书可能存在法律规定需要监督的情形，仅通过阅卷审查现有材料难以认定的，就要积极主动地向当事人和其他知情人了解情况，通过查询、调取、复制相关证据材料，委托鉴定、评估、审计，勘验物证、现场等，查明事实、分清是非。

二是加强公开听证。公开听证是检察机关为广泛听取各方意见，深化检务公开、自觉接受监督，确保案件得到依法正确处理而采取的一种办案方式，也是让人民群众可感受、能感受、感受到公平正义的有效方式。《行政诉讼监督规则》第4章"审查"中单设"听证"一节，用9个条文专门规定听证程序。最高人民检察院行政检察厅专门出台《人民检察院行政检察监督案件听证工作指引》，进一步规范行政检察听证的范围、程序和方式。近年来各级检察机关在办理行政检察监督案件过程中加强公开听证，让公平正义可感可触，尤其是公开听证在搭建行政相对人与行政机关的沟通平台，借助听证员最大限度凝聚共识，对人民法院未实质审理案件查明事实辨明是非，促进行政争议实质性化解等方面发挥了重要作用。要坚持"应听证尽听证"，对于在事实认定、法律适用、案件处理等方面存在较大争议，或者有重大社会影响，需要当面听取当事人和其他相关人员意见的，都要召开听证会，搭建对话交流和司法民主参与的平台，把办案过程"晒出来"，案件处理依据"亮出来"，以群众看得见、听得懂、能接受的方式释法说理，以公开促公正赢公信。

三是加强智慧协助。行政检察案件多数属于行政执法、行政审判环节未能有效解决的问题，不少案件专业性、技术性强，必须善于借助"外脑"提升监督能力和水平。要加强智慧借助，对于重大、疑难、复杂问题，有效运用各级专家咨询委员会和最高人民检察院搭建的民事行政专家咨询网，积极向专家咨询或组织专家论证，听取专家意见建议，充分发挥其专业优势，协助解决案件中的专业判断、法律政策适用问题，提升案件办理的专业性和精准性。要用好特邀检察官助理制度和技术性证据专门审查制度，充分发挥技术人员专业优势，协助解决案件中的专业判断等问题，提升检察监督的精准度。

四是加强案例检索。司法案例是司法经验和智慧的结晶，是行动中的法律。案例检索有利于保障法律统一正确适用，提高审查办理行政诉讼监督案件质量和效率，是提升精准监督水平的有益参考和参照。《行政诉讼监督规则》第 51 条规定，人民检察院办理行政诉讼监督案件，应当全面检索相关指导性案例、典型案例和关联案例，并在审查终结报告中作出说明。要认真落实案例强制检索制度，在办案过程中全面检索相关案例并在审查终结报告中作出说明，以此提高监督的精准性。要防止案例检索与提出审查意见"两张皮"，在提出审查意见部分要结合检索到的指导性案例、典型案例和关联案例进行充分论证。

五是加强跟踪问效。对于提出监督意见的行政检察监督案件，要采取询问、走访等方式，及时跟进了解人民法院和行政机关采纳监督意见情况；对于没有采纳监督意见明显错误的，要按照修订后的《行政诉讼监督规则》的规定，跟进监督或者提请上级人民检察院监督。

（三）坚持政治与业务融合，提升行政检察监督能力

行政检察工作政治性、法律性、政策性都很强，这对行政检察人员政治业务素质和能力都提出了更高要求。新征程上，必须下更大气力、花更大功夫，一体推动政治建设、业务建设、职业道德建设，加强实践锻炼、专业训练，增强行政检察人员推动高质量发展本领、防范化解风险本领、服务群众本领，锻造堪当时代重任的高素质行政检察队伍。

一是坚持以政治建设为统领。巩固拓展主题教育和党纪学习教育成果，扎实开展深入贯彻中央八项规定精神学习教育，深入践行新时代检察理念，以自我革命精神深化全面从严治检，锻造忠诚干净担当的行政检察铁军。深入贯彻习近平法治思想，坚决落实最高人民检察院党组部署和要求，以强化履职、实现有力监督为目标，以行政诉讼监督为重心，以统筹推进行刑反向衔接和行政违法行为监督为新的增长点，以进一步全面深化行政检察改革为动力，忠诚履职，担当作为，更好融入和服务中国式现代化。

二是加强行政检察专业化建设。行政检察涉及众多行政领域，行政执法法律法规体系繁杂，有的行政检察人员对不同领域行政法律法规

不熟，办案能力有限。有些基层检察机关对行政检察工作重视力度不够，行政检察底子薄、力量弱。受机构编制、员额制、逐级遴选制度等影响，不少基层检察院由一个部门同时履行民事、行政、公益诉讼检察职能，行政检察队伍稳定性较差，业务素质、人员结构不能完全适应新时代检察工作要求。一方面要推动完善行政检察机构设置。按照省级检察院原则上要单设、有条件的地市级检察院要争取单设、基层检察院要保证有检察官或者办案组专门负责的基本要求，推动从组织机构上把行政检察立起来。各地要强化行政检察力量配备，落实专岗专责，确保基层行政检察"有人管""有活干""有业绩"，促进"四大检察"全面协调充分发展。另一方面要推动配强行政检察一线办案力量，为高质效办好每一个行政检察监督案件提供有力人才支撑。针对行政诉讼案件专业性、复杂性特点，常态化开展岗位练兵、交流挂职等；突出行政检察专业化团队建设，发挥行政检察人才库作用，推进行政检察业务专家队伍建设；发挥行政检察业务竞赛标兵、能手、优秀办案团队等模范带头作用，促进行政检察队伍能力水平整体提升。充分发挥行政检察工作联系点作用，全面直接掌握基层行政检察工作情况，精准有效开展对下指导，深入开展调查研究。加强西部巡讲、巡回指导办案，加强对口业务援助，有针对性地帮助基层行政检察补短强弱、提质增效。

三是深入实施数字检察战略。数字检察是法律监督手段的革命。传统行政检察监督存在被动性、碎片化、浅层次等问题。行政检察要适应数字中国建设新要求，强化大数据赋能理念引领，以数字检察为牵引，以类案监督为核心，以促进社会治理为目标，因地制宜，科学构建行政检察大数据法律监督模型，赋能监督办案提质增效，推动行政检察办案模式从"个案为主、数量驱动"向"类案为主、数据赋能"转变。要聚焦"业务主导、数据整合、技术支撑、重在应用"，根据数字化办案特点和实际需求，推广运用成熟的大数据法律监督模型，提升大数据运用素能，提升工作现代化水平。要通过智能排查、案件审查、深入调查、移送侦查"四查"有机融合，实现人与技术的良性互动、检察机关内部资源有效整合、个案公平与普遍正义的统筹兼顾。

二、高质效办好每一个行政诉讼监督案件

高质效办好每一个行政检察监督案件，要始终坚持以行政诉讼监督为重心，尤其是加大抗诉和再审检察建议力度，带动行政审判活动监督和行政执行活动监督，切实解决不敢监督、监督不力等问题。

（一）加大行政生效裁判监督力度，实现有力监督

应勇检察长在全国检察长会议上强调指出，行政检察的重心是行政诉讼监督。近年来，各级检察机关聚焦法律监督主责主业，强化行政生效裁判监督，监督力度不断加大，监督质效不断提升，取得新进展新成效。但与党中央的要求和人民群众对司法公正的期待相比，仍然存在差距。从对2023年行政生效裁判监督数据分析来看，受理、办结案件首次突破2万件；有一半以上省级检察院受理行政生效裁判监督案件超过了民事案件，这是历史上第一次。2024年，全国检察机关共办理行政生效判决、裁定、调解书监督案件2.33万件。虽然从办理结果看，对认为确有错误的生效裁判提出抗诉和再审检察建议633件，占比2.8%；在履行诉讼监督职责中针对行政机关违法行使职权或者不行使职权的提出检察建议4530件，占比20.2%；综合运用监督纠正、公开听证、司法救助、释法说理等促进行政争议实质性化解2549件，占比11.4%。三者合计占34.4%。[①]但行政诉讼监督与社会上大量存在的行政争议、行政申诉得不到有效解决仍有重大反差，特别是"2019年以来，全国检察机关审结的行政生效裁判监督中，年均提出抗诉和再审检察建议仅500件左右，占比不足3%。有些省级、市级检察院长期未提出1件抗诉或再审检察建议"[②]，需要进一步加大工作力度。为此，最高人民检察院自2024年9月至2026年8月在全国检察机关部署开展为期两年的"高质效办好行政生效裁判监督案件攻坚行动"，通过攻坚行动增强各级行政

[①] 参见《行政检察工作白皮书（2024）》，载最高人民检察院网2025年3月9日。
[②] 全国人大常委会《对人民法院行政审判工作情况、人民检察院行政检察工作情况等报告的意见和建议》，载中国人大网2025年1月2日。

检察部门和广大行政检察人员法律监督主责主业意识，树立正确政绩观，落实"三个善于"，提升监督能力，着力加大行政抗诉、再审检察建议力度，办理一批高质效、有影响的行政生效裁判监督案件，建立健全强化行政生效裁判监督的常态长效机制，引领带动行政检察工作全面深化和高质量发展。

一是强化行政抗诉。坚持应抗尽抗，省级检察院和最高人民检察院要担负起加大行政抗诉力度的主要责任，带头多办案、办好案。省级检察院行政检察部门和最高人民检察院行政检察厅每位员额检察官都要担负起提出行政抗诉的具体责任。鼓励市级检察院对符合条件的案件依法提出抗诉，抗诉意见被人民法院采纳的，要及时总结推广经验。

二是强化行政再审检察建议。省、市、县级检察院都要担负起加大行政再审检察建议力度的责任，尤其是省级、市级检察院要担负起提出行政再审检察建议的主要责任，行政检察部门每位员额检察官要担负起办理再审检察建议案件的具体责任，带头多办案、办好案。鼓励县级检察院依法提出行政再审检察建议，建议被人民法院采纳、再审改判的，要及时总结经验；未提出抗诉和再审检察建议的，要逐案分析。

三是强化提请行政抗诉。《行政诉讼监督规则》确立了行政申请监督案件"同级受理"原则，因此下级院提请抗诉是上级检察院提出抗诉的最主要来源。省、市、县三级检察院都要始终如一在提请抗诉上着力，夯实上级检察院提出行政抗诉的案源基础。上级检察院要加强对下级院提抗前的指导，促进找准抗点。

四是受案量大的省份要有大作为。鉴于当前受理行政生效裁判监督案件严重地域不平衡的现状，受案量大的省份要有大作为，受案数量大的市级检察院、省级检察院在强化行政生效裁判监督方面要承担更重责任、作出更大贡献。尤其是承担行政案件集中管辖任务的市级检察院包括铁路运输检察分院要着力扩大监督规模，自觉主动扛起监督责任。

五是提升监督成案率。着力在筛选成案率高、可疑度高的行政生效裁判监督案源上下功夫，准确把握行政诉讼法规定的行政生效裁判监督标准，全面审查生效裁判认定事实、适用法律、审判程序和裁判结论，以及审判人员有无贪赃枉法、徇私舞弊等情形。把监督重点放在有典型性、引领性、示范性的案件上，提高成案率。尤其是要加强对新证据、新类型案件的关注。以发现新证据为抗点的案件，提出的监督意见相对容易被法院采纳。实践中出现的新类型案件，法院尚未形成统一裁判意见的，也可以作为监督重点。以数字赋能行政生效裁判监督，研发行政生效裁判监督大数据模型，依据自有数据，重点关注类案、系列案件、同案不同判案件，由点及面解决一类问题。发挥好行政检察人才库作用，通过组织办案骨干现场或在线讨论难点案件等方式，集中力量论证研判。

六是健全强化行政生效裁判监督制度机制。建设和用好"全国行政检察监督法律文书库"，最高人民检察院行政检察厅会同有关部门和地方检察院建设了全国行政检察监督法律文书库，动态管理各省份新增抗诉、再审检察建议改判案件法律文书，帮助办案检察官找准案件监督点，提升监督质效。加强对监督案件副卷调阅制度实施情况评估，抓实卷宗调阅，提升监督精准度。抓好"两高"《关于规范办理行政再审检察建议案件若干问题的意见》落实，规范和强化再审检察建议同级监督作用，促进法检协作配合。持续落实再审检察建议备案审查制度、监督意见未采纳案件逐案分析制度，加强分析研判，调查研究监督重点难点问题。落实跟进监督制度，对法院审理行政抗诉、再审检察建议案件作出的生效判决、裁定、调解书仍符合抗诉条件且存在明显错误的，依照有关规定及时跟进监督或者提请上级检察院监督，必要时向人大、党委政法委汇报。深化行政案件跨行政区域集中管辖改革，认真落实《最高人民检察院关于做好行政诉讼监督与人民法院跨行政区域集中管辖行政案件衔接工作的意见》，科学合理调整行政生效裁判监督案件管辖范围，解决集中管辖院没有足够力量办、非集中管辖院无案可办的结构性矛盾。

（二）落实"三个善于"要求，提高行政生效裁判监督质效

高质效办好每一个案件，难在"每一个"，基础和着力点也在"每一个"。人民群众对公平正义的感知主要来自一个个司法案件。最高人

民检察院党组和应勇检察长提出，要善于从纷繁复杂的法律事实中准确把握实质法律关系，善于从具体法律条文中深刻领悟法治精神，善于在法理情的有机统一中实现公平正义，把"每一个案件"都办成高质效案件。[①]"三个善于"根本源于对习近平法治思想的领悟和践行，既是认识论，也是方法论，为我们在行政检察工作中深化和落实高质效办好每一个案件指明了具体路径。

一要落实"善于从纷繁复杂的法律事实中准确把握实质法律关系"要求，找准实质法律关系。找准实质法律关系，一方面要秉持客观公正立场，坚持全面审查原则，将证据审查贯穿行政检察监督办案全过程，强化调查核实和公开听证，努力做到以法律事实重现或者最大限度接近客观真实。另一方面要分析各种权利义务关系，厘清需要判断和作出决定的行政法律关系。很多行政案件比较复杂，不仅有行民交叉、行刑交叉，即使都是行政法律关系，有些还涉及不同的行政行为，甚至多阶段行政行为，有些还涉及不同的行政管理领域。通过全面掌握案件情况，深刻理解相关法律法规，区分不同性质的法律关系，为高质效办好每一起案件奠定坚实基础。

二要落实"善于从具体法律条文中深刻领悟法治精神"要求，避免机械司法，就案办案。法律的稳定性与行政管理及行政执法领域的多样化需求之间存在天然的矛盾。在法律条文缺乏明确指导的情况下，应当深刻领悟依法行政等行政法的精神，把握法律条文背后的价值理念、立法目的，追溯相关法律法规的立法宗旨和原则，以此为依据进行合理的法律解释，确保法律规范得到准确的应用。比如，涉及起诉期限、原告资格中利害关系等的判断，就要注意行政诉讼法关于保护公民、法人和其他组织合法权益的立法目的的规定；在解决诸如行民交叉案件行政争议时，就要注意解决行政争议的立法目的，一揽子化解民事和行政争议。再比如检察机关持续落实"两高两部"《关于妥善处理以冒名顶替

---

① 应勇：《高质效办好每一个案件，努力让人民群众在每一个司法案件中感受到公平正义》，载《人民检察》2024年第18期。

或者弄虚作假的方式办理婚姻登记问题的指导意见》，破解虚假婚姻撤销难题，督促撤销或更正冒名、虚假婚姻登记，从"离不了""结不成"的婚姻个案办理，到类案监督助推形成司法与行政治理合力，就很好地贯彻了这一要求。

三要落实"善于在法理情的有机统一中实现公平正义"要求，着力解决人民群众急难愁盼问题。行政案件特别是行政诉讼监督案件，本身就是民告官案件，与老百姓切身利益息息相关。行政检察监督应以法为据，严格依照行政法等法律的规定，公正司法；以理服人，作出是否监督决定都应充分论证，讲明道理，特别是作出不支持监督申请的决定时，更要讲清楚为什么不予以监督，通过充分释法说理，化解行政争议，积极发挥司法定分止争、维护公平正义的作用；以情感人，始终怀有同理心，做到"如我在诉"、将心比心，坚持法理、事理、情理作为一个有机整体，用心感受人民群众的诉求和期望，从而在法理情的有机统一中实现公平正义。

（三）坚持个案监督与类案监督相结合，深化行政审判监督和行政执行监督

一要深化提升行政审判活动监督。这里的行政审判活动监督，是"对行政审判程序中审判人员违法行为的监督"的简称，是行政诉讼监督的重要组成部分。它本质上是对人民法院行使公权力的监督。包括对事的监督和对人的监督两个方面。2014年修改后的行政诉讼法增加规定了行政审判活动监督的内容，拓宽了检察机关对行政诉讼监督的范围。《行政诉讼监督规则》从行政诉讼不同于民事诉讼的鲜明自身属性和特点出发，专门设置第6章"对行政审判程序中审判人员违法行为的监督"，规定了行政审判活动监督的范围、监督的具体情形和结案方式等内容，为办理行政审判活动监督案件提供了规范指引。从行政审判活动监督工作情况看，呈现出持续做实的发展态势。2016年至2018年，全国检察机关对法院立案不当、适用审判程序错误、超期审理、违法采取保全措施或强制措施、违法送达等行政审判活动违法情形，提出检察建议分别为 701 件、941 件、1024 件；2019 年至 2021 年，提出检察建议分别为 2816 件、6067 件、9004 件；2022 年至 2024 年，提出检察建议分别为 14477 件、13509 件、10268 件。2019 年以来，对审判活动中的共性问题开展类案监督 5814 件。当前，行政审判活动监督面临的主要问题是深层次监督不够，尤其是对人的监督不够。坚持高质效办好每一个行政审判活动监督案件，就要始终坚持生效裁判监督与审判活动监督并重，既维护实体公正又维护程序公正。健全依职权监督案件线索发现机制，强化对行政审判活动违法案件的类案监督，努力做到"办理一件影响一片"。坚持对人监督与对事监督相结合，及时向有关部门移送行政审判人员涉嫌违纪违法犯罪线索。

二要强化行政执行活动监督。依法执行是公正司法的"最后一公里"。对行政执行活动的监督包括行政诉讼执行监督和行政非诉执行监督两个方面，都是行政诉讼监督的重要内容。《人民检察院组织法》第 20 条规定，人民检察院行使下列职权：……对判决、裁定等生效法律文书的执行工作实行法律监督；……。2014 年修改后的《行政诉讼法》第 101 条规定："人民法院审理行政案件，关于期间、送达、财产保全、开庭审理、调解、中止诉讼、终结诉讼、简易程序、执行等，以及人民检察院对行政案件受理、审理、裁判、执行的监督，本法没有规定的，适用《中华人民共和国民事诉讼法》的相关规定。"2018 年底，最高人民检察院确立"四大检察"全面协调充分发展的法律监督新格局，行政执行监督尤其是行政非诉执行监督办案规模不断扩大，在行政诉讼监督中占到四成，逐步成为基层行政检察业务的新增长点。最高人民检察院 2018 年至 2019 年在全国检察机关部署开展行政非诉执行监督专项活动，2021 年部署开展土地执法查处领域行政非诉执行监督专项活动并在此之后常态化开展，先后出台《人民检察院行政非诉执行监督工作指引（试行）》《人民检察院行政诉讼执行监督工作指引（试行）》，明确行政执行监督情形、重点和方式，推动解决违法终结本次执行程序、超标的查封扣押冻结、"二次申请"等突出问题，回应社会公众对"执行难""执行乱"问题的关切。同时，注重加强案例指导，编发行政执行监督指导性案例 4 件（行政诉讼执行监督 1 件、行政非诉执行监督 3 件），行政执行监督典型案例 84 件，其中，行政诉讼执行监督典型案例 17 件，行政非诉执行监督典型案例 67 件，推动行政非诉执行监督工作进一步规范和加强。据统计，2016 年至 2018 年，检察机关对法院消极执行、违法执行和行政机关怠于履行、拒绝履行法院裁判等问题，提出检察建议仅分别为 2418 件、2217 件、6238 件；而从 2019 年至 2023 年，则分别为 13113 件、25361 件、28695 件、36439 件、31790 件。2024 年，全国检察机关共办理行政执行活动（含非诉执行）监督案件 2.38 万件，其中，行政非诉执行活动监督案件 2.3 万件，行政诉讼执行活动监督案件 787 件。针对行政机关拒不履行义务、行政机关怠于向法院申请强制执行以及法院未及时受理、不规范执行等问题，向法院、行政机关提出检察建议 2.1 万件，采纳率 98.5%。在肯定成绩的同时，也要清醒认识到，对执行活动的监督尤其是对诉讼执行活动的全程监督还需要加强，行政执行监督面临结构性矛盾，如行政诉讼执行监督量小质弱，行政非诉执行监督领域主要集中在土地执法查处领域，对其他领域行政非诉执行监督的规律和特点研究不深，与行政审判活动监督一样也存在深层次监督不够的问题。高质效办好每一个行政执行监督案件，当前需要着力破解的主要矛盾就是要强化行政执行监督。一方面要强化行政诉讼执行监督。贯彻落实《人民检察院行政诉讼执行监督工作指引（试行）》，规范执行监督标准、方式及流程。聚焦行政执行中深层次问题，强化类案监督，提升监督的精度、深度。积极建用大数据法律监督模型，为行政执行监督赋能增效。加强信息共享，推进完善执行与法律监督工作平台建设。另一方面要拓展行政非诉执行监督领域。在巩固深化土地执法查处领域行政非诉执行监督的同时，围绕市场监管、交通管理、社会保障等重点领域，加强对人民法院行政非诉执行案件立案、审查、裁定、执行以及行政机关怠于申请执行或者违法执行的监督。加强与人民法院、行政机关的协作配合，建立健全行政非诉执行监督协作机制。

三、高质效办好每一个行政违法行为监督案件

开展行政违法行为监督,是以习近平同志为核心的党中央赋予人民检察院的重大政治责任,是检察机关践行习近平法治思想,促进法治政府建设,助力国家治理体系和治理能力现代化的重要方式。2024年4月,最高人民检察院深入贯彻《中共中央关于全面推进依法治国若干重大问题的决定》和《中共中央关于加强新时代检察机关法律监督工作的意见》要求,在总结地方检察机关实践探索的基础上,印发《关于人民检察院在履行行政诉讼监督职责中开展行政违法行为监督工作的意见》(以下简称《行政违法行为监督意见》),坚持有限监督原则和案件化办理,找准监督边界和介入时机,确保不缺位、不越位,为检察机关依法开展行政违法行为监督工作提供了基本规范和工作指引。最高人民检察院编发7件行政违法行为监督典型案例,为各地检察机关办案提供具体指引和参考,研发行政违法行为监督流程模块,实现行政违法行为监督案件全部在检察业务应用系统中办理。据统计,2024年,全国检察机关对履行行政诉讼监督职责中发现的行政行为在事实认定、证据收集、适用法律等方面存在突出问题的,提出检察建议1.7万件,采纳率94.2%。

(一)开展行政违法行为监督应当把握的工作原则

一是坚持党的领导,坚持以人民为中心,确保行政违法行为监督工作正确方向。全面依法治国是坚持和发展中国特色社会主义的本质要求和重要保障,关系党执政兴国,关系人民幸福安康,关系党和国家长治久安。习近平总书记在关于《中共中央关于全面推进依法治国若干重大问题的决定》的说明中明确指出,"行政违法行为构成刑事犯罪的毕竟是少数,更多的是乱作为、不作为。如果对这类违法行为置之不理、任其发展,一方面不可能根本扭转一些地方和部门的行政乱象,另一方面可能使一些苗头性问题演变为刑事犯罪"。①《中共中央关于全面推进依

---

① 《习近平关于〈中共中央关于全面推进依法治国若干重大问题的决定〉的说明》,载《人民日报》2014年10月29日。

高质效行政检察监督的理论与实践

法治国若干重大问题的决定》提出，检察机关在履行职责中发现行政机关违法行使职权或者不行使职权的行为，应该督促其纠正。作出这项规定，目的就是要使检察机关在对执法办案中发现的行政机关及其工作人员的违法行为及时提出检察建议并督促其纠正。① 检察机关推进行政违法行为监督，是贯彻落实《中共中央关于全面推进依法治国若干重大问题的决定》和《中共中央关于加强新时代检察机关法律监督工作的意见》的具体举措，是深刻领悟"两个确立"的决定性意义，做到"两个维护"的实际行动。要认真贯彻落实党的二十大关于"加强检察机关法律监督工作"的要求，紧紧围绕服务党和国家发展大局谋划和推进行政违法行为监督工作，向党委及其政法委汇报工作情况，推动解决遇到的困难和问题。要坚持人民至上，顺应新时代人民群众在民主、法治、公平、正义、安全、环境等方面更高水平、内涵更丰富的需求，着力解决人民群众急难愁盼问题，切实保护公民、法人和其他组织等行政相对人的合法权益，增强人民群众的获得感、幸福感、安全感。

二是坚持有限监督，依法规范推进行政违法行为监督工作。在公权力体系中，行政权因其主动性和行政体系的庞大而面临较大的法治风险。② 《法治政府建设实施纲要（2021—2025 年）》指出，"形成监督合力。坚持将行政权力制约和监督体系纳入党和国家监督体系全局统筹谋划，突出党内监督主导地位。推动党内监督与人大监督、民主监督、行政监督、司法监督、群众监督、舆论监督等各类监督有机贯通、相互协调。积极发挥审计监督、财会监督、统计监督、执法监督、行政复议等监督作用。自觉接受纪检监察机关监督，对行政机关公职人员违法行为严格追究法律责任，依规依法给予处分"。③ 行政违法行为监督属于司法

---

① 参见《中共中央关于全面推进依法治国若干重大问题的决定》，载《人民日报》2014 年 10 月 29 日。
② 参见朱全宝：《法律监督机关的宪法内涵》，载《中国法学》2022 年第 1 期。
③ 《中共中央、国务院印发〈法治政府建设实施纲要（2021—2025 年）〉》，载中华人民共和国中央人民政府网，https://www.gov.cn/zhengce/2021-08/11/content_5630802.htm，最后访问日期：2024 年 7 月 14 日。

监督,是检察机关依职权启动的监督,根据党中央文件要求,检察机关在"履行法律监督职责"中发现行政违法行为后,通过制发检察建议督促行政机关自行纠错。由此可见,检察机关开展的行政违法行为监督只是行政权力制约和监督体系中众多监督环节和方式的一种,需要与其他监督方式协同才能形成监督合力。也就是说,行政违法行为监督有其边界和范围,必须坚持有限监督的原则。具体表现在:(1)坚持"在履行法律监督职责中发现"。这属于依职权发现的途径,《行政违法行为监督意见》将线索来源限定在办理行政诉讼监督案件和开展行刑反向衔接工作,对于当事人直接提出控告、申诉但不符合行政诉讼监督案件受理条件的,不属于行政违法监督线索来源。(2)将"行政机关违法行使职权或者不行使职权的行为"限定在被诉行政行为和关联行政行为,不介入正在进行的行政程序,不代行行政权力,不替代行政诉讼,行政机关正在处理、正在行政复议或者行政诉讼中的行政行为,不属于检察机关的监督范围。(3)明确监督重点,立足行政诉讼法关于"保护公民、法人和其他组织的合法权益、监督行政机关依法行使职权"的目的和任务,强调要始终围绕中心、服务大局,瞄准严重影响经济社会高质量发展的难点、人民群众反映强烈的热点、社会治理中的堵点等重点问题,紧盯与国家重大战略实施、民生民利保障、营商环境建设等密切相关的重点领域,聚焦影响行政相对人合法权益的行政争议,加大对情节严重的行政乱作为不作为的监督力度。(4)坚持推进协同监督。积极争取党委领导、人大监督、政府和有关部门支持,推进行政违法行为监督与行政执法监督、行政复议、行政诉讼等制度有机贯通、相互协调,充分发挥各自功能,形成监督合力,增强监督实效。

三是立足对特定相对人的权利保护,坚持监督与支持并重,实现精准监督。公益诉讼制度旨在解决特定利益主体以外的"公地悲剧"问题,主要聚焦行政机关因违法行为或者不作为损害国家和社会公共利益的行为,而对于导致特定主体等行政相对人合法权益受到侵害的行政违法行为,则是包括行政违法行为监督在内的行政检察发挥作用、提供救济的场域。检察机关开展行政违法行为监督,应当立足特定公民、法人或者其他组织等行政相对人的合法权益保护，聚焦对执法理念、政策导向、法律适用具有引领、创新、规范价值的典型案件办理，通过调查核实、公开听证、智慧借助等方式进行精细化审查，在准确认定行政行为违法事实、准确适用法律的基础上，提出切实可行的检察建议，以精准监督实现有力监督。同时，注重类案监督和专项监督，实现办理一案治理一片的效果。要坚持监督与支持并重，既敢于监督，善于监督，有力监督，又依法支持行政机关合法的行政行为，促进行政机关依法行政。

（二）准确把握行政违法行为监督的范围、标准和方式

一是准确把握监督范围。行政诉讼与行政违法行为检察监督同属对行政权的司法监督。基于我国行政诉讼以主观诉讼为基础的构造，法律以当事人权益的可救济性为标准确定行政诉讼受案范围，兼顾司法审查能力，以此限定行政审判的疆域。然而，行政违法行为检察监督旨在维护法秩序统一、推动法治政府建设，在确定检察监督范围时采取不同于行政诉讼受案范围的路径，将行为本身的可监督性纳入考量。一些不属于行政诉讼受案范围的职权行为，如果具有可监督性，也属于行政违法行为检察监督范围。因此，《行政违法行为监督意见》监督范围部分使用了被诉行政行为和关联行政行为的概念，同时将"被诉行政机关不依法履行人民法院生效判决确定的义务"纳入监督范围。主要考虑是，行政活动具有过程性，包括受理、审查、形成处理决定等环节，有时还涵盖多个行政决定，检察机关在办理行政诉讼监督案件中发现行政违法行为后，通过督促行政机关启动纠错程序，具有灵活高效的优势。一般认为，关联行政行为是与被诉行政行为具有相关性的行为。当前，检察机关开展行政违法行为监督尚处于起步阶段，对关联行政行为宜从严把握，以多阶段行政行为作为监督重点。需要注意的是，在办理行政非诉执行监督案件中，行政违法行为检察监督的对象是行政机关申请人民法院强制执行的行政行为及关联行政行为违法，申请人民法院强制执行的行政行为是指行政机关作出行政行为已经生效、行政相对人没有寻求诉讼救济也没有履行其内容的行政行为。

二是准确把握监督标准。《行政违法行为监督意见》明确了超越职权、主要证据不足、适用法律法规错误、违反法定程序明显不当、不履行或怠于履行职权六种"行政机关违法行使职权或者不行使职权"的情形。《行政诉讼法》第70条规定了人民法院撤销判决的适用情形，包括主要证据不足、适用法律法规错误、违反法定程序、超越职权、滥用职权和明显不当。检察机关在判断行政行为违法性上与行政诉讼略有不同但无本质区别，因此《行政违法行为监督意见》主要参照行政诉讼关于撤销判决适用情形的规定，明确检察监督标准。考虑到司法实践中极少适用"滥用职权"，未将滥用职权作为监督标准，同时整合行政诉讼其他判决类型并结合检察监督实践增加"不履行或怠于履行职权"作为监督标准。

三是实行案件化办理。行政检察是围绕监督公共行政构建起的检察监督。《行政违法行为监督意见》出台之前，穿透式监督理论认为，检察机关以行政诉讼监督为起点，实现对审判权监督的同时，穿透至对个案行政行为的监督。《行政违法行为监督意见》作为最高人民检察院制发的规范性文件，对于各级检察机关开展工作具有重要的指导和规范作用。为更好地规范开展行政违法行为监督，《行政违法行为监督意见》明确了行政违法行为监督案件的受理条件，实行案件化办理，统一程序、条件、范围，使监督工作有章可循。（1）实行统一管理。行政检察部门将行政违法行为监督线索录入全国检察业务应用系统，对行政违法行为监督线索进行审查评估后，在一个月内提出受理或者不受理的意见。（2）设置审批程序。经审查，行政行为属于监督范围，可能符合监督标准的，报请检察长批准决定受理。（3）规定类案受理程序。检察机关决定受理前发现同一行政机关多个同一性质的行政行为可能存在同类违法情形的，应当作为一个案件受理。检察机关提出检察建议前发现其他同一性质的行政违法行为的，应当与已受理案件一并处理。（4）明确检察机关对行政裁判结果监督案件决定提出抗诉或者再审检察建议，要求人民法院对被诉行政行为确认违法、确认无效、撤销、变更、要求履行法定职责或给付义务的，不再针对被诉行政行为违法情形启动行政违法行为监督程序。

检察建议是检察机关开展行政违法行为监督的主要方式。2018年研究修订《人民检察院检察建议工作规定》时,最高人民检察院曾打算在第5条检察建议类型中规定"监督履职检察建议",专设一条"人民检察院在履行职责中发现负有监督管理职责的行政机关应当履行职责而未正确履行,致使个人或者组织合法权益受到损害的,可以向行政机关提出监督履职的检察建议"。考虑到2018年人民检察院组织法未就检察机关对行政机关违法行使职权或者不履行法定职责进行监督作出规定,2019年正式发布的《人民检察院检察建议工作规定》删除了这一检察建议类型,第5条仅规定了再审检察建议、纠正违法检察建议、公益诉讼检察建议、社会治理检察建议、其他检察建议五种类型。"其他检察建议"作为兜底,为检察建议工作创新发展预留空间。《行政违法行为监督意见》根据检察建议内容,对开展行政违法行为监督提出的检察建议进行区分:对于行政机关违反法律规定的行为或者不作为,可以依法向行政机关提出检察建议;对于行政机关社会治理工作存在《人民检察院检察建议工作规定》列举情形的,可以提出社会治理检察建议;行政机关既存在违法行使职权或者不行使职权问题,又存在社会治理方面问题需要改进的,可以在督促行政机关纠正违法或者履行职责的检察建议中一并提出。现阶段,宜将行政违法行为监督案件中制发的第二类情形之外的个案检察建议归类为"其他检察建议"。

四是与其他监督制度的衔接协同。检察监督是国家监督体系中的重要一环,与党和国家的其他监督制度一道,在促进行政权依法运行方面发挥各自功能,形成监督合力,增强监督实效。(1)对行政检察部门向其他部门或者机关移送线索作出规定。行政检察部门发现行政执法机关对涉嫌犯罪案件应当移送公安机关立案侦查而不移送,或者公安机关可能存在应当立案而不立案情形的,应当移送;发现属于纪检监察机关管辖的公职人员涉嫌职务违法犯罪线索的,依照《关于人民检察院向纪检监察机关移送问题线索工作的实施意见》规定程序移送;发现属于人民检察院侦查部门管辖的司法工作人员涉嫌职务犯罪线索的,依照《人民检察院内部移送法律监督线索工作规定》的规定移送；发现涉嫌其他刑事犯罪线索的，依法向公安机关移送。（2）协同机制。《行政违法行为监督意见》规定了协同参与政府开展的行政执法监督、案件评查等活动，也对积极争取支持提出要求："积极争取党委、人大的重视与支持，定期或者不定期报告行政违法行为监督工作情况，协同参与党委及其政法委开展的执法监督，人大常委会开展的执法检查，确保在党的领导和人大监督下积极稳妥推进。"检察机关开展行政违法行为监督，要始终在党委领导、人大监督之下进行，确保正确的履职方向。协同开展执法监督，是检察机关争取支持的重要形式。对于党委及其政法委交办的案件线索、人大交办的案件线索，检察机关都要认真办理。法律明确规定属于其他监督制度监督范围的行政违法行为，检察机关不宜开展监督，避免多头监督。对于未成年人检察、知识产权检察等同时具有"四大检察"办案职能的综合履职部门，出于办案效率的考虑，其在办案中发现的行政违法行为监督线索，不再移送行政检察部门办理。（3）规定就同一违法情形，通过行政公益诉讼已经督促行政机关纠正违法，并且实现行政相对人权利救济的，不再启动行政违法行为监督程序。

四、高质效办好每一个行刑反向衔接案件

2023 年 1 月，应勇检察长在全国检察长会议上强调，要通过"做实'双向衔接'""着力加强行政违法行为监督"，进一步加强行政检察工作。2023 年 7 月，最高人民检察院印发《关于推进行刑双向衔接和行政违法行为监督　构建检察监督与行政执法衔接制度的意见》（以下简称《意见》），要求检察机关健全行政执法和刑事司法双向衔接机制，统筹考虑与行政违法行为监督的对接，加强与行政执法机关衔接配合，共同促进严格执法、公正司法，切实把党中央加强检察机关法律监督工作的部署要求落到实处。2024 年 11 月，经最高人民检察院第十四届检察委员会第三十九次会议审议通过，制定印发了《人民检察院行刑反向衔接工作指引》（以下简称《工作指引》），为依法规范推动行刑反向衔接

高质效行政检察监督的理论与实践

工作提供了具体可操作的指引。近年来,行政检察在深化和做实传统的行政诉讼监督职能的同时,积极向行刑反向衔接和行政违法行为监督拓展,这两项工作已经成为新时代行政检察新的增长点,特别是行刑反向衔接依程序受案,有效解决了长期困扰基层行政检察发展的案源不足的问题。在高质效办好每一个行政诉讼监督案件的同时,统筹推进刑反向衔接和行政违法行为监督工作,也已经成为全面深化行政检察监督的客观要求。

(一)行刑反向衔接是行政检察尤其是基层行政检察必须扛起的重大责任

行刑衔接,也就是行政执法与刑事司法的衔接,也称"两法衔接"。这项制度建立初期,重点是对于那些应该适用刑罚而只适用了行政处罚的案件,督促行政机关交由刑事司法部门处理,是行政向刑事的单向移送,即正向衔接。其重点监督行政执法机关"有案不移""以罚代刑"的问题。对于依法不需要追究刑事责任或者免予刑事处罚,但是应当给予行政处罚的,司法机关应当将案件移送有关行政机关,即反向衔接,重点是监督"不刑不罚"问题。行刑衔接制度是检察机关加强与行政执法机关衔接配合,共同推进法治中国建设的重要内容。

党的十八大以来,以习近平同志为核心的党中央高度重视健全行刑衔接机制,并提出了一系列明确要求。2013年11月,党的十八届三中全会通过的《中共中央关于全面深化改革若干重大问题的决定》,将"完善行政执法与刑事司法衔接机制"作为全面深化改革的战略部署之一。2014年10月,十八届四中全会通过的《中共中央关于全面推进依法治国若干重大问题的决定》提出要"健全行政执法和刑事司法衔接机制,完善案件移送标准和程序,建立行政执法机关、公安机关、检察机关、审判机关信息共享、案情通报、案件移送制度,坚决克服有案不移、有案难移、以罚代刑现象,实现行政处罚和刑事处罚无缝对接"。2021年,《中共中央关于加强新时代检察机关法律监督工作的意见》,进一步对反向衔接提出明确要求,强调"健全检察机关对决定不起诉的犯罪嫌疑人依法移送有关主管机关给予行政处罚、政务处分或者其他处分的制度"。党的二十届三中全会通过的《中共中央关于进一步全面深化改革 推进中国式现代化的决定》强调，"完善行政处罚和刑事处罚双向衔接制度"。党中央的部署和要求，为深入推进行刑衔接指明了方向。

回顾行刑衔接制度的发展历程，早在2001年，国务院就曾出台《行政执法机关移送涉嫌犯罪案件的规定》。2011年，中共中央办公厅、国务院办公厅转发国务院法制办等部门发布的《关于加强行政执法与刑事司法衔接工作的意见》，明确提出司法机关作出不追究刑事责任决定，向有关主管机关提出行政处罚处理建议并移送案件的要求。而我国《刑法》第37条、《刑事诉讼法》第177条和《行政处罚法》第27条的相关规定成为行刑反向衔接制度重要的法律支撑。《刑法》第37条规定，"对于犯罪情节轻微不需要判处刑罚的，可以免予刑事处罚，但是可以根据案件的不同情况，予以训诫或者责令具结悔过、赔礼道歉、赔偿损失，或者由主管部门予以行政处罚或者行政处分"。《刑事诉讼法》第177条第3款规定，"人民检察院决定不起诉的案件，应当同时对侦查中查封、扣押、冻结的财物解除查封、扣押、冻结。对被不起诉人需要给予行政处罚、处分或者需要没收其违法所得的，人民检察院应当提出检察意见，移送有关主管机关处理。有关主管机关应当将处理结果及时通知人民检察院"。2021年修订的《行政处罚法》第27条规定，"违法行为涉嫌犯罪的，行政机关应当及时将案件移送司法机关，依法追究刑事责任。对依法不需要追究刑事责任或者免予刑事处罚，但应当给予行政处罚的，司法机关应当及时将案件移送有关行政机关。行政处罚实施机关与司法机关之间应当加强协调配合，建立健全案件移送制度，加强证据材料移交、接收衔接，完善案件处理信息通报机制"。这些都从立法上完善了"两法衔接"制度。此外，2012年公安部《公安机关办理刑事案件程序规定》、2016年《公安机关受理行政执法机关移送涉嫌犯罪案件规定》，2021年《最高人民检察院关于推进行政执法与刑事司法衔接工作的规定》，以及执法司法机关出台的其他系列规定，都为促进行刑双向衔接工作的规范化奠定了重要制度基础。

《意见》要求,在检察机关内部,行刑双向衔接工作由行政检察部门牵头。其中,反向衔接,即向行政执法机关移送行政处罚案件、提出检察意见,由行政检察部门负责。这一创新性的机制建设为完善新时代行政检察工作格局开创了新的天地。《意见》按照"一个部门牵头抓总,其他部门各负其责,全院一体协同履职,相互配合形成合力"的原则,调整优化检察机关内部分工:即行刑正向衔接由普通犯罪检察部门牵头负责、行刑反向衔接和行政违法行为监督由行政检察部门牵头负责,信息共享平台建设由信息技术部门牵头负责,其他部门各负其责,全院一体协同履职。检察机关调整优化内部分工后,行刑反向衔接工作得到有力加强。据统计,2023年共对检察机关决定不起诉但仍需给予行政处罚的案件,向有关主管机关提出检察意见11.3万人。2024年,行刑反向衔接力度进一步加大和规范推进,全年全国检察机关对决定不起诉但需要给予行政处罚的,向有关主管机关提出检察意见16.02万人。高质效办好每一个行刑反向衔接案件,是行政检察特别是基层行政检察的新增任务,必须扛起这一重大责任。

(二)严格把握可处罚性,依法规范推动行刑反向衔接

应勇检察长多次强调,行刑反向衔接要严格把握"可处罚性",规范办理标准和流程,加强实质性审查,促进严格执法。办好行刑反向衔接案件,是否提出给予行政处罚的检察意见,核心在于严格把握"可处罚性"。要认真落实《工作指引》,进一步促进完善行政处罚和刑事处罚双向衔接制度,严格把握"可处罚性"原则,规范提出检察意见,持续加强跟踪督促。

检察机关开展行刑反向衔接提出检察意见,既需要有给予行政处罚的法律依据,又需要进行个案法益衡量。由此,可处罚性既包括处罚法定性,又包括处罚必要性。前者是指被不起诉人因其实施违法行为,依照相关行政法律规范应当受到行政处罚;后者是指基于个案法益衡量后应当受到行政处罚。判断把握可处罚性,要注重把握以下四个基本要求。一是坚持证据充分。检察机关提出检察意见涉及的违法行为应当事

实清楚、证据充分。对于证据不足不起诉类行刑反向衔接案件,全案事实不清的,不应制发检察意见;部分违法行为已经事实清楚、证据确实充分的,可就已经查实的违法行为制发检察意见。二是坚持处罚法定。检察机关制发给予被不起诉人行政处罚的检察意见,要以法律、法规、规章已对被不起诉人事实的违法行为规定了行政处罚为前提;被不起诉人虽然实施了违法行为,但法律、法规、规章未规定行政处罚或违法行为发生时相关法律未施行或者已废止的,不应制发检察意见。三是坚持综合考量。有关法律、法规、规章对被不起诉人实施的违法行为规定了行政处罚的,还应综合考量被不起诉人的自身情况、已被采取刑事拘留、逮捕措施,以及积极赔偿、取得谅解、修复环境等恢复受损法益等特殊情形,综合判断给予行政处罚的必要性,避免走向"大过不罚""小过重罚"等极端。四是坚持审慎谦抑。办理行刑反向衔接案件,既要避免"不刑不罚",又要防止"越权监督""不刑就行""替代裁量"。被不起诉人实施的违法行为与其涉嫌的犯罪无逻辑或事实上关联的,不属于检察机关行刑反向衔接职权范畴,也不属于行政违法行为监督范畴。无法根据在案证据认定被不起诉人实施违法行为的,不宜建议行政机关给予行政处罚。被不起诉人实施的违法行为与其涉嫌的犯罪有逻辑或事实上的关联的,应尊重行政机关的法定裁量权,不宜建议行政机关给予具体种类、幅度的行政处罚。

从行刑反向衔接实践看,审查是否具有"可处罚性"要注重从以下五个方面来审查:一是定性问题。即有没有违法行为发生,这是首先要判断的。二是定规问题。就是相应的行政处罚的依据,比如行政法规范。三是定向问题。就是没有超过处罚时效,过了时效的,那就不可能追究了。四是定量问题。各种法定、酌定的从轻减轻处罚情节,包括行政处罚法确定的首违不法、轻微不罚、无过错不罚这些相关情节。五是定责问题。就是管辖的问题,到底哪个部门有这个职责,检察意见发给谁。这五个方面,都会对判断可处罚性带来影响。

《工作指引》重点对"可处罚性"作了细化规定,"可处罚性"包括处罚法定性和处罚必要性两方面。

第一,严格把握行政处罚法定性。行政处罚是以减损权益或增加义务的方式惩戒违法行为人,会使其精神、财产或自由受到损害或限制。处罚法定性是判断应当给予行政处罚的基础。《工作指引》第8条明确规定了判断处罚法定性需要注意审查的两个基本条件,即被不起诉人的行为是否违反行政管理秩序,以及是否有法律、法规、规章对该行为给予处罚的规定。也就是说,检察机关办理行刑反向衔接案件必须以事实为依据,以法律为准绳。首先,要查明案件事实。事实不清、证据不足的,不得提出给予行政处罚的检察意见。如需调查核实的,应当根据《工作指引》第11条的规定,依照《行政诉讼监督规则》有关规定依法开展。其次,要查清应当给予行政处罚的法律依据。根据行政处罚法规定,行政处罚的法律依据必须是法律、法规或规章,其他规范性文件不能规定给予行政处罚的行为、种类和幅度等。个别违法行为虽然具有社会危害性,如有涉嫌职务侵占达不到起诉条件的,但没有明确的行政处罚法律依据,目前则不能提出给予行政处罚的检察意见。还需要注意的是,行政处罚适用法律以从旧兼从轻为原则,在工作实践中应当注意法律依据的修改、废止和新法的实施。最后,检察机关认为不应当给予被不起诉人行政处罚的,也要符合法定性要求。

《工作指引》第10条列举了法律明确规定的不予行政处罚的几种主要情形。其中第1项是"违法行为超过行政处罚时效的"。行政处罚时效是对违法行为人违反行政管理秩序的行为给予行政处罚的有效期限,用以平衡法的效率性和安定性。根据违法行为的性质和情节,我国现行法律规定分别设置了6个月、2年、5年的行政处罚时效,在适用时要严格予以区分,对已经超过行政处罚时效的,应当依法终结审查。第2项"不满十四周岁的未成年人实施违法行为的",第3项"精神病人、智力残疾人在不能辨认或者不能控制自己行为时实施违法行为的",主要针对特殊主体,在行为人不具备相应认知能力、辨认能力、控制能力和责任能力的情况下,依法不能给予行政处罚。对于上述情况,可以协调有关主管机关督促监护人加强管教、看管或治疗。第4项"违法行为轻微并及时改正,没有造成危害后果的",适用时要注意三个条件的同时满足,即违法行为轻微、及时改正和没有造成危害后果。其中,及时改正体现的是违法行为人的主观动机,是违法行为人及时并主动改正违法行为,而不是在行政主管机关或司法机关强制下的被动纠正。而没有造成危害后果则应当是违法行为没有引起现实性的损害,或经过改正行为已经消除了违法行为原本造成的损害危险。第5项是"当事人有证据足以证明没有主观过错,且法律、行政法规未另行规定的"。一般情况下,有违法行为的发生,即推定违法行为人具有主观过错,有关主管机关无须提供证据证明,但当事人有证据证明没有主观过错,不予行政处罚。同时,还要注意法律法规的另行规定,如道路交通安全法对客运超员、货运超载的处罚,不考虑违法行为人的主观过错;对遮挡、污损机动车号牌的处罚,则以主观故意为要件。第6项作为兜底条款,具有法律、法规、规章规定的不予行政处罚的其他情形的,依法不提出检察意见。

第二,全面把握行政处罚必要性。给予行政处罚的必要性是在法定性基础上的进一步考量,行政检察人员办理行刑反向衔接案件时,要善于在法理情的有机统一中实现公平正义。

《工作指引》第9条根据行政处罚法、刑法等相关规定,列举了处罚必要性审查的考量情形。其中,第1项是"已满十四周岁不满十八周岁的未成年人、尚未完全丧失辨认或者控制自己行为能力的精神病人、智力残疾人有违法行为的"。如前所述,未成年人和精神病人、智力残疾人在辨认能力和控制能力上有所欠缺,不同主体在适用行政处罚方面也有所不同。为了更好地教育和挽救,对已满14周岁不满18周岁的未成年人有违法行为的,应当从轻或者减轻行政处罚。而尚未完全丧失辨认或者控制自己行为能力的精神病人、智力残疾人有违法行为的,可以从轻或者减轻行政处罚。另外,间歇性精神病人在精神正常时有违法行为的,与常人无异,应当予以行政处罚。

第2项是"初次违法且危害后果轻微并及时改正的"。这种情形下可以不予行政处罚,在一定程度上给予违法行为人容错和改正机会,体现了处罚与教育相结合的原则。需要注意的是,该项规定没有违法行为轻微的限制,但明确危害后果轻微并及时改正,作为首违不罚的两个条件。

第 3 项"主动消除或者减轻违法行为危害后果的"和第 4 项"受他人胁迫或者诱骗实施违法行为的",都属于应当从轻或者减轻行政处罚的情形。违法行为人主动消除或减轻危害后果或受胁迫、诱骗的,表明其违法动机不强、过错程度较轻、再次违法可能性较小,对其从轻或减轻处罚,符合过罚相当、处罚和教育相结合的原则。

第 5 项是"已经予以训诫或责令具结悔过、赔礼道歉、赔偿损失的"。我国《刑法》第 37 条规定,"对于犯罪情节轻微不需要判处刑罚的,可以免予刑事处罚,但是可以根据案件的不同情况,予以训诫或者责令具结悔过、赔礼道歉、赔偿损失,或者由主管部门予以行政处罚或者行政处分"。从本条的规定看,"予以训诫或者责令具结悔过、赔礼道歉、赔偿损失",与"由主管部门予以行政处罚或者行政处分",是可以根据案件的不同情况,由司法机关选择适用的。《人民检察院刑事诉讼规则》第 373 条第 1 款根据《刑法》第 37 条,规定"人民检察院决定不起诉的案件,可以根据案件的不同情况,对被不起诉人予以训诫或者责令具结悔过、赔礼道歉、赔偿损失"。训诫是对犯罪人进行公开谴责的一种教育方法;责令具结悔过是责令其用书面方式保证悔改、不再重犯;责令赔礼道歉是责令其承认错误,向被害人表示歉意的教育方法;对于因犯罪人的犯罪行为遭受经济损失的被害人,可以责令其给予被害人一定经济补偿。具备本项情形的可以不提出检察意见,主要是因为,对于违法行为人已经给予了相应的非刑罚处置措施。

第 6 项是"当事人达成刑事和解,或情节轻微并获得被害人谅解的"。符合本项情形的,可以不提出检察意见。根据我国《刑事诉讼法》第 288 条、第 290 条的规定,对于特定案件,犯罪嫌疑人、被告人真诚悔罪,通过向被害人赔偿损失、赔礼道歉等方式获得被害人谅解,被害人自愿和解的,双方当事人可以和解。对于达成和解协议的案件,犯罪情节轻微,不需要判处刑罚的,人民检察院可以作出不起诉的决定。《最高人民检察院、公安部关于依法妥善办理轻伤害案件的指导意见》第 18 条中规定"被不起诉人在不起诉前已被刑事拘留、逮捕的,或者当事人双方已经和解并承担了民事赔偿责任的,人民检察院作出不起诉决定后，一般不再提出行政拘留的检察意见"。《最高人民法院、最高人民检察院关于办理盗窃刑事案件适用法律若干问题的解释》第 7 条规定，被害人谅解且符合相应条件的可以不起诉，必要时由有关部门予以行政处罚。本项根据上述法律和司法解释的规定，明确了"当事人达成刑事和解，或情节轻微并获得被害人谅解的"情形下，检察机关可以不提出检察意见。

第 7 项是"当事人因同一违法行为已受到行政处罚的"。该项规定遵循的是一事不再罚原则，即对违法行为人的同一违法行为不得以同一事实和同一理由，给予两次以上的处罚。但对于法律规定应当在不同处罚种类中给予并罚的，不受该项规定的限制。对于没有明确是否应当并罚的情形，可以考虑重处罚吸收轻处罚，如已经采取过行政拘留处罚的，可以不再提出应当给予罚款的检察意见。第 8 项是兜底条款，即"法律、法规、规章规定的其他情形"。

五、一体抓实"三个管理"，以高水平管理推动做实高质效行政检察办案

应勇检察长指出，越是强调高质效办案，越是要高水平管理。最高人民检察院党组落实党中央关于整治形式主义为基层减负决策部署，坚持严格依法、实事求是、遵循司法规律，提出"一取消三不再"，一体抓实"三个管理"，构建检察"大管理"格局，引导检察人员将注意力和主要精力更加聚焦到高质效履职办案上。行政检察要深化理念引领，狠抓习惯养成，完善制度规范，强化刚性约束，一体抓实业务管理、案件管理和质量管理，推动有质量的数量和有数量的质量统一于实现公平正义，做实高质效办好每一个行政检察监督案件。

（一）全面准确把握一体抓实"三个管理"对新时代行政检察工作提出新的更高要求

2024 年 10 月，最高人民检察院先后召开检察委员会（扩大）会议

和党组会议，研究加强和改进检察管理、为基层减负的措施，提出"一取消三不再"，一体抓实"三个管理"。应勇检察长强调，要"取消一切对各级检察机关特别是基层检察机关的不必要、不恰当、不合理考核，不再执行检察业务评价指标体系，不再设置各类通报值等评价指标，不再对各地业务数据进行排名通报"，切实、真正把检察管理从简单的数据管理转向更加注重业务管理、案件管理、质量管理上来，更加注重对重点案件类型、重点办案领域、重要业务态势的分析研判上来，更加注重落实和完善司法责任制上来，引导各级检察机关、广大检察干警树立和践行正确政绩观，进一步聚焦法律监督主责主业，进一步回归高质效履职办案本职本源，进一步落实和完善司法责任制，把注意力和主要精力聚焦到高质效办好每一个案件和案件的每一个环节上，朝着"努力让人民群众在每一个司法案件中感受到公平正义"的方向不懈努力。① 在此之前的 2024 年 1 月，最高人民检察院下发《关于加快推进新时代检察业务管理现代化的意见》，要求以"高质效办好每一个案件"为基本价值追求，以检察业务管理为主线，构建全员参与、权责明晰、系统完备、规范高效的检察业务管理新格局。应勇检察长在为 2025 年春季学期首批调训班次授课时强调，检察管理是持续推进习近平法治思想的检察实践的重要内容和重要保障。要聚焦法律监督主责主业，遵循司法规律、管理规律，立足检察权运行特点，落实和完善司法责任制，着力构建检察"大管理"格局，一体抓实检察业务管理、案件管理、质量管理，与时俱进提升检察管理能力和水平，以高水平管理推动做实高质效办案，努力让人民群众在每一个司法案件中感受到公平正义。② 这些都为行政检察一体抓实"三个管理"、促进高质效办好每一个行政检察监督案件提供了重要遵循和指引。

行政检察是新时代人民检察院"四大检察"法律监督总体布局的重

---

① 《最高检党组会、检委会研究部署加强检察管理、为基层减负工作》，载最高人民检察院网 2024 年 10 月 16 日。
② 《检察"大管理"怎么抓？首席大检察官开讲》，载正义网 2025 年 3 月 31 日。

要组成部分，肩负着促进审判机关依法审判和行政机关依法履职的双重责任，在推进国家治理体系和治理能力现代化中发挥着重要作用。新时代行政检察站位要高、视野要宽、方向要明确、路子要走稳，既要加大工作力度，强化行政检察履职，破解不敢监督、不善监督、监督不力问题；又要贯通推进行政检察业务管理、案件管理、质量管理，引导行政检察人员树立和践行正确政绩观，进一步聚焦法律监督主责主业，进一步回归高质效履职办案本职本源。行政检察履职要以行政诉讼监督为重心，以统筹推进行刑反向衔接和行政违法行为监督为新的增长点，以法治化实质性化解行政争议为牵引，形成上下级检察院各有侧重、上下联动、全面履职的行政检察工作格局，实现有力监督、有效监督。行政检察业务管理、案件管理、质量管理要以高质效办好每一个行政检察案件为核心，以落实和完善司法责任制为主线，以案件质量检查评查和司法责任追究惩戒为抓手，以努力让人民群众在每一个司法案件中感受到公平正义为目标，把高质效办好每一个案件的基本价值追求落实到行政检察的每一个办案组织、每一名检察官、每一个案件、每一个办案环节。

（二）完善和落实高质效办好每一个行政检察案件规范体系

最高人民检察院党组强调，在准确把握履职办案特点和规律的基础上，要积极探索、分类构建检察机关高质效办案的规范体系。这是一体抓实"三个管理"，做实高质效办好每一个案件的前提和基础。对行政检察来说，就是要构建科学完备的行政检察制度规范，夯实业务管理制度基础。行政检察工作起步晚、底子薄，制度规范也相对薄弱，加之近年来新增职能业务多，更需要加强制度规范建设。最高人民检察院行政检察厅从单设之初，就把建立健全行政检察制度规范置于突出位置来抓，坚持抓本厅和抓系统并重，全方位构建行政检察制度规范体系。一是在诉讼内监督方面，全面修订行政诉讼监督规则，制定出台行政争议化解、行政类案监督、行政非诉执行监督、行政诉讼执行监督、行政检察监督案件听证、行刑反向衔接六个工作指引，全面规范监督办案范围、程序和方式。在检察一体履职方面，印发《关于做好行政诉讼监督

高质效行政检察监督的理论与实践

与人民法院跨行政区域集中管辖行政案件衔接工作的意见》。加强法律文书规范，印发《行政检察法律文书格式样本》。二是在诉讼外监督方面，制定下发《意见》并配套发布三个问题解答，印发《行政违法行为监督意见》，明确了行政违法行为监督、行刑反向衔接的范围、程序和方式。会同司法部印发《司法行政强制隔离戒毒检察监督试点工作的通知》，明确强制隔离戒毒检察监督的范围、程序和方式。三是针对突出问题，会同最高法印发《关于规范办理行政再审检察建议案件若干问题的意见》，会同最高法、司法部和国务院相关部委建立"3+N"行政争议预防与实质化解机制，会同最高法、公安部、民政部印发《关于妥善处理以冒名顶替或者弄虚作假的方式办理婚姻登记问题的指导意见》，会同自然资源部印发《关于建立行政检察与自然资源行政执法衔接工作机制的意见》。四是规范本厅业务和案件管理。出台《第七检察厅工作规则》《第七检察厅行政诉讼监督案件办案流程》《第七检察厅适用简化程序办理行政诉讼监督案件若干规定》《第七检察厅关于加强行政抗诉案件跟踪问效的办法》《第七检察厅检察官联席会议议事规则》《第七检察厅检察建议备案审查工作规定》《第七检察厅防范干预司法办案工作规定》《第七检察厅案件质量检查工作办法》《第七检察厅行政诉讼监督案件归档管理办法》《第七检察厅书记员工作指南》，等等。已经构建起覆盖行政检察主要业务职能、比较完备的制度规范体系。2025年，还要研究制定《人民检察院行政审判人员违法行为监督工作指引》。各级检察机关行政检察部门要认真落实《行政诉讼监督规则》和相关工作指引、工作意见，结合各地实际予以深化细化。在此基础上，最高人民检察院行政检察厅要完善和落实行政检察年度工作要点、业务通报、业务督办、业务交流、业务培训、业务竞赛、问题解答、督促指导等制度机制，全面引导行政检察人员明确工作方向、工作重点、重要抓手、重点举措。要落实行政检察重大、敏感案件请示报告和备案审查工作制度，完善和落实案例指导制度，积极编写、报送、发布案例，持续发挥指导性案例、典型案例和参考案例示范引领作用，并列入行政检察业务年度培训范围。要加强对行政检察不同业务、不同案件类型高质效办案标准的研究，为业务质效分析、案件质量检查评查提供科学客观的评价标准。

（三）加强行政检察业务质效分析研判

相对于案件管理和质量管理，业务管理侧重通过数据统计分析，对检察业务的趋势、规律、特点进行研判，有针对性地加强和改进工作。应勇检察长强调，要把常态化、机制化开展行政检察业务质效分析研判作为抓管理、促业务、提质效的重要任务，抓好重点案件类型、重点办案领域、重要业务态势的分析研判，更加全面准确掌握动态、把握趋势、查找问题、研提对策，促进高质效办案。一要牢记业务数据是业务管理的基础，在数据真实、客观、准确的基础上对履职办案进行全面深入分析，在宏观层面找准影响办案质效的"症结"，为高质效办案提供科学全面的参考和依据。二要充分发挥业务数据的分析研判功能，开展行政检察业务综合质效分析，对全国行政检察履职办案质量、效率、效果进行全面深入分析，把握行政检察业务态势，找准影响检察办案质效的"症结"。省市级检察院行政检察部门要注重结合本地实际，分析本地区行政检察业务态势。业务质效分析研判要更加注重对抗诉、再审检察建议、纠正违法检察建议、检察意见等重要业务态势，征地拆迁、资源管理、公安管理、社会保障等重点办案领域，生效裁判监督、行政执行监督、行政违法行为监督、行刑反向衔接等重点案件类型的分析研判。同时，不定期针对细分办案领域、关键办案环节、异常数据开展专题分析，对背后的趋势性、倾向性、典型性、异常性问题等分析原因、研提对策。

（四）贯通抓好行政检察案件管理

相对于业务管理和质量管理，案件管理侧重对案件的分配、流程、实体等进行全方位管理，确保案件分配科学、过程可控、结果公正。从行政检察部门来讲，贯通抓好行政检察案件管理，既要强化自我管理又要自觉接受案管等部门的制约监督。一方面，强化案件自我管理。行政检察部门和行政检察人员应当提高自我管理意识，遵循符合司法责任制要求的检察权运行规律特点，坚持"放权"与"管权"相结合，压实部门负责人、主办检察官对检察官履职办案的监督管理责任。一要把好案件分配关。优化办案职权划分，在坚持检察官随机分案的基础上，区分案件具体性质、难易程度等，通过组建专业化办案团队或者指令分案等方式进行科学分配。二要把好办案期限关，落实最高人民检察院行政检察厅《关于规范行政诉讼监督案件中止审查严格执行办案期限的通知》，规范中止审查的适用条件，明确中止审查法定事由，加强对办案期限的监督管理。严格落实未结案件管理机制，严格办理延长审查期限手续，规范填报审批表，注明上次延期到何时、此次是第几次延期、申请延长时间等，并层报部门领导和院领导审批。三要把好案件承办和审核关。检察官负责把控办案进度，全程规范使用检察业务应用系统办理案件，指导检察辅助人员参与案件办理。办案人员要准确、规范、同步、完整填录行政检察案件信息，及时上传相关案件材料和电子卷宗，严格按照相关规定做好案件信息公开工作。主办检察官负责组织、指挥、协调办案组承办案件并对办案组成员进行管理。行政检察部门负责人对提请检察委员会讨论、报请检察长决定的案件进行审核，对检察官办理案件的审查终结报告、抗诉书、再审检察建议书、检察建议书、检察意见书等重要法律文书进行审核，负责召集检察官联席会议讨论案件，对本部门检察人员开展考核管理。实质性发挥检察官联席会议制度作用，参加会议的检察官应当围绕争议焦点进行有理有据的发言，提出明确意见，为全面、准确研判案件提供有价值的参考意见。四要把好跟踪问效关，落实《关于加强行政抗诉案件跟踪问效的办法》，对于提出抗诉案件，及时跟踪了解案件进展情况，避免"一抗了之"。另一方面，自觉接受监督制约。全面配合案管部门做好案件质量评查，对案管部门在案件质量评查、案件流程监控、数据质量检查中通报的问题及时核查、认真整改。对控申部门通过信访发现的突出问题查实后及时纠正，针对倾向性问题开展类案分析进行专项整改。坚持"管案"与"管人"相结合，强化案件管理结果的运用，实现对"案"的评价和对"人"的考核同向发力、互促共进。建立履职负面清单，及时将日常监督管理、案件质量检查评查、备案审查等工作中发现的行政检察人员违反检察职责线索移送检务督察部门，并配合做好司法责任调查，共同推动实质性开展追责惩戒工作，倒逼和促进行政检察人员高质效办好每一个案件。建立行政检察工作廉政风险防控机制，梳理廉政风险点，制定防控措施。

（五）建立健全案件质量检查评查机制

相对于业务管理和案件管理，质量管理侧重促进办案实体、程序、效果有机统一。应勇检察长指出，检察官是质量管理的第一责任人。高质效办案的过程就是高质量管理的过程。要把质量管理融入案件办理全过程，注重抓前端、抓过程，紧盯重点环节，强化检察权运行制约监督。一要做好案件质量检查，逐步做到"每案必检"。从最高人民检察院做起，每年对办理的行政检察监督案件进行全面检查，带动各级检察机关把高质效办案的实体、程序、效果要求落到实处，引导每名检察官真正当好高质效办案的"第一责任人"。建立由办案人员自查、办案部门组织核查的"每案必检"案件质量检查机制，作为案件归档前的必经程序。以审查终结报告、抗诉书、再审检察建议书、检察建议书、检察意见书等法律文书为载体，重点检查案件事实认定、证据采信、法律适用、案件处理以及重要办案程序，实现案件质量检查常态化、规范化和实质化。二要定期或者不定期开展专项评查。围绕行政生效裁判监督应监督未监督、"不支了之"引发当事人申诉信访、检察建议"一发了之"、行政审判和执行活动监督浅表化、反向衔接案件"可处罚性"标准把握不准、行政违法行为监督履职边界不清晰等突出问题，定期或者不定期开展专项检查或者专项评查，加强检查评查结果讲评，有针对性地提出改进和加强工作的具体措施，促进办案质效提升。三要紧紧扭住审结报告开展案件评查。行政检察文书既是办理案件的客观记录，是总结办案经验和审查案件的重要依据，也是检察机关行政检察办案质量的反映。要认真执行《人民检察院行政诉讼监督法律文书格式样本》，规范各类型行政诉讼监督法律文书制作，保证依法、公正、高效办理行政诉讼监督案件。要组织对《行政检察法律文书教程》的教育培训,熟练掌握各类法律文书的制作要求,促进依法规范办案。要适时开展优秀行政检察法律文书评选活动,通过典型示范、问题整改等形式,有效提升行政检察法律文书的质量和水平。四要坚持案件质量检查与质量评查相衔接,将检察官自查、办案部门检查、案件管理部门组织的评查等结合起来,逐步做到"每案必检"。要做好案件评查后的司法责任认定与追究,推动检察官惩戒制度实质化运行,真正让司法责任制形成闭环、"长出牙齿"。

(六)发挥检察一体优势加强办案质效事前事中事后管理

一要强化事前管理。完善抗前指导机制,上级人民检察院就下级院拟提请抗诉案件中遇到的疑难复杂问题提出指导意见,帮助下级人民检察院把好提请抗诉关。二要强化事中管理。认真落实重大行政诉讼监督案件报告机制,发现与人民法院对于重大行政诉讼监督案件的处理决定存在分歧的,报请检察长决定或者提请检察委员会讨论后,及时、全面、客观将案件情况予以上报,上级人民检察院根据情况分析研判,作出相应处理。三要强化事后管理。严格落实再审检察建议备案制度,上一级人民检察院对备案的检察建议书从合法性、必要性、说理性、规范性等方面予以审查,经审查认为再审检察建议错误或者不当的,指令下级人民检察院撤回或者变更。持续落实监督意见未采纳案件逐案分析制度,分析监督重点难点,有针对性地改进工作。加强跟进监督和上级院接续抗诉,对法院审理行政抗诉、再审检察建议案件作出的生效判决、裁定、调解书仍符合抗诉条件且存在明显错误的,依照有关规定跟进监督或者提请上级检察院监督。

做优行政检察监督案件
以高质效履职维护公平正义

汪志平[*]

行政检察肩负"维护公正司法、促进依法行政"的重要职责使命，是检察履职融入国家治理的重要环节。如何最大限度发挥检察监督优势，实现诉讼监督与争议化解的有机结合，成为当前行政检察工作提质增效的关键。河北省检察机关坚持在"转理念、强措施、重实效"上下功夫，持续做优行政裁判监督案件办理。2023年，河北省裁判案件监督率43%，同比增长36%，共提出抗诉、再审检察建议63件，同比增加75%。

一、坚持理念引领，持续深化新时代行政检察高质效履职

努力让人民群众在每一个司法案件中感受到公平正义，既是以人民为中心司法理念的具体体现，也是检察机关立足履职办案的应有之义。做深做实做细新时代行政检察，应深刻把握其中的科学内涵和价值逻辑，从理论重塑、办案实践、检察管理等方面向提质增效再聚焦，切实把检察理念现代化贯彻到法律监督的全过程各方面。

---

[*] 汪志平，河北省人民检察院党组成员、副检察长。

高质效行政检察监督的理论与实践

（一）坚持"高质效办好每一个案件"，聚焦"为大局服务、为人民司法、为法治担当"

最高人民检察院应勇检察长在全国检察长会议上的讲话中强调："要聚焦法律监督，突出'高质效办好每一个案件'，更加有力为大局服务、为人民司法、为法治担当。"河北省检察机关牢固树立"高质效办好每一个案件"的基本价值追求，紧紧围绕党和国家的中心任务，保障善治、守护民生，持续推进司法为民检察实践走深走实。

1. 着力推动京津冀协同发展大局。认真落实河北省委出台的"深入推进京津冀协同发展"决定，切实把习近平总书记在河北考察时关于京津冀协同发展的重要讲话精神转化为检察工作的生动实践，牢固树立"一盘棋"思想，拧成"一股绳"监督，为推动京津冀成为中国式现代化建设的先行区、示范区贡献河北检察力量。近3年，河北省检察机关共受理拆违案件300余件，占全部案件总量的80%，以高质效履职积极践行京津冀协同发展战略，深度融入京津冀世界级城市群建设。

2. 着力推动经济社会高质量发展大局。深入贯彻落实党的二十大关于"完善产权保护、市场准入、公平竞争、社会信用等市场经济基础制度，优化营商环境"的重要部署，聚焦法治化营商环境建设，认真履行检察监督职能，打好依法平等保护民营企业合法权益"组合拳"。以《京津冀检察机关关于优化法治化营商环境跨区域协作的工作意见》为牵引，推动常态化、全方位、多领域的交流协作，以高质效业务协同深化营商环境法治建设。部署开展全省护航法治化营商环境小专项活动，共办理案件316件，制发检察建议302件。

3. 着力回应人民群众关心关切。坚持以人民为中心的发展思想，始终把为民司法作为检察履职的宗旨和目标，把践行司法为民理念融入检察工作各环节全过程，持续性常态化抓好行政争议实质性化解工作，让人民群众的获得感、幸福感、安全感更加充实、更有保障。持续开展"全面深化行政检察监督依法护航民生民利"专项活动，聚焦法治化营商环境、不动产、社会治安和道路交通等与群众利益息息相关的领域，共办理护航民生民利案件1542件，制发检察建议1309件，采纳1250件，采纳率为95%。2023年，共实质性化解行政争议685件，其中裁判结果监督案件491件，裁判案件化解率为56.6%。

（二）坚持系统观念，聚焦一体履职凝聚检察合力

检察一体化既是检察权运行范式的基本体现，也是检察机关组织原则的重要内容。立足融合一体发展检察工作格局，优化司法资源配置，综合运用检察履职方式，有效提升法律监督整体效能。

1.构建顺畅贯通的纵向协同机制。发挥最高人民检察院部署、省级院主导、市级院主抓、基层院主责的四级检察机关联动优势，探索行政检察一体化机制，着力整合、发挥内部监督资源优势，以"点线结合"工作模式推动联合办案、信息共享，实现司法办案、人员调配、资源配置、案件管理等方面的一体协作。在办理吴某与S市人社局、省人社厅工伤认定及行政复议一案中，检察机关准确认定"不以存在劳动关系为前提认定工伤"的特殊情形，通过抗诉监督法院纠正错误行政判决。为促进解决当事人实质诉求，三级检察机关协调联动，开展调查核实、争议化解等工作，经抗诉改判最终支付吴某伤残津贴366052元及生活护理费196652元，圆满解决了矛盾纠纷。

2.推进落实紧密衔接的横向配合机制。强化检察部门间沟通协作，构建"线索同步发现、双向移送、协同办理"高效工作模式，破除业务职能壁垒，优化内部分工，实现检察职能融合发展。结合河北检察工作实际，制定下发《关于落实〈关于推进刑双向衔接和行政违法行为监督构建检察监督与行政执法衔接制度的意见〉的实施方案》，明确部门职责分工，通过个案监督以点带面，扩展监督空间，统筹推进检察监督与行政执法衔接工作。2023年，共梳理涉刑事不起诉案件37044人，制发检察意见6150件，共计8025人。

3.完善长效联动的跨区域一体化机制。立足所在地检察机关的地缘优势，强化类案指定集中管辖中的检察协作，延伸社会综合治理等工作触角，不断深化"整体统筹、指挥灵敏、协作配合，统一行使检察权"

的运作机制,更好彰显办案效果。邢台市检察院探索运用全市"行政检察一体化审查"办案模式,督促集中管辖地检察院共享案卷资料,扩大行政案件审查角色,在解决基层监督案源不足问题的同时,有效发挥行政检察职能,实现资源的优化配置。

(三)坚持双赢多赢共赢,聚焦"府检联动"推动依法行政与公正司法双提升

始终坚持"寓支持于监督之中"的理念,把对行政机关执法权监督寓于办案之中,具体落实在诉讼监督案件办理的全过程,以助推合法合理高效行政为目标,依法开展法律监督工作,实现司法权与行政权的良性互动。河北省检察院与省政府联合制定《关于建立"府检联动"工作机制的方案》,在总体方向上,强化行政执法与检察司法衔接,共享信息资源,着力防范化解矛盾风险、推进社会治理创新,协同推进依法行政和公正司法;在重点工作上,切实发挥府检各自职能优势,共同维护国家安全和社会大局稳定、共同构建法治化营商环境、共同加强民生领域法治保障等;在实效保障上,坚持常态化沟通协调,压紧压实责任,对重点工作任务事项实行清单化、闭环式督促落实,确保依法行政与公正司法相互促进、行政机关与检察机关的良性互动,共同打造"府检联动"河北品牌。

二、坚持全面共进,推动案件"质"与"量"同向同行

行政检察的重心是行政诉讼监督。诉讼监督的高质量发展离不开"质"与"量"的逻辑关联,从解决行政检察"不敢""不力"问题入手,处理好规模与质效、指标与业务之间的关系,以全面高质效履职让人民群众能感受、可感受、感受到公平正义,构建公正高效权威的检察监督制度。

（一）紧盯线索发现，抓"原料入口"多元化

1. 储备监督线索。在做好依申请监督案件的同时，加强对不符合监督申请受理条件的生效裁判案件的初步审查，变被动受理为主动发现，突破案源不足难题。稳妥拓展12309检察服务中心线索信息，重点集纳审判机关裁判数据，为高质量开展法律监督奠定基础。

2. 挖掘潜在线索。从生效裁判监督的重点领域入手，如行政行为、政府信息公开、不履行法定职责等，找准行政检察监督的切入点，精准筛选监督信息，有针对性地开展生效裁判监督工作。

3. 推动线索流转。完善线索转化管理流程，进一步强化检察长接访、地方党委交办、长期信访案件的线索流转、监督核查工作，对确有监督必要的，依职权启动监督程序，依托行政与司法的良性互动，实现"三个效果"的效能叠加。2023年，依职权启动生效裁判监督案件140件，占全部生效裁判监督案件的16%。在办理刘某军诉张家口市某县住房和城乡建设局不动产登记纠纷一案中，通过检察长接访耐心倾听申请人诉求，并依职权启动监督程序，严格审查涉及房屋不动产登记的具体行政行为，在向法院提出抗诉的同时督促纠正行政机关依法履职，切实解决了人民群众的操心事、烦心事、揪心事。

（二）紧盯案件审查，抓"生产过程"标准化

1. 固定争议焦点。根据最高人民法院印发的《最高人民法院统一法律适用工作实施办法》规定，结合省内司法实践经验，聚焦法院生效裁判和涉案行政行为，重点审查同案不同判、裁判结果与主要意见相矛盾、法院尚未形成统一裁判意见的新类型案件，抓住统一法律适用标准的关键点，提高审查准确性。

2. 准确认定事实。分案前端，落实繁简分流办案机制，积极构建分流机制中"集中转办""听证""调卷"等程序，实现繁案精办、简案快办，以适应行政诉讼监督规律，促进司法资源的优化配置。阅卷中端，认真落实好《人民检察院行政诉讼监督规则》第四章有关调查核实的适

用规范，就法院生效裁判、被诉行政行为及关联行为是否存在违法情形等焦点问题丰富调查核实内容，进一步完善精细化阅卷审查模式，为精准提出监督意见提供有力支撑。审查后端，全面加强案例检索，结合检索到的指导性案例、典型案例和关联案例对审查意见进行充分论证，在保障法律统一正确适用的同时提升精准监督水平。在办理某县制氧站诉邢台市某县市场监督管理局行政处罚一案中，检察机关结合涉案违法行为事实、性质、情节以及危害程度等因素，准确抓住涉案违法行为获利50元与罚款5万元的巨大差异额，以明显不符过罚相当原则为由向省法院提出抗诉。

3.严格法律适用。以实体审和程序审并重为原则，明确个案具体条款适用问题，特别是针对程序空转案件中存在的程序规范适用错误等情形，依法监督纠正，由点及面进行类案监督，促进法律规范的精准适用，维护相对人合法权益。在办理闫某与某市人力资源和社会保障局行政确认案中，法院认定闫某不能证明其所受意外伤害系因履行工作职责所致，某市人社局作出不予认定工伤决定书并无不当，裁定驳回了闫某的诉讼请求。检察机关依据《工伤保险条例》第14条、第19条，《最高人民法院关于审理工伤保险行政案件若干问题的规定》第4条以及《河北省工伤保险实施办法》第14条的规定，从举证责任分配角度认定，某市人社局应对涉案伤害系非工作原因导致承担举证不能的法律后果，并以适用法律错误为由向法院提出抗诉。法院最终采纳检察机关的抗诉意见。

（三）紧盯系统治理，抓"产品产出"精致化

法治建设既要抓末端、治已病，更要抓前端、治未病。关键是要把握新时代"枫桥经验"的精髓，坚持深化系统治理，紧扣系统治理要求，摒弃"就事论事、就案办案"的错误思想，不断拓展丰富履职的方式方法，运用检察建议、专项报告等方式，按照"个案办理—类案监督—社会治理"的路径和方式，促进解决多层次多领域的共性问题，推动检察履职的步步深入、持续深化。2023年，全省检察机关共制发行政

检察社会治理类检察建议 284 件，占社会治理类检察建议的 30%。邢台市某县院针对自然资源部公开通报的违法占地问题，向同级党委、人大提交专题报告，向县委作专题报告，以涉及永久基本农田、耕地的土地执法案件共性问题为切入点，积极开展类案监督，增强行政检察与行政执法衔接机制的利用率和监督成案率。邢台市检察机关在办理某科技公司诉市人力资源和社会保障局工伤保险资格认定一案中，在全力促成涉案争议实质性化解的同时，与市人社局共同签订《关于加强行政检察与人力资源和社会保障行政执法衔接工作的意见》，针对妇女儿童权益保护等重点领域进行专项协商，推动人社部门严格执法、依法行政，为完善工伤领域社会保障工作提供了制度支撑。

（四）紧盯争议化解，抓"后端调处"实质化

始终坚持和发展新时代"枫桥经验"，以"如我在诉"理念，聚焦行政诉讼程序空转，立足法律监督职能常态化开展行政争议实质性化解工作。充分发挥政治智慧、法律智慧和监督智慧，主动融入矛盾纠纷多元预防调处化解综合机制，构建检府、检法联动化解机制，综合运用调查核实、领导包案、公开听证、司法救助等手段，突出治理实效，促进案结事了。在国某诉承德市某县自然资源和规划局林地使用权确权登记一案中，国某因所颁发林权证涉及地块与他人相重合问题常年上访并向法院提起诉讼，法院以超过法定期限为由驳回起诉。检察机关经前期调查核实，邀请县林业和草原局、不动产登记中心、镇政府、村民委员会等相关人员，召开"上门听证会"，对案涉行政裁定从程序和实体上进行释法说理，最终国某撤回了监督申请，这起持续 17 年的行政争议成功化解。在廊坊市某县院办理的张某甲与县自然资源和规划局行政登记检察监督案中，市、县两级检察院成立联合办案组，合力协调相关机关，在督促履职的同时促进修复受损的行政法律关系，有效加强对老年人合法权益的保护，促进争议实质性化解，入选最高人民检察院"检察为民办实事"行政检察与民同行典型案例。

三、坚持效果导向，通过高标准助力高质效案件办理

牢牢抓住"质效提升"这一根本导向，着力健全检察工作机制，从完善考评制度、强化权力监督、发展数字检察等多方面，通过深化内部机制改革，优化案件质量评查体系、完善案件质量管控机制等方面健全提升办案成果，为高质效办理案件提供机制保障。

（一）以多元工作举措夯实机制建设

定期召开月季度业务数据分析研判会，加强对异动数据的关注，通过数据变化精准找出制约工作发展的短板弱项，提出针对性改进措施，并通过不断深化检察业务数据分析研判工作，提升办案质效，推动实现对检察办案的科学管理。持续优化以案促建工作方法，与省高级法院会签《关于加强行政审判与行政诉讼法律监督工作的会议纪要》，就监督程序、调阅卷宗等方面统一认识，共同建立联席会议、业务交流、争议化解等机制，切实保障办案质效。注重培养行政检察业务专业能力，搭建办案交流平台，促进跨区域检察机关在专业素质、专业思维和专业精神上进行沟通交流，以强基础为抓手，组织先进市县院就生效裁判结果监督案件办理作经验分享，发挥示范引领作用，共同提升工作能力。

（二）以开展案后评查复盘确保监督质量

案件质量评查是科学评判检察机关法律监督成效和依法履职质效的重要手段，以全面评价、整体评价、组合评价、实绩评价为标准，做到个案质量、效率、效果的有机统一。创新"线上+线下、初评+复评"评查模式，聚焦"实体+程序+裁判结果"重点环节，围绕案件事实认定、法律适用、程序手续、监督结果等方面，细化评查标准，形成发现问题、通报问题、推动整改的闭环评查模式，有效提升监督规范化水平。连续两年组织开展生效裁判监督案件专项评查，对近百件依职权启动生效裁判监督案件进行专项检视，并及时通报评查结果，对有关法律适用、文书格式等方面的共性问题，通过培训、交流等方式予以改进；

对涉及个案的个性问题，及时推动问题补正整改，避免同类问题发生，倒逼办案质效提升。

四、坚持数据赋能，积极构建行政数字检察工作模式

深入实施数字检察战略，培树大数据思维，采用"平台+模型"的立体组织建设思路，科学构建行政检察大数据监督模型，加快信息平台建设，提升行政检察现代化水平。

（一）搭建智慧辅助平台

以着力解决行政检察监督存在的"量小""质弱"问题为目标，积极研发大数据智能监督平台，集成案件拓源、高标提质、智慧借助、动态管理等多维功能，实现案件线索集中化、案件办理智能化、案件数据可视化、案件调度立体化，重点破题基层检察院监督案源不足问题。同时，构建更大范围、更广领域"数据池"，将近年来法院裁判文书、相关法律法规及典型案事例、政府权力清单等数据分类分批导入，推进行政机关与检察机关信息共享、数据联通，在为行政检察办案学习提供数据文库支撑的同时，也为行政检察监督提供源源不断的潜在线索。

（二）运用推广数字模型

牢固树立"不求所有、但求所用"数据观念，强化业务部门在模型研发应用中的主导责任，抓住行政检察监督"小切口"问题，针对特定类型案件归纳有效特征，有针对性地开展法律监督。截至目前，全省检察机关开发检察大数据模型20余个。其中，承德市院研发的未依法实施"一超四罚"行政违法行为类案监督模型，聚焦货运车辆超载超限处罚，推广适用后发现案件线索4700余条。

（三）借助外脑科学决策

优化专家咨询模式，建立同高校、科研院所等多方协作联合机制，

共同开展课题研究、人才培养、教学实践，推动检察理论研究的深入开展。充分发挥特约检察官助理的专业优势，从第三方视角为行政检察监督工作建言献策，弥补检察工作的短板和局限性，最大限度凝聚共识力量，督促提升检察履职能力。积极引入成熟科研技术，通过借助"智库"激发大数据对法律监督工作的放大、叠加、倍增功能，实现以智能增效能，更好为检察监督服务。

行政检察实质性化解行政争议：
核心问题、实践模式和发展方向

王敬波　章许睿[*]

党的二十大报告明确指出："强化对司法活动的制约监督，促进司法公正。加强检察机关法律监督工作。"[①]自 2019 年检察机关内设机构改革专设行政检察部门以来，行政检察认真落实党中央决策部署和最高人民检察院党组要求，构建"诉讼内监督和诉讼外监督并举，以行政诉讼监督为基石，以行政争议实质性化解为牵引，以行政非诉执行监督和行政违法行为监督为新的增长点，上下级院各有侧重、上下联动、全面履职"的新格局，实现了行政检察职能从小到大、由虚到实的根本性转变。[②]作为检察机关的具体功能由分化走向合一的突出表现，行政检察部门的设立改变原先"重刑轻民""重刑事轻行政""行刑民机构不分"的功能分化局面，使得"四大检察"新格局由此显现。行政争议实质性化解来源于行政诉讼法的原则性要求，2014 年修订的《行政诉讼法》第 1 条明确将"解决行政争议"列为立法目的，作为行政诉讼争端解决机制的宗旨之一。理论上认为，所谓行政争议的"实质性"化解主要体现

---

[*] 王敬波，黑龙江大学校长、教授、博士生导师；章许睿，对外经济贸易大学博士生。
[①] 习近平：《高举中国特色社会主义伟大旗帜　为全面建设社会主义现代化国家而团结奋斗——在中国共产党第二十次全国代表大会上的报告》，载《人民日报》2022 年 10 月 26 日。
[②] 张相军、周雷：《全面深化行政检察监督　完善中国特色行政检察监督体系——2022 年行政检察研究综述》，载《人民检察》2023 年第 1 期。

在司法审查广度上的整体性、司法审查深度上的一揽式和司法审查厚度上的可接受性。[①]作为依法履行监督职责的国家监督机关，人民检察院既是保障行政诉讼依法运行、促进行政机关依法履职的法定主体，也是推进法治中国建设、促进中国式现代化的重要力量。2021年6月印发的《中共中央关于加强新时代检察机关法律监督工作的意见》（以下简称《意见》），明确要求检察机关"在履行法律监督职责中开展行政争议实质性化解工作，促进案结事了"，意味着行政争议实质性化解已成为检察履职的最重要表现之一。

中国特色法治监督模式的逐步构建，使得行政审判中行政争议化解之监督成为值得关注的问题。现有理论研究多聚焦于审判机关对行政争议实质性化解的作用。但是，对于监督审判机关的检察机关而言，其亦能发挥化解行政争议的作用，只不过此种作用的判断标准、规范基础、实践模式尚未形成理论体系。传统以抗诉为主导的检察监督模式注重被监督行为的合法性问题，与新时代检察机关参与社会治理职能产生矛盾。由此，需要明确的是，检察机关如何通过个案监督实现行政争议实质性化解，行政检察实质性化解行政争议的效果如何判断，同时需明确检察机关如何在个案解决基础上加强新时代社会治理。本文聚焦行政检察促进行政争议实质性化解功能，对新时代行政检察实质性化解争议的核心问题和实践模式作出分析，并从理念目标、规范体系和治理模式等层面予以展望，希冀助益于新时代中国特色行政检察实质性化解争议模式的持续发展。

一、行政检察实质性化解行政争议的既有讨论和核心问题

检察机关的法律监督职能由宪法所赋予，从法律监督的根本职责即

[①] 参见章志远：《行政争议实质性解决的法理解读》，载《中国法学》2020年第6期。

维护法制统一的意义上说，法律监督的对象应当是法律实施。①受马克斯·韦伯社会学理论中"理想类型"的方法论影响，②美国学者达玛什卡在此基础上研究政治与司法之间的独特关系，构建了以政治为维度的司法程序模型。③根据该模型，中国式行政检察实际上呈现"科层型权力组织的政策实施程序"和"科层型权力组织的纠纷解决程序"相结合的特征。人民检察院在科层型权力组织之下，兼具政策实施和纠纷解决的双重功能，而中国式现代化行政检察实际上就包括了纠纷解决政策的实施。为准确定位行政检察实质性化解行政争议的法理正当性，需要结合行政争议实质性化解的核心内容予以具体分析。

（一）行政检察何以实质性化解行政争议

第一，检察监督的权力定位分析。检察权是由宪法所赋予的国家法律监督机关的监督权力，我国《宪法》第134条规定人民检察院是国家法律监督机关。为了具体适用宪法上的法律监督权，我国人民检察院组织法对法律监督权进行细化，产生了次级权力——（人民检察院组织法上的）检察职权，该法第20条具体规定了检察职权内容，其中第5项明确检察机关具有"对诉讼活动实行法律监督"的检察职权。④从权力

---

① 孙谦主编：《中国特色社会主义检察制度》，中国检察出版社2009年版，第39—40页。

② 韦伯的"理想类型"不同于经验现象，它是理论家撷取现象片断后的逻辑建构，又包含大量的经验信息，是实践经验与逻辑分析结构相结合的分析方式，这就包括"司法制度在内的法律制度之间的重要差异可以从权力关系的多样性中得到解释"。参见［德］马克斯·韦伯：《社会科学方法论》，韩水法、莫茜译，商务印书馆2017年版，第25页；［美］米尔伊安·R.达玛什卡：《司法和国家权力的多种面孔——比较视野中的法律程序》，郑戈译，中国政法大学出版社2004年版，第13—14页。

③ 根据权力关系的多样性，达玛什卡提出了科层型权力组织的政策实施程序、科层型权力组织的纠纷解决程序、协作式官僚组织中的纠纷解决程序与协作式权力组织的政策实施程序。参见［美］米尔伊安·R.达玛什卡：《司法和国家权力的多种面孔——比较视野中的法律程序》，郑戈译，中国政法大学出版社2004年版，第270—346页。

④ 张相军等：《检察机关开展行政争议实质性化解之立法构想》，载《人民检察》2023年第13期。

设计的制度性结构看，行政检察权诞生于宪法中的法律监督权，基于检察院中各检察部门的主体区分，可以明确行政检察是不同于刑事检察、民事检察以及公益诉讼检察等的检察模式。与传统检察模式不同的是，行政检察不应仅局限于基于行政诉讼监督的客观法秩序之维护，而应当因应新时代行政诉讼维护合法权益的现实需求，在对行政诉讼合法性予以监督之时，附加当事人主义的权利保护内涵。正因如此，行政检察介入行政争议实质性化解的正当性内涵体现在两个方面，一是通过监督审判机关解决行政争议的合法性，确保法律规范的统一正确实施；二是通过保障行政争议当事人在行政法上的合法权益，确保行政诉讼权利救济功能的实现。行政检察只有介入并切实化解了行政争议，如此才能说行政检察兼顾了权利救济和规范秩序，才能说行政检察实现了案结事了、政通人和的目标。

第二，有效推进法治监督体系建设。行政诉讼监督涵盖了结果监督和程序监督，一方面监督法院公正司法，另一方面督促行政机关依法行政。因此，应当充分总结实践中行政检察介入行政争议的监督模式，积极发挥职能作用，既需要针对法院在行政案件受理、审查、裁判和执行等环节中的合法性问题，又需要采取检察建议、促进和解、释法说理等方式积极化解案件实体争议。[①] 作为目前行政检察工作开展的总则性规定，《人民检察院行政诉讼监督规则》第 4 条明确了行政检察的功能宗旨，在于确保审判行为和行政行为符合合法性原则。检察机关在中观层面上的治理表现，是通过促进行政争议实质性化解来实现诉讼活动和行政行为效能的保障，在社会层面的反映则是激活社会治理效能。通过依法运用多元化检察监督方式，检察机关积极介入行政争议并处理行政机关与行政相对人的关系，以定分止争的司法效果弥补行政诉讼制度的短板。

---

① 参见韩成军、张薰尹、陈家勋：《行政争议实质性化解的理论建构及实践探索——首届行政检察高质量发展论坛观点综述》，载《人民检察》2021 年第 13 期。

（二）行政检察介入行政争议实质性化解的判断标准

尽管"行政争议实质性化解"频频写入有关文件及司法解释之中，但"实质性"的确切内涵和适用情形迄今为止尚无权威规定。在行政法学理上，围绕"实质性"的判断标准，先后出现过"两要素说""三要素说""四要素说"等理论争论。①"两要素说"认为行政争议实质性化解包括两层含义：一是行政诉讼程序终结后未再启动新的法律程序，二是行政实体法律关系经由行政诉讼程序获得实质处理。②"三要素说"认为实质法治主义强调纠纷的实质性解决，包含三层意思：一是案件已经裁决终结；二是当事人之间的矛盾真正地得以解决；三是通过案件的审理，明晰了此类案件的处理界限，行政机关和社会成员能够自动根据法院的判决调整自身行为。③"四要素说"认为行政审判权的运用空间不局限于起诉人表面的诉讼请求，运用方式扩及灵活多样的协调化解手段，运用重心拓展到对相关争议的一揽子解决，运用结果延伸到对起诉人正当诉求的切实有效保护。④上述观点从实体与程序、合法性与正当性、法律与事实等层面予以论述，构建出我国行政争议实质性化解理论表述的基本图景。

然而，当前行政检察理论研究成果薄弱。⑤现有关于行政检察实质

---

① 章志远:《行政诉讼实质性解决行政争议之实践检视——以上海法院32个典型行政案件为分析样本》，载《苏州大学学报（哲学社会科学版）》2022年第6期。
② 参见王万华:《行政复议法的修改与完善——以"实质性解决行政争议"为视角》，载《法学研究》2019年第5期。
③ 江必新:《论实质法治主义背景下的司法审查》，载《法律科学（西北政法大学学报）》2011年第6期。
④ 参见章志远:《行政争议实质性解决的法理解读》，载《中国法学》2020年第6期。
⑤ 当前关于行政检察的成果，多体现为政策式的发扬与阐释，少有针对行政争议化解判断标准的理论解读。至于行政检察实质性化解行政争议的概念内涵之阐释，也存在理论提炼不足和无法加以具体识别的问题。参见张相军、马睿:《检察机关实质性化解行政争议研究》，载《国家检察官学院学报》2022年第3期；张步洪、张立新、马睿:《行政检察促进争议实质化解的基本方式和判断标准》，载《人民检察》2022年第9期；杨建顺:《完善行政检察监督 促进行政争议实质性化解》，载《人民检察》2020年第13期。

性化解行政争议的概念辨析讨论之立意有所不同。①一般认为，评判行政检察实质性化解行政争议有"三个维度"。"三个维度"是判断行政争议是否得到"实质性化解"的标准：法律维度，从法律上消解案涉行政争议；事实维度，强调行政争议的客观消解状态；当事人维度，当事人认为行政争议不复存在。②此种观点注重行政检察对行政诉讼监督的客观效果，在一定程度上忽视了主观权利救济的必要性，况且行政争议不复存在并不一定代表当事人主观权利得到有效保障。

在探究行政检察化解行政争议的概念内涵和判断标准时，必须阐释行政检察机关在法律关系结构中的主体性。行政检察实际上以观察者视角来看待行政争议形成后的化解质效，即监督者对被监督对象的"二阶观察"。在行政争议化解过程中，法院担任的是对行政争议的"一阶观察"角色，行政争议化解是否有效以及有助于促进社会治理，则是检察机关针对"行政争议化解"的"二阶观察"③，检察机关要以"超越形式理性"的举措推动实质性化解行政争议。法院在行政审判过程中一般只需要考虑个案的法律问题，而作为二阶观察者的检察机关，实际上能看到那些在一阶观察中看不到的东西④，具体而言即法院化解行政争议的正当性以及社会治理的预期效果。这也是为何行政检察相较于行政诉讼，更加强调以办好"一案"治理"一片"，注重类案监督的综合效果⑤，而不仅是类案对于个案的司法引领作用。

综合当前关于行政检察实质性化解行政争议的理论主张，可以将行政检察实质性化解行政争议的判断标准划分为四个方面：其一，在行政检察权的运用范围层面，检察机关全面回应当事人诉求并受到当事人主

---

① 张步洪、张立新、马睿：《行政检察促进争议实质性化解的基本方式和判断标准》，载《人民检察》2022年第9期。

② 张相军、马睿：《检察机关实质性化解行政争议研究》，载《国家检察官学院学报》2022年第3期。

③ 参见［德］卢曼：《社会的法律》，郑尹倩译，人民出版社2009年版，第34页以下。

④ 参见［德］卢曼：《社会的法律》，郑尹倩译，人民出版社2009年版，第211页。

⑤ 参见应勇：《学习贯彻习近平新时代中国特色社会主义思想 以检察工作现代化服务中国式现代化》，载《检察日报》2023年8月24日。

观上认可；其二，在行政检察程序运用特征层面，检察机关将行政争议导入新的救济程序，以解决行政案件中的程序空转问题；其三，在行政检察的权利救济层面，行政争议当事人的权益得到切实有效保护；其四，在行政检察权的实施效果层面，实现息诉息访，化解可能激化和扩散的社会矛盾。

（三）行政检察介入行政争议实质性化解的制度困境

从现有研究成果看，行政检察的薄弱性不仅体现在前提性研究层面，行政检察的制度困境亦是检察理论薄弱之原因所在，主要体现在实践模式的体系提炼、规范体系的渐次构建和发展方向的厘清描摹等方面，由此需加强行政检察化解行政争议的全景式解读。总体而言，当前行政检察介入行政诉讼监督并发挥行政争议实质性化解功能之困境，聚焦于以下四种角度。

第一，制度法理阐释。检察理论研究是中国特色社会主义法治理论研究的重要组成部分。[1]作为新近发展的行政诉讼监督机制，行政检察在中国式现代化的进程中需要加深制度法理化分析，其功能作用需要结合中国特色社会主义法治理论予以阐释，以明确其在法治中国建设、国家治理体系和治理能力现代化过程中的重要意义。

第二，规范体系阙如。制度法益的充分发挥需要规范体系和执行机制的有效结合，行政检察实质性化解行政争议目前的突出问题之一是规范体系的不完全性。现有的检察监督规范尚未完全厘清行政检察监督的职权范围、适用条件和程序，亦未对行政检察实质性解决行政争议的行为模式作出系统性规定。同时，由于我国目前缺乏对行政诉讼案件监督标准和检察监督原则之间关系的明确规定，导致各地检察机关在检察监督中的实践模式并不统一。

第三，功能机制边界。从现有讨论上看，行政检察制度亦未充分基

---

[1] 应勇：《坚持以习近平法治思想为指引 加强中国特色社会主义检察理论研究》，载《人民检察》2023年第13期。

于行政检察规范体系对其实践监督模式作出理论分类，因而应结合最高人民检察院发布的行政检察指导性案例对实践模式进行刚性—柔性兼容的体系阐释。针对实施效果而言，需要明确行政检察监督机制的权力边界，以避免过度介入行政诉讼程序而落入行政争议解纷机制的"合法性危机"。在实践中，行政争议的实质性化解需要各方主体协作配合，然而当前行政检察协作配合机制不健全等问题亦属常态。

第四，纠纷治理模式。作为新兴的规范化的监督制度，行政检察应当全面系统对接行政争议类型和社会治理机制。对于"在检察制度中处于薄弱环节"的行政检察而言[1]，检察机关具有参与社会治理的职能，然而行政检察监督需要通过何种行政案件之介入以实现纠纷治理，也需要结合历史遗留争议、潜在之诉、遗落之诉等具体争议类型作出分析，明确行政检察在社会治理模式中的角色定位和作用特征。

二、行政检察实质性化解行政争议实践模式之类型

《人民检察院行政诉讼监督规则》第2条将"推动行政争议实质性化解"作为行政检察履行行政诉讼监督职责的司法目标，故从目的和手段的关系角度，需要进一步明确检察机关实现行政争议实质性化解目标的实践模式类型。基于功能主义立场，检察机关在实质性化解行政争议中可承担"主导者"角色，当出于预防行政争议的需要，检察机关介入行政机关的内部事务时，承担的是"参与者"角色。检察机关的"主导者"角色主要体现在抗诉和再审检察建议的运用，检察机关的"参与者"角色主要体现在其他类型的检察建议以及各种程序性方式之中。在监督模式的效力上，行政检察实质性化解行政争议又存在以抗诉和检察建议为代表的刚柔并济的检察监督模式。

---

[1] 参见张相军：《关于做好新时代行政检察工作的思考》，载《中国检察官》2019年第4期。

（一）刚性监督模式：以抗诉为主导的解纷机制

在刚性监督层面，行政争议之化解问题转化为"行政争议化解合法性"的法律监督问题，即需要判断人民法院裁判方式的法律适用是否有错误等情形，并通过抗诉之方式解决。《人民检察院行政诉讼监督规则》第88条至第94条明确规定行政检察对行政审判活动抗诉的具体情形。从适用范围上看，抗诉是检察机关因应宪法赋予职权的国家权力的具体表现，其主要适用于"原判决、裁定适用法律、法规确有错误""审判人员在审理该案件时有贪污受贿、徇私舞弊、枉法裁判行为"两类单独适用情形以及"判决、裁定是经同级人民法院再审后作出的"等附条件适用情形[1]，因而其构成了行政检察监督行政争议的最具强制力的主导性解纷机制。从监督理念上看，刚性监督模式的适用一般是因为监督对象的违法性程度较高，如果不采用高强度审查方式则不能获得良好监督效果，因而抗诉一般对应行政审判适用法规范存在错误、审判人员存在枉法裁判等违法情形。作为监督纠正者的检察机关，其主要的监督纠正对象为行政诉讼活动，检察机关介入行政争议的基本依据仍是"依法履行行政诉讼监督职责"，从而抗诉在行政检察监督过程中是纠正严重违法情形的刚性监督模式，也是透过行政检察之强制力促进行政争议实质性化解的结果性方式。例如，在"魏某等19人诉山西省某市发展和改革局不履行法定职责检察监督案"（检例第118号）中，山西省人民检察院经审查认为，本案涉及物业公司向棚户区改造项目所涉回迁安置户收取设施建设费的问题，魏某等19人投诉至某市发展和改革局，要求对物业公司乱收费行为予以查处，但某市发展和改革局未对魏某等19人关于物业公司收费行为的投诉作出行政处理决定，在本案中存在行政不

---

[1] 单独适用情形即仅适用于人民检察院应当提请上一级人民检察院抗诉的情形，包括"原判决、裁定适用法律、法规确有错误的""审判人员在审理该案件时有贪污受贿、徇私舞弊、枉法裁判行为的"两种类型；附条件适用情形即不仅可以由人民检察院向同级人民法院提出再审检察建议，而且应当在满足条件时由人民检察院提请上一级人民检察院抗诉的情形，这六类情形规定于《人民检察院行政诉讼监督规则》第88条，所附之条件规定于《人民检察院行政诉讼监督规则》第89条。

作为的情形。①基于对原判决适用法律错误的监督，检察机关于是向山西省高级人民法院提出抗诉，最终检察机关通过多元化纠纷解决方式促进行政争议实质性化解。由此可知，检察机关为保障申请人及时实现合法诉求，维护未提起行政诉讼的同等情况的其他主体合法权益，可以通过提起抗诉的刚性方式开展针对行政案件的违法性监督，并以此奠定行政争议化解的程序基础，而后通过多元化纠纷解决方式促成实质性化解行政争议。申言之，检察机关办理行政诉讼监督案件，可以根据案件具体情况及时实现申请人的合法诉求，或者实现行政争议利害关系人的合法权益，可以通过抗诉方式为实质性化解行政争议奠定坚实基础，从而促进行政检察监督目标的实现。②

行政争议在进入检察监督程序之前，一般已经过行政复议或行政审判等程序，甚至已产生程序空转问题，因而需要通过检察程序将行政争议导入相关解决机制并回应当事人诉求，如果行政争议能通过法院采取裁判方式解决的，检察机关则应以抗诉推进行政争议化解。③在"张某诉辽宁省某县农合局履行报销医疗费用职责监督案"中，辽宁省人民检察院经审查认为，本案涉及当事人因交通事故导致损伤，县农合局是否应根据申请履行医保报销职责的问题。由于国家建立新农合的目的是充分保障参保人员按照国家规定享受医疗保险待遇，在发生特定情形时享有依法从国家和社会获得帮助的权利，本案当事人张某的案涉情形处于国家"新农合"的赔付范围之内，故辽宁省人民检察院向辽宁省高级人民法院提出抗诉，法院再审判决撤销原审裁判，涉案农合局在法定期限内为张某履行医疗费报销职责。④本案通过抗诉启动再审，法院采纳了检察机关的抗诉意见并依法改判，最终使得行政争议得到有效解决。由此

---

① 参见《最高人民检察院第三十批指导性案例》，载《检察日报》2021年9月28日。
② 参见《最高人民检察院第三十批指导性案例》，载《检察日报》2021年9月28日。
③ 参见张相军、马睿：《检察机关实质性化解行政争议研究》，载《国家检察官学院学报》2022年第3期。
④ 参见最高人民检察院行政检察厅、中国法学会行政法学研究会编：《2021年度十大行政检察典型案例》，中国检察出版社2022年版，第29—30页。

可知，若法院判决适用法律错误、违反立法目的，检察机关则应当依法提起抗诉，推动法院启动再审程序并纠正错误裁判，维护行政相对人合法权益，从而切实推进行政争议实质性化解与国家法律的正确实施的有机统一。

（二）柔性监督模式：拓展行政检察功能的检察建议

基于行政检察参与社会治理职能实现需要，行政检察建议有效拓展了检察机关介入社会治理的理性功能。可以说，行政检察建议奠定了行政检察介入社会治理的基础，并且其效果呈现柔性监督特征，与行政检察的抗诉方式一起构成了我国行政检察实质性化解行政争议刚柔并济的综合性模式。我国《行政诉讼法》第93条规定的检察机关提起抗诉或制发检察建议，皆可在《行政诉讼法》第91条规定的行政审判严重违法情形范围内予以适用。申言之，检察建议的适用情形并不局限于行政审判的严重违法情形，《人民检察院检察建议工作规定》第5条列举了五类检察建议，《意见》则要求检察机关依法制发检察建议督促行政机关纠正违法行使职权或者不作为。检察建议发挥的是督促行政权和审判权的效果，进而拓展行政争议实质性化解的可操作性。就实践而言，检察建议已经实现了"对审判权的监督""对个案中行政行为的监督""从依法监督到依法在监督中化解社会矛盾""从个案纠偏到发现类案疏漏"的全覆盖。实践表明，检察机关在行政争议实质性化解中发送的各种灵活多样的检察建议发挥了"以柔克刚"的监督纠正效果。[①]在"山东省某包装公司及魏某安全生产违法行政非诉执行检察监督案"（检例第119号）中，涉案包装公司因安全事故向受害人赔偿，山东省某县安监局认为该包装公司推诿安全生产责任而引发安全事故，遂针对相关责任人作出行政处罚决定。其后该包装公司未及时缴纳罚款，县应急局对其作出加处罚款决定，该包装公司及魏某不服，即向县人民检察院申请

---

① 章志远：《检察机关在行政争议实质性化解中的角色定位》，载《中共中央党校（国家行政学院）学报》2023年第2期。

检察监督。人民检察院通过开展调查核实、公开听证等一系列工作，对案件事实和主体责任予以查明，以制发检察建议的方式，建议县人民法院依法纠正准予强制执行加处罚款的裁定，并建议涉案应急局规范执法行为、重新审查加处罚款行政决定，最终人民检察院促成了行政争议的实质性化解。①

检察机关的检察建议针对监督对象的内部行政，也能实现行政争议实质性化解，检察机关通过制发行政检察建议督促行政机关依法行政，预防相关行政争议复发进而促进社会治理，这源于行政检察监督行政执法合法性的内在要求。在"王某凤等45人诉北京市某区某镇政府强制拆除和行政赔偿检察监督系列案"（检例第120号）中，案涉争议焦点为违建房屋拆除的问题，城市的治理政策变迁是引发该行政争议的主要原因。为解决该行政争议，检察机关在充分知悉案件具体情况后主动出面沟通，促使镇政府与各方主体历经多次磋商，达成适合的赔偿数额，通过和解的方式来柔性化解行政争议，最终通过个案带动127件行政诉讼系列案件一并化解。②为从根源上解决问题，预防相关行政争议再次发生，本案中，检察机关通过沟通协调以及制发检察建议的方式，要求镇政府就案件中存在的问题予以整改，镇政府接到检察建议后认真落实并向检察机关反映整改情况。因此，检察机关监督并促使行政机关依法行政，在实质层面上解决了行政争议产生的根源性问题。

（三）程序性方式：基于程序法治的功能规范机制

检察机关通过履行对行政诉讼实行法律监督等法定职权，运用监督纠正、公开听证、引导和解、司法救助等多种方式，同时保障当事人的程序性权利和实体性权利，推动解决行政管理活动中产生的争议。检察机关在办理行政诉讼监督案件时，要积极主动地调查案件事实和证据，分析研判案件争议焦点，寻找解决案涉问题的多元途径。与作为结

---

① 参见《最高人民检察院第三十批指导性案例》，载《检察日报》2021年9月28日。
② 参见《最高人民检察院第三十批指导性案例》，载《检察日报》2021年9月28日。

果性方式的抗诉和检察建议不同,在抗诉和检察建议等产生终局约束力的检察决定之外,具有协商式民主特征的程序性方式是行政检察精准监督的重要补充,是基于程序法治的功能规范机制,充分落实精细化审查理念,体现于有关行政检察的程序法规范之中。根据《人民检察院行政诉讼监督规则》第6条的规定,这些程序性方式包括调查核实、监督纠正、公开听证、释法说理、司法救助,此外也包括协调化解撤诉、促成和解等手段。调查核实和监督纠正旨在确保精细化审查,查清检察监督的个案争议与事实内容。公开听证、释法说理和司法救助旨在加强检察监督过程中的多主体互动,提升司法公信力和权益保障效能。程序性方式能够有效地联结各部分争议化解阶段,从而使得行政争议实质性化解成为一个有机连贯的整体型机制。在"姚某诉福建省某县民政局撤销婚姻登记检察监督案"(检例第121号)中,案情涉及冒名婚姻登记的问题,当事人姚某多次提请人民法院撤销婚姻登记或确认婚姻无效均无果,并且其后提起行政诉讼时超越了起诉期限,由此遂向福建省某市人民检察院申请检察监督。检察机关审查后认为,涉案撤销婚姻登记的诉求具有正当性,由于尚无其他方式对涉案诉求予以回应,因而检察机关决定开展行政争议化解工作。在综合运用如调查核实、公开听证和司法救助等程序性方式的过程中,检察机关查明姚某撤销婚姻登记的诉求已存在7年,且本案中存在冒名婚姻登记的情形,检察机关遂向涉案民政局发出检察建议,要求其就涉案婚姻登记之法律关系重新作出行政决定。值得注意的是,姚某长期奔波申诉,生活陷入困境,检察机关决定给予姚某司法救助4万元,并帮助姚某解决子女就学等实际困难。① 该案的发布直接推动了最高人民检察院会同有关部门制定《关于妥善处理以冒名顶替或者弄虚作假的方式办理婚姻登记问题的指导意见》,在全国范围内合力解决冒名登记结婚问题。本案中,检察机关主动调查核实具体案情,为行政争议实质性化解综合采取多种方式,通过检察建议、司法救助与其他功能补足模式的综合运用,既发挥法律监督职能,弥补

---

① 参见《最高人民检察院第三十批指导性案例》,载《检察日报》2021年9月28日。

行政诉讼因起诉期限的限制而无法维护当事人合法权益的短板,也从实质法治层面促进了行政争议的实质性化解,并达到监督民政部门依法行政的良好效果。

三、行政检察实质性化解行政争议功能机制的发展进路

行政检察实质性化解行政争议功能机制的未来图景,必须契合中国特色社会主义法治理论并发展中国式现代化行政检察基础理论,基于现有规范依据构建高质效履职规范体系,拓展行政争议实质性化解监督模式的内涵,构建类案治理与解纷手段相结合的社会治理模式。

（一）理念目标：坚持中国特色社会主义法治理论

党的二十大报告明确提出"加强检察机关法律监督工作"[①]的政治目标,行政检察实质性化解行政争议是落实高质效履职、强化检察监督机制的集中体现,也是契合中国特色社会主义法治理论的应有之义。习近平总书记指出:"要抓住关键环节,完善执法权力运行机制和管理监督制约体系,努力让人民群众在每一起案件办理、每一件事情处理中都能感受到公平正义。"[②]

第一,行政检察实质性化解行政争议在法治中国建设中的补强作用。行政检察实质性化解行政争议应当在法治国家、法治政府、法治社会一体建设中发挥独特功能,由于行政检察在法治监督体系中具备"一手托两家"的独特性,兼具促进依法行政与司法公正的作用。故应充分发挥推进法治政府建设的效能,以依法监督的"我管"促进职能部门依法履职的"都管",与此同时,以行政争议实质性化解促进系统治理,进而推动法治社会的建设。行政检察实质性化解争议既要关注行政争议

---

① 习近平:《高举中国特色社会主义伟大旗帜 为全面建设社会主义现代化国家而团结奋斗——在中国共产党第二十次全国代表大会上的报告》,载《人民日报》2022年10月26日。

② 习近平:《论坚持全面依法治国》,中央文献出版社2020年版,第259页。

问题的根源性问题，加强行政检察功能的深度；又可跳脱出个案监督的局限性，对行政治理现实问题予以考量。①因此，行政检察应作为法治中国建设的补强力量，通过检察监督穿透个案争议上升到类案解决，并且产生对司法公正和法治政府建设的耦合性助推作用。

第二，行政检察实质性化解行政争议在国家治理体系和治理能力现代化进程中发挥促进功能。国家治理体系和治理能力现代化要求行政检察的顶层设计和法治实践相结合，不仅要完善行政检察实质性化解行政争议功能的制度设计，也要纠正个案中的行政审判违法和违法行政问题，对于个案背后存在的普遍性问题，督促预防和纠正一类问题。②行政检察应当通过实质性化解行政争议促进治理效能的提升，聚焦法律制度的空白点和冲突点，不仅要促使行政争议得到实质性化解，而且要以形成全方位的监督机制引领法治监督体系的构建，通过积极主动地履职不断健全行政检察的法治规范体系。

第三，中国特色社会主义法治理论要求法律适用的统一性和完整性。统一、正确适用法律是中国特色社会主义法治理论整体性、系统性的要求，也是人民法院依法独立行使审判权的基本职责。③在我国，行政机关是具体实施法律规范、行使行政职权的法定机关，而人民法院是保障诉讼争议得以统一裁判的司法机关，因而直接关系到人民群众对我国法律实施的公平正义的效果评价。然而，"执法标准不统一""同案不同判"的问题在我国法律实施领域依然比较突出。④检察机关需要对人

---

① 参见《大家谈：新时代检察基础理论的重点问题》，载《国家检察官学院学报》2021年第1期。

② 《深化行政争议实质性化解 常态化解民忧破难题——最高检第七检察厅负责人就"检察为民办实事"——行政检察与民同行系列典型案例答记者问》，载光明网，https://m.gmw.cn/baijia/2021-08/06/35059751.html，最后访问日期：2023年7月21日。

③ 参见曹士兵等：《统一法律适用标准在实现人民法院宪法职能中的原则、机制与路径——〈最高人民法院关于完善统一法律适用标准工作机制的意见〉解读》，载《中国应用法学》2020年第5期。

④ 章志远：《检察机关在行政争议实质性化解中的角色定位》，载《中共中央党校（国家行政学院）学报》2023年第2期。

民法院适用法律的正确性予以引导,通过指导性案例的方式将个案解决上升至统一的法律适用机制,促进类案的解决。作为促进法律统一适用的监督者,检察机关理应担负起监督职责,通过监督和保障统一的法律适用,完善融贯的行政检察治理机制。在履行行政检察监督职责时,检察机关应将法律的统一正确实施与行政争议的实质性化解有机结合,一般通过依法抗诉重新启动再审程序。

(二)规范体系:构建系统全面的高质效履职规范体系

2023年8月7日,最高人民检察院印发《2023—2027年检察改革工作规划》,明确提出"完善在诉讼监督中开展行政争议实质性化解的制度规范"。为构建系统全面的高质效履职规范体系,第一,要以实践经验反哺规范体系之构建。积极总结行政争议化解的实践经验和典型案例,通过将检察系统的内部工作指引转化为司法解释乃至法律法规等形式,加快制定和完善行政检察法律规范,针对行政争议解决的一般原则、涵盖范围、重点内容、实践类型、程序机制等作出明确规定,主动融入行政检察的实践模式之中。例如,对于行政裁判确有错误,但仅凭抗诉和检察建议无法切实推动行政争议化解的,以及以检察建议方式无法处理行政行为之违法或瑕疵等情形,不能有效解决行政争议的,可以给予检察机关灵活处置的权力。[1]检察机关促成和解是针对影响范围广、涉案人数众多的行政争议的重要化解方式,行政检察促成和解的适用情形和程序也需要在相关立法中予以明确规定。

第二,规范体系应契合行政诉讼法的立法目的。行政检察以保障权益、监督行政权和审判权、促进依法审判和执行为基本要旨,以化解行政争议为理念牵引。行政检察监督权的直接来源是《行政诉讼法》第11条的法定授权,检察机关必须灵活积极地全面贯彻行政诉讼法基本要求。行政检察规范工作目前主要集中于修订行政诉讼监督规则、定期发

---

[1] 石娟、潘基俊:《行政争议实质性化解工作的难点问题及立法建议》,载《中国检察官》2023年第13期。

布有关行政检察的指导性案例等,未来应进一步推动行政检察实质性化解行政争议工作机制入法,将其行政检察介入行政争议的实践模式予以规范化和类型化,并促进规范效力位阶的体系化,并构建行政检察与行政诉讼的互动机制,重点解决法院裁定驳回起诉类案件、民行交叉类案件的行政争议化解的规范依据问题。

第三,目前行政检察监督的规范依据主要为行政诉讼法、人民检察院组织法、《人民检察院行政诉讼监督规则》,呈现"内部组织法+外部关联性法律+司法解释"的规范局面,可见行政检察缺少针对具体工作的规范依据。行政检察实质性化解行政争议是法律适用和事实认定的过程,并且存在着从运动式的"专项活动"逐渐固化为常态式的"法律规则"的制度趋势,但是当前进行行政争议实质性化解更多依赖于政策性的"实施方案""专项活动"等规范性文件。基于现实因素考虑,行政争议化解的政策规范较之于法律规范存在着过于宏观、时效性不确定、依据不充分等短板,对于检察机关化解行政争议的具象实践缺乏足够规范,致使检察机关依法依职能参与行政争议化解时,在程序构造方面的规范性、有效性、长效性均存在相应程度的欠缺。[①]进一步,行政检察的内部组织法与司法解释之间也存在规范矛盾问题,现行《人民检察院组织法》第 20 条未将监督违法行政行为纳入检察机关的监督职权之中,而《人民检察院行政诉讼监督规则》明确将行政行为的合法性纳入调查核实程序之中。尽管检察机关开展行政争议化解工作已具有部分规范依据,如若长期缺失规范体系则使得行政检察难以在法治监督体系中发挥效能,遑论对国家治理体系和治理能力现代化的重要作用,做好行政检察实质性化解行政争议立法工作的重要性由此凸显。因此,需要进一步推动检察机关实质性化解行政争议的规范化和常态化建设,把当前的政策依据提炼为"法治依据"、政策规范化约为"法治规范",强化和完善行政争议实质性化解的法治供给。可以适时修改《人民检察院行

---

① 果晓峰等:《检察机关实质性化解行政争议的难点及对策》,载《中国检察官》2023 年第 15 期。

政诉讼监督规则》的有关内容或出台新法，将行政检察专项活动的经验体现其中，并且对行政争议化解的启动条件、方式类型、程序规则等作出体系性、系统性规定，从而在规范中充分奠定行政检察介入行政争议的正当性和合法性基础。检察机关应注重总结和拓展行政检察的有益经验，为系统全面的规范体系提供实践样本，为检察机关的职能依据和化解争议的方式奠定规范基础，为相关的实体和程序问题做好体系化的规范工作。

（三）实现机制：拓展行政争议实质性化解监督模式的内涵

基于"理想类型"的国家与法律程序目的观，可将司法分为"政策实施型司法"和"纠纷解决型司法"，对于肩负经济社会发展和社会稳定维护双重任务、正行进在实现中华民族伟大复兴征程中的我国司法机关而言，则呈现出明显的"混合型"特征。[1] 因此，行政检察化解行政争议功能应予以拓展。对于法律监督而言，检察机关作为司法机关的回应性要求也需要契合中国特色社会主义法治体系的需要，拓展行政争议实质性化解的理论内涵。

第一，注重全环节的争议化解监督。行政诉讼法将"解决行政争议"作为行政诉讼制度的宗旨，从主要针对对象而言，应当是对人民法院行政审判活动的要求；而从对行政诉讼的监督角度来说，应当也是对检察机关的要求。根据行政诉讼法的规定，检察机关通过自己的独特职能实现对行政诉讼的法律监督，那就应当是对行政诉讼活动的全面监督，其中既包括对法院从立案到审判全过程的监督，也包括对行政诉讼中法院审查对象——被诉行政行为的监督，还包括对法院裁判执行等情况的监督。[2] 不论是在行政争议进入诉讼之前，还是进入行政诉讼之中，抑或行政非诉执行监督，都有实质性化解行政争议的可能，应适时探索行政检察介入行政争议产生的各个环节，形成监督效能的良性循环，从

---

[1] 章志远：《行政争议实质性解决的法理解读》，载《中国法学》2020年第6期。
[2] 沈福俊：《行政检察化解行政争议功能论析》，载《政治与法律》2022年第7期。

而促进社会治理。例如，以往行政检察对行政复议的监督范围覆盖相对有限，未来这一阶段将成为行政检察强化行政执法监督、促进行政争议化解的关键领域。在开展争议化解工作中，当检察机关通过调查发现特定行政行为具有违法性和侵益性，则可根据现有规范制发检察建议或者采取其他方式，积极主动督促行政机关采取救济措施。如果该违法行政行为与行政相对人所主张的损害之间无因果关系，检察机关则有权向行政机关提出优化法治工作的检察建议，并始终秉持公正客观的立场开展解纷息诉工作。[1] 在行政争议的前端环节，检察机关可适时介入行政复议阶段参与纠纷化解，在行政诉讼审前和解阶段通过法检合作推动行政争议实质性解决。在行政诉讼过程中，检察机关应在监督行政诉讼活动之基础上，处理好监督行政诉讼活动与化解行政争议的关系，及时有效回应当事人合法合理的诉求。通过发掘行政争议中存在的根源问题，以制发检察建议的方式督促行政机关或审判机关加强工作规范化，以办好一案、治理一片，达到预防同类行政争议再次产生的法治良效。

第二，明确权力的边界。检察机关应尊重法治精神和法治方式，梳理好法律关系，尊重权力的限度，严格履行职责。[2] 在此层面上，由于检察机关履行法定监督权而对行政争议予以消弭，故而其监督目标在于受侵害的利益得到事后修复，行政相对人的实质诉求不仅得到回应，而且其受侵害的合法权利得到最终救济，在自愿的基础上积极配合开展相关解纷工作。[3] 在程序方面，若争议化解工作顺利开展，则相关纠纷终局消弭，当事人不得就该纠纷再行争讼。[4] 检察机关应该尊重行政判断的优先权、司法机关的裁判权，提高行政检察监督的专业性。检察机关应重视行政争议的系统性与根源性，以促进行政检察对行政争议实质性解决的深度。这不

---

[1] 李忠强等：《行政争议实质性化解的检察构造》，载《人民检察》2020年第13期。

[2] 张雪樵：《星星之火可以燎原——持续推进行政争议实质性化解工作》，载《人民检察》2020年第20期。

[3] 参见王万华：《行政复议法的修改与完善——以"实质性解决行政争议"为视角》，载《法学研究》2019年第5期。

[4] 李忠强等：《行政争议实质性化解的检察构造》，载《人民检察》2020年第13期。

高质效行政检察监督的理论与实践

仅符合公权力恣意禁止的法治要义，也界定了职权边界。

此外，需要重视行政检察权能在积极主动行使过程中存在突破谦抑性的不同风险。具体而言，行政检察实质性化解行政争议需要注重介入行政争议化解工作的限度，一些争议可能仅是因为行政相对人的主观意愿而产生的，未必在合理的范畴内。一些争议可能存在化解的瑕疵而未得到全面回应，这是因为其要让位于维护司法公正、保护公共利益以及提升行政效率等其他社会价值。[①] 在实质性解决行政争议时，检察机关务必恪守行政检察监督职能，不得滥用职权或者超越法定边界行使职权。一方面，检察机关应充分激活行政检察的双重功能，保障司法公正和督促依法行政。对于检察监督案件的审查应当兼顾合法性和合理性，如若行政机关的行政行为违法，则可以制发检察建议依法督促其及时纠正；如若行政机关的行政行为存在一般瑕疵，则可以通过口头建议或者检察建议监督其作出补正。另一方面，行政争议的化解应当通盘考虑，检察机关作为客观公正的居中监督者，需要通过调查核实明辨是非，在考量案件事实、争议焦点、正当诉求、政策影响和各方利益的基础上，运用释法说理、司法救助等功能规范机制引导当事人和解，在服判息诉之时让当事人回归理性，从而有效化解社会矛盾。

第三，在穿透式监督基础上拓展合作机制。行政检察不仅要充分履行监督职能，还要开展与其他不同机关之间的外部解纷合作，从而突破法律形式主义对监督效果的消极制约作用。具体而言，行政检察在促进争议化解方面需要与法院、政府等部门进行协调配合，共同推进社会治理目标的实现。协调要求检察机关在尊重工作规律的基础上，合理把握国家治理体系各要素之间的相互关系，通过建立包容性的跨系统协调合作机制，综合运用各种方式使不同系统之间的结构关系达到理想的耦合状态。府检、法检的协调合作应当明确如何与"穿透式"监督相契合。"穿透式"监督的原因在于行政诉讼实践中存在的历史遗留问题、程序

---

① 参见《大家谈：新时代检察基础理论的重点问题》，载《国家检察官学院学报》2021年第1期。

空转问题和类案漏洞问题。① 根据最高人民检察院的探索,"穿透式"行政检察监督具有四个层次的阶段化构造:一是介入行政诉讼的监督;二是以监督行政诉讼递进至监督行政行为;三是从行政行为层面进入争议化解层面;四是从争议化解层面进入社会治理层面,实现行政检察从末端监督向前端治理的飞跃。②"穿透式"行政检察监督具有独特的价值:一是发挥既监督人民法院公正司法又促进行政机关依法行政的作用;二是着眼于实质性化解行政争议,促进解决程序空转问题;三是发挥检察监督实效,提升社会治理能力。③"穿透式"监督意味着应在个案中发现行政违法的普遍性、根源性问题,并通过社会治理检察建议等方式督促行政争议的解决,有助于促进社会治理层面的共性问题整改,加强以案促建、以案促治,为推动长效机制建立健全奠定基础。具体而言,应构建内外并联的检察合作机制,完善上下级检察院之间的联动,充分发挥上级检察机关的协调指导作用,为下级检察院的行政争议化解工作提供支持条件,激活"检察一体化"办案模式的优势。在外部层面,应坚持行政检察监督行政诉讼的职能底色,充分发挥法治监督作用,进而确保审判机关公正司法和促进行政机关依法行政。检察机关在行政争议实质性化解过程中,加强与行政机关和审判机关的沟通、协调、衔接、协动,通过外部合力提升行政争议化解的质效。实践中,由于行政争议化解的工作性质具有灵活性,在现有规定之外,基层还探索出如督促、磋商、圆桌会议等形式,都是鉴于实际需求而作出的司法回应。

---

① 参见张相军、何艳敏、梁新意:《论"穿透式"行政检察监督》,载《人民检察》2021年第10期。
② 参见张相军、何艳敏、梁新意:《论"穿透式"行政检察监督》,载《人民检察》2021年第10期。
③ 祁彪:《做实行政检察,靠什么?》,载最高人民检察院网,https://www.spp.gov.cn/spp/zdgz/202002/t20200227_455379.shtml,最后访问日期:2023年8月18日。

(四)治理模式：构建类案治理与解纷手段相结合的社会治理模式

法治建设既要抓末端、治已病，更要抓前端、治未病。① 新时代检察机关要坚持和发展新时代"枫桥经验"，完善正确处理新形势下人民内部矛盾机制，及时把矛盾纠纷化解在基层、化解在萌芽状态。② 最高人民检察院近年来力推的群众信访件件有回复、信访积案化解、公开听证、行政争议实质性化解等工作，都是落实新时代"枫桥经验"的有效举措。③《法治社会建设实施纲要（2020—2025年）》提出要加强对公民合法权益的司法保护，加强检察机关对行政诉讼活动的法律监督，维护司法公正，坚持和发展新时代"枫桥经验"，依法有效化解社会纠纷矛盾。要完善预防性法律制度，从源头上减少诉讼增量。进言之，行政检察在行政争议化解中的重要作用，聚焦于以定分止争弥补行政诉讼制度运行不畅的短板，以提高争议化解效率、节约司法资源、促进当事人服判息诉补强司法的公平正义要求，是助益于实现社会治理的独特模式。④ 可以明确的是，行政检察实质性化解行政争议的终局影响应当落实于社会治理层面，只有通过化解行政争议，才有可能为社会治理奠定充分前提。检察机关虽然可以直接介入个案化解行政争议，实际上相对于社会治理却呈现间接作用和衍生影响。从行政检察的特征来看，其可以通过实质性化解行政争议、从个案解决发展至类案治理，进而促进社会治理的动态调整。

---

① 《完整准确全面贯彻新发展理念　发挥改革在构建新发展格局中关键作用》，载《人民日报》2021年2月20日。
② 应勇：《以高质量检察履职践行全过程人民民主　保障人民当家作主》，载《民主与法制周刊》2023年第21期。
③ 应勇：《以高质量检察履职践行全过程人民民主　保障人民当家作主》，载《民主与法制周刊》2023年第21期。
④ 参见张相军、张步洪、马睿：《修订后〈人民检察院行政诉讼监督规则〉重点条文解读》，载《中国检察官》2021年第17期。

第一，从个案办理到类案监督再到促进标本兼治，是法治中国建设对司法建设的要求。自《最高人民检察院关于案例指导工作的规定》印发至2024年11月底，总共发布54批共218件指导性案例。其中，近4年发布行政检察指导性案例共5批21件，此种现象既体现了行政检察在"四大检察"格局中的地位日益突出，也反映出行政检察类案监督机制本身还有进一步优化调整的空间。作为记载行政检察监督本土经验和实践智慧的指导性案例发布制度，应当逐步实现从"政策宣示型""方法推广型"向"统一适法型""规则价值型"的模式转变，使得最高人民法院和最高人民检察院在行政法律统一正确适用上保持高度一致，努力达至根除行政争议产生土壤的状态。[1]应当强化系统观念，将个案监督与类案监督、系统治理相结合，运用检察建议、专题报告、白皮书等方式，向有关单位提出监督纠正、堵塞漏洞、建章立制的检察建议，以依法监督的"我管"促进职能机关依法履职的"都管"。[2]个案经验的提炼，可以有助于实现检察方法演绎和类案经验总结，为实现行政争议实质性化解的源头治理和标本兼治奠定方法论基础。

第二，完善历史遗留型行政案件治理模式。在诸多行政争议产生的原因之中，历史遗留事件是行政争议难以化解的疑难问题和突出表现。有些行政争议是由治理政策变迁等历史原因而产生的，由于该类行政案件超越起诉期限，法院往往不予立案或者驳回起诉，但行政行为确有违法情形和利益侵害性，且申请人的诉求正当，因而检察机关具有介入行政争议的必要性，此类案件也是检察机关化解行政争议的重点案件。[3]对于超过起诉期限，但当事人诉求合理且其权利受到侵害的行政争议，

---

[1] 章志远：《检察机关在行政争议实质性化解中的角色定位》，载《中共中央党校（国家行政学院）学报》2023年第2期。

[2] 张立新、刘浩：《行政检察溯源治本的理念引领与实现方式》，载《人民检察》2022年第8期。

[3] 参见张相军、张步洪、马睿：《修订后〈人民检察院行政诉讼监督规则〉重点条文解读》，载《中国检察官》2021年第17期。

检察机关应在查明当事人正当性诉求的基础上坚持"一案三查",通过多层次行政争议化解模式为行政相对人提供权利救济。若经审查发现法院裁定该案超过起诉期限确有错误,应当依法提出抗诉或者提出再审检察建议。若经审查认为法院裁定并无不当,但涉案行政行为具有违法性特征,且行政相对人的诉求合法合理,则以制发检察建议或促成和解之方式,以当事人自愿为前提积极推动矛盾纠纷在源头解决。① 因此,对于历史遗留型行政案件,关键在于识别行政相对人诉求的正当性,检察机关在此基础上介入相关行政争议,在因超过起诉期限而行政审判无法干预之时,积极实现行政争议实质性解决之司法目标。

第三,充分发挥间接型社会治理模式的总体效能。根据行政检察理论,行政检察监督具有参与社会治理的间接性特征,其因介入行政争议而发挥解纷作用,从而对社会治理的总体效能产生衍生性影响。《法治政府建设实施纲要(2021—2025年)》对健全社会矛盾纠纷化解体系提出了新的要求。立足行政检察职能推动行政争议实质性化解,是检察机关参与社会治理的重要途径,有利于推动社会矛盾纠纷多元预防调处化解综合机制的完善。② 检察机关应当落实《意见》的要求,探索将行政检察与社会矛盾预防性机制相衔接,从源头上减少违法行政行为或者不规范行政行为,进而实现行政争议化解机制间的贯通融合。行政争议是社会治理矛盾的突出体现,在官民关系的塑造层面,化解行政争议是社会治理有效性的明显表现。只有根据行政审判的实践情形,适度拓展行政检察在行政争议解决中所发挥的功能,通过切实履行检察机关的法治监督职责,进而再对涉及行政行为的各类产生矛盾的因素予以依法监督,才能有效发挥行政检察实质性化解争议的作用,从而促进依法行政、保障公正司法、修复社会关系,确保行政检察的理论目标得以实现。总之,行政检察实质性化解行政争议并非"一化了之",而是需要

---

① 张相军、马睿:《检察机关实质性化解行政争议研究》,载《国家检察官学院学报》2022年第3期。

② 李忠强等:《行政争议实质性化解的检察构造》,载《人民检察》2020年第13期。

积极在前端解决行政争议产生的根源性问题,并通过多元化解方式提升社会治理的总体效能。在此过程中,要明确行政检察实质性化解争议的前提是"依法化解",构建与依法检察理念相融通的实质性化解行政争议功能机制。

专题二

加强对行政生效裁判、审判活动和执行活动的监督

把握特点规律 高质效办好
行政生效裁判监督案件

王效彤[*]

2021年以来，山东省检察机关认真贯彻落实习近平法治思想，把"高质效办好每一个案件"作为履行行政检察职能的基本价值追求，把行政生效裁判监督作为做实行政检察工作的重要基石，常抓不懈，守正创新，取得新的成效。2021—2023年山东全省共受理行政生效裁判监督案件4753件，案件类型主要集中在征收拆迁、土地资源、公安管理、劳动和社会保障等方面。共提出抗诉30件，提出再审检察建议183件；法院已审结124件，改判（含调解和解）109件。先后有12件生效裁判监督案件入选最高人民检察院典型案例，18件生效裁判监督案件入选最高人民检察院优秀案件、优秀法律文书，以扎实履职成果践行了最高人民检察院关于行政检察"要充实、做实""实现有力监督"的要求。

一、行政生效裁判监督案件的特点规律

行政生效裁判监督是行政检察监督的基础，包括对法院生效行政判决、裁定和调解书的监督。主要有以下特点规律。

---

[*] 王效彤，山东政法学院院长，曾任山东省人民检察院副检察长。

（一）办案结构呈"倒三角"

从山东行政生效裁判案件情况看，行政争议多发生在基层行政管理活动中，被告主要是乡镇级政府、县级政府职能部门或者县级政府。行政诉讼法规定了我国行政诉讼案件的审级管辖制度和检察机关法律监督的程序方式，决定了检察机关受理的行政生效裁判结果监督案件主要集中在市级院和省级院，基层检察院一般没有此类案件。从案件总量上看，市级院办理的生效裁判监督案件多于省级院办理案件，但具体到主体单位"院"，单个市级院办理的生效裁判监督案件平均数量又远低于省级院办理数量，办案主体结构呈明显的"倒三角"特点。如2023年山东省院共受理437件，市级院受理1193件（平均每院约75件），基层院受理456件（平均每院约4件）。

（二）行政案件双方当事人举证能力相对不平衡

行政诉讼案件的被告方恒定为行政机关，在经济、社会等资源管理控制上处于相对优势的地位。另一方当事人在经济、社会资源掌控上相对处于弱势地位。从整体上讲，行政相对人在行政诉讼中的举证能力相对较弱。但征收补偿、城建拆迁、公安管理、劳动和社会保障等行政争议与行政相对人利益攸关，相对人当事人一方往往对司法公正的期待更加迫切，对赔偿补偿数额往往有较高预期。

（三）对正确适用法律的要求相对较高

一方面，行政法律法规适用容易出现冲突。我国行政法律法规立法主体多元化，地方性法规的立法主体逐步由省级人大及其常委会扩展至省会市和国务院批准的较大的市、所有设区的市级人大及其常委会，地方政府规章的立法主体由省级人民政府逐步扩展至省会市和国务院批准的较大的市、所有设区的市级人民政府。不同立法权主体可能针对同一事项制定不同的规定，引发规范相互之间的冲突。另一方面，行政法律法规涉及社会经济生活各个领域，调整的行政关系多种多样，法律法规体系庞大。到2022年底，我国现行有效法律294部，行政法规599部，地方性法规13273部，行政规范性文件则更多。部分行政关系因机构改革等原因变动性较大，行政法律法规更新变化较快。仅2022年，我国制定和修订了黄河保护法、畜牧法、农产品质量安全法、反电信网络诈骗法等14部法律，以及《进出口商品检验法实施条例》《道路运输条例》《医疗机构管理条例》《海关行政处罚实施条例》等15部行政法规。这对行政检察人员准确把握法律适用规则提出了更高要求。

（四）行政争议化解面临程序性难题

解决行政争议是行政诉讼法确立的目的之一，在法律框架内促进行政争议得以解决也是行政诉讼监督的应有之义。相对人期盼通过诉讼解决实质性诉求，但一定程度上又受到诉讼程序规则的限制；经过一审、二审和再审程序后，检察环节开展实质性化解争议有着客观中立的优势，检察机关在查清事实、辨明是非的基础上，按照自愿、合法的原则，引导双方当事人达成共识，明确各自的权利义务，达到了保障私权、监督公权、解决争议等多重目的。但也面临着一些程序性难题，如在促成案件当事人双方和解后和解协议效力如何确认的难题。

二、高质效办好行政生效裁判监督案件的实践探索

（一）优化一体化机制，积极应对"倒三角"挑战

生效裁判监督案件办案主体呈"倒三角"结构，办案主体主要在省院和市级院，但行政争议基本在基层。在调查核实案件事实、全面了解案件情况、推进争议实质性化解、进行信访风险评估等方面，基层院和市级院更有属地优势。检察机关在宪法定位上是法律监督机关，上下级院之间是领导与被领导的关系。因此，对生效裁判监督案件的办理实施"检察一体化"机制，不仅具有法理基础，而且具有实践需求。

1.建立一体化机制运行规则体系。为了规范完善行政检察一体化

工作机制，更好发挥该机制的作用，山东省院在充分调研深入分析各类行政检察案件特点，认真听取各级院行政检察人员意见基础上，于2021年制定了《山东省检察机关实施行政检察一体化机制工作办法（试行）》，以整合上下级院办案资源，更好发挥上级院在法律政策解读上的优势和基层属地调查、协调化解争议优势，最大化提升监督办案质效和行政法治服务实效。该办法明确规定了各类行政检察案件的交办、提办、指办、跟进监督的情形及方式，以及典型案例培育、人员调用、办案纪律等要求。对于生效裁判监督案件，该办法明确下级院拟提请抗诉的新类型、适用法律有争议的案件及其他重大疑难复杂案件，可以在作出决定前向上级院报告情况。上级院办理下级院提抗案件，根据需要可以指令下级院进行补充调查核实，并开展行政争议实质性化解工作。如省院办理的杨某诉行政机关强拆房屋违法赔偿案，焦点问题是能否确认或推定县开发区管委会是涉案房屋拆除行为的主体。该案终审法院认定杨某提交的证据不能证明是县开发区管委会实施了涉案房屋的强制拆除工作。省院委托县检察院调查核实，经审查认为案涉棚户区改造拆迁是由开发区管委会决定并统一组织的，安置楼房及安置资金均由政府负责，拆迁后的地块用于县高层次人才创业园项目，而且同村钟某诉县开发区管委会行政强制案中生效判决确认县开发区管委会拆除钟某涉案房屋的行为违法。省院提请最高人民检察院抗诉后，四级检察机关上下联动，引导相对人回归理性诉求，市县检察机关与行政机关沟通会商，最终和解结案。

2. 运用一体化机制办好跨行政区划裁判监督案件。随着法院行政案件跨行政区划管辖改革的落地，跨行政区划行政生效裁判监督案件在实践中也越来越多，需要检察机关积极应对，深入研究并提出解决方案。《山东省检察机关实施行政检察一体化机制工作办法（试行）》对涉管辖改革案件争议化解机制、案件文书送达协作、重大疑难复杂案件办理机制进行了明确规定。实践办案中，特别强调要发挥好共同上级院协调指导作用，形成办案合力。如公某诉M县人社局劳动争议案件，公某为某棉纺公司原职工，因M县人社局未督促某棉纺公司为公某缴纳社保费，公某将 M 县人社局诉至 Y 县法院。Y 县法院经审判以超过 2 年时效为由驳回公某的诉讼请求。该判决生效后，公某向 Y 县检察院申请监督。Y 县检察院经初步审查后认为，案件审判地与争议发生地不一致，调查核实存在困难，遂向市检察院汇报。市检察院成立跨行政区域办案组负责调度指导，Y 县检察院侧重案涉行政裁判监督，行政机关所在地的 M 县检察院发挥属地优势，侧重配合开展调查核实及争议化解工作。在查明公某劳动关系存续期限及社会保险费缴纳等事实基础上，Y 县检察院向 Y 县法院发出再审检察建议，向 M 县人社局制发检察建议，均被采纳。最终案涉公司清算组补缴了公某 20 余年的社保费。

3. 通过改进人才培养方式强化一体化机制运行实效。一体化机制运行对行政检察人员的监督办案理念、方式等提出了新的要求。在对高素质行政检察专业人才的锻炼培养上，山东近年来更加注重"订单式"培训，更加注重检察官教检察官授课方式，更加重视上下级院挂职交流，上级院更多采取跟班学习、以案代训、青蓝结对等方式，不断凝聚监督办案共识，提升整体监督能力。在省院近年来组织的行政检察业务研修班上，先后有 20 多名检察官从办案实践走上培训讲台。省院在行政检察人员较为紧张的情况下，仍先后选派 4 名检察官到下级院挂职交流。下级院行政检察人员通过以案代训、青蓝结对的方式，参与省院办案、重点课题调研等 18 人次。1 名检察官到省高级法院行政庭交流挂职，省司法厅 1 名从事立法工作的同志到省院行政检察部门挂职交流。以上方式大大增强了一体化机制运行的活力和实效。

（二）强化调查核实功能，着力夯实事实认定基础

调查核实权是检察机关履行法律监督职责的基础和前提。只有通过调查核实查明事实真相和相关后果影响等情况，法律监督才具备事实依据和监督的针对性、有效性。行政检察的调查核实权与民事检察调查核实比，在范围、目的、内容、方式等方面均有所不同，具有自身鲜明的特点。总体而言，办理行政裁判结果监督案件，应当坚持"坐堂审"与"走出去"相结合，克服传统"坐堂办案"式书面审查广度、深度不够

的弊端，查明案件事实，提高监督办案精准度。

1. 依法开展调查核实。一些行政生效裁判监督案件，经过了一审、二审和再审，相对人仍然对案件事实的认定不服。一般情况下，当行政机关意识到其对案件事实认定存在偏差和错误时，通常会主动纠正并采取补偿措施。但有时由于各种原因，行政机关被困在案件事实"谜团"中，法院历次审理也未能抽丝剥茧查明真相。这种情况下，是难以通过书面审查对案件事实进行厘清认定的，必须依法开展调查核实工作。如张某诉某街道办强拆房屋行为违法赔偿案，张某在诉讼过程中多次对案涉房屋楼层及面积认定提出异议，但街道办和一审、二审法院均坚持原统计计算无误。省院在办理该案过程中，多次向负责该村拆迁房屋面积等测量的某市测绘院查询核实，最终该测绘院出具涉案房屋楼层计算说明，证明原楼层及面积计算确有错误。该案提出抗诉后，再审法院予以改判。济南市检察院在办理一起工伤认定行政生效裁判监督案件时，针对案涉某百货公司及相对人提交的证据矛盾疑点，向某超市发出调查函，获取证据证明行政相对人吕某与某百货公司存在劳动关系，推动人社部门重新对吕某作出工伤认定。

2. 注重运用智慧借助。智慧借助可以为检察官办案排除技术壁垒，促进办案专业化、精细化。对征收拆迁、医疗保险、交通事故认定等行政生效裁判案件中专业性较强的事实认定难点，需要注重发挥行政检察专家咨询委员会、行业专业人员及特邀检察官助理辅助办案机制的作用，借助外脑智慧提高案件办理的精准度。如于某诉交警部门交通行政处罚案，于某在其封闭小区内移车剐蹭李某车辆后离开。李某报警，于某赶到后，向李某支付8000元和解。于某向交警部门索要证明，交警部门认定于某造成交通事故后逃逸，给予罚款2000元的行政处罚。同时扣留于某机动车驾驶证，进行满分教育和考试。于某提起行政诉讼均未获支持，遂申请检察监督。检察机关经调查核实，组织省法学会交通法学研究会专家咨询论证，广泛检索案例，经审查认为案涉封闭小区发生车辆剐蹭，原则上应当作为普通民事侵权行为处理，本案认定造成交通事故后逃逸事实证据不足，特别是在双方车主和解后不宜再行处罚。

该案提出抗诉后，交警部门主动纠正原行政行为，撤销原行政处罚决定，于某申请撤回起诉，法院裁定准予撤诉。

3.全面把握案件事实，以监督护公平。某些行政案件特别是行政处罚案件中，如果仅简单局限于对法院判决认定的事实进行审查，很容易造成执法司法片面、机械的结局，不仅法律效果无从保证，社会效果更无从谈起。对这类案件，就需要整体把握、全面审查、综合研判。如张某某诉某县公安局行政处罚案。张某某与张某系邻居，且二人父亲为亲兄弟。两家因琐事产生矛盾，多次报警寻求解决。2020年2月中旬，张某某在疫情防控期间在村口志愿执勤时，张某下车拍摄张某某，在持续拍摄中张某某击打张某手臂至其手机落地，公安机关没有现场提取手机登记。公安机关接到报警后对张某某、张某以故意毁坏财物、殴打他人为由均作出行政拘留决定。张某某不服诉至法院，诉求未获支持，遂向检察机关申请监督。检察机关审查认为，张某某不具有毁坏公私财物的故意，公安机关未现场提取手机登记且手机损失鉴定意见未送达张某某，执法违反法定程序。检察机关提出抗诉时，将公安机关以殴打他人为由对张某某采取措施时执法方式、执法程序严重违法的关联事实通报再审法院，再审法院经审理撤销一审、二审行政判决，确认公安机关对张某某作出的行政处罚决定、行政机关作出行政复议决定的行为违法。

（三）深入研判法律关系，精准把握法律适用要义

法院审理行政诉讼案件，主要审查行政行为的合法性。如前所述，行政法律法规体系庞大，而且法律适用冲突有时难以避免，所以，在办理行政生效裁判监督案件时，精准审查行政执法和行政审判是否正确适用法律非常重要，从实践情况看这方面也是监督的难点和薄弱点。对此，我们坚持常抓不懈，引导全省行政检察人员严格落实《人民检察院行政诉讼监督规则》，加强对行政法律法规的学习，不断提升正确适用法律的能力。

1.正确适用程序法。程序法为及时、恰当地实现权利和行使职权提供必要的规则、方式和秩序，是正确实施实体法的保障。在审查办理行

政生效裁判监督案件时，需要聚焦影响实体诉求实现、实质权益保护的诉讼程序性问题，准确把握程序性法律规范的适用，依法精准监督，防范程序空转。如某消防技术服务公司因涉嫌虚假宣传被市场监管部门行政处罚。该公司于 2022 年 9 月 13 日收到区政府行政复议终止决定书，2023 年 4 月 13 日提起行政诉讼。某区法院以超过法定起诉期限为由驳回该公司的起诉。该公司向检察机关申请监督。检察机关审查认为，特定疫情防控期间应予扣除，且疫情属于"不可抗力"事实亦经区法院其他行政裁判文书予以认定。检察机关向法院发出再审检察建议，区法院裁定再审。

2. 准确理解实体法。实体法规定了法律关系主体的具体权利义务及法律保护的具体情况，是法院对当事人之间纠纷进行裁判的根本依据，也是检察机关审查判决法院裁判是否正确、是否具有监督必要性的根本依据。办案中我们注重围绕案件争议焦点，围绕实质权益是否应予法律保护的焦点，在充分把握案件事实基础上，进行深入分析研判，明确责任分配和权益归属，找到争议解决的办法。如"外嫁女"支某兰提起行政诉讼，请求法院判决撤销行政机关将其已故父亲宅基地使用权证颁发给支某瑞的行政行为。一审、二审法院均以支某兰非案涉土地所在集体经济组织成员，不能获得案涉土地使用权为由，裁定驳回起诉。支某兰申请检察监督后，检察机关审查认为，根据民事法律规定和国土资源部、中央农村工作领导小组办公室、财政部、农业部出台的《关于农村集体土地确权登记发证的若干意见》，非集体经济组织成员因继承房屋占有农村宅基地的，可按规定登记发证。该案提出抗诉后，再审法院予以改判。

3. 准确把握法律关系交织叠加案件。生活中涉诉矛盾纠纷通常千差万别、形态各异。有些行政生效裁判案件存在多种多样的法律关系，相互交织或者叠加，只有准确把握不同法律关系以及法律适用，才能实现精准监督，整体监督。不少行政裁判监督案件涉及行政、民事关系，或者存在民事、行政关联诉讼，在审查办理这些案件时，可以一并审查、监督。谢某为二级精神残疾人，其起诉主张放弃对案涉房屋继承份额行为无效的民事诉讼胜诉后,又提起行政诉讼请求区自然资源局将案涉房屋确权至其名下,未获法院支持。检察机关审查认为,法院民事判决未对谢某同意将涉案房屋登记于他人名下的行为予以评判不当,自然资源主管部门将案涉房屋确权至他人名下的行政行为违反物权法、《房屋登记办法》、《不动产登记暂行条例》等规定。检察机关就行政案件向法院提出再审检察建议,法院裁定再审,同时自行启动民事案件再审程序,均采纳了检察机关的监督意见。

(四)准确把握立法精神,努力破解实质性化解争议难题

2014年修正的行政诉讼法将化解行政争议作为立法目的之一。近年来,人民法院和检察机关综合运用司法手段和司法措施,以更大力度推进行政争议化解工作,成效显著。实质性化解行政争议工作更加强调实质性正义的实现,以让群众从所涉诉讼案件办理中感受到公平正义。而为了实现这一点,检察机关不仅要转变传统监督办案理念,还要更加注重各类监督方式和监督措施的综合有效运用。

1.以监督促化解。提起抗诉和提出再审检察建议,是行政生效裁判监督案件的法定监督方式。检察机关在履行行政生效裁判监督职责中,发现行政机关违法行使职权或者不行使职权的情形,通过制发检察建议等方式督促行政机关纠正,也是重要的监督方式。对符合监督条件的生效裁判案件,依法提出抗诉、再审检察建议或者检察建议,能够促进行政争议在法治轨道上予以化解。如某汽车驾驶员培训公司租赁河滩地经营驾校,被自然资源主管部门以未经批准擅自占用土地处以160余万元罚款。该公司经过行政诉讼一审、二审、再审,历时近四年均败诉后向检察机关申请监督。检察机关经审查,认为在案涉土地性质不明的情形下作出行政处罚,事实依据不清,对土地出租方和作为承租方的该公司分别作出不同行政处罚决定且罚款金额相差巨大,有违行政处罚公正及过罚相当原则。省院向省高级法院提出抗诉,省高级法院再审判决撤销原审行政判决和行政处罚决定。

2.持续跟进协力化解。有些进入检察环节的行政争议法律关系错综

复杂，往往经过一审、二审、再审等诉讼和信访等多层次多部门处理，行政诉讼、民事诉讼关联交错，争议持续时间久，是难啃的"硬骨头"。要实现争议实质性解决，需要检察机关聚焦案涉群众"实质诉求"，持续跟进，与相关部门协同努力，才能促使相应行政争议得到全面、整体和根本性解决。如苏某诉行政机关房屋登记案中，苏某所居住的公租房被他人违法取得并办理了产权登记，于是苏某提起行政诉讼。法院均以与苏某没有利害关系为由驳回起诉。检察机关提出再审检察建议后，再审法院于2018年采纳再审检察建议，判决确认苏某与被诉行政行为具有利害关系。再审过程中，房屋又被卖给李某，并被办理了银行抵押贷款。后苏某先后提起民事房屋买卖诉讼、房屋登记行政诉讼等，某市、区两级检察院持续跟进，与当事人、相关法院、7家行政单位、行业组织进行10余次座谈交流和数百次电话沟通后，2022年，案涉房屋产权最终登记在苏某名下，苏某公租房房改问题也得以彻底解决。

3. 推进系统治理化解争议。有些生效裁判监督案件涉及的行政争议产生的原因在于政策性措施和方案正当性明显不足，虽然其与行政行为的合法性关联密切，但明显无法通过诉讼或者裁判监督的方式予以解决。对这些案件，检察机关坚持"抓前端""治未病"，从案件办理着手，对行政审判、行政执法中反映出的类问题进行系统梳理，查找问题症结，通过检察建议等方式推动类问题解决。如山东检察机关办理了80余件被征收人诉某街道办强拆房屋违法赔偿案，在绝大多数作出不支持监督申请的同时，针对案件反映出的征收补偿标准明显不合理引发涉众性持续信访问题，发出检察建议。该街道办采纳检察建议，持续采取补偿措施，进一步实质性化解多起争议。临沂市检察机关在办理杨某花被冒名顶替登记结婚案中，推动民政部门在全县范围内排查整改，并推动省民政厅牵头与法院、检察院、公安厅会签文件，为"两高两部"出台《关于妥善处理以冒名顶替或者弄虚作假的方式办理婚姻登记问题的指导意见》提供了实践依据。

4. 多措并举助推服判息诉。行政争议本身具有复杂性和多样性，行政争议利害关系人的情况也是复杂的，这决定了开展行政争议化解工作要灵活运用多种方式和措施推进。近年来，检察机关坚持常态化开展行政争议实质性化解工作，结合案件实际情况，更加重视运用公开听证、司法救助、释法说理等措施，促进争议实质性化解，实现案结事了。如陈某诉某镇政府强拆房屋违法赔偿案中，陈某有两套面积、结构相同的房屋，由于评估机构评估时间不同、评估价值不同，终审法院判决是否计算利息、赔偿总额也不同。陈某不服，申请检察监督。省市检察机关就两案进行清单式梳理对比，从评估机构确定时间及方式、拆除房屋视频证据运用、利息计算规则等多方面向申请人释法说理，最终陈某撤回监督申请，与镇政府和解。周某在山东某县煤矿井下作业四五天后耳聋，申请工伤认定，均未获人社部门、法院支持。周某不服，连续诉访后申请检察监督。省院承办人向两家诊疗医院医师详细咨询，深入研析有关法律规定和专业标准，向周某释法说理，同时调查了解周某家庭情况，启动司法救助和社会救济，最终周某解开法结、放下心结，服判息诉。

三、相关问题及思考

在办理行政生效裁判监督案件中，也存在一些制约行政生效裁判监督的问题，需要通过顶层设计、立法完善从根本上予以解决。

（一）关于行政案件的调解范围

行政案件调解范围实际上有着明确的规定。《行政诉讼法》第60条规定，"人民法院审理行政案件，不适用调解。但是，行政赔偿、补偿以及行政机关行使法律、法规规定的自由裁量权的案件可以调解。调解应当遵循自愿、合法原则，不得损害国家利益、社会公共利益和他人合法权益"。《最高人民法院关于审理行政协议案件若干问题的规定》第23条第1款规定，"人民法院审理行政协议案件，可以依法进行调解"。可见，在行政诉讼阶段，原则上法院不能以调解方式结案，但涉及行政赔偿、补偿、行政协议或者行政机关有自由裁量权的案件，比如行政处罚案件，法院可以在行政机关自由裁量范围内依法对处罚幅度进行调解并以此方式结案。2023年《行政复议法》第5条规定，"行政复议机关办理行政复议案件，可以进行调解。调解应当遵循合法、自愿的原则，不得损害国家利益、社会公共利益和他人合法权益，不得违反法律、法规的强制性规定"。这一规定改变了此前《行政复议法实施条例》确立的可以适用调解的范围，没有对行政复议案件可以进行调解进行具体的限制性规定。

在司法实践中，法院的诉前调解行政案件实际上也已突破行政诉讼法规定的调解案件范围，审判过程中和检察环节上调解案件适用范围事实上已扩大。进一步扩大行政诉讼调解案件的范围已成为司法实践的迫切需要，也符合行政诉讼法的立法目的。

建议回应司法实践需求，深入研究行政诉讼案件的调解范围扩大或者情形界定问题。为有效化解行政争议，可充分借鉴2023年行政复议法的立法经验，适当扩大可调解的范围，在遵循合法、自愿原则，不损害国家利益、社会公共利益和他人合法权益，不违反法律、法规的强制性规定的前提下，结合不同类型案件的特点，将更多类型的行政案件纳入可调解的范围。如行政不作为案件，如果行政机关在法院判决前，通过调解主动在诉讼中履行其应当履行的职责，就消除了行政争议的基础，满足了行政相对人的要求，达到了行政诉讼的目的，更有利于及时维护行政相对人的合法权益。

（二）关于检察环节和解的效力

《行政诉讼法》第60条规定了审判阶段的调解，《人民检察院行政诉讼监督规则》第6条、第48条、第81条规定了检察环节的裁判案件和解问题。上述第6条规定"人民检察院办理行政诉讼监督案件，应当查清案件事实、辨明是非，综合运用监督纠正、公开听证、释法说理、司法救助等手段，开展行政争议实质性化解工作"。第81条规定"有下列情形之一的，人民检察院应当终结审查：……（三）申请人在与其他当事人达成的和解协议中声明放弃申请监督权利，且不损害国家利益、社会公共利益或者他人合法权益的……"当事人就解决争议依法达成和解，且各方自愿履行和解协议确定的义务，视为行政争议实质性化解。从实践看，在检察机关开展实质性化解争议工作时，行政机关在法律政策框架下往往有和解的意愿和能力，但是囿于法院生效判决的终局效力，担心若采实质正义的立场重新作出行政行为或者接受和解方案，可能会存在审计、监察问责风险。这种情况下，行政机关往往消极等待，希望检察机关启动抗诉、再审检察建议监督程序，法院重新作出判决后再视情况采取措施。这就客观上形成了矛盾。如在启动抗诉、再审检察建议监督程序前，检察机关在法律政策框架下促成行政机关与行政相对人实现和解，又能妥善处理好检察和解与终审生效裁判效力之间的关系，就会更好地节约司法资源，实现案结事了、政和人和。

建议完善府检、法检衔接程序机制，将检察环节的和解方案引入法院司法确认程序，并在终审生效裁判案件系统中予以标注。刑事检察部门办理认罪认罚案件，可以借助行政调解，促成矛盾双方和解或达成调解协议，"两高三部"《关于适用认罪认罚从宽制度的指导意见》第16条对相关调解协议效力给予了制度认可。该制度也为行政检察和解工作提供了有益借鉴。

（三）关于治安案件中正当防卫规则的适用和确立

一些治安案件中，相对人为免受正在进行的他人违反治安管理行为的侵害而采取了应激防御、制止违法侵害行为，有时被公安机关认定为"互殴"或者对"客观结果"具有主观故意，从而受到治安处罚。如某餐馆女性经营者在正常营业时，被一男青年酒后推搡殴打，该女性在被推搡殴打中本能地采取了应激性措施，因男青年被鉴定为轻微伤，公安机关以该女性经营者实施了故意殴打他人违法行为作出行政拘留10日的行政处罚。该女性经营者提起行政诉讼后，均败诉。再如，某A与曾为朋友的B等人饮酒吃饭产生不快，B抓住A的领带，A顺手推B致B未坐稳头部撞墙后被鉴定为轻微伤，公安机关以故意殴打他人对A作出行政拘留决定。整体地看，类似案件偏重于对相对人客观归责，与整个案件事实不相符合，而且有违社会主义核心价值观要求，不利于法治化营商环境、和谐社会秩序的形成。治安案件面宽量大，其中"正当防卫"认定问题长期以来一直是执法难点，处理不当，极易引发社会矛盾升级，影响执法司法效果和社会和谐稳定。

建议走出现有司法实践认定过严的误区，激活治安处罚领域中正当防卫规则，对正当防卫是否成立作符合立法目的的解释，体现"法不应向不法让步"的精神。公安部《公安机关执行〈中华人民共和国治安管理处罚法〉有关问题的解释（二）》明确规定，"为了免受正在进行的违反治安管理行为的侵害而采取的制止违法侵害行为，不属于违反治安管理行为"。该规定内容应当明确写入相关法律条文。在办理行政治安案件时，对符合正当防卫构成要件的行为，依法认定为正当防卫，切实维护防卫人的合法权益。

提升行政生效裁判结果监督质效的广西实践

林鼎立[*]

近年来，在最高人民检察院和自治区党委的正确领导下，广西检察机关深入贯彻习近平法治思想，紧紧围绕"高质效办好每一个案件"的工作要求，以"三个落实"为抓手，着力做到"三个提高"，敢于监督、善于监督、有力监督，持续推动行政生效裁判监督提质增效。2023年至2024年7月，共办结行政裁判结果监督案件1430件，其中提请抗诉10件、提出抗诉9件、发出再审检察建议8件，针对行政裁判结果监督案件中发现的问题向行政机关发出检察建议144件，不支持监督申请1252件。2023年，自治区检察院向自治区高级法院提出的4件抗诉案件均获改判，行政抗诉改变率100%。办理的17件案件获评最高人民检察院典型案例、优秀案例和优秀法律文书等，其中，1件案件获评2023年度十大行政检察典型案例。我们的主要做法是以下几点。

一、落实一体履职要求，提高行政生效裁判监督合力

最高人民检察院党组强调，加强对行政生效裁判以及行政审判和执行活动的监督，这是行政检察工作的重中之重，要切实解决不敢监督、监督不力等问题，重大监督案件要上下联动，一体履职。广西行政检察深入贯彻最高人民检察院要求，以健全完善行政检察一体化机制为抓

---

[*] 林鼎立，广西壮族自治区人民检察院检察委员会专职委员。

手，加强组织统筹、联合办案力量优化资源配置，不断强化监督合力、增强监督韧性。

（一）加强对下级院生效裁判监督案件办理的跟踪指导，提高再审检察建议监督实效

一是强化跟踪指导。要求各级院严格落实《人民检察院行政诉讼监督规则》和最高人民检察院行政检察厅下发的关于重大行政诉讼监督案件报告、检察建议备案、未采纳诉讼监督案件逐案分析制度等各项工作机制。对提出抗诉或者再审检察建议后法院再审未采纳监督意见的，实行一案一分析、一案一报告。自治区院制定《广西检察机关行政检察部门再审检察建议备案有关工作的通知》《广西壮族自治区人民检察院检察官联席会议讨论案件规则（试行）》等规定，严格规范再审检察建议备案、重大疑难案件报告和集体研究讨论等工作程序，明确由上级院统筹研判和指导下级院行政检察再审检察建议和提请抗诉工作，对认为符合监督条件的穷尽跟进监督、协同监督等监督手段，坚决依法监督确有错误的行政生效裁判，以此推动改变下级检察机关对于同级监督不会、不敢、不善的问题。北海市院办理的一起再审检察建议案件，向自治区院报备后，自治区院一直跟踪案件办理情况，并派员与法院对接，指导协同办案，最终获采纳改判。玉林市院办理的6件行政生效裁判监督系列案，向自治区院报备后，自治区院加强对下指导，从听取案件汇报、明确监督方式、专人督促跟进、会同下级院与其同级法院协调沟通案件各个方面全面跟踪指导，目前6件系列案已经检察委员会讨论通过并向同级法院发出再审检察建议。上级院对下级院办理生效裁判监督案件的有力支持极大鼓舞了下级检察院依法开展监督的信心，也改变了自治区过去普遍存在的法院不愿意接受检察机关再审检察建议，同级检察机关因担心采纳率问题也不愿意向同级法院发出再审检察建议的困局。

二是加强业务指导。为切实改变广西再审检察建议量少质弱问题，自治区院结合最高人民检察院巡视整改要求组织对2019年以来全区发出的8件行政再审检察建议案件开展案件质量评查，组织三级检察机关

对案件逐案分析，逐案评点，形成并印发再审检察建议评查报告，指出存在的问题困难，并在此基础上捋清了下一步提高再审检察建议监督质效的措施。同时收集整理全国范围内的优秀再审检察建议案例，专门编写成再审检察建议参考案例供下级检察院学习借鉴。一系列举措有效优化了全区检察机关对行政裁判案件进行监督的格局，逐步进入良性发展渠道，提升了全区再审检察建议工作质效。2023年以来，全区共提出再审检察建议8件，相当于2018—2022年5年间办理再审检察建议数量的总和，下级院主动向上级院报备案件的积极性、主动性进一步加强，目前尚有4件案件在报备办理当中。

三是强化典型案例指导。注重通过培育选树典型案例，寓指导于培育选树的过程中。对于下级检察院办理并报备的生效裁判监督案件，上级院加强研判指导，对具有新理念新态势新风尚引领效果的案件整合力量一体联动办理，强化调查核实，推动法检认识统一、公开听证、实质性化解、跟进监督、制发社会治理类检察建议等监督措施和手段，在办理案件过程中通过不断提升办案质效培树典型案例。组建广西行政检察典型案例库，2023年以来，组织开展了3批典型案例评选，在各市推荐参评的105件案例中评选出3批40件典型案例。同时编撰了3批参考案例供各级检察院交流学习，以提高生效裁判案件监督能力和水平。

（二）运用好办案组办案模式，提高办理疑难复杂案件能力

对涉人数众多的系列案、疑难复杂案件、涉案标的数额巨大案件、需上级院跟进监督的下级院的案件、需要联动开展行政争议实质性化解和需要严控廉政风险的案件树立以团队办案为主的理念，确保案件办理政治过硬、质量过硬、效果过硬。通过发挥检察机关便于开展上下一体履职的优势，整合三级行政检察人员力量，视案件情况调配和抽调人员成立办案组办理案件，形成监督合力。自治区院结合实际进一步指导完善轮案机制，要求各院指定专人负责案件受理入口关，对普通案件和疑难复杂案件进行初步甄别，实行普通案件和疑难复杂案件双轮案机制，普通案件由员额检察官个人按制度轮流办理，疑难复杂案件由负责案件初审的同志提出系疑

难复杂案件的意见，报部门领导审核后提出成立办案组办理案件的意见报检察长决定，并由检察长指定主办检察官。办案组一般由3名以上员额检察官及1—2名检察官助理成立办案组联合办理案件，视案件情况也可以抽调案涉地区下级院的检察人员以助理身份进入办案组上下一体协同办案，通过完善机制有力推动了案件高质效办理。如自治区院办理的一起涉案值近1.8亿元的案件，由检察长决定成立办案组办理案件，办案组发挥团队力量，相互支持，相互监督，推动案件高效办理，依法向自治区高级法院提出抗诉，目前案件正在审理中。又如宁铁分院办理的莫某某等183人与某市城管局违法强拆检察监督系列案，宁铁分院因涉案人数众多向自治区院报告请求支援，自治区院研判后采用一体化办案模式，统一调用辖区内检察人员组成办案组开展调查核实、化解争议等工作，"三级两地"检察机关联动履职促成化解，有效协作提升了办案质效，该案获评最高人民检察院落实一体化机制促进高质效办好行政检察监督案件典型案例。2024年以来，自治区院已有3件案件由检察长批准成立办案组办案，有力提升了疑难复杂案件办理质效，2024年以来自治区院提出抗诉的5件案件有2件是经办案组办理并提出抗诉的。

（三）建立上下一体联合办案机制，提高基层检察院办理行政生效裁判监督案件的能力水平

为解决好行政生效裁判监督案件因监督规则导致的基层检察院无案可办、监督能力和水平跟不上形势需要，行政检察后备力量匮乏问题，经深入查找问题原因，从2024年开始，自治区院针对本院和市级院生效裁判监督案件数量多、人员紧缺的现状，积极推动上下一体联合办案。对于上级院受理的案件，结合案件实际，可以选调案涉地区的行政检察人员担任检察官助理，组成办案团队联合办理案件，通过联合办案，加强案件调查核实，提高行政争议实质性化解工作实效，同时通过以案代训，有效提升基层人员的行政检察监督理念和能力水平。为加强对下级检察院的业务指导，全区检察机关建立分片指导机制，推动形成上级院指定专人或固定办案团队与相应地区的检察机关建立起常态化的

上下级业务指导联系，指导当地优化人员配置，用足用实调查核实、跟进监督、公开听证、智慧借助等手段强化对生效裁判案件的精准监督。2023年以来，共有75件案件系上级检察院与基层检察院组成办案团队联合办理，其中推动行政争议实质性化解54件，取得较好办案效果。

二、落实行政诉讼监督制度要求，提高行政生效裁判监督规范化水平

最高人民检察院党组要求，全面准确落实司法责任制，严格依法办案、公正司法，着力构建公正、规范、高效、廉洁的检察权运行机制，不断提升履职办案质效和规范化水平，努力让人民群众在每一个司法案件中感受到公平正义。广西行政检察结合工作实际，从健全机制、制度落实、责任制履行三个方面推进行政生效裁判监督规范化水平。

（一）抓机制建立健全

先后制定《关于规范民事、行政诉讼监督案件审查期限的工作指引（试行）》《广西检察机关行政检察部门再审检察建议备案有关工作的通知》《广西壮族自治区人民检察院第七检察部检察官联席会议讨论案件规则（试行）》等规定，严格执行延长审查、中止审查、案件备案、案件讨论、案件审批等监督工作规则。从案件初审、轮案分案到案件办理程序跟踪督促均安排专人负责，严格检察官联席会议讨论制度及规则，常态化开展案件研讨。严格案件审批，对拟提出和发出再审检察建议及提请抗诉的案件实行三审三校（副主任、主任、分管副检察长三级审核），进一步促进案件办理精准度和规范化。

（二）抓制度严格落实

及时落实最高人民检察院行政违法行为监督工作新要求，在生效裁判监督案件审查终结报告中对是否发现行政违法行为监督线索及如何处理提出明确意见。2023年至2024年上半年，针对行政裁判结果监督案

件中发现的问题向行政机关发出检察建议144件。严格案件报备制度，落实向上级检察机关报备各类检察建议331件，报送提出抗诉或者发出再审检察建议后法院再审未采纳监督意见分析报告2份。严格落实案件轮案办理、调查核实、组建办案组办案、跟进监督、检察官责任清单等诉讼监督规则要求，确保案件规范化办理。组织对2019年以来全区发出的再审检察建议案件开展案件质量评查，印发评查报告，提高发出再审检察建议工作能力。严格落实"三个规定"和办案纪律要求，指定专人每月提醒督促填报"三个规定"。常态化开展警示学习教育，规范与律师和当事人交往行为，严把廉洁守纪关口，对苗头性、倾向性问题及时扯衣拉袖，确保行政诉讼监督工作自身强、自身硬。

（三）抓责任制规范履行

严格履行检察官办案责任制，做实对员额检察官办案过程全方位监督，密切结合行政检察监督案件办理责任清单，全面准确落实司法责任制。细化案件承办、集体讨论、审批权限等规定，将检察官办案责任制落实到位。如按照广西三级检察机关检察官办案责任清单要求，严格案件延长、案件中止审批权限，严防出现案件长期未结风险。严格落实检察官联席会议制度和检察委员会工作制度，对按规定必须经过检察官联席会议讨论和检察委员会讨论的案件严格把关，确保案件办理符合法定程序要求。

三、落实"三个善于"要求，提高行政生效裁判监督质效

广西检察机关立足做实行政检察，将"三个善于"融通于检察办案全过程各环节，既从思想上抓检察人员自觉落实，又从制度建设、能力提升、作风保障等方面发力，优化履职办案制度机制，持续健全依法一体履职机制，积极推进完善外部协作机制，全面准确落实司法责任制；提升法律政策运用能力，努力让检察人员既当好依法履职办案的"能工"，又成为运用法律政策的"巧匠"；同时加强教育培训，完善专业素能培养体系，把"三个善于"融入政治轮训、同堂培训、业务竞赛，坚

持实战、实用、实效导向，完善专业素能培养体系，注重培养领军人才和高层次、专业化人才；为更好坚持"三个善于"赋能，积极推动实施数字检察战略，推动现代科技应用与传统监督方式相结合。同时坚持党建引领，深入开展党纪学习教育，以自我革命精神纵深推进全面从严治检，加强检察权运行制约监督，严格执行防止干预司法"三个规定"，以过硬纪律作风为保障，当好高质效办案的"第一责任人"，以"三个善于"引领"高质效办好每一个案件"具体实践。

（一）落实好"善于从纷繁复杂的法律事实中准确把握实质法律关系"要求

行政争议经过行政复议、行政诉讼，进入检察监督环节，往往是法律关系错综复杂，诉讼监督规则造成检察机关监督时效较长也导致一些争议在事实认定上取证困难，诸如山林土地水利纠纷以及土地征收和产权争议等问题有历史因素，法律事实的认定更是考验每一位办案检察官的能力和智慧。在司法实践中，并不是每个行政诉讼案件都能轻轻松松查清看懂弄透。对于行政生效裁判案件的监督要实现善于从纷繁复杂的法律事实中准确把握实质法律关系，更需要检察官在审查案件中善于抓住案件中的主要矛盾。要围绕主要矛盾准确认定法律事实，重现或最大限度接近客观事实，从中厘清法律关系，进而找到实质法律关系。历经政府、法院多次处理、审判的行政诉讼监督案件，在检察监督环节要实现精准监督，必须高度重视案件客观真实性审查，加大调查核实力度，才能夯实"高质效办好每一个案件"的基础。对于行政生效裁判监督案件，自治区院在业务指导中明确提出要加强检察机关调查核实权的应用，在办理行政生效裁判监督案件中坚持做到"三个一"，即见一面申请人、做一次现场调查、开展一次释法说理。2023年以来，全区两级检察机关就案件办理开展调查核实工作546件，通过落实好检察机关的调查核实权把准确把握实质性法律关系要求落到实处。

如自治区院办理的某信息公司与某市食药监局、某市政府行政处罚检察监督案。广西检察机关在对行政行为的合法性进行审查时发现，被诉的

10 倍罚款处罚决定形式合法，但经过深入调查核实查明关联案件中对另一当事人仅处 0.5 倍罚款的处罚幅度，综合考量违法行为的性质、情节及社会危害程度等，案涉罚款明显畸重，检察机关依法提出抗诉，法院采纳抗诉意见，最终使企业免受畸重罚款金额 170 余万元，避免因行政处罚不当束缚企业发展，服务保障企业守法合规经营。该案获评 2023 年度十大行政检察典型案例。又如广西玉林市院在办理的系列涉土地权属登记案件中，检察官充分运用调查核实权，走访关联刑事案件的侦查机关和检察人员，通过调查核实，在卷宗中发现了已被刑事案件认定为裁判依据的证人证言中，原审原告方及其多位证人明确承认了监督申请人（原审被告）指出的土地权属来源，其认可的事实与监督申请人提出的事实基本一致，明确了这一实质法律关系，在与法院充分沟通的基础上依法向同级人民法院发出再审检察建议，目前该案正在审理中。

（二）落实好"善于从具体法律条文中深刻领悟法治精神"要求

行政诉讼案件不仅涉及纷繁复杂的社会关系，还与国家治理、社会治理息息相关，对案件实现"三个效果"统一的要求更为迫切。广西检察机关组织行政检察条线检察官深入学习"善于从具体法律条文中深刻领悟法治精神"的精神实质，确保依法依规办好每一件案件。首先，领悟法律条文中的法治精神是高质效办好行政生效裁判监督案件的关键。既要始终遵守法律规定，坚守严格依法办案底线，又要深入理解法律条文背后的基本价值和理念，从法律条文中领悟法治精神。行政诉讼案件往往牵涉众多法律法规、地方性法规以及部门规章等，在对行政生效裁判案件进行监督的过程中，注意适用体系解释、目的性解释等法律解释方法，促进办案人员深刻领悟法律条文背后的法治精神。如自治区院办理的某下级院提请的黄某诉某市市场监督管理局行政处罚案中，某市市场监督管理局于 2020 年 9 月 17 日针对黄某 2020 年 6 月 25 日、7 月 26 日和 8 月 18 日的违法行为第一次作出行政处罚，2021 年 3 月 11 日又针对黄某在 2020 年 6 月 26 日的违法行为再次作出行政处罚。某市市场监督管理局依据《广西市场监督管理行政处罚规定》第 15 条第 1 款第 4 项"两年内曾因相同或者类似违法行为受过行政处罚的，依法从重处罚"之规定，对黄某从重处以罚款36500元。自治区院经审查认为法院对黄某适用"两年内曾因相同或者类似违法行为受过行政处罚的，依法从重处罚"曲解了本条款的内容规定，《广西市场监督管理行政处罚规定》第15条第1款第4项规定的立法本意应当是在受到第一次行政处罚后两年内再次实施违法行为的才从重处罚，而黄某第二次受罚的违法行为在受到第一次行政处罚之前就已经实施，应属于遗漏的违法行为，并非在受到行政处罚后两年内再次实施违法行为，不符合上述规定的从重情节，属于适用法律法规错误，遂依法向自治区人民法院提出抗诉。

其次，从"海量的法律条文"中深入了解法律法规、司法解释制定出台的背景和政策导向，自觉置身于经济社会发展大局，统筹处理好实体与程序、质量与效果、政策宏观把握与法律精准适用等关系，努力让人民群众在每一个司法案件中感受到公平正义。

如自治区院在办理曾某某与某县市场监管局、某县政府食品行政处罚检察监督一案中，针对曾某某及其妻残疾且过错轻微的情形，结合近年来对个体经营户以及经济实体依法保护和对行政执法强调过罚相当、柔性执法等政策导向，坚持行政处罚法作为行政处罚体系中的"总则"定位，适用过罚相当原则，针对本案中存在的"小过重罚""过罚不当"提请最高人民检察院抗诉，并在最高人民检察院的指导下，会同法院协调行政机关依法重开行政程序，变更决定。该案获评最高人民检察院"涉经营主体行政处罚检察监督典型案例"。

（三）落实好"善于在法理情的有机统一中实现公平正义"要求

天理、国法、人情有机统一，实际上就是政治效果、法律效果、社会效果有机统一。检察办案兼顾法理情，就是要让办案符合法律规定、符合社会主义核心价值观、符合人民群众对公平正义的基本认知，着力解决人民群众急难愁盼问题。如在办理雷某某等人与某县政府行政强制拆除检察监督系列案中，广西检察机关在对案涉的强拆赔偿案件进行合法性审查的同时，一并开展行政违法行为监督和行政争议实质性化解。

既督促征收机关履行补偿职责,一揽子解决关联的征地补偿问题,实质性化解行政争议,为包括案外人在内的11户失地农民落实了补偿政策,还针对履职中发现的《土地承包经营权证》上错登"基本农田"情况,制发了社会综合治理检察建议,最终11户被征收人自愿签署息诉罢访承诺书,9户申请人主动撤回监督申请。又如在办理某机动车检测服务有限公司(以下简称某公司)因诉某市市场监督管理局、市生态环境局、市公安局交通警察支队行政处罚及行政赔偿一案中,检察机关查明:公安、生态环境、价格主管部门违反相关规定采取依据经营者申请定价的方式履行本该由政府定价的法定职责,且在某公司申请政府定价时,发改局超越职权范围,以与价格行政管理职权无关的理由违法不予定价,导致某公司在申请无果、没有机动车安全技术检验收费的政府定价可以执行的情况下,为了企业生存发展,不得已参照某市城区政府定价开展检测收费经营活动,某公司最终因未经定价审批开展经营被断网并处7万多元罚款。检察机关经审查后认为因行政机关违法不予定价和不予准许某公司定价申请的行为有违行政处罚法"实施行政处罚必须以事实为依据,与违法行为的事实、性质、情节以及社会危害程度相当"的过罚相当原则。但考虑到行政机关的处罚系开展专项整治活动期间作出,结合当时的实际具有一定合理性,遂组织双方开展行政争议实质性化解,相关行政机关认为有法院判决支持,不接受检察机关化解方案,经与法院协商一致,检察机关以抗促调,将化解工作延伸至法院协同开展化解,目前化解工作正在进行中,有望取得实质性成效。

进入新时代,人民群众的法治意识、权利意识明显增强,对公平正义的要求显著提高,满足人民群众的新期待需要更高水平的法律监督,检察履职办案应"符合人民群众对公平正义的基本认知",这是检察机关坚守人民立场的要求和体现。高质效办案既要严格依法、公正司法,也要做到法与时转、法随时移,把静态的法律法规和鲜活的办案实践更好结合。与时俱进做好结合,要加强自我检视,对标群众合法诉求,以人民满意为最高目标,在法律框架内回应群众对公平正义的期盼,努力让办案效果符合社会的需求、群众的要求。

坚持"三个善于"高质效办理行政检察抗诉案件

——以"马某诉某镇人民政府强制拆除检察监督案"为例

李显辉　张昊天[*]

最高人民检察院党组鲜明提出，要让"高质效办好每一个案件"成为新时代新征程检察履职办案的基本价值追求，并针对实践中存在的就案办案、机械司法问题，进一步提出了"三个善于"理念。作为"四大检察"法律监督格局的重要组成部分，行政检察的重心是行政诉讼监督，包括对行政诉讼受理、审理、裁判、执行等的监督，其中对行政生效裁判的监督又是"重中之重"，要深刻领悟和充分运用"三个善于"的认识论和方法论，加大提出抗诉力度，依法全面审查、该抗则抗，强化行政检察履职，实现有力监督和有效监督。本文以2023年度十大行政检察典型案例——北京市检察机关办理的"马某诉某镇人民政府强制拆除检察监督案"为例，阐述如何将"三个善于"融入行政检察办案全过程各环节。

---

[*] 李显辉，北京市人民检察院检察委员会委员、行政检察部主任、二级高级检察官；张昊天，北京市人民检察院行政检察部检察官助理。

一、基本案情

2000年9月，马某承租某镇某村集体土地，后在该承租地上建设房屋（以下简称案涉房屋）。2019年10月28日，某镇人民政府向规划和自然资源委员会某分局发送《某镇关于恳请对某村3处疑似违法建设进行认定的函》及现场照片、影像图。2019年10月29日，规划和自然资源委员会某分局向某镇人民政府作出《关于对某村3处疑似违法建设规划审批情况的复函》，认定案涉房屋涉嫌乡村违法建设。2019年11月7日，某镇规划建设与环境保护办公室和某村村民委员会联合向马某发出《限期拆除通知书》，主要内容为马某违法用地违法建设项目，违反了土地管理法、《北京市城乡规划条例》等相关法律法规和村民自治章程，要求马某于2019年11月11日9点之前将违法用地违法建设项目内个人物品自行搬离，违法用地违法建设自行拆除清理完毕。逾期未拆除清理的，将由相关单位集中进行拆除清理。2019年11月19日，案涉房屋被强制拆除。

2019年12月2日，马某向公安局某分局（以下简称某公安分局）邮寄《查处申请书》，要求对其房屋被拆一案进行调查处理。马某因未收到某公安分局的书面查处意见，于2020年4月2日以某公安分局为被申请人向某区人民政府申请行政复议。在行政复议过程中，某公安分局向某区人民政府提交《行政复议答复书》和辖区派出所出具的《工作说明》，分别载明"经了解为某区某镇政府进行的拆除违建行为""某镇建委工作人员及城管等部门联合执法拆违，属于政府行为"。某区人民政府于2020年5月28日作出《驳回行政复议申请决定书》，以"2019年11月19日，被申请人接到申请人报警后，立即赶赴现场，了解到申请人所报警情系某镇建委工作人员及城管等部门联合执法拆违，被申请人所属民警当场告知申请人拆除违建工作是镇政府的行为，此行为对申请人产生的损失可到相关部门反映解决"等为由，驳回马某的复议申请。

马某诉至法院，请求确认某镇人民政府等强制拆除行为违法。一审诉讼期间，某镇人民政府提交了某村村民委员会出具的《关于拆除马某违法用地情况说明》（以下简称《情况说明》），主要内容为："2019年11月19日我村按照村委会会议精神，对马某出租大院进行了拆除清理，邀请镇规划建设与环境保护办公室或城管执法队作为拆除过程的见证人进行现场监督指导。"一审法院以村民委员会《情况说明》"自认"对案涉房屋进行了拆除清理为由，认为现有证据不能证明系由某镇人民政府等作出被诉拆除行为，故马某对某镇人民政府等的起诉，没有事实依据，裁定驳回起诉。二审法院以相同理由裁定驳回上诉，维持一审裁定。再审法院亦裁定驳回马某的再审申请。马某不服，向检察机关申请监督。

二、检察机关以"三个善于"审查和办理案件情况

（一）本案审查思路及调查核实情况

该案争议焦点在于案涉房屋的强制拆除主体是乡政府还是村委会，因此办理的关键是事实及证据的认定，进而影响到法律适用、办案效果等方面的问题。在强制拆除类行政案件中，由于行政相对人处于弱势，证据收集意识和能力普遍不高。该案中，马某申请行政复议后某区人民政府作出的《驳回行政复议申请决定书》，以及某公安分局、辖区派出所在复议期间出具的《行政复议答复书》《工作说明》中，均载明"经了解为某镇政府及某城管执法局等部门联合执法拆违，属于政府行为"。与之截然不同的是，村委会《情况说明》又"自认"是其对案涉房屋进行了拆除清理。在出现相悖的不同证据材料的情况下，有必要查明事实，去伪存真。秉持这一思路，检察机关前往该村就《情况说明》进行调查核实，并先后向某镇人民政府、某村委会发出《协助调查通知书》。但镇人民政府依然否认自己实施了拆除行为，村委会自认实施了拆除行为。检察机关在与村"两委"的座谈会中，就《情况说明》中涉及的拆除行为的具体实施主体、拆除经费拨付等基础事实进行调查核实，并形

成《座谈会议纪要》，证实《情况说明》系在镇人民政府的授意下出具，与实际情况不符，村委会既未自己组织拆除，亦未委托他人拆除，未对案涉房屋拆除行为支付任何费用，案涉房屋由某镇人民政府拆除。由此，在书面证据存在矛盾的情况下，检察机关通过调查询问、座谈会等方式获取了能够支撑抗诉的关键"新证据"。

（二）办案结果及类案监督情况

检察机关经审查认为，某镇人民政府应认定为该案案涉房屋的强拆主体，是该案适格被告，生效裁定认为"现有证据不足以证明某镇人民政府和某区城管执法局做出了被诉拆除行为，马某的起诉缺乏相应的事实根据"，存在认定事实所依据的主要证据不足问题。理由有以下几点：第一，某镇人民政府具有查处乡村违法建设的法定职权，且事实上实施了查处乡村违法建设的行为。该案中，某镇人民政府作为法律明确规定的乡村违法建设拆除主体，认定案涉被拆除房屋为违法建设，并作出《限期拆除通知书》，在拆除行为实施主体不明时，原则上可以推定系作出《限期拆除通知书》的某镇人民政府为实际拆除主体。第二，马某在诉讼中提交的证据可以初步证明某镇人民政府作出了被诉拆除行为，其起诉符合法定起诉条件。根据举证责任分配的一般原则，起诉无书面决定的事实行为时，原告只要能够提供初步证据，证明事实行为存在且极有可能系诉状所列被告实施，即应视为已初步履行了相应的举证责任。该案中，马某向人民法院提交了强制拆除现场照片，并提交了某区人民政府出具的《驳回行政复议申请决定书》、某公安分局出具的《行政复议答复书》及辖区派出所出具的《关于马某的信访回复》《工作说明》等证据，均明确案涉拆除行为是由某镇人民政府实施的，且以上证据均为国家机关依职权制作的公文文书，根据《最高人民法院关于行政诉讼证据若干问题的规定》相关规定，国家机关依职权制作的公文文书的证明效力应优于某村委会出具的书证。但人民法院生效裁定仅引用某村委会出具的会议纪要的内容，论证马某的起诉缺乏相应的事实根据，却并未提及马某提交的国家机关依职权制作的公文文书，并对矛盾内容予以释明，存在明显不当。第三，经检察机关依职权调查核实，发现新证据可以证明某镇人民政府实施了被诉拆除行为，某镇人民政府在诉讼过程中所提交的某村委会出具的《情况说明》与实际情况不符。该份《情况说明》实际系在某镇人民政府授意下出具，某村委会并未实施被诉拆除行为，也未委托其他主体对案涉房屋实施拆除，未对案涉房屋拆除行为支付任何费用，案涉房屋由某镇人民政府拆除，与马某向人民法院提交的证据相印证。

2023年3月28日，检察机关向同级人民法院提出抗诉。经同级人民法院指令下级人民法院再审后裁定撤销原审，并指令某区人民法院审理。9月28日，某区人民法院经审理，对检察机关抗诉意见及调查取得证据予以认可，判决确认某镇人民政府强制拆除行为违法。

该案中，检察机关通过全面审查、依法履职，充分发挥调查核实手段，准确查清关键的事实证据，明确了涉村委会等民事主体"自认"实施强制拆除情形的行政案件中适格被告的认定规则，对同类司法案件办理具有指导性和典型性。后以此案抗诉改判为切口，在全市检察机关筛查出在办类案8件，就相关问题向人民法院提出抗诉和再审检察建议均获采纳，推动从"个案办理"到"类案监督""社会治理"，有效以司法手段遏制实践中普遍存在的以"村民自治"名义逃避行政责任的现象，畅通相对人司法救济渠道，督促行政机关依法行权履责，切实维护人民群众合法权益。

三、"三个善于"在案件办理中的具体应用

（一）"三个善于"理念意涵

"三个善于"，即善于从纷繁复杂的法律事实中准确把握实质法律关系，善于从具体法律条文中深刻领悟法治精神，善于在法理情的有机统一中实现公平正义。其主要涉及以下三个层面：首先，事实认定层面是基础，侧重于如何抓住案件中的主要矛盾，要求全面准确把握"以事实

为根据"。这就需要检察官在阅卷的基础上,充分听取各方当事人意见,从"坐堂问案"到走出卷宗、走出办公室,针对争议焦点、实质诉求、关键证据等加大调查核实力度,依法询问当事人及案件相关人,尽可能还原案件的客观事实。

其次,法律适用层面是关键,侧重于如何正确适用法律,要求全面准确理解"以法律为准绳"。行政管理领域法律规范较为庞杂,据统计仅行政法规、部委规章及文件的数量就超过4000部,需要检察官穷尽梳理相关法律规定及政策文件,正确理解和把握立法目的、适用条件、法律竞合、行政裁量等,既要尊重行政机关的首次判断权,又要维护客观法秩序统一,避免就案办案、机械司法。

最后,办案效果层面是目标,侧重于如何确保案件办理取得最佳效果,要求全面准确统筹"以事实为根据,以法律为准绳",努力在法律框架内寻求公平正义的"最大公约数"。这就需要检察官坚持"如我在诉",将国法、天理、人情融为一体,推动实现政治效果、法律效果、社会效果有机统一,守好"维护公平正义的最后一道防线",通过高质效办案让人民群众可感受、能感受、感受到公平正义就在身边。

(二)本案办理中对"三个善于"的把握

该案是以"三个善于"为指引,高质效办理行政检察抗诉改判案件的生动实践。其核心要旨是,透过现象看本质,抓住"谁是案涉房屋的强制拆除主体"这一主要矛盾,充分行使检察机关法定的调查核实权,通过调查获取的"新证据"正确认定法律事实,区分具体案件中的行政法律关系,通过抗诉促进被诉行政强制拆除行为进入实体审理程序,获得人民法院判决确认某镇人民政府的强制拆除行为违法,实现了三个效果的有机统一。该案的成功抗诉改判及类案监督,确立了强制拆除类行政案件的司法审查规则:对于村委会等民事主体"自认"实施强制拆除行为,应结合法律规定、在案证据、具体实施等情况综合研判,充分运用调查核实权,准确识别强拆主体、认定适格被告,切实维护行政相对人的合法权益。

1.事实认定层面,对于行政机关已经作出查处违法建设等前置行政行为的,可以综合在案证据初步推定作出该前置行为的行政机关是强拆主体;检察机关应充分运用调查核实权,刺破村委会自认的"面纱",准确识别强拆主体。

强制拆除违法建设,属于公权力职权范围,实践中由此引发的矛盾争议较多。一个强拆行为有可能引发要求确认违法、行政赔偿、要求履职、行政复议、政府信息公开等多个行政诉讼,本质上都是强制拆除行为引发的安置及补偿赔偿相关问题。坚持"三个善于",首先就要关注纷繁复杂的法律事实中,强制拆除行为的这一实质法律关系,全面准确把握"以事实为根据"。案涉房屋被强制拆除,在行政相对人提起行政诉讼能够提供初步证明材料证明被告适格的情况下,人民法院应根据在案证明材料并结合行政机关的法定职权、前置行为等进行初步推定。

村委会形式上的"自认",不能否定镇政府事实上的强拆。镇政府作为法律明确规定的乡村违法建设查处主体,认定案涉被拆除房屋为违法建设,并作出《限期拆除通知书》,原则上可以就此推定某镇人民政府为强制拆除主体。在某镇人民政府提供村委会"自认"的《情况说明》等证据证明强制拆除行为系由村委会实施的情况下,人民法院应对"自认"事实进行审查,而不能直接予以采信。村委会拆除违建的行为不应被简单认定为民事主体的侵权行为或毁坏财物行为。行政机关担当社会管理者的角色,应当运用法治思维和法治方法解决行政争议,但部分行政机关通过公法遁入私法方式规避行政义务,严重损害政府公信力。实践中,政府机关在村民自治的"保护衣"下免于应诉,相对人和村委会间的争议也难以进入民事审判,从而将相对人挡在看似存在却永不能进的"法的门前"。检察机关通过践行"三个善于"理念,积极、充分开展调查核实,直接刺破行政机关假借村民自治的"面纱",遏制以"村民自治"名义逃避行政责任,督促相关行政机关依法行权履责,也畅通了相对人寻求司法救济的渠道,切实维护人民群众合法权益。

2.法律适用层面,对于村委会等民事主体"自认"实施强制拆除行为,应结合法律规定、在案证据、具体实施等情况综合研判。

"三个善于"的理念要求，检察机关在查清事实的基础上，正确适用法律，全面准确理解"以法律为准绳"。根据村民委员会组织法相关规定，村委会可以协助乡镇人民政府开展工作。中共中央办公厅、国务院办公厅印发的《关于规范村级组织工作事务、机制牌子和证明事项的意见》明确，未经县级党委和政府统一部署，党政群机构不得将自身权责事项派交村级组织承担；不得将村级组织作为行政执法、拆迁拆违、招商引资、安全生产等事务的责任主体。故对于村委会等民事主体"自认"实施强制拆除违法建设的行为，应从是否存在行政委托或者是否由具有法定职责的行政机关直接实施等角度分析，并结合相关证据进行研判。在乡村违法建设整治实践中，存在一些形式上由村委会实施拆除，但实质上由乡镇政府等委托实施的情况，村委会的拆除行为犹如行政机关的"延长之手"，未必是"法律意义上"的强拆主体和"适格"被告。

按照行政诉讼举证责任分配的一般原则，起诉无书面决定的事实行为时，原告只要能够提供初步证据，证明事实行为存在且极有可能系诉状所列被告实施，即应视为已初步履行了相应的举证责任。《最高人民法院关于行政诉讼证据若干问题的规定》第63条规定："证明同一事实的数个证据，其证明效力一般可以按照下列情形分别认定：（一）国家机关以及其他职能部门依职权制作的公文文书优于其他书证……"根据证明效力的相关规定，某区人民政府作出的《驳回行政复议申请决定书》、某公安分局作出的《行政复议答复书》、某公安分局辖区派出所作出的《关于马某的信访回复》《工作说明》，均为国家机关依职权制作的公文文书认定某镇人民政府实施了被诉拆除行为，该证据与马某起诉提交的证据相印证，且其证明效力应优于某村委会出具的书证。

3.办案效果层面，确立了司法审查规则，推动从"个案办理"到"类案监督"，实现"办理一案、治理一片"效果。

全面准确统筹"以事实为根据，以法律为准绳"，努力实现"三个效果"有机统一。该案通过检察机关调查核实、依法提出抗诉，推动法院改判。对于案件中发现的在拆违过程中，镇政府找村委会"顶包"、村委会"自认"实施强拆，假借"村民自治"逃避行政责任的问题，在实践中较为普遍，进入行政诉讼和检察监督程序的也非个案。检察机关坚持"高质效办好每一个案件"的基本价值追求，深化运用"三个善于"，对于个案中发现乡村违法建设整治中的上述普遍性问题，开展全市范围筛查，并就8件类案向人民法院提出监督意见，与人民法院共同推动相关问题解决、促进司法标准统一，切实维护违法建设拆除案件中行政相对人的合法权益。

高质效办理行政生效裁判监督案件的实践探索

夏晓鹏[*]

行政权是国家权力系统中最被普遍运用的权力,出于国家治理和社会管理的需要,它的触角延伸到社会的每一个角落,可以说与每个人都息息相关。而社会发展水平越高,行政权的运用通常也愈加普遍。相应地,由于行政权的属性要求其更加注重整体权益的实现,其与个人权益的冲突也就愈加明显,出于规范行政权和维护个体权益的需要,司法权对行政权的监督制约更成为必然。然而,当前行政争议和行政申诉的数量日渐增长,迫切需要在审判权对行政权有力约束的同时,检察权能够更好地发挥作用。行政检察肩负着促进审判机关依法审判、推进行政机关依法履职的双重责任,承载着化解行政争议、维护行政相对人合法权益的使命,其中,行政诉讼监督是行政检察工作的重心,而行政生效裁判监督又是行政诉讼监督这个重心的重心,如何发挥检察机关作用,高质效办好每一个行政生效裁判监督案件,努力让人民群众在每一个司法案件中都感受到公平正义,以回应人民群众日益增长的多元司法需求,成为当前行政检察面对的一个重大课题。

---

[*] 夏晓鹏,辽宁省人民检察院行政检察部副主任、三级高级检察官。

一、"高质效办好每一个案件"是行政生效裁判监督的根本

（一）"高质效办好每一个案件"是检察机关的责任担当

1. "努力让人民群众在每一个司法案件中感受到公平正义"是践行以人民为中心发展思想的司法路径。"坚持以人民为中心"是习近平法治思想的核心要义之一，包括坚持法治为了人民、依靠人民，积极回应人民群众新要求新期待，牢牢把握社会公平正义的价值追求以及依法保障人民权益。"努力让人民群众在每一个司法案件中感受到公平正义"是深入践行习近平新时代中国特色社会主义思想，全面贯彻落实习近平法治思想的"必答题"。"努力让人民群众在每一个司法案件中感受到公平正义"，是需要从实体上、程序上、效果上完整回答严格公正司法、维护社会公平正义的时代命题。可以说，"努力让人民群众在每一个司法案件中感受到公平正义"就是"把屁股端端地坐在老百姓的这一面"，不分案件大小、情节轻重、程序简繁，都依法准确认定事实、规范适用法律，办好每一个案件，维护司法公平正义、促进社会公平正义，切实让人民群众能够感受到公平正义，积极回应人民群众的法治需求。

2. "高质效办好每一个案件"是"努力让人民群众在每一个司法案件中感受到公平正义"的检察实践。最高人民检察院党组深刻领悟践行习近平法治思想，特别是学深悟透习近平总书记反复强调的"努力让人民群众在每一个司法案件中感受到公平正义"的重要指示精神，开创性地提出了让"高质效办好每一个案件"成为新时代新征程检察履职办案的基本价值追求，形成了"通过检察履职办案，在实体上确保实现公平正义，在程序上让公平正义更好更快实现，在效果上让人民群众可感受、能感受、感受到公平正义"等一系列检察理论新思路新观点。"高质效办好每一个案件"是检察办案的标准，达到这个标准，就意味着检察履职符合党的要求，能够满足人民群众的司法需求，实现公平正义。"高质效"切实把习近平法治思想落实到法律监督工作中，这里的"质效"是办案质量、效率与效果的有机统一。"高质效"，质量是

关键。"质"是品质上的要求，体现案件办理的水平高。"量"是数量上的要求，体现办案数量的规模大。质量是检察工作的生命线。只有以质量作保证，检察办案才能充分发挥法律监督职责，实现公平正义。"高质效"，效率是保障。效率体现诉讼节约原则，有利于减少人力、物力等司法资源浪费，同时关系着各类法律关系处于待定状态的期限长短。"高质效"，效果是体现。办案效果是政治效果、法律效果、社会效果的统一。案件办理效果好，是党和人民对案件质量和效率满意的综合反映，也是开展法律监督工作的出发点和落脚点。检察机关在履行法律监督职责中，处理好案件的质量、效率与效果是一个永恒不变的课题。

（二）"高质效办好每一个案件"对行政生效裁判监督的要求

1.行政权的特点及价值追求决定其必然受到司法监督。行政权一般指国家行政机关维护公共安全、社会稳定、依照行政法律法规享有的管理国家事务的权力，被公认为是国家权力系统中最有效、最普通的权力。行政权的基本价值是秩序和效率，但在追求秩序和效率的过程中，可能存在对公平追求的天然欠缺。在行政管理关系中，行政机关是处于管理者、指挥者地位的一方当事人，而行政相对人作为另一方当事人则处于被管理者的服从地位，双方当事人的地位是不对等的。行政主体为了达到行政管理的目的而实施行政行为具有明显的主导性。在很多情况下，即使行政主体依法依规作出行政行为，但人们对行政行为之公正性的预期也会大大低于对司法活动之公正性的预期。如将行政权的设置及运作的首要目标定位为实现公正在社会事务管理中也很难全面体现。所以，不是说行政权的设置与行使可以忽视公正价值，而是与司法权相比，行政权在价值追求方面的优位价值不同。两者价值追求的差异，决定了必须通过司法权的监督对行政权加以约束，达到公平和效率、公共利益和个体利益之间的平衡。

2.检察机关必须发挥对行政诉讼和行政行为的监督作用。检察机关是国家的法律监督机关，行使法律监督职权。党的十八届四中全会在《中共中央关于全面推进依法治国若干重大问题的决定》中提出了"强化对行政权力的制约和监督"的主张，并将司法监督作为对行政权力监督的重要一环，要求将司法监督与人大监督、民主监督、行政监督、舆论监督以及党内监督等结合起来，努力形成科学有效的权力运行制约和监督体系。我国检察权最大特征乃是其独立于政府的行政权，并具有法律监督性质。发挥好检察权监督职能作用，采用检察意见、检察建议、提起抗诉、再审检察建议等多种监督方式，加强对行政权的监督，能够收到更好的监督效果。

3. 在行政生效裁判监督中必须坚持"高质效办好每一个案件"要求。在2023年7月的大检察官研讨班和2024年初的全国检察长会议上，应勇检察长均指出行政检察工作与社会上大量存在行政争议、行政申诉重大反差的现状。对大量存在行政争议、行政申诉的情况，在行政生效裁判监督中，就必须坚持"高质效办好每一个案件"。其内涵包括：办案数量上，要扩大抗诉和再审检察建议规模；办案质量上，要通过抗诉和再审检察建议对裁判结果予以纠正；办案效率上，要在法定期限内让行政相对人及时感受到公平正义；办案效果上，要从让行政相对人对公平正义的"可感""可信"出发，既要注重监督结果，也要注重在提出抗诉和再审检察建议监督过程中，会同审判机关和行政机关，共同推进行政争议的实质性化解。

二、对行政生效裁判的监督亟待加强

（一）在认识论层面，挣脱传统办案思维和监督视角束缚的魄力和能力亟待加强

1. 跳出自我框定的"不稳不抗""不改不抗"监督模式的魄力需要不断加强。检察实践中，一些地区对质效的理解曾存在偏差，有的承办人将"监督的准确性"视为"高质效"，片面强调和追求对行政生效裁判监督后的改判结果，逐渐产生并自我框定在了"不稳不抗""不改不抗"的思维模式中难以跳出。这种思维模式的产生，一方面是由于行政

诉讼案件被告人区别于普通民事主体的特殊身份，检察机关在监督案件的同时要考虑到对个别行政行为的否定性评价是否会给其他关联行政行为或者行政机关造成不可预估或者难以控制的不良影响、引发群体性矛盾等；另一方面也受制于行政检察队伍自身监督水平有限的现实情况。相较于"四大检察"中的刑事检察、民事检察，行政检察队伍力量相对薄弱，检察人员知识结构不够合理，部分人员还对行政审判工作不甚熟悉，边办案边学习，存在综合把握司法政策、办理新类型或复杂案件的能力不强，对案件证据审查及事实认定把握不准等情况，在一定程度上也会影响检察人员敢于监督的魄力和善于监督的能力。

2. 从"法院裁判结果审查"到"当事人权益保护"的监督视角转化的能力需要不断加强。检察人员在监督生效裁判案件时常规的监督方式都是运用三段论演绎推理去审查和裁判，即从审查事实认定（小前提）、适用法律（大前提）和诉讼结论的准确性正向分析确定监督的可行性，这一逻辑思维方式会导致检察人员在不自觉中代入审判人员角色，而当检察人员和审判人员对于上述问题的认知或理解不完全趋同或难以达成一致的情况下，就会为提出抗诉或再审检察建议的结果产生担忧，影响监督效果的实现。检察人员应转化监督视角，从当事人权益保护方向反向切入。首先对当事人的实体权益受到损害与否进行实质审查，从争议化解的角度开始，发挥好"以抗促调""以抗促改"的作用，尝试在监督和争议、争鸣的过程中寻找一个维护当事人实体权益和确保司法公正的最佳平衡点，这样即便不支持监督申请，也能实现案结、事了、政和的良好效果。

（二）在方法论层面，优化履职办案方式的实力和战力还亟待加强

1. 在证据审查方面，检察官调查核实权的运用范围仍需扩大。活用、善用调查核实权是发现案件监督点的重要手段，部分行政裁判结果监督案件的行政相对人与行政机关争议冲突较大、案情相对复杂，单纯依靠案卷材料进行书面审查难以对关键性证据和事实进行整体把握，这

就需要不断扩大检察官调查核实权的行使范围。但目前检察人员办案中很难坚持"走出去"调查核实与书面审查协同推进，以亲历性加强对证据的筛查、过滤、核实，并通过书面阅卷和调查复核相结合的办案模式不断提升证据分析、证据援引及证据体系构建的综合判断能力。

2. 在监督层次方面，规范监督、科学监督、精准监督的水平仍需提升。坚持以精细化审查践行精准监督理念是办好裁判结果监督案件的必然要求。但实践中，检察人员特别是基层检察人员借助智慧检务、案例检索、公开听证、专业外脑专家咨询网等方式提高监督意见精确性不够，通过委托鉴定、评估、审计、勘验物证、现场等方式提高事实认定准确性不够，都未能形成完备的工作机制。此外，在迅速厘清行民交叉、行刑交叉案件主要矛盾和争议焦点，就拟监督案件的监督点位、监督意见进行反复打磨论证等方面还存在诸多不足。

3. 在监督质效方面，监督效率和监督效果仍需同步提升。抗诉作为检察机关监督行政诉讼案件的基本方式，在具备监督刚性优势的同时，必然伴随程序启动上的严苛性和复杂性，这就会导致监督周期过长，无形中影响监督效率的实现。此外，行政检察监督案件数量与当事人申请监督案件数量难以形成正向比例，不支持监督申请案件占比较高的问题长期存在，加之监督视野拓展延伸不够，从"个案办理"到"类案治理"、从"裁判结果"到"行政违法"的穿透式监督未能形成规模效应等问题都限制了监督效果的充分发挥。

（三）在实践论层面，坚持深入践行法、理、情融合的行动力和推动力还亟待加强

1. 在释法说理中获得人民群众认同感、信任感的行动力仍需加强。释法说理是弘扬法治精神的重要载体，也是司法活动中不可或缺的关键一环，充分有效的释法说理在增强群众认同感和信任感方面能起到十分重要的作用。但是在实践办案过程中部分检察人员对法、理、情融合理念认识不够深刻，特别是面对复杂多变的案件情况，缺乏有效的策略和手段，释法说理能力不强、工作开展不充分，难以让当事人信服，不能

充分满足人民群众对司法的要求和期待,影响了检察监督化解矛盾、定分止争的效果实现。

2.在结合专项活动践行"三个善于",做好法、理、情融合的推动力仍需加强。善于从纷繁复杂的法律事实中准确把握实质法律关系,善于从具体法律条文中深刻领悟法治精神,善于在法、理、情的有机统一中实现公平正义,是高质效办好每一个行政生效裁判监督案件的重要体现。一些地区在将法、理、情更好融合,把"如我在诉"的理念充分落实到各项工作中,进一步通过个案办理弘扬社会主义核心价值观,更好地在高质效履职中释放司法温情、在矛盾化解中探索符合基层群众法律需求的工作机制等方面还缺少更多的动力。

三、高质效办好每一个行政生效裁判监督案件的实现路径

(一)聚焦理念转变,着力破解不敢监督、监督不力难题

1.要做到敢于监督、勇于监督、有力监督。解决行政检察"不敢""不力"等问题,要从提升办案数量这一高质效的基础着手,着力扩大抗诉和再审检察建议规模,更要对化解行政争议这一行政诉讼和行政检察重要目标作出符合客观实际的解读和实践。对当前社会上大量存在的行政争议、行政申诉与行政检察办案数量、办案质效的巨大反差,必须着力扩大监督办案规模,才能进而做到一体推进有力监督与有效监督。

2.要进一步更新和改变行政检察监督理念。坚决摒弃"不稳不抗""不改不抗"的思维模式,在充分运用调查核实的基础上,善于从纷繁复杂的法律事实中准确把握实质法律关系,从行政争议、行政申诉的实际情况出发,聚焦行政相对人"有案诉不成""有理诉不赢"等行政诉讼监督死角,以符合监督条件为标准,依法提出抗诉和再审检察建议。在提出抗诉和再审检察建议时要坚持公开、公正、合法原则,敢于抗诉、善于抗诉、有效抗诉、精准抗诉,抓好办案效率、办案质量和办

案效果的有机统一，实现维护司法公正和司法权威的抗诉目的。同时，把抗诉与再审检察建议有机结合起来，加强后续跟进监督，依法纠正错误的实体性与程序性事项。既要加强与审判机关的沟通，争取其对再审检察建议的理解、支持、配合，形成正当协调机制，也要针对审判机关怠于处理再审检察建议的情形，凡符合抗诉条件的，要及时提出抗诉，使抗诉与再审检察建议相互补充，刚柔相济，共同发挥行政诉讼监督职能作用。

3. 要明确抗诉和再审检察建议是实质性化解行政争议的根本途径，重点针对提起抗诉、提出再审检察建议涉及的行政争议，会同人民法院、行政机关等依法规范推进。完善协同机制建设，推动实现"双赢多赢共赢"。完善同级监督机制，保障再审检察建议顺畅运行。为解决实践中行政诉讼监督案件办理的"倒三角"状态，应由省级法检两院建立再审检察建议工作协调机制，引导基层人民法院和人民检察院强化同级监督意识，对人民法院有错不纠，不采纳再审检察建议，案件确有必要跟进监督的，及时提请上级检察院跟进监督。通过提高同级监督的能力和水平，努力推进形成同级监督与提请上级监督、再审检察建议与抗诉互为补充、协调发展的良好发展趋势。在化解行政争议的过程中，也要坚持立足检察监督职能这一根本，审查案件事实，发现案件存在的监督点，及时提出再审检察建议或者抗诉，通过依法监督实现或者推进争议化解。

（二）聚焦方法运用，着力践行精准监督、精细化审查

1. 要坚持依法主动行使调查核实权。充分调查核实，强化调查核实权的运用。要坚持把调查核实作为案件审查的必经程序，在调查核实中查清事实、分清是非，针对案件疑点主动听取当事人意见、查询调取复制证据材料、询问有关知情人员、咨询专业人员、实地走访了解等，做到案内案外情况全清，严把事实证据关，法律政策规定全明、监督意见精准无误，严把案件出口关。

2. 要坚持审查案件法、理、情融合的实践运用。现代法治只能是常

识、常理、常情之治。准确把握实质法律关系，透过现象看本质；深刻理解条文背后的法治精神和价值追求，全面领会条文的内涵，领会法律的原理，究寻法治的精神实质。在监督办案中要遵循"坚持以法为据、以理服人、以情感人"，在法、理、情的有机统一中实现公平正义。

3. 要积极推动社会治理。检察机关在行政诉讼已经提出抗诉或者再审检察建议的案件中要积极运用司法建议和检察建议等方面促进行政机关依法行政，严格规范公正文明行政执法，从而有利于从源头上预防和减少行政纠纷。司法公正与否、办案质效高低，评判主体是人民群众。要高质效办好每一个行政生效裁判监督案件，不仅要确保公平正义不缺席、不迟到，更要让公平正义以人民群众看得见的方式实现，更加可触、可观、可感。检察机关必须持续改革创新，提升司法能力水平，创新方法，在推进法治政府建设、促进依法行政方面发挥更大的作用。

4. 要进一步推进数字行政检察建设。数字检察是实现法律监督工作现代化的关键抓手。坚持在行政诉讼监督案件个案办理到类案监督再到系统治理的程序，主动融入数字政府建设，以数字检察辅助监督办案、助力检察为民，以数据归集运用提升监督质效，促进检察机关高质效履职。

（三）聚焦机制建设，着力提升监督能力和水平

1. 在一体化办案中发挥上级检察院的指导和带头作用。着眼提升办案质量，着力落实一体化办案机制，将联动办案、案件把关与业务指导相结合。充分发挥省、市级人民检察院在行政生效裁判监督工作中的"主力军"作用。要发挥上级检察院的领导作用，加强组织、协调，一体化攻克重大、疑难案件；要发挥上级检察院因管辖特点案件集中、办案人员办理行政生效裁判案件多的业务优势，加强对下级检察院的案件把关与业务指导；要发挥上级检察院对地区行政诉讼和行政活动情况和特点研究、分析、把握的优势，加强督导、引导。也要发挥基层检察机关了解地方情况、距离当事人近、接访接待以及调查取证便利等优势，形成上下级行政检察的整体合力。要进一步完善一体化监督办案机制，既要坚持上级院启

动的一体化办案,也要探索下级院根据办案需要提请上级院开展一体化办案。要把一体化落实到具体办案中,以办代训、实战实训。根据不同地区监督水平的差异,建立检察官包片指导机制,加强点对点、案对案指导,发挥对监督质效薄弱地区的业务水平提升作用。

2. 探索完善上下级检察院交叉互评机制。落实对下级检察院再审检察建议未获采纳一案一评机制,完善对下级检察院监督案件管理和评查机制。根据省级检察院行政诉讼监督案件数量大、"一案四审"落实不够深入等特点,探索建立下级检察院对上级检察院"一案四审"情况一案一评机制,进一步提高监督质效,在充分交流的基础上,提升整体的监督能力和水平。

3. 充分发挥检察机关领导干部接信处访机制作用。实实在在落实检察机关领导干部接信处访工作制度,实行面对面接访和每信必复,建立监督案件评估台账,开展反向审视,实行对信访诉求评估、案件评查和交办、督办。了解行政相对人的实质诉求,解决其急难愁盼,在息诉罢访和提升监督、办案质量上实现更好效果。

4. 发挥案例培育、宣传机制作用。案例具有鲜活、及时、灵活的特点,可以有力指导司法办案、回应社会关切、引领社会法治观念,对促进公正司法意义重大。要加大对案例的逐层评审力度,在办案中牢固树立办成精品案例意识,通过案例培育和宣传,推动提升监督水平和办案质效。

高质效办理行政抗诉案件的实践路径

林祎珣[*]

习近平总书记强调:"努力让人民群众在每一个司法案件中感受到公平正义。"近年来,检察机关为实现这一目标进行积极实践和探索。"高质效办好每一个案件",是检察机关践行习近平法治思想,将其作为检察履职办案的基本价值追求,实现这一目标作出的回答,这是检察机关让人民群众从司法办案中可感受、能体验、得实惠的具体目标和举措。具体来说,善于从纷繁复杂的法律事实中准确把握实质法律关系,善于从具体法律条文中深刻领悟法治精神,善于在法、理、情的有机统一中实现公平正义,是"高质效办好每一个案件"的重要体现。新时代新征程,全面加强行政检察工作,就要以行政诉讼监督作为重中之重,强化检察履职办案,以最高人民检察院党组提出的"三个善于"为路径,通过对行政生效裁判的监督实现对行政审判、行政执法的有力监督,让公平正义在每一个案件中可感可及。

一、善于把握实质法律关系,促进事实客观还原

检察办案的过程就是通过对证据的全面系统分析,最大可能还原案件真相,进而透过现象看本质,准确把握实质法律关系。这是行政检察办案的首要环节。构建以证据为中心的行政诉讼监督办案模式,是检察

---

[*] 林祎珣,广东省人民检察院行政检察部副主任、三级高级检察官。

机关依法发挥主观能动性，强化调查核实职责，提升监督成效的有效途径，也是提高办案质量，确保案件能够经得住检验的基础和前提。法律事实是法律关系演变的前提，法律关系是法律事实衍生的结果。检察履职办案"以事实为根据"，必须准确认定法律事实，重现或最大限度接近客观事实，从中厘清法律关系，进而找到实质法律关系。法律关系是法律规范所调整的权利和义务关系。实质法律关系就是案件所涉众多法律关系中起主导和支配作用，对案件定性处理具有决定性影响的法律关系。随着经济社会关系更加多元，很多案件中事实证据复杂、法律关系多样。这就必须从全案法律事实中准确把握实质法律关系，抓住案件中的主要矛盾和矛盾的主要方面，解决最为关键的法律问题。[①]实践中，"以事实为根据"是正确适用法律的基础，行政诉讼监督案件办理需要进行严谨细致的证据审查判断，通过以事实为根据的司法证明过程，厘清案件事实的主要矛盾，穿透纷繁复杂的事件表象，抓住争议焦点，聚焦实质法律关系的准确把握。

一是强化调查核实，加强证据审查。证据是诉讼活动的核心。行政诉讼监督案件中，证据是往返于法律事实、客观事实、法律关系的纽带。行政诉讼监督中的证据审查包括两个方面。一方面，行政诉讼监督案件办理既要审查诉讼中人民法院是否已对每一个证据材料进行单个审查，排除虚假证据、无关联证据和非法证据，准确判断每一个证据的证明力，又要对全部证据材料进行综合分析、判断，审查生效裁判中是否准确适用行政诉讼的证明标准和举证责任承担规则，全面分析判断各方提交的证据是否形成证据链，排除证据之间的矛盾和合理怀疑，最终运用逻辑推理和生活经验，准确认定案件争议事实，进而确定实质法律关系。需要注意的是，根据我国行政诉讼法的规定，行政案件司法审查被划分为两个阶段，第一个阶段是对起诉条件的程序性审查，第二个阶段是对行政行为合法性要件的实体性审查。部分行政诉讼监督案件的证据

---

① 应勇：《学思践悟习近平法治思想，以"三个善于"做实高质效办好每一个案件》，载《人民检察》2024年第8期。

在人民法院和检察机关的办案环节没有大的变化，但是处理结论却有很大的区别，直接关系到案件能否进入实体性审查阶段，原因在于对该证据的证明效力仅指向实体性审查阶段，还是可以指向程序性审查阶段这一实质法律关系的判断存在争议。因此行政诉讼监督办案不仅要对人民法院实体审查的案件进行证据分析，也要对只经过程序审查的案件进行证据分析，尤其是涉及诉讼主体资格的案件，避免以实体性审查阶段的证据来剥夺行政相对人进入实体性审查的权利的做法，以充分保障行政相对人的诉权。另一方面，检察机关开展调查核实，充分发挥行政诉讼监督全面审查的职责，对案件未查清的事实以及关联案件的事实，以人民法院"应查明而未查明"为必要条件发现新的证据，查明原裁判未查明的事实，准确认定行政法律事实，进而对案件定性进行准确判断，是提出抗诉的重要途径。如广东省人民检察院跟进监督的邓某案，在市级检察院提出再审检察建议未被采纳后，重新进行标的物鉴定和文本笔迹鉴定，为抗诉奠定了基础。又如广东省人民检察院抗诉的某工伤认定纠纷案，人民法院审查认为，劳动者是在工作时间工作地点突发疾病，且不符合《工伤保险条例》第15条突发疾病视同工伤的规定条件，两级检察院经过细致调查核实，查明劳动者在发病前有摔倒倒地的事实，符合认定工伤的工作时间、工作地点、工作原因受伤三要素，依法提出抗诉后得到人民法院改判，劳动者家属在2024年春节前拿到补偿金，特意向检察机关赠送锦旗。再如检例第206号指导性案例，检察机关经调查核实，发现行政机关在行政相对人等待争议事项处理期间，两次出具答复承诺自行启动纠错程序，直至二审裁定生效后，才再次答复无法履行承诺，且承认耽误了行政相对人的起诉期限，据此针对认为行政相对人超出起诉期限的裁定提出抗诉，依法督促人民法院依法扣除"不因当事人原因耽误的起诉期限"，保护当事人的诉权。

二是强化追本溯源，厘清主要矛盾。与刑事诉讼、民事诉讼类似，行政诉讼也是社会经济生活的反映。随着我国市场经济体制的发展，社会价值和社会需求日益多元化、多样化。为了合理配置资源，更加有效地调整纷繁复杂的社会关系，政府职能迅速转变，行政权已广泛渗透到社会生活中,在这个过程中,行政法律关系与民事法律关系相互交叉、彼此渗透。因此,行政诉讼监督既涉及行政诉讼,也涉及行政行为,有的还涉及民事法律关系。从近几年行政申请监督案件来看,同一当事人因为一件纠纷,重复申请行政处理、提起诉讼和申请监督的比例较高。这就要求行政诉讼监督办案不仅要判断行政行为、行政裁判是否依法有据,还需要找到源头的民事法律关系并予以厘清,从源头避免行政争议的发生,避免诉讼程序不断空转。特别关注那些因执法行为故意规避、行政诉讼程序设置、民事案由设置等原因,导致行政相对人不会诉、不敢诉、诉不赢的案件,通过监督维护行政相对人合法权益。如检例第120号指导性案例就是一起典型的行民交叉导致行政诉讼"程序空转"的案件。该案中,王某凤等45人因其房屋被强拆提起行政诉讼,人民法院以原告并非被诉行政行为相对人而不具有法律上的利害关系为由裁定驳回起诉。检察机关在审查后认为,原审裁定认为王某凤等45人不具有原告主体资格,系事实认定不清、适用法律错误,但解决问题的根源还在于当事人取得相应补偿。检察机关通过多种方式,促进王某凤等45人与当事公司达成民事和解,并撤回行政诉讼监督申请,实现民事纠纷、行政争议一并化解。

三是强化数据赋能,抓住争议焦点。行政诉讼监督涉及行政机关部门繁多,职能交叉复杂,价值案件少,办案碎片化等问题较为严峻。《中共中央关于加强新时代检察机关法律监督工作的意见》中明确要求:"推进公安机关、检察机关、审判机关、司法行政机关等跨部门大数据协同办案。"行政检察高质量发展,要让大数据、人工智能等更好地赋能行政检察,激发大数据应用在行政检察履职办案中的活力和效能,努力开发挖掘法院裁判信息数据和行政机关执法信息数据的价值,全面深挖盘活检察内部数据信息,以现有案件为基础,拉长时间维度,高度关注人民群众反映强烈的民生领域案件,通过解析个案、梳理要素、数据比对、构建模型等方式,提炼案情基本要素与裁判规则进行数据比对,系统梳理是否存在同案不同判、同案不同执的问题,以此挖掘价值案源,抓住争议焦点。但由于行政生效裁判文书的复杂性与裁判理由的多样化，提炼相应裁判规则项进行碰撞比对的难度较大，目前全国尚未发现针对行政生效裁判结果监督的大数据监督模型，还有待全国行政检察部门的共同努力开发。

二、善于领悟法治精神，促进法律准确适用

法治精神是法治的灵魂。《人民检察院组织法》第2条开宗明义："人民检察院通过行使检察权，追诉犯罪，维护国家安全和社会秩序，维护个人和组织的合法权益，维护国家利益和社会公共利益，保障法律正确实施，维护社会公平正义，维护国家法制统一、尊严和权威，保障中国特色社会主义建设的顺利进行。"行政检察履职办案同样肩负保障法律正确实施，维护国家法制统一的职责。行政生效裁判监督案件多是人民群众身边的小案，人民群众对于司法公正的感受大多来自对司法案件的切实感受，在"行政案件上诉率高、申请再审率高、服判息诉率低"的长期困扰下，行政检察办案应自觉把习近平法治思想贯穿始终，树立全面系统观念，准确确立法律适用规则，既要对照具体条文研判适用法条是否正确，把握蕴含其中的法治精神，又要对照原则规定研判内在价值判断是否一致，更要探求法律条文背后的立法原意，自觉回应新时代人民群众对行政检察工作的新期盼。

一是辩证把握行政"基本法"与部门法的关系。我国行政法律法规体系庞大，立法体制多层次，立法主体多元化，已经制定了270多部法律，80%都是行政法，还有700多部行政法规、12000多部地方性法规，政府规章数量更多。① 庞大的行政法规范体系，尤其是众多的部门行政法，其内容常常有交叉、重复，导致对同一事项不同部门、不同层级的规范可能出现不同的规定，引发法律适用冲突。而行政执法中，适用不同的法律规范作出的行政决定可能对行政相对人的生产生活产生完全不同的影响。行政抗诉案件的办理要树立精准监督理念，既要梳理部门行

---

① 应松年：《关于行政法总则的期望与构想》，载《行政法学研究》2021年第1期。

政法对于具体问题的行政执法规范,准确适用部门行政法,维护法律和行政执法的权威,又要关注"基本法"的总则性规定,使各个行政执法机关的裁量基准统一于法律原则,实现精准监督。实践中,对一些小摊小贩、小微企业的轻微过错处以高额行政罚款,既不符合法律精神,损害行政相对人的合法权益,也不符合公平正义的要求,检察机关办理的系列"小过重罚"诉讼监督案件,既关注到食品安全法、药品安全法、环境保护法等部门法律对于人民群众食品安全、药品安全、生态环境的全面保护,又在部门法最低处罚明显与违法情节不成比例的情况下,充分考虑行政违法行为的情节、性质和社会危害性,依法适用行政处罚法中首违不罚、从轻处罚、减轻处罚、免予处罚条款,通过监督,厘清行政处罚的过罚相当原则。如最高人民检察院办理的曾某行政处罚纠纷案,个体经营户曾某因销售一瓶78元过期葡萄酒被罚款5万元,认为处罚过重,6年诉讼未果,最高人民检察院到当地召开听证会公开审查,促使行政机关主动纠正不合理行政处罚,依法准确适用裁量权。

二是辩证把握立法目的与法律条文的关系。法律法规一经制定,就具有相对的稳定性,而行政管理、行政执法涉及社会生活各个领域,法律实施过程中必然会遇到各种各样的情况。立法目的是法律规范的内在灵魂和精神实质,一般意义上,"立法目的是立法者设定于法律文本之中,实现于法律实施过程中的理想社会状态"[1]。在功能维度上,立法目的被用作法律解释的目的要素,在面对快速变革的社会现象和法律条文漏洞时,立法目的所蕴含的价值目标,为司法开展价值判断、明晰法律适用提供了衡量规则。行政检察部门在办理行政诉讼监督案件时,要避免机械司法,在法律条文没有明确规定或因社会变迁及语言发展导致法律条文意义不明时,应从该法律法规制定的立法目的出发进行法律解释,以立法目的来引导法律适用方向,从而准确适用法律规范,使案件办理结果符合立法期待。如行政诉讼监督案件中常见的工伤认定纠纷,

---

[1] 杨铜铜:《立法目的司法运用的功能及其效果提升——以指导性案例为分析对象》,载《社会科学》2022年第8期。

高质效行政检察监督的理论与实践

随着社会变迁，新业态不断涌现，因为新劳动关系、新工作方式、新交通工具等认定出现纠纷层出不穷，办理这类案件时，应以《工伤保险条例》的立法目的为指引，将存在法律漏洞的条文依规范意旨进行目的性限缩或扩张，以维护公共利益，保护劳动者、企业的合法权益。如广东省人民检察院在办理的一起工伤认定监督案件中，对工作时间工作地点发病，没有送医而是回家休息后死亡的情形，通过阐释《工伤保险条例》的立法目的，认为行政相对人对疾病的耐受程度和判断能力存在个体差异，不能苛求行政相对人一发病即立即送医，应将其纳入"视同工伤"的认定范围，监督人民法院改判撤销不予认定工伤决定，切实维护劳动者合法权益。又如广东省人民检察院办理的另一起工伤认定案件中，从保障职工的救治和经济补偿权的角度出发，从服务型行业工作方式及特点出发，对"履行工作职责"进行文义解释，使之不局限于存在管理关系或属于工作岗位职责内容，经抗诉得到人民法院改判，保障了灵活就业劳动者的合法权益。再如检例第205号指导性案例，从维护劳动者合法权益的角度，对于单方交通事故能否认定为"非本人主要责任"的交通事故，从举证责任角度厘清了社保部门的调查核实职责及举证义务，经过抗诉督促行政机关作出认定工伤的行政决定。

三是辩证把握严格依法与历史遗留问题的关系。进入检察监督环节的行政诉讼不少是陈年旧账，基本都经历了多次行政裁决、行政诉讼，其间可能伴随社会经济形势的变化、政策的变迁和多次法律法规的修改，导致部分历史遗留问题"合理不合法"。行政诉讼监督办案应充分考虑全案情况，在不偏离法律条文的前提下，结合案件发生的历史原因、事件经过和条文背后的基本价值，督促行政机关信守承诺，依法保护行政相对人的合法权益，让检察履职更加契合法治精神。如在办理非法占地行政处罚案件中，部分案件涉及招商引资项目，由于历史原因供地手续不完善，部分项目存在"未征先用""未批先建"的情况，而后行政机关可能以非法占地为由对涉案土地及地上附着物处以没收、强制拆除等行政处罚，对这类案件的办理要注重结合非法占地的原因、过程、时间和各方责任情况，对不符合处罚法定、过罚相当原则的案件进行监督，督促行政机关采取既能实现行政管理目的，又能对行政相对人的合法权益予以补救、补偿的方式，充分保护行政相对人的信赖利益，推动法治政府和诚信政府建设。

三、善于统一法理情，促进社会公平正义

检察履职办案中做到法理情有机统一，是新时代司法公平正义的应有之义。常言道，"法不外乎情理"。法律并不是冷冰冰的条文，背后有情有义。要坚持以法为据、以理服人、以情感人，既要义正词严讲清"法理"，又要循循善诱讲明"事理"，感同身受讲透"情理"，让当事人胜败皆明、心服口服。这一重要论述，融合了中华优秀传统法律文化与当代中国法治实践的现实需求，为正确认识法、理、情的关系提供了科学指引。其中，法理是根本理据，事理是科学判定，情理是道义基准，法理、事理、情理既相互依存又互为补充。"法理"是社会实践的结晶，是符合法律逻辑的法律规则，是社会稳定的基石，对"事理"和"情理"具有规范和导向作用；"事理"是党的方针政策、大众道德观的体现，是人们行为的规范；"情理"是人民群众的普遍感情，是人性的体现，是人民群众心中的一杆秤，是人民群众论事论理、论是论非的普遍标准，是"法理"和"事理"的基础。行政检察办案中，要综合考量天理、国法、人情，争取办案政治效果、法律效果、社会效果的有机统一。通过行政检察抗诉监督，讲清法理、讲明事理、讲透情理，三理统一，让事情的处理更加公平和稳妥，才能真正做到兼顾天理、国法、人情，努力让公正司法与老百姓心中的那杆"秤"同频共振，让人民群众切身感受到公平正义就在身边。

一是借助外脑讲清法理。行政诉讼法明确规定"以事实为依据，以法律为准绳"。进入行政诉讼监督的案件多历经了多年诉讼，如何在人民法院裁判说理的基础上更好地阐释法律、讲清法理，行政诉讼监督办案需要在法律文书说理上下功夫。由于行政诉讼程序的设置和行政诉讼跨区域集中管辖制度，行政生效裁判监督案件分布一直是"倒金字塔"

形态，最高人民检察院、省级行政检察部门承担了主要的办案量，办案负荷较重，市级检察院受案呈区域性不平衡，基层院又无案可办。以广东省为例，2023年全省受理行政裁判结果监督案件1377件，省级院、铁路检察院和深圳市检察院受案量集中，三地受案量占全省受案量的61.4%，其他市级检察院受案量均不超过60件，基层院受案占比不足1%，造成办案精力分布两极化。为应对受案不均造成的办案精力、办案能力不均衡问题，实践中，行政生效裁判监督案件办理可以运用系统思维，坚持法治方式，充分发挥基层检察院靠近人民群众利于调查核实、市级检察院资源丰富便于统筹协调的工作优势，探索一体履职工作模式，鼓励市级检察院发挥行政诉讼监督主力军作用，在指导基层检察院开展调查核实、促进行政争议实质性化解基础上，对于重大、疑难、复杂问题，借专家意见建议，把案件涉及的关键事实、法律关系、法律适用、法理原意讲清、讲透，优化提抗案件文书说理，提高价值案件的办理质量。

二是依托履职讲明事理。2021年修订的《人民检察院行政诉讼监督规则》明确规定，人民检察院提出抗诉的案件，参加庭审活动。行政生效裁判监督不止于一抗了之，检察机关在提出抗诉后，应积极跟进案件审理，在履行抗诉监督职责中，将社会主义核心价值观融入法律监督，落实"谁执法谁普法"普法责任制，在庭审过程中依法发表法律监督意见，以生动直观的方式把法理、情理讲清楚，把事理讲明白，让人民群众更好地理解法律规定，让行政机关更好地树立依法行政的理念，促进严格、规范、公正、文明执法，让人民群众在法治实践中感受法治精神。如广东省人民检察院抗诉的利某工伤认定案，抗诉意见对私人恩怨与履行工作职责受伤进行了阶段区分，又对企业工作分配和矛盾化解责任进行专门论述，得到法院改判支持，同时还通过发表出庭意见，强化对新业态企业招工责任的法律宣教，案件取得"三个效果"统一。检察机关办理行政抗诉案件，还可以更加注重系统观念，以个案监督带动类案监督的方式，通过与相关执法、司法机关沟通协调、讲明事理、达成共识，切实加强类案监督，强化行政抗诉的治理功能。如检例第146

号指导性案例，福建省人民检察院向人民法院提出抗诉得到改判后，针对该案行政执法与司法裁判对法律的理解和适用存在认识分歧的现实情况，主动加强与福建省高级人民法院、福建省公安厅沟通协调，就吊销机动车驾驶证执法标准及相关行政诉讼裁判问题达成共识，推动福建省公安厅出台规范性文件，福建省人民检察院与福建省高级人民法院还联合印发会议纪要，就办理该类型案件统一司法裁判尺度，通过检察履职做好抗诉后半篇文章，讲明事理，实现办理一案、治理一片、惠及一方的良好效果。

三是协作化解讲透情理。行政诉讼监督面对的多是久拖不决难以化解的行政纠纷和行政争议，检察机关作为行政诉讼监督的最后一道防线，办案中必须树立以人民为中心的办案理念，以监督促化解，将行政争议实质性化解工作贯穿办案全过程，注重行政争议的源头治理，探索建立行政纠纷预防化解机制体系，强化行政复议、行政诉讼、行政检察工作衔接，根据行政争议特点，建立分类分级预防化解矛盾纠纷路径。实践中，很多地区通过协同治理、联防联控工作延伸行政检察职能，从源头治理、提前预防行政争议的角度，持续完善矛盾纠纷"大调解"工作格局，取得很大工作成效。比如广东省肇庆市人民检察院专门制定《行政争议实质性化解一体化工作办法》，构建了以市检察院为主导、鼎湖区人民检察院为支点、其他基层检察院共同参与的"1+1+7"行政争议区域联合化解新模式。广东省人民检察院与省法院、省司法厅会签《关于建立行政争议实质性化解协同调处机制的意见》，建立省级层面司法机关与司法行政机关全方位、全链条的对接平台，通过协同治理、联防联控等工作延伸行政检察职能，持续完善矛盾纠纷"大调解"工作格局，2023年全省检察机关化解行政争议838件，其中10年以上行政争议128件，从人民群众实质诉求出发讲透情理、协作化解，让检察履职更好契合人民群众的基本认知。再如，检例第118号指导性案例，检察机关一方面针对市场监督管理局对魏某等19人的投诉未作任何决定、人民法院认为行政机关不构成不履行法定职责这一认定事实不清，适用法律错误问题依法提出抗诉；另一方面针对案涉小区还有另外189户居民被收取供水、供气、供热等设施建设费的问题，有效运用公开听证，邀请被诉行政机关、相关单位参加，引导各方围绕争议焦点查明事实、辨明是非、释法说理，促使争议各方达成和解协议，一揽子解决了19名监督申请人及其他同等情况的189户居民的退费问题，促进行政争议得到依法、公平、有效解决。

高质效办案理念下工伤认定行政检察案件的审查路径

方　振　毛宽桥　顾天羽[*]

在"以人民为中心"根本立场的指引下,近年来检察机关办理工伤认定类行政检察案件数量和质量在稳步提升。[①]工伤保险体现的是风险共济、责任共担,此类案件事关当事各方重大利益,审查过程中既涉及证据事实的准确认定,还需要对法律政策的理解把握,不论是监督纠正,还是争议化解的难度都比较大。最高人民检察院党组对"高质效办好每一个案件"提出"三个善于"的具体要求,为整体提升工伤认定监督案件的水平和质效提供了明确引领,即从法律条文、疑难问题、处理方式三个维度对工伤认定监督案件进行系统性研究。

一、工伤认定行政检察案件的特点

作为典型的民生领域纠纷,工伤认定监督案件有相较于其他行政案件的特殊性。

---

* 方振,江苏省苏州市吴中区人民检察院党组书记、检察长;毛宽桥,江苏省苏州市吴中区人民检察院民事行政检察部主任、全国行政检察业务标兵;顾天羽,江苏省苏州市吴中区人民检察院民事行政检察部检察官助理。

① 《检察机关依法助力劳动者维权　2021年办理工伤认定工伤保险类行政诉讼监督案件上升六成》,载最高人民检察院网,https://www.spp.gov.cn/spp/xwfbh/wsfbh/202203/t20220304_546871.shtml,最后访问日期:2024年3月3日。

（一）主体众多

与一般行政诉讼中只有原、被告不同，工伤认定纠纷必然有第三人。职工不服人社部门的不予认定工伤决定而提起诉讼，用人单位作为第三人。反之，则职工作为第三人参加诉讼。有时，职工和用人单位的立场并非完全相左，也存在双方均认为是工伤，但人社部门仍作出不予认定工伤的情况。此外，工伤认定纠纷中，复议机关参与的比例也比较高。2023年修订的行政复议法明确，要发挥行政复议化解行政争议的主渠道作用。当工伤认定纠纷进入诉讼监督环节后，检察机关可能会面对包括职工、用人单位、人社部门和复议机关在内的多方主体。

（二）利益重大

随着经济活跃度和社保覆盖面的提升，工伤认定的数量也在不断攀升。根据国家统计局的数据，2022年全国认定（视同）工伤126.4万件，其中江苏省为15.57万件，位居全国前列。[①]一旦认定工伤，相关费用少则数万元，多则数十万元，若有亡人事故，仅一次性工亡补助金就达103万余元。[②]认定工伤，当事各方都利益攸关。对职工来说，关乎康复治疗和后续生活。如果用人单位没有为职工缴纳社保，则所有费用都要自行承担。2022年全国工伤保险基金支出高达1025亿元，而同期收入为1035亿元。[③]就此而言，工伤认定尺度的把握还与工伤保险基金的长远健康发展密切相关。

（三）争议复杂

一方面，工伤认定不仅是法律问题，还是技术问题，常涉及既往

[①] 参见《2022年度人力资源和社会保障事业发展统计公报》《2022年度江苏省人力资源和社会保障事业发展统计公报》。

[②]《工伤保险条例》第39条第1款第3项规定，一次性工亡补助金标准为上一年度全国城镇居民人均可支配收入的20倍。2023年度全国城镇居民可支配收入为51821元。

[③] 参见《2022年度人力资源和社会保障事业发展统计公报》。

症、并发症等医学概念，有时还会涉及道德问题，如超过48小时死亡和家属主动放弃抢救能否认定工伤。另一方面，工伤认定属于典型的民行交织领域，劳动关系认定、工伤认定、工伤待遇支付等关联纠纷可能互为因果。当事人对案件处理结果不满，很可能会穷尽所有法律程序，如《检察日报》刊载的2022年度十大法律监督案例中"李某诉武汉市政府、武汉市人社局工伤认定抗诉案"（以下简称"武汉李某案"），历时八年，历经行政确认、行政复议、一审、二审、再审、抗诉、再审、再抗诉程序，经三级检察院接续监督，最高人民法院改判后，人社部门作出了工伤认定。

二、工伤认定纠纷审查中的常见疑难问题

当前工伤认定领域的主要法律依据为国务院制定的《工伤保险条例》，执法与司法实践中对条例中"上下班途中"等不确定法律概念的理解往往存在偏差。为了让抽象的法律条文与具体的社会生活相适应，人社部和最高人民法院分别颁布部门规章和司法解释[1]，各省市也制定了地方性法规、规章或者其他规范性文件。这些规定对特定概念进行解释时的细微差别，会造成不同时期、不同地区的"同案不同判"。笔者现结合典型案例和办案实践，对工伤认定纠纷中几组具有辩证关系的概念进行阐述，以回应诉讼监督法律适用方面的若干困惑。

（一）劳动关系与工伤责任

通常，认定工伤以存在劳动关系为前提，但劳动关系本身可能就颇具争议。用人单位会在行政复议或者行政诉讼中抗辩职工受伤不属于工伤，又另行通过劳动仲裁和民事诉讼主张与员工不存在劳动关系，通过

---

[1] 即《人力资源和社会保障部关于执行〈工伤保险条例〉若干问题的意见》《人力资源社会保障部关于执行〈工伤保险条例〉若干问题的意见（二）》《最高人民法院关于审理工伤保险行政案件若干问题的规定》。

否认劳动关系达到否认工伤的目的。

由于基层法院开始施行行政诉讼集中管辖，使得行政诉讼与民事诉讼案件往往分属不同法院管辖，审判人员一般仅对诉讼请求直接关联的事实证据进行审查，不会主动理涉另案纠纷。对于工伤认定这类典型的民行交织纠纷，检察监督应当坚持全面审查的理念，不论是行政监督案件背后高度关联的民事纠纷，还是民事监督案件背后高度关联的行政纠纷，都要进行通盘考虑，结合申请人实质诉求开展工作。

如笔者办理的某贸易公司与赵某劳动争议纠纷民事监督案，某贸易公司不服法院认定劳动关系的民事判决，但申请监督的真正目的是推翻工伤认定的行政判决。透过民事案件去审查行政案件，发现争议焦点在于：职工工作期间发生骨折，究竟是工伤还是旧伤复发。笔者通过向卫健部门调取职工就诊记录及电子病历，以全面扎实的调查让企业认识到劳动关系和工伤认定均无不当，按照工伤赔偿标准承担了责任，并撤回了监督申请。

有时，工伤保险责任与劳动关系还会出现事实和法律上的分离。即在违法分包转包和挂靠经营的情况下，为实现对职工权益的充分救济和对违法行为的否定评价，部门规章和司法解释规定由发包方或被挂靠方先行承担工伤保险责任，事后再向实际用工人追偿。实践中违法分包转包或者挂靠经营往往具有一定的隐蔽性，职工与发包方或被挂靠方没有直接接触，很难自行判断工伤保险责任单位，需要检察机关运用调查核实权进行证据补强。如笔者办理的某模具厂与某市人社局工伤认定监督案，模具厂主张职工蔡某申请工伤认定时提供的劳动合同系伪造。检察机关组织笔迹鉴定，证实了模具厂的主张成立，原本工伤认定的基础事实已荡然无存。然而，笔者在比对模具厂与蔡某的银行流水时发现一个细节，经补充调查，认定蔡某受雇于某包工头，包工头又借用模具厂的名义承揽业务并开具发票。此时，尽管职工和企业并不存在真实的用工关系，但因包工头属于违法挂靠经营，仍应由企业承担工伤保险责任，最后未支持企业的监督申请。

（二）"因工外出"与"上下班途中"

同为工作场所之外的空间发生的事故伤害，"因工外出"与"上下班途中"在认定时的确容易产生混淆，如前文提到的"武汉李某案"的历次裁判都是就此展开。

通过对1996年《企业职工工伤保险试行办法》颁布以来工伤认定的立法演进进行分析可以看出，上下班途中受伤害是否认定为工伤有逐步从宽的趋向。2004年施行的《工伤保险条例》取消了规定时间和必经路线的限定，只要是在上下班途中发生机动车交通事故，不论职工在事故中是否有过错，都可认定为工伤。2010年修订《工伤保险条例》时，又从机动车事故伤害扩大到交通事故以及城市轨道交通、客运轮渡和火车事故伤害，但增加了非本人主要责任的限制。

实践中，通常以时间要素、空间要素、目的要素来把握是否属于"上下班途中"，主要争议实则在于"非本人主要责任"的认定。《道路交通事故处理程序规定》将事故责任分为全部责任、主要责任、同等责任、次要责任以及无责任。如果职工没有第一时间报警，或者报警后因为没有监控或者目击证人等情况，导致事故成因无法判定，交警部门就无法出具《道路交通事故认定书》，只能由人社部门自行认定。在类似"武汉李某案"这样的单方事故中，人社部门大多围绕职工对事故的发生是否尽到注意义务进行责任认定，由于缺乏具体操作规则，个案偏离度较大。

再比对《工伤保险条例》第14条第1项与第5项的规定不难发现，在立法者看来，"因工外出"不是基于个人意志，而是单位的工作安排，可以视为工作时间和工作地点的延续。除非从事明显与工作无关的个人活动，否则从离开工作场所到工作状态结束期间，都属于因工外出。因工外出期间遭受事故伤害或者意外伤害，都可以认定为工伤，而且没有对交通方式的要求，没有对事故责任的限制，即使交通事故中承担主要责任、全部责任，或者步行时摔伤，也都可以认定为工伤。对工作场所外工伤认定监督案件的审查，应当优先考虑是否属于"因工外出"，然后再考虑是否属于"上下班途中",这也是"武汉李某案"所采取的抗诉策略。此案的典型意义还在于,对因工外出的空间要素进行了扩大解释,不再限于从单位到出差地点的两点一线,还包括了从职工家中到出差地点、从出差地点直接返回职工家中,这也更符合社会生活习惯。

(三)举证责任与证明标准

工伤认定纠纷中的举证责任有两个层次:一是行政诉讼过程中原、被告双方的举证责任,二是行政确认过程中职工和用人单位的举证责任。《行政诉讼法》第34条规定,被告对作出的行政行为负有举证责任,应当提供作出该行政行为的证据和所依据的规范性文件。行政机关虽然在工伤认定过程中也负有一定的调查义务,但仍以对职工和用人单位所提交证据的审查为主。当工伤认定纠纷中关键事实出现争议时,第二层次中对职工和用人单位的举证责任分配,就决定了行政确认和行政诉讼的处理走向。

如在辽宁省朝阳市双塔区人民检察院办理的一起工伤认定监督案中,职工高某下午两点在隔壁办公室的沙发上昏迷,经抢救无效死亡,人社部门不予认定为工伤。法院认为,高某死亡地点不在工作岗位,不能证明死亡与工作岗位、工作状态存在关联性,驳回了家属的诉讼请求。检察机关受理监督申请后,经过调查核实发现,当天中午高某受领导指派,到隔壁办公室收拾打扫卫生,从发病到抢救无效死亡不到1小时,应当认定高某为工伤死亡。法院采纳了再审建议,再审判决撤销不予认定工伤决定书,责令人社局重新作出认定。①原判决的错误就在于举证责任的分配,认为家属"不能证明是工伤"。对于发生在工作场所内的意外伤害或者事故伤害,应由用人单位"证明不是工伤"。

《工伤保险条例》第19条第2款规定,职工或者其近亲属认为是工伤,用人单位不认为是工伤的,由用人单位承担举证责任。有观点据此

---

① 参见张宇虹、窦晓峰、范嘉伟:《解扣》,载《检察日报》2023年6月15日。

认为，人社部门认定工伤应适用举证责任倒置原则。①这种说法具有一定的片面性。应当结合立法本意、其他法律法规及社会生活习惯对该条款进行系统解释，而非机械地将之解读为举证责任倒置，更不能在所有工伤认定案件中，将所有的证明义务均归于用人单位。首先，在上下班途中发生交通事故中，对于职工的路线、目的、事故责任等，相较于事故的当事人来说，用人单位不仅没有举证的优势，恰恰相反还处于劣势地位，由用人单位承担不是工伤的举证责任有失公平，不利于客观真相的查明。其次，即使用人单位承担举证责任，并没有完全免除职工的证明义务，职工也要承担诸如劳动关系和损害事实的初步证明责任。最后，即使用人单位无法证明或者拒绝证明不属于工伤，也不必然承担不利后果。《工伤认定办法》第17条规定，用人单位拒不举证的，社会保险行政部门可以根据受伤害职工提供的证据或者调查取得的证据，依法作出工伤认定决定。该条款可以视为对《工伤保险条例》第19条第2款举证责任分配规则的修正。人社部门不同于法院的中立裁决角色，而是可以通过依职权调查核实，综合全案证据材料进行认定。

综上，在具体案件中应当结合待证事实，按照"证据距离原则"，科学合理地分配职工与用人单位的举证责任，即由距离证据更近或更易取得证据的一方进行举证。例如，发生在工作场所和工作时间内的事故伤害，由单位承担"证伪"的责任；在非工作时间和非工作场所受到伤害，已脱离用人单位掌控，应由职工承担"证成"的责任。

除举证责任分配外，证据审查中另一个需要衡量的问题是证明标准。如海南省儋州市人民检察院办理一起工伤认定监督案中，职工郑某因脑梗住院治疗，出院当天回到单位上班时突然晕倒，送医诊断为脑出血，经抢救一直昏迷不醒。法院多次审理认为，"不能排除高强度的工作压力和倒地受伤与其受到的伤害具有一定的因果关系"，责令人社部门重新处理，但人社部门先后四次作出了不予认定工伤决定。检察机关

---

① 陈佳、黄轲：《在家因公宴请客户后猝死，是否可以认定为工伤》，载《人民法院报》2022年2月10日。

对生效裁判的执行情况开展了监督与化解,郑某最终被认定为工伤。[1]生效裁判认为,高强度压力可能导致摔倒,而摔倒又导致脑出血。但是笔者认为,该逻辑论证不够充分。首先,本案的证明对象为是否在履职过程中受到了意外伤害,有无高强度压力不影响工伤认定。其次,在多因一果的情况下,郑某家属有初步证明摔伤导致脑出血的举证义务。最后,是否属于暴力等意外伤害应采用明显优势证据标准,而不是排除合理怀疑标准。行政执法的证明标准介于刑事的排除合理怀疑和民事的优势证明标准之间,工伤认定系一种行政确认,应采取明显优势标准。从郑某刚刚因脑部疾病出院,且摔倒后病症也和脑梗有关,足以判断郑某的脑出血系自身疾病导致的,不予认定工伤更具合理性。

（四）工作原因与非生产经营活动

由于各地社会经济发展水平、行政执法与审判理念的区别,认定工伤时存在一定差异也是自由裁量的应有之义。其他执法领域的自由裁量往往是在一定区间内浮动,工伤认定的自由裁量则在"是"或"否"间两极分化,这一现象在一些非生产性的活动上尤为明显。

如笔者办理的陈某诉某区人社局工伤认定监督案中,陈某下班离开车间去打卡时摔伤,人社部门认为此时不属于工作时间,打卡也不是生产经营活动,既不属于因生产经营活动直接遭受伤害,也不属于解决合理必需的生理需要时因不安全因素遭受伤害,故不予认定工伤。笔者审查后认为,职工去打卡时虽然离开了车间,但生产作业活动结束并不等于工作状态结束,考勤本身是公司规章制度的要求,职工打卡也是工作安排的一部分,且上下班时间也是以考勤记录为准,在打卡之前工作时间都没有终止计算,应当优先按照"在工作时间和工作场所内,因工作原因受到事故伤害的"情形认定工伤。即便认为打卡受伤不属于工作时间也不是工作状态,也应按照"工作时间前后在工作场所内,从事与工

---

[1] 参见李轩甫、廖林发、颜树宗:《校长学校发病,能否认定工伤?》,载《检察日报》2022年12月2日。

作有关的预备性或者收尾性工作受到事故伤害的"规定认定为工伤。

另一类争议较多的是参加单位组织的文体休闲活动时受伤能否认定工伤。《江苏省人力资源和社会保障厅关于实施〈工伤保险条例〉若干问题的处理意见》规定，职工参加单位组织的文体活动受伤属于工作原因，可认定为工伤，但是参加餐饮、旅游观光、休闲娱乐等活动受伤则不能认定为工伤。如某公司组织部分员工及家属参加登山活动时，一名职工突发疾病，经抢救无效于当日死亡。法院认为，公司组织员工进行登山属于一般意义上的旅游活动，不符合视同工亡情形。[①]但是笔者认为，文体活动与休闲活动均超出了工作范畴，而且两者之间并无明显界限，用人单位组织的活动通常是各个项目交织，如团建既有培训参观，也可能包含休闲娱乐，很多职工亦非基于个人意愿参加此类活动，不能机械地通过活动形式来判断是否属于工作原因。应当采取实质标准，结合该活动是否以单位名义组织、是否强制或鼓励参加、是否与工作职责相关、是否占用工作时间、单位是否提供活动经费或者组织保障等多方面因素，综合判断是否属于工作原因。

三、高质效办好工伤认定监督案件的路径

作为当事人寻求司法救济的最后一道关口，对工伤认定案件裁判结果的监督，不仅仅是对法律法规的再适用，更是站在更高维度对从行政行为到审判活动的全部事实的全面审查。基于检察监督的功能定位，要以有别于行政执法和司法审判的理念和方式来审慎选择监督路径。

（一）坚守客观立场，不以道德判断代替法律规定

坚守客观公正立场，是"高质效办好每一个案件"理念引领下履行检察监督职责的根本遵循。工伤认定不仅涉及职工及用人单位的切身利益，还关乎社会公共利益。不论是人社部门还是审判机关、检察机关，

---

① 参见江苏省常州市中级人民法院（2019）苏04行终318号行政判决书。

对具体案情的认定处理，均会面临一定的两难抉择。多重利益不可能全面兼顾。立法已对职工进行了一定程度的倾斜性保护，检察机关必须把客观公正作为履职的本质要求，根据法律规定从事实和证据出发对监督申请进行严格审查，做到不偏不倚。

（二）充分调查核实，全面审查监督切入点和必要性

工伤认定监督案件往往历时多年，进行调查核实的确存在困难，但这并不能成为继续沿着行政机关以及审判机关的思路进行"纸面审查"的理由。对案件存疑事实，应充分运用《人民检察院行政诉讼监督规则》赋予的调查核实权，进行全面审查。如杜某、房某诉辽宁省某市某区人社局工伤认定监督案中，检察机关就采取了走访证人等事后调查手段，证明了房某死亡时处于待命状态，最后通过抗诉推动法院改判。[1]此外，对裁判结果进行监督时也要适当考虑再审必要性，不仅要看工伤认定和行政审判中是否存在事实认定不清、程序严重违法、法律适用错误等情形，还要看对实体处理是否有影响，否则反而会造成程序空转。

（三）坚持系统思维，发挥一体化融合监督履职优势

作为检察机关服务中国式现代化最有力的抓手，行政检察工作要有最大限度调用检察资源进行综合履职的自觉性。从横向维度来看，要凝聚跨部门一体化办案合力。因为工伤认定纠纷关联诉讼众多，就案办案难以取得良好效果，需坚持系统思维，对监督申请背后的裁判结果监督、执行监督、行政违法行为监督甚至刑事犯罪、公益诉讼等线索进行整体对待，选择合适的监督突破口。除关注个案公正之外，还可针对案件反映出的职工权益保障、非法转包分包、挂靠经营等问题向有关部门制发检察建议，从源头上减少工伤事故纠纷，构建和谐的劳资关系。从纵向维度来看，以跟进监督、接续监督用足上下一体化办案优势。经检

---

[1] 最高人民检察院行政检察厅、中国法学会行政法学研究会编：《2022年度十大行政检察典型案例》，中国检察出版社2023年版，第117页。

索中国裁判文书网发现，省级检察院抗诉的 27 件工伤认定案件中，有 2 件是法院未采纳检察机关意见，当事人自行申诉后获得改判。①针对此类抗诉后再审判决仍存在错误的情形，抗诉机关完全可以如"武汉李某案"一般，继续提请最高人民检察院抗诉，以接续监督保障监督效果。

（四）方法灵活变通，以恰当高效的形式实现利益修复

诉讼监督并非案件办理的唯一最优解，化解矛盾纠纷才是检察履职的最终目的。考虑到工伤认定纠纷周期长的特殊性，即便抗诉后职工未必能立即拿到补偿，除了采取"以抗促调"在诉讼过程中推进化解，还可通过违法行为监督督促人社部门自我纠错，或者以民事和解促成用人单位与职工达成和解方案，让公平正义以最高效的方式实现。最高人民检察院行政检察厅在河南进行调研时，就针对个案就提出过意见，如果能用最少的程序、最高的效率，把问题解决了，就不一定要走硬性的监督程序。②河南省新乡市检察院积极促成企业与职工达成和解，赔偿职工 75 万元。这种处理方式既帮助职工及时获得救济，也减少企业诉累，更是对"三个善于"中"防止就案办案、机械办案"要求的最生动落实。

---

① 参见山东省高级人民法院（2016）鲁行再 8 号行政判决书；贵州省高级人民法院（2016）黔行再字 4 号行政判决书。

② 戴佳：《念好"五字诀"，笃行谋发展》，载《检察日报》2023 年 7 月 4 日。

高质效办好行政审判活动违法监督案件路径探析

朱长春*

党的十八大以来,习近平总书记多次强调"努力让人民群众在每一个司法案件中感受到公平正义",明确要求"所有司法机关都要紧紧围绕这个目标来改进工作"。行政审判活动违法是对"努力让人民群众在每一个司法案件中感受到公平正义"这一目标要求的背离,检察机关必须聚焦"高质效办好每一个案件",对行政审判活动违法开展精准监督、跟进监督、类案监督,推动实现有力监督、有效监督,不断提升监督质效,做到监督办案质量、效率、效果有机统一于公平正义。但实践中,行政审判活动违法监督相较于行政生效裁判监督、行政争议实质性化解等工作经常被忽视,存在线索获取难、监督类型单一、监督刚性不足、监督层次不深等问题,如何进一步加强自身建设,不断完善制度机制,高质效办好每一个行政审判活动违法监督案件,始终是摆在行政检察人员面前的一道难题。

一、高质效办好行政审判活动违法监督案件的现实意义

行政审判活动违法监督[①]作为"诉讼内"监督的一种形式,是行政

---

* 朱长春,黑龙江省人民检察院哈尔滨铁路运输分院党组书记、检察长。

① 行政审判活动违法监督,有时也被称为行政审判人员违法监督、行政审判活动监督等,且具有等同意义,为行文方便,本文多采用"行政审判活动违法监督"这一表述。

检察工作的重要组成部分，主要是指人民检察院对行政审判程序中审判活动违法情形和审判人员违法行为实施的监督。行政诉讼法、《人民检察院行政诉讼监督规则》（以下简称《监督规则》）等法律、司法解释对行政审判活动违法监督的程序范围、人员范围、监督方式及具体情形等进行了明确规定。党的二十届三中全会对深化行政案件级别管辖、集中管辖、异地管辖改革进行了部署。在2024年大检察官研讨班上，应勇检察长强调，要加大对行政生效裁判、审判和执行活动的监督力度。在全面深化改革的大背景下，高质效办好行政审判活动违法监督案件是检察机关的使命任务和政治责任，是推进为大局服务、为人民司法、为法治担当的具体实践，是加强新时代检察机关法律监督工作的"必答题"。

（一）高质效办好行政审判活动违法监督案件是落实"高质效办好每一个案件"的必然要求

应勇检察长在2023年全国检察机关学习贯彻全国两会精神电视电话会议上强调，要加强法律监督，坚持"高质效办好每一个案件"，努力实现办案质量、效率与公平正义的有机统一；在2023年全国大检察官研讨班上强调，"高质效办好每一个案件"要成为新时代新征程检察履职办案的基本价值追求。

"高质效办好每一个案件"，是习近平总书记关于公正司法重要论述精神在检察领域的生动实践，是"让人民群众在每一个司法案件中感受到公平正义"这一目标要求在检察工作的具体体现，是检察机关为大局服务、为人民司法、为法治担当的总载体和总抓手。

应勇检察长在国家检察官学院2023年秋季学期首批班次授课中强调，行政检察要把行政生效裁判以及行政审判和执行活动监督作为重中之重。高质效办好每一件行政审判活动违法监督案件，是坚持"高质效办好每一个案件"基本价值追求的具体体现，可以更好统筹"有数量的质量"和"有质量的数量"，使行政审判活动违法监督能够成为行政检察新的履职增长点，进而推进行政检察工作高质量发展。只有坚持高质效，行政检察部门在办理行政审判活动违法监督案件中才有可能处理好质量、效率、效果的关系，克服简单化、片面化的监督倾向，纠正强调力度就片面追求数量、强调质量就减小工作力度、强调效率就不顾质量、强调效果就偏离事实和法律或行政检察职能的做法。

（二）高质效办好行政审判活动违法监督案件是推进"四大检察"全面协调充分发展的必然要求

近年来，行政检察不断创新发展，取得了长足进步，但行政检察起步较晚，基础薄弱，目前仍是"四大检察"中的弱项，其中行政审判活动违法监督案件占比更是不容乐观。2023 年，全国检察机关共受理行政诉讼监督案件 79209 件。其中，行政审判活动监督案件 14967 件，占比 18.9%，同比下降 4.6%。其中，针对超期立案、超期审理、违反规定送达法律文书等审判程序违法问题，向法院提出检察建议 13491 件，同比下降 6.8%。①

从行政检察的传统职责来看，检察机关履行行政诉讼监督职能，以当事人不服人民法院生效裁判申请检察监督为主，更多体现出监督的被动性。近年来，行政检察职能不断充实、做实，对监督的主动性提出了更高要求，仍须持续补短板、强弱项、调结构、增优势，更加积极主动地履职尽责，着力破解行政检察产品"供给不足""质效不高""结构失衡"等突出问题。高质效办好行政审判活动违法监督案件是更好履行法律监督职责，推进"四大检察"全面充分协调发展的必然要求。

（三）高质效办好行政审判活动违法监督案件是推进行政检察高质量发展、促进司法公正的必然要求

2021 年印发的《中共中央关于加强新时代检察机关法律监督工作的意见》强调"全面深化行政检察监督"。全面深化的基本要求是不能缺项落项。行政审判活动违法监督是检察机关开展行政诉讼监督的重要组成部分，没有行政审判活动违法监督案件的高质效办理，就不会有行

---

① 数据来源于最高人民检察院 2024 年 3 月发布的《行政检察工作白皮书（2023）》。

政检察工作的高质量发展。可以说，高质效办好行政审判活动违法监督案件是推进新时代行政检察工作高质量发展的必然要求，也是重要路径之一。

应勇检察长在2024年7月召开的大检察官研讨班上强调，适应深化行政案件级别管辖、集中管辖、异地管辖改革，加大对行政生效裁判、审判和执行活动的监督力度。行政审判活动违法监督，是检察机关对行政诉讼开展全流程监督的重要一环。从近年来行政审判活动违法监督实践来看，全国检察机关受理该类监督案件除2023年略有下降外，总体上呈逐年递增趋势，从2018年受理1215件，到2019年增至3316件，再到2020年升至6872件、2021年10325件、2022年15693件，年均增加89.6%。[①]但是，相较于法院审理的行政案件数量，行政审判活动违法监督仍有拓展空间。2023年，全国法院行政一审案件结案30.8万件[②]，而全国检察机关行政审判活动监督案件仅为14967件，监督数量与审理数量不成比例，监督的质效和监督的力度未能充分体现出来。实践中，行政审判活动违法监督案件发现的问题主要以违反送达规定、违反相关告知程序、庭审笔录制作不规范、诉讼费收取错误、案件证据材料不规范、违反审限规定等程序性问题为主，多数监督到"事"就结束了，对"人"的监督缺位。如果行政审判活动违法监督形成不了一定的规模，监督的问题始终停留在表层，不仅行政检察的高质量发展无从谈起，也会影响公正审判，甚至会对实体裁判造成影响，放任可能存在的违法犯罪问题。在这个意义上，高质效办好行政审判活动违法监督案件对于维护审判程序公正、促进法院依法规范行使行政审判权具有重要意义。

---

① 数据来源于最高人民检察院2024年3月发布的《行政检察工作白皮书（2023）》。

② 最高人民法院发布2023年人民法院审判执行工作主要数据，载https://www.sohu.com/a/76 2973257_117927。

二、高质效办好行政审判活动违法监督案件的问题审视

检察机关作为法律监督机关,通过开展行政审判活动违法监督,在督促审判机关纠正违法情形、维护当事人合法权益、依法公正审判等方面发挥了重要作用,但必须看到,行政审判活动违法监督仍是行政检察的短板和弱项,存在一些亟待解决的问题。

（一）行政审判活动违法检察监督模式亟待优化

1.实体性监督不够重视。《监督规则》第104条明确了人民检察院对人民法院行政审判活动可以进行监督的11种情形,除第1项"判决、裁定确有错误,但不适用再审程序纠正的"和第2项"调解违反自愿原则或者调解协议内容违反法律的"外,绝大多数与审判程序违法有关。受此影响,近年来检察机关办理的行政审判活动违法监督案件,多停留在程序瑕疵或浅表问题上。系统地梳理分析,这些案件中多是针对行政审判程序中存在的立案超期、起诉状副本送达超期、未送达合议庭组成人员告知书、判决书未及时送达、庭审笔录未签名、证据收据出具不规范等问题提出检察建议,未能触及行政审判活动违法问题的本质。从现有监督情况来看,法院采纳检察建议并取得监督成效的,多是轻微程序性违法问题,对可能影响实体裁判结果问题的监督效果并不理想,致使检察建议无法达到实体性监督目的。

2.法定性监督不够全面。正如前文所述,检察机关办理行政审判活动违法监督案件数量与同期法院审结行政案件数量不相匹配,监督的规模和力度未能体现出来。一方面,是因为生效裁判结果监督与当事人合法权益直接相关,检察机关一直把其作为行政检察监督的重中之重,对行政审判活动违法监督的重视程度不够,工作的布局不合理;另一方面,是因为监督的主动性不强,未能做到敢于监督、善于监督。同时,对行政审判程序运行规律和审判人员违法行为法定监督类型缺少深入研究,往往针对某几类常见的违法活动进行监督,监督范围较为固定,监督情形比较单一,《监督规则》规定的11种情形未能做到全覆盖,从个

案监督延伸到类案监督和社会治理成效不明显。

3.分类性监督不够精细。部分行政检察人员在办理行政审判活动违法监督案件时，顾及与法院工作人员的日常联系，在对审判人员的违法行为进行调查时，往往不愿或不敢启动调查程序，即使调查也不够细致深入，对违法行为的具体责任人、行为类别缺少细致化的区分，致使制发的纠正违法检察建议书针对性不强，说理不透彻，缺乏系统的分析和严谨的论证，对行政审判违法行为事实简单地采取"复制、粘贴、转发"方式认定，概括地使用"制度不健全""管理不到位""加强监督制约"等建议。甚至有的检察建议书没有指明违法事实并载明适用的具体法律法规，而是仅以违反"有关法律法规、司法解释"等模糊表达代替，粗放有余而精准不足。

（二）行政审判活动违法检察监督机制亟待健全

1.行政审判活动违法检察监督仍有不足，工作指引亟待制定。行政检察肩负着促进审判机关依法审判和推进行政机关依法履职的双重责任，承载着解决行政争议、保护行政相对人合法权益的神圣使命。最高人民检察院坚持把行政诉讼监督作为重中之重，聚焦不敢监督、监督不力问题，相继出台行政检察"一规则三指引"，即修订《监督规则》，制定《人民检察院开展行政争议实质性化解工作指引（试行）》《人民检察院行政检察类案监督工作指引（试行）》《人民检察院行政非诉执行监督工作指引（试行）》。但具体到行政审判活动违法监督，目前还没有制定工作指引。实践中，囿于《监督规则》的原则性、概括性规定，针对行政审判活动违法监督案件线索来源单一、监督层次较低、办案力度不足等现实问题，尚缺乏高质效开展深层次监督的指引性规定，导致监督成效不明显，对行政审判活动违法行为"人"和"事"的监督局面还未全面打开。

2.行政审判案件卷宗调阅存在困难，工作制度亟待完善。由于行政诉讼当事人对行政审判程序相关的法律知识了解得不多，依职权监督成为行政审判活动违法监督启动的主要方式，依申请监督的比例非常低。以2023年全国检察机关的数据为例，行政审判活动违法监督案件中，依职权受理占 95.5%，而依申请受理仅占 4.5%。①而检察机关开展的行政审判活动违法监督，多数要依赖于主动调取行政案件审判卷宗来实现。而现实中，部分检察院调取法院行政案件审判卷宗时，因缺少相关规定法院不予配合，导致调卷存在"两难"的情况：一是调取审判正卷难，调取审判副卷更难；二是调取个案卷宗难，批量调取卷宗更难。因此，对行政审判活动进行全流程监督难以开展，影响全面准确客观地认定行政审判工作中存在的具体违法问题。

3.审判人员违法责任追究力度不够，工作机制亟待健全。有权必有责、用权受监督、违法必追究，这是落实司法责任制的最基本要求。行政审判活动如果存在违法行为，相应的人员就应该承担司法责任。2015年印发的《最高人民法院关于完善人民法院司法责任制的若干意见》规定，法官在审判工作中，故意违反法律法规的，或者因重大过失导致裁判错误并造成严重后果的，依法应当承担违法审判责任。实践中，多数行政审判违法行为，不是出于故意或者重大过失，因而可能不符合追究法官违法审判责任的条件。但是，很可能符合追究法官或者审判辅助人员办案质量瑕疵责任的条件。2020年印发的《最高人民法院关于深化司法责任制综合配套改革的实施意见》明确规定，严格区分办案质量瑕疵责任与违法审判责任，细化法官和审判辅助人员的责任划分标准。也就是说，行政审判违法行为并不存在司法责任空白地带，达不到承担违法审判责任的，也应当承担办案质量瑕疵责任。实践中，一些检察机关对行政审判违法行为监督时，满足于法院对检察建议的回复和整改，而对于由谁来承担责任、承担什么样的责任、是否追究了责任，既不关心，也不跟踪掌握情况；对于可能存在的深层次违法犯罪线索，更是不善于挖掘。可以说，对行政审判人员违法责任追究，尚未形成良好的检察监督态势。

---

① 数据来源于最高人民检察院2024年3月发布的《行政检察工作白皮书（2023）》。

（三）行政审判活动违法检察监督层次亟待拓展

1. 就案办案、凑数办案的问题仍然存在。要做到"高质效办好每一个案件"，就不能"就事论事、就案办案"，而是要通过个案办理，促进解决一类案件甚至一个领域、一个方面的共性问题，从源头上减少同类案件反复发生、同类问题反复出现。就当前行政审判活动违法监督案件办理情况来看，个案监督数量多，类案制发检察建议数量少。同时，监督所针对的多是案件审理中的表面问题、程序瑕疵问题，鲜有对深层次违法问题的监督，致使检察建议的刚性不足、权威不够。深究原因，既与部分行政检察人员监督能力水平不高有关，也与政绩观错位有关。比如，有的地方"一切围着指标看、一切为了指标干"，为了"数据好看"而采取"反管理"措施，把行政审判违法行为类案拆分成个案，制发纠正违法行为类别相同的检察建议，针对同一违法行为制发多份检察建议等。

2. 线索发现难的传统办案问题仍待解决。行政审判违法行为线索发现难的问题，主要原因是内部数据获取不全面、不及时，外部数据获取不顺畅。从内部数据获取来看，由于部分行政检察办案人员，不能分清哪些类型检察建议应独立受案，哪些应随案制发，导致未及时填写案卡或填写不完整，致使数据统计不够全面。同时，上下级、院内部门之间的一体履职机制不健全，工作合力不够，致使行政审判违法行为案件线索移送不及时、不到位。从外部数据获取来看，近年来，虽然党中央、国务院高度重视运用大数据推进法治建设、促进国家治理，多次要求加强数据资源整合利用，但执法司法大数据信息协同共享机制建设进程还比较缓慢，检察机关获取行政审判数据仍存在一定难度，司法信息共享尚未完全实现。

3. 已督促纠正的违法行为问题仍有反复。行政审判违法行为常常会在一定时期、在特定法官所办案件、在审理同一类案件或者同一批案件过程中重复出现。这些违法行为之所以反复出现，固然有审判人员业务不娴熟、延续习惯性做法以及外部监督制约不到位的原因，但从检察机关履行监督职责的视角来看，与监督质量不高、监督不到位有直接关系。比如，有的在纠正行政审判违法行为的检察建议制发前，未开展必要的调查核实工作，所提的建议不够精准、专业；有的不善于运用会商交流、情况通报等方式，督促被建议法院自觉接受建议、有效进行整改；有的在检察建议制发后，只要法院愿意配合签收文书、及时给予回复的，就不再深究，视回复为采纳，视采纳为整改，根本不注重跟踪督促，导致检察建议"屡发"但问题"屡禁不止"。

三、高质效办好行政审判活动违法监督案件的实践路径

（一）强化精准监督，优化行政审判活动违法监督模式

1. 强化实体性监督，从监督程序性问题向实体性问题延伸。对于办理的行政审判活动违法监督案件，检察机关应转变监督理念，改变"坐堂办案"的传统模式，针对案件难点、堵点，走出办公室，更加深入细致地做好调查核实，既审查行政审判程序的合法性，又审查生效行政裁判结果的合法性，从中发现生效裁判结果监督、行政违法行为监督、行政争议实质性化解等案件线索，全面推动行政检察监督工作均衡开展。同时，要对法院行政审判的实体问题进行分析研判，及时统计和总结一段时间以来法院审判工作在法律适用和审判程序方面易发、高发的问题类型，通过具有指引性、目标性的审查监督，对法院行政审判活动开展全面"体检"，推动法院行政审判活动规范化运行。

2. 强化法定性监督，全面审查行政审判活动违法情形。建立常态化学习办案研讨制度，上级院要靠前指导，通过专题培训、座谈研讨、汇编工作手册等多种形式，针对行政诉讼法及其司法解释有关诉讼程序的条款、行政诉讼监督规则对行政审判程序中审判人员违法行为监督的具体规定进行研究和分析。在此基础上，解剖典型案例、结合个案办理教方法、讲要点、明方向、定措施，引导行政检察干警准确理解、全面把握各类监督情形的内涵及适用要求，推动解决违法行为把握不准、法

条适用不熟、监督无从下手等突出问题，集中力量研究监督的具体切入点，为高质效办理行政审判活动违法监督案件积累实战经验。

3. 强化分类性监督，准确界分各类行政审判活动违法。行政审判活动主要由审判工作的法官、人民陪审员、法官助理及书记员参与，按照具体的职责分工开展具体的审判工作。在依法审查行政审判活动违法行为问题时，应充分运用《监督规则》所规定的调查核实措施，加强向法院审判人员开展调查核实工作，并根据违法行为责任主体的职责权限，按类别梳理与行政审判人员职权相对应的违法行为，确保检察建议书被纠违主体明确，从而改变对行政审判活动违法行为事项"复制、粘贴、转发"的浅层次监督行为，有效杜绝"制度不健全""管理混乱""应该加强监督"等模糊性表述，从而使审判活动违法行为的司法责任落得更实。

（二）持续跟进监督，健全行政审判活动违法监督机制

1. 加快制定行政审判活动违法监督工作指引。近年来，最高人民检察院出台一系列办案指引或工作指引，这些指引属于规范性文件，相较于司法解释，更具操作性、更有针对性，在监督办案中较好地发挥了指导作用。就行政检察而言，如前文所述，最高人民检察院已围绕行政争议实质性化解、行政检察类案监督、行政非诉执行监督出台了三个工作指引，对相应的监督概念、监督原则、监督范围、监督程序等问题予以明确，既为推动行政检察监督工作制度化、常态化提供了依据，也进一步规范了行政检察监督办案工作。最高人民检察院应借鉴已有的经验，抓紧出台行政审判活动违法监督工作指引，明确监督范围、标准和重点等事项，使纠正行政审判活动违法的检察建议更具针对性和可操作性，质效更有保障。

2. 推动健全检法行政审判案件卷宗调阅工作制度。虽然《监督规则》第49条规定了"人民检察院审查案件，可以依照有关规定调阅人民法院的诉讼卷宗、执行卷宗"，但比较原则概括，特别是副卷能否调取并未明确。司法实践中，各级检察机关应主动对接法院，细化落实《中共中央关于加强新时代检察机关法律监督工作的意见》中规定的"完善案卷调阅制

度"，通过推动建立具有可操作性的行政审判案卷调阅制度，有效畅通案件卷宗调取渠道。比如，山西省检察院早在 2020 年就联合山西省法院会签了《关于省人民检察院调阅全省法院民事、行政诉讼卷宗有关问题的规定》，明确规定"山西省检察院在办理民事、行政诉讼监督案件过程中，确因检察监督办案需要时，可以一并调阅人民法院的诉讼卷宗正卷与副卷。市、县两级检察院调阅法院诉讼卷宗根据本地实际情况参照本规定执行"。① 2023 年 6 月，最高人民检察院也与最高人民法院会签了关于调阅民事、行政诉讼和执行案件卷宗副卷有关问题的规定，明确了可以调阅副卷的四种情形，主要限于"拟提出监督意见的"。但截至目前，省级已经建立行政案件正副卷一并调阅制度的检法两院并不多。

3. 健全完善行政审判活动违法线索移送机制。检察机关对行政审判活动违法监督要实现从表层监督向深层监督、对事监督向对事对人监督并重转变，除了根据《监督规则》第 104 条、第 105 条的规定，对法院行政审判程序中审判人员存在违反《法官法》第 46 条等规定，且可能影响案件公正审判、执行的行为，依法提出监督意见，还应当通过健全完善监检衔接机制，及时将行政审判人员涉及贪污受贿、徇私舞弊、枉法裁判等违纪违法的案件线索，移送给纪检监察部门；其中涉及检察机关侦查的职务犯罪线索，还应当向检察机关侦查部门移送。此外，应当加强与律师协会的沟通联络，鼓励代理律师在参与行政诉讼庭审后，及时反馈行政审判人员可能涉及的违法问题，由律师协会收集汇总后定期向行政检察部门通报，形成对行政审判活动的监督合力。

（三）拓展监督层次，改进行政审判活动违法监督方式

1. 加强检察数据筛查，制发行政审判活动违法行为类案检察建议。为杜绝就案办案、凑数办案，检察机关应树立和践行正确政绩观，坚持质量、效率、效果有机统一，统筹把握"有数量的质量"和"有质量的

---

① 《"办案有需要 可一并调阅正副卷"——山西：法检会签文件规范民事、行政诉讼卷宗调阅工作》，载《检察日报》2020 年 12 月 21 日。

数量",避免"数据冲动"。要坚持个案监督向类案监督延伸,积极探索类案检察建议的制发工作,通过收集行政审判活动违法监督案件检察建议信息,及时归纳汇总,确定某一法院或某一类审判人员的频发问题及共性、倾向性问题,针对法院审判工作中存在的普遍性问题制发类案检察建议,针对错误适用审判程序、违法适用调解、不依法核对诉讼参加人身份、违反法定审理期限、违反法律规定送达等常见多发的违法情形,在办理个案的基础上,灵活安排"小专项"活动,集中解决审判人员的同类违法问题,扩大监督影响力。

2. 加强内外数据赋能,构建行政审判活动违法行为法律监督模型。充分挖掘大数据优势潜能,着力构建大数据应用体系,已成为各行各业高质量发展的重要路径和有力驱动。行政检察要实现高质量发展,必须紧紧抓住数字赋能法律监督的关键变量,充分发挥大数据在行政检察监督办案中的积极作用。行政检察的工作经验和办案规律表明,许多行政审判活动违法行为具有共性特点,可以通过大数据发现、分析、研判。检察机关应借助调查核实、两法衔接、政法协同以及与相关单位达成的信息共享机制等途径延伸监督触角,获取所需的数据;借助政务公开、司法公开等制度便利,主动加强对已公开的行政执法、审判执行等信息的收集。根据检察办案的需要,通过与法院实现案件数据共享,将类案监督规律通过数字化手段转化为类案监督应用场景,做到行政审判案件数据可读、可复制、可运算,进而更好赋能监督办案,实现从传统监督方式的迭代升级。

3. 加强检法交流会商,形成行政审判活动违法行为监督制约工作合力。交流会商机制和协调联动机制是解决司法分歧、凝聚司法共识的必然要求,有助于促进双方或多方的交流沟通,节约权力监督制约成本。为了最大限度地保障柔性的行政检察建议起到应有的效果,避免检察权与审判权的紧张关系,可以建立检察机关与审判机关的交流会商和协调联动机制,即通过程序机制,增强行政检察建议的质效。实践中,检察机关可以针对本地区行政审判工作中存在的突出问题,主动与法院沟通,通过专题分析、专项通报等形式,提出有针对性的检察建议,推动某类问题的集中解决。

行政审判人员违法行为监督的司法实践研究

王立兵[*]

《中共中央关于加强新时代检察机关法律监督工作的意见》强调"全面深化行政检察监督",行政审判人员违法行为监督作为行政检察的一项重要内容,是必须牢牢抓住的"牛鼻子"。主动对隐藏在错误生效和审判执行程序违法背后的行政审判人员违法行为加强调查、监督、追责,是行政检察的当务之急。但综观H市检察机关对行政审判人员违法行为监督还存在监督层次不高、刚性保障机制不畅通、配套保障措施不完善等掣肘和障碍。为更好地挖掘行政审判人员违法行为监督的突出问题,找准短板,剖析原因,提升监督层次,本文以H市2022—2024年上半年该类案件办理数据和典型案例作为研究样本[①],剖析制约对行政审判人员违法行为监督这个"牛鼻子"的深层次原因,并提出完善路径。

一、现状概述:行政审判人员违法行为监督案件办理的基本情况

2022年1月至2024年6月,H市检察机关为贯彻落实《中共中央关于加强新时代检察机关法律监督工作的意见》,出实招、重实效,行

---

[*] 王立兵,湖南省怀化市人民检察院检察委员会委员、第六检察部主任。
[①] 2024年数据统计截至2024年6月30日。因行政审判人员违法行为监督案件数据较少,为研究的需要,把民事审判人员违法行为监督案件数据一并统计。

政审判人员违法行为监督效果初步显现。全市检察机关共受理审查审判人员违法行为监督案件1057件，办结1042件（含7件积案）。其中，当事人申请监督6件，依职权发现953件。提出检察建议1037件，人民法院完全采纳监督意见1021件，采纳率达98.5%。1057份书面监督意见共对审判程序中存在的裁判确有错误不适用再审程序、调解违法、立案违法、适用审判程序错误、违反法律规定送达、违反法定审理期限、其他违反法律规定情形等13类共计44个违法行为进行监督（见表1）。

表1　H市审判人员违法行为监督案件具体违法情形统计

时间	具体违法情形														
	裁判确有错误不适用再审程序	调解协议内容违反法律	调解违反自愿原则或	应当立案而不立案	适用审判程序错误	保全和先予执行违反法律规定	支付令违反法律规定	诉讼中止和终结违反法律规定	违反法定审理期限	妨害民事诉讼强制措施违法	违法送达	会见当事人及代理人	接受吃请或违规	实施或授意他人实施妨害民事诉讼的行为	其他违反法律规定情形
2022年	14	1	2	3	1		1		1		77				178
2023年	35	1	31		1				7	1	201				416
2024年上半年											57				29
总计	49	2	33	3	2		1		8	1	335				623

为更好地阐述和剖析出检察机关对行政审判人员违法行为监督的现状、困境，笔者对前述1057件监督案件进行梳理、分析，发现全市此

类案件办理呈现以下特征：

一是监督手段灵活化。2022年1月至2024年6月，H市各级人民法院对审判人员违法行为检察建议的采纳率为98.3%。除了提出检察建议，还灵活运用移送职务犯罪线索、口头纠正违法行为等多种监督形式提升监督效果。1057件监督案件中采用检察建议方式监督的为1037件，采用纠正违法通知方式的为16件。监督不流于形式，基本未出现针对法院裁判文书中笔误、案卷归档不规范等小瑕疵问题的检察建议和纠正违法通知书。绝大部分的监督意见能针对审判程序中的深层次问题和突出的违法行为进行监督。通过重点突破，深度挖掘，办理了一批高质量、有影响的监督案子。如H市检察院和H市Z县检察院一体化办理徐某某执行案件中查实法院在参与分配过程中存在违法情形，损害申请执行人的合法权益，据此向法院发出检察建议。同时将涉案的执行法官渎职犯罪线索移送给职务犯罪侦查部门，该法官因涉嫌"执行判决、裁定滥用职权罪"被提起公诉。

二是监督主体集中化。从办理违法检察监督案件检察机关的级别来看，市级院受理案件37件，办结案件36件，基层院受理1020件，办结1001件；办理案件数量占比分别为3.47%和96.53%，基层院仍是主要办案力量。全市13个基层检察院中，办理质量也参差不齐，有的基层院存在拔高监督、错误监督、凑数监督的问题，监督的违法情形集中于表层性问题，监督层次不高。但有的基层院不断强化监督层次，深挖诉讼活动违法背后的司法人员渎职、失职，推动监督层次由"对事监督"向"对人监督"的提升。如H市检察院和C县检察院在办理张某与田某民间借贷纠纷案时，从点滴之中办出了"案中案"，将监督视角由对执行的监督延伸到对审判结果的监督，深挖39件虚假诉讼案件线索，发现承办法官有枉法裁判行为，遂将线索移送到职务犯罪侦查部门。又如C县检察院和H区检察院办理的涉"法拍房"虚假诉讼监督系列案，2名法官因滥用职权罪被判处2年、2年6个月有期徒刑，2名房产中介、1名法律工作者、13名当事人被判处相应刑罚。这些案件的办理实现了结果监督、审判人员违法行为监督同步开展，取得了很好的法律效果和社会效果。

三是监督领域多样化。从 H 市办理的案件领域上看，审判人员违法的具体情形主要集中在应当立案而不立案、适用审判程序错误、违反法定审理期限、违法送达等领域。具体来说，对 1057 件审判人员违法情形监督案件按照违法情形发生阶段进行划分，其中主要包括其他违法行为情形 623 件（主要包括诉讼费收取或退还不符合规定、管辖错误、调解违反自愿原则或调解协议内容违法、扣除审限不当、诉讼裁定中止违法等），占比 58.94%；违法送达 335 件（主要包括送达方式选择错误、送达超期、未送达当事人、留置送达不规范、公告送达不符合条件等），占比 31.69%；裁判确有错误不适用再审程序 49 件，占比 4.64%；立案程序违法 33 件（主要包括应当立案的不立案、未在规定期限内立案或回复不立案、未在规定期限内送达立案通知书和起诉状副本等），占比 3.12%；违反法定审理期限 8 件，占 0.76%。

二、现实困境：行政审判人员违法行为监督存在的主要问题

2022 年以来，H 市检察机关对行政审判人员违法行为监督工作取得了一些成效，但也存在一些突出问题和办理困境。

（一）关键掣肘：监督层次不高障碍尚未跨越

一是拔高监督、错误监督、凑数监督屡屡发生。H 市办理的行政审判人员违法行为监督案件基本上集中在法院超审限、违法送达、法律文书文字性错误等一般程序性瑕疵或工作漏洞等事项，同时为追求考核排名，片面强调办理案件数量，出现大批"任务案""凑数案"，有关监督意见内容空泛、建议过滥。由于监督缺乏力度和深度，在一定程度上影响了监督权威。如在某院办理的李某与胡某民间借贷纠纷审判违法检察建议案中，李某向县人大常委会举报案件承办法官曾某存在敛财受贿、为被告上诉而在领取判决书时间上弄虚作假、截留诉讼法律文书、装订案卷材料违反法规等违法情形。县人大常委会将案件线索交由某院办理

后，该院经审查发现法官曾某在审理该案中存在违反法律规定剥夺当事人答辩权、违法执行立案并涉嫌受贿违法情形，立案调查后，该院只就案件中存在的违反法律规定剥夺当事人答辩权、违法执行立案、装订案卷材料违反法规情况向县法院作出纠正违法通知书，而忽视了对更为严重的涉嫌受贿情节进行进一步监督调查。

二是人民法院"不回复""模糊回复""回复纠正但实际未纠"的情形在不同程度上存在。检察建议是审判程序监督工作主要采取的监督方式，由于检察建议效力没有法律强制性，人民法院在回复上还存在"不回复""模糊回复""回复纠正但实际未纠"的现象。2022年以来，H市检察机关针对审判人员违法行为监督案件发出检察建议1037份，未采纳3件，未回复13件，未采纳和未回复共计1.51%。如X县检察院办理的一起行政审判人员违法行为监督案件中，检察建议针对的是法院违反管辖权的法律规定，法院回复"对你院指出的审判活动中出现的管辖问题，我院已经纠正审判活动中出现的不当行为"。对如何纠正未作明确答复。其他基层院也出现多起法院虽然认可检察机关提出的监督意见，笼统回复表示已经整改或将会整改，但实际上对检察建议置若罔闻或整改未到位。

（二）重要桎梏：刚性保障机制尚未构建

一是调查核实机制存在盲点。笔者深入基层院与行政检察官进行交谈，他们一致认为制约行政审判人员违法行为监督案件办理的重要桎梏是调查取证缺乏强制性保障措施。尽管检察机关内部的相关办案规则规定行政检察部门可以进行调查取证，但是限制条件却极为严格，且不具有强制性。检察机关审查行政裁判结果案件，主要还是通过书面审查原审案卷材料，对法院的审判活动及裁判的合法性进行监督，调查取证只是作为诉讼监督的辅助手段。

二是办案一体化机制尚未真正构建。各地行政检察工作思路中重点提出要构建办案一体化机制，也提出要采用交办、转办、异地交办等方式推进一体化进程，但实际上大多数还是停留在书面文件、口头传达上,尚未真正转化成办案的动力和缓解基层办理行政审判人员违法行为监督困境的有效路径。

(三)主要障碍:配套保障措施尚未完善

一是横向沟通机制缺位。在当前法律尚未对行政检察案件调查核实权强制力进行明确的情况下,检察机关办理审判人员违法监督案件应主动作为,加强与法院的沟通协调。就行政审判人员违法行为查处机制与法院会签文件。各市州院、基层院也是就办案而办案,没有主动加强与法院的沟通协调,就行政审判人员违法行为监督形成有效机制,明确检察机关办理此类案件监督的方式、程序、步骤等。

二是队伍素能不高。当前,H市检察机关行政检察部门办案骨干偏少,专家型人才少,领军型人才没有。如H市院,加上书记员一共才6人,既要负责全市民事、行政检察工作,又要加强对下指导,人员捉襟见肘。行政检察干警特别是基层行政检察干警普遍存在服务大局的意识不强和能力不足、专业素养不高的问题,更少有掌握科技应用本领提高监督能力的人才。行政审判人员违法监督是对高法律素养的法官进行监督的活动,需要专业功底深、懂侦查、敢担当的行政检察官。但市州院、基层院这类法律监督人才稀缺。

三、破解之道:行政审判人员违法行为监督的优化路径

行政审判人员违法行为监督工作,是检察机关开展行政诉讼监督的重要组成部分,对维护审判程序正义、促进法院依法规范行使行政审判权具有重要意义。必须牢牢抓住行政审判人员违法行为监督这一"牛鼻子",切实推进行政审判人员违法行为监督工作。

(一)会商立制:优化检察机关对行政审判人员违法行为监督环境

改进和完善行政审判人员违法行为监督案件办理现状,通过积极推

高质效行政检察监督的理论与实践

进机制建设、用好调查核实权,促进法检两院形成"在检察监督中促进两院配合,在两院配合中完善检察监督"的良好监督环境显得尤为重要。一是积极推进机制建设。行政检察部门应充分运用智慧,大胆探索、尝试,主动作为,加强与法院的沟通协调,积极推进机制建设。首先,省级层面加强沟通,制定协作、配合机制。省检察院、省高院可以会商制定关于在查处行政审判人员违法行为中加强协作的指导意见等文件,使"两高"的原则性规定能够在司法办案中落地生根。该文件对审判人员违法行为监督行使的主体、调查对象、启动程序、协作机制等方面作出较为详细的规定,为各市州院、基层院提供一个可操作性强的规定。其次,以查办案件为契机形成制度,理顺关系。各市、县两级院以成功查办行政审判人员违法行为为契机,与法院进行沟通,通过会签加强行政审判人员违法行为监督的文件,并在查办案件中贯彻执行。二是多管齐下,善用调查核实权。调查核实权是查办行政审判人员违法行为监督案件的前提和基础,也是优化监督环境的重要组成部分。在现有法律并没有赋予行政检察部门调查核实权的强制保障力的情况下,行政检察部门可以借鉴和熟练掌握查办行政审判人员违法行为监督案件的"四步工作法"。第一步,结合依职权或依申请获得的线索,进行线索评估,拟定调查方案;第二步,调阅涉及行政审判人员违法行为的案卷,掌握案件的整体情况;第三步,针对阅卷发现的疑点开展有针对性的调查,收集行政审判人员违法的证据;第四步,与行政违法审判人员正面接触,进一步核实违法问题。在严格遵循"四步工作法"后,要做到"三清":对行政审判违法每一节点的违法问题清;对当事人的权利影响清;监督依据及理由清。调查核实的过程中,一定要做到阅卷要深、询问要全。仔细阅读案卷材料,通过阅卷,深入把握诉讼、庭审中涉案法官的突出疑点和异常情形,甄别分析主要证据材料的真实性,为澄清案件事实、深化调查措施奠定基础、明确方向。制定科学的询问提纲和询问策略,询问时注重覆盖所有诉讼参与人以及必要的案外人,必要时与行政审判人员正面接触,以询问笔录为基础推动完整的证据链的形成。另外,要加强与监察委、本院职务侦查部门等之间的协作配合,利用"两法衔接"平台，实现信息共享。加强与监察委、公安机关的横向协作，形成内外协作的监督活力，弥补调查核实权刚性不足的缺陷，强化自身的监督力度，扩大查办案件的战果。

（二）动真碰硬：提升行政审判人员违法行为监督的层次

行政检察部门对审判人员违法行为监督一定要敢于攻坚克难，敢于重拳出击，以壮士断腕的勇气开拓行政审判人员违法行为监督新局面，办理一批社会影响力大、震慑力足的精品案件。一是完善重点案件和类案监督机制。省级院可以采取一月一报的方式统筹各地报上来的线索，并进行科学研判，对重点案件进行重点督导。省级院可以采取挂牌督办的方式，承担挂牌督办案件线索的第一责任，对挂牌督办的案件在法律适用、证据运用、出庭规范等方面遇到的问题及时研究提出指导意见，在出现阻力的时候，应出面协调。为下级院"壮胆提气"。要加大宣传力度，重点宣传检察机关在办理挂牌督办案件线索过程中好的经验做法和成效，充分展现检察机关在办理行政审判人员违法行为监督的成就。各市州院将近年办理的关于行政审判人员违法监督案件进行仔细对比，深入研究。发现审判人员在审判程序错误、违反法定审理期限、违法送达、其他违反法律规定等共性问题进行归纳总结，找出办案的突破点和难点，以便更好地指导、适用办理此类案件。同时对这些问题进行归纳总结，向法院提出类案监督检察建议，以便法院在更深层次上支持检察机关办理行政审判人员违法情形监督案件。二是灵活运用各种惩戒方式，提升监督权威。牢牢抓住法官的遴选与惩戒两道监督关口，一旦发现基层院对已经被检察机关查明构成审判违法的法官不严格追究司法责任，可以层报省院向同级法院建议追责，也可以直接向法官遴选委员会和法官惩戒委员会反映问题并提出不予入额或者予以惩戒的检察建议，对应当追究责任的法官则根据具体的违法情节分别提出停职、延期晋升、退出员额、免职、辞退等监督建议，使监督更有针对性和约束力。要紧紧盯住各级法院党组的主体责任。审判人员被追究责任，法院党组和作为第一责任人的院长以及派驻纪检部门都应当承担全面从严治党的主体责任，检察机关应当加强跟踪监督和类案监督，发现法院避重就轻，包庇开脱违法审判人员甚至对检察建议置之不理的情形，应当及时向同级党委和纪委反映；发现同一法院存在行政审判人员违法多人多次的，应当及时向同级党委建议追究法院党组和院长的主体责任，确保监督全覆盖、无死角。

（三）上下联动：推进行政审判人员违法行为监督一体化工作机制建设

行政审判人员违法行为监督在当下仍然以同级监督为主，而同级监督存在干扰过多的困境和压力，要积极构建横向协作、上下联动的一体化工作机制。一是线索管理一体化机制。由于审判人员违法行为监督工作的复杂性、对抗性，全省各级检察机关民行部门要重点建设上下级协同办案机制。三级院要各有侧重、取长补短，尤其注重发挥上级院的跟进监督功能。基层院要充分发挥接近群众、收集和掌握案件信息、发现线索等方面的优势；市院要帮助基层院分析案情、研究对策、调配力量，补足基层院力量不足的短板；省级院要加强线索备案审查和个案指导，严格确保监督的质量和效果，同时积极开展相关调研，及时推广好的经验做法，稳步推进审判人员违法行为监督工作的规范化建设。二是查办指挥一体化机制。可以在省级院和有条件的市院设立全省、全市监督协调指挥中心。其主要功能是负责全省、全市行政检察部门所办理的案件的统一管理案件线索、统一研判监督策略、统一指定案件管辖、统一调配办案力量、统一指挥办案工作、统一发布案件信息等。行政审判人员违法行为监督在监督协调指挥中心的统一指挥下，形成以省级院为龙头、市级院为纽带、基层院为支点的一体化办案模式。通过并案查办、协作查办，以及交办、提办、参办、督办等方式，统一协调、上下联动，实现人力资源共享、线索共享和技术资源共享，提升办案的效率和监督层次。如发现H市中院的行政审判人员违法行为线索，可交由A市检察院或者省级行政检察部门负责办理，通过跨级、跨部门、跨地区克服行政审判人员违法同级监督的各种弊端。三是完善横向一体化机制。充分发挥行政检察部门检察监督的专业优势、职能优势、经验优势，主动为相关职能部门提供行政审判人员违法行为的线索。行政检察人员在办理案件中如发现行政审判人员涉及贪污受贿、徇私舞弊、枉法裁判等违纪违法线索的，除了可以向法院提出监督意见，还应将相关线索向纪检监察部门移送，将涉及检察机关管辖的 14 个罪名的线索，向检察机关相关职能部门移送。注重用好用足法律赋予的各种监督手段。对于行政审判人员存在的违法事实，不论是程序违法还是违规违纪，调查核实都不局限于案件的当事人，不局限于案件的争议事实，不局限于检察机关首次办理的申诉案件，可以适用所有办结案件中涉及的违法行为。

（四）统筹谋划：完善行政审判人员违法行为监督的配套措施

对行政审判人员违法行为的监督离不开人力、物力、智力等资源的保障，万物互联时代，"互联网＋监督"应当成为全体检察监督人的工作新模式。因此，行政审判人员的违法行为监督要一手抓"硬件"建设，一手抓"软件"服务，综合全面地助推行政审判人员的违法行为监督工作。一是要从"量"上配齐配强监督力量。行政检察部门要继续推动办案组织优化，有条件的市州院要实现民事、行政检察机构分设。一方面，按照司法改革关于办案模式的要求，结合工作实际，充分运用好现有人员，有效开展工作；另一方面，广开渠道招揽人才，重点从法院遴选具有行政审判经验的优秀法官充实到行政检察队伍。建立并用好全省行政检察人才库，吸纳一批政治素养高、理论水平高、办案经验丰富的行政检察官，有计划地推进高精尖人才培养。二是要从"质"上提升监督质量。加强培训规划，分类分层次培训，对员额检察官、检察官助理及新进行政人员分类分批培训。建立全省行政检察业务培训师资库，集中省、市院业务素能强，理论水平高的业务骨干，打造实务技能培训"尖刀排"，加强实务课程研发，以问题为导向，实现精细化培训，着力提高行政检察干警对行政审判人员违法行为案件线索发现能力、案卷审查能力、调查核实能力、文书制作能力、庭审应对能力，培养"全流程""综合性"能手。三是探索办案手段科技化和办案资源信息化运用。要高度重视大数据赋能,善于借助大数据技术和先进调查技术,深挖相关行政审判人员违法线索。建设集类案推送、结果对比、数据分析、办案总结等功能于一体的智能办案系统,形成对行政审判人员违法监督工作的强力支撑。

社会保险基金先行支付行政追偿的行政非诉执行监督

陈 婧 钱地虎[*]

为使公民共享发展成果，促进社会和谐稳定，我国在基本养老保险、基本医疗保险、工伤保险、失业保险、生育保险等项目建立了社会保险制度，保障公民在年老、疾病、工伤、失业、生育时，从国家和社会获得物质帮助的权利。同时，在基本医疗保险和工伤保险制度中规定了先行支付内容，且人力资源和社会保障部出台了《社会保险基金先行支付暂行办法》，就先行支付适用范围、适用程序以及先行支付后追偿作了规定，但在追偿权的实现程序、实现方式等方面现行规定不够明确，缺乏实施细则，在实际操作中存在较多困难。笔者认为，应制定出台相关司法解释统一规范法律适用，制定实施细则，充分运用现有的行政职权，实现社会保险基金的受偿，从而保障公民及时获得物质帮助，实现社会保险基金运行安全。

---

[*] 陈婧，浙江省乐清市人民检察院行政检察部主任；钱地虎，浙江省乐清市人民检察院法律政策研究室副主任。

一、社会保险基金先行支付及追偿权现有法律规定

（一）社会保险基金先行支付适用范围和条件

根据《社会保险法》第30条第2款、第41条、第42条等规定，我国社会保险基金的先行支付适用范围为基本医疗保险和工伤保险。

1.基本医疗保险基金先行支付的适用范围与条件。根据上述规定以及《社会保险基金先行支付暂行办法》第2条第2款规定，基本医疗保险基金先行支付的适用范围仅限于医疗费用；适用条件为由于第三人的原因导致医疗费用的产生，并在第三人不支付或无法确定第三人时，由基本医疗保险基金予以先行支付（根据《社会保险法》第30条第1款第1项的规定，对于因第三人的原因导致工伤事故除外）。

2.工伤保险基金先行支付的适用范围与条件。根据《社会保险法》第41条、第42条，《社会保险基金先行支付暂行办法》第4条、第5条的规定，工伤保险先行支付的适用范围和内容分为两种，一种为用人单位应缴而未缴工伤保险费，发生工伤事故应由用人单位支付而其不支付的，先行支付的内容应理解为工伤保险基金中应当支付的项目内容，即《社会保险法》第38条规定的项目内容；另一种为由于第三人的原因造成工伤事故，第三人不支付或无法确定第三人的，先行支付的内容为医疗费用。

（二）社会保险基金追偿权的适用范围

1.基本医疗保险基金追偿权适用条件。根据《社会保险法》第30条第2款的规定，基本医疗保险基金先行支付后，有权向第三人追偿，即就先行支付的医疗费用数额向第三人追偿（工伤保险范畴除外）。

2.工伤保险基金追偿权适用条件。根据《社会保险法》第41条、第42条的规定，因用人单位未为职工缴纳工伤保险费而发生工伤事故，从工伤保险基金中先行支付的工伤保险待遇；或者因第三人的原因造成职工工伤，从工伤保险基金中先行支付的医疗费用。向用人单位或第三

人追偿的金额限于先行支付的金额。

（三）社会保险基金追偿方式

社会保险基金的追偿建立在代位赔偿请求权之上。追偿方式的行使在《社会保险法》第41条第2款、第63条和《社会保险基金先行支付暂行办法》第11条、第12条、第13条、第14条、第16条等条款中作了规定。

从上述法律规定我们不难看出，追偿方式，根据社会保险机构与追偿对象有无行政管理与被管理关系，分为行政管理上的处置方式和处理平等民事主体之间纠纷的救济方式；追偿对象，根据承担赔偿责任主体不同，分为以先行支付方式获得保险待遇的职工、侵权职工权益的第三人、未履行社会保险责任的用人单位。

现行法律规定的追偿程序：第一，对于以先行支付方式获得保险待遇的职工（基本医疗保险中含居民），拒不退还已经从第三人处获得应由其承担的医疗费，或者从用人单位获得应由其承担的工伤保险待遇，社保经办机构可以就应退还的金额，采取从今后应支付的相关待遇中予以扣减，或者提起诉讼的方式追偿。对于故意隐瞒已从第三人处获得相关保险待遇，骗取社会保险金的，依照《社会保险法》第88条的规定，由社保经办机构责令退回并处罚款。第二，对于侵权的第三人，社保经办机构应根据有关部门确定的第三人责任大小，要求其偿还先行支付的相应数额；对于逾期不偿还的，以提起诉讼的方式追偿。第三，对于应支付工伤保险待遇的用人单位，社保经办机构应作出责令用人单位10日内偿还先行支付数额的追偿决定；逾期仍不偿还的，社保经办机构可以按照《社会保险法》第63条的规定，向金融机构查询其账户存款，有足够存款供偿还的，就应偿还款项向县级以上社会保险行政部门申请作出划拨决定，并书面通知存款账户所在地金融机构划拨相应的数额；经查询账户余额少于应当偿还数额的，社保经办机构可以要求用人单位提供担保，签订延期还款协议，用人单位未按约偿还又未提供担保的，社保经办机构可以向人民法院申请查封、扣押、拍卖应偿还数额价值相当的财产，以拍卖所得受偿。

二、当前先行支付追偿制度存在的问题及原因分析

先行支付制度为社会保险保障外的职工提供了保障，使其能得到及时救助，体现了我国社会保险制度的进步。虽然《社会保险法》第63条的规定，以法律授权的方式赋予社会保险征收机构查询用人单位存款账户和申请县级以上有关行政部门作出划拨社会保险费的权力，并规定了向法院申请救济的权利，但由于先行支付追偿制度现行规定不够明确且缺乏操作性，致使执行中存在较多困难。

（一）当前先行支付追偿制度实施过程中存在的问题

1.法律赋予的查询、划拨决定难以落实到位。实践中银行和其他金融机构对社会保险机构作出的查询文书并不认可，金融机构查询系统并未将社会保险经办机构的查询文书设置为默认文书，导致该决定难以落实到位，金融机构对该类查询业务也不予办理。同时，目前行政机关有权采取直接划拨存款的执行行政处罚的只有税务机关和海关，先行支付款项如向税务机关或海关申请，因不属于其职责范围而不予办理。虽然《社会保险基金先行支付暂行办法》第13条规定了由县级以上社会保险行政部门作出划拨应偿还款项的决定，但实际中金融机构并不认可该划拨决定，导致法律赋予的相关权力无法落实到位，行政管理上的追偿权无法行使。

2.地区间社会保险经办机构追偿方式、法院裁判标准不一。笔者于2020年12月31日在中国裁判文书网运用高级检索功能，检索项目在"全文"中输入"追偿"，"法院层级"选择"基层"，"案件类型"选择"行政案件"，"审判程序"选择"非诉行政行为申请执行审查"，共检索到4篇法律文书（其中2篇系重复），均为广东省珠海市社保经办机构向经营者追偿先行支付的工伤保险待遇，法院对社保经办机构作出的《追偿决定书》准予强制执行。中国青年网于2019年3月27日报道

的"北京市首例工伤保险基金先行赔付赔偿全额追偿到位",笔者通过中国裁判文书网查询,所涉法律文书即(2018)京0105行初77号行政判决书,该案工伤保险待遇追偿采取的是由社保机构作出社会保险待遇追偿行政决定的方式。

笔者于2021年1月4日在中国裁判文书网运用高级检索功能,检索项在"全文"中输入"追偿","法院层级"选择"基层","法律依据"输入"《中华人民共和国社会保险法》第六十三条",共检索到189篇法律文书,其中行政案件4篇、民事案件185篇(重复3篇),除去1件系职工诉社会保险经办机构履行先行支付工伤保险待遇职责、13件系职工追索劳动报酬或经济补偿金、29件系职工与用人单位之间工伤保险待遇纠纷、27件系职工要求用人单位补缴社会保险费用外(不包括职工追偿其垫付的社会保险费用),涉及追偿事项的法律文书共有116篇,其中行政诉讼案件3篇、民事诉讼案件113篇。

行政诉讼案件3篇的内容,均为山东地区法院作出的一审行政判决书,1篇为用人单位向行政机关社保机构追偿垫付的工伤保险待遇纠纷,判决社保机构履行工伤保险待遇核定、支付职责。另2篇为山东省(2015)源行初字第21号、(2016)鲁0323行初30号行政判决,均缘于同一事由即原告马某平要求用人单位偿还其垫付的养老保险费用。2015年,原告以县供销社、沂源县某供销合作社有限公司为被告提起民事诉讼,要求被告支付养老保险费、管理费并赔偿经济损失,(2015)源民初字第450号民事裁定书以原告所诉属于社会保险费征缴法律关系,不属于劳动争议为由,裁定驳回原告的起诉。原告于2015年以邮寄的方式向沂源县人力资源和社会保障局(以下简称人社局)和社保处提出征收养老保险费的书面申请,二单位对原告的申请未作出处理。同年原告提起行政诉讼,后沂源县人民法院以不属于行政诉讼受案范围为由裁定驳回起诉。后原告上诉,中院指定沂源县人民法院继续审理。沂源县人民法院于2016年6月30日作出(2015)源行初字第21号判决,判决社保处对原告的申请重新作出处理并给予书面答复,判决驳回原告对人社局的诉讼请求。判决后社保处进行了重新处理并于2016年8月

17日向原告作出了源社保（2016）6号拒绝履行的答复。后原告不服该答复内容，对社保处提起行政诉讼，沂源县人民法院于2016年11月17日作出（2016）鲁0323行初30号判决，以原告已经办理退休，养老保险费已经缴纳，不存在欠缴情况，以社保处不负有责令缴纳的职责，驳回原告要求社保处履行为其征缴养老保险费法定职责的诉讼请求。

从以上法律文书我们可以看出，人民法院对追偿垫付的社会保险费用（含医疗费用）或追偿先行支付的工伤保险待遇民事纠纷，既有判决支持诉讼请求的，也有以不属于民事诉讼纠纷为由判决驳回的；追偿工伤保险待遇纠纷，社保机构既有运用提起民事诉讼予以追偿，又有运用行政管理手段作出追偿行政决定的。因此具体在理解运用《社会保险法》第63条规定时，存在法院或社会保险经办机构不一致的情况。

3.社会保险经办机构、垫付社保费用的职工追偿难。乐清市社会保险中心诉被告钟某城、诉被告乐清市某建筑预制品有限公司、吴某辉、张某旺工伤保险待遇纠纷二案，提起民事诉讼要求被告偿付先行支付的工伤待遇款项及利息损失，后乐清市人民法院出具《立案释明通知书》，以《社会保险法》第41条的规定，已明确社会保险经办机构的追偿方式为该法第63条规定的方式，不包括民事诉讼，不属于民事案件受案范围，应通过《社会保险法》第63条规定的向用人单位进行追偿，将相关立案资料予以退回，现就如何运用行政手段追偿现实操作存在难题。同时，从分析样本来看，社保经办机构追偿工伤保险待遇民事纠纷，有9件法院以不属民事诉讼范围驳回，运用行政追偿手段存在困难。

从分析样本中以不属于民事或劳动争议受案范围驳回诉讼请求的43件案件来看，垫付社保费用的职工如直接申请社保征缴机构履行职责，在现实中征缴机构无法实现直接划拨行政执行方式，如再通过行政诉讼的方式要求社保经办机构履行征缴职责，可能也会陷入像上述提到的马某平追索垫付社保费用的境地。

（二）追偿制度难以实现的原因分析

1. 法律授权仅为原则性规定，先行支付追偿规定缺乏实施细则，位阶过低。《社会保险法》第 63 条的规定仅是条文原则性的规定，程序和实体上的具体操作均未涉及，人社部门制定的《社会保险基金先行支付暂行办法》仅是部门规章，又缺乏实施细则，位阶层次过低，可操作性不强，无法得到其他相关部门如金融机构、人民法院的支持和配合，导致在实际的追偿中该条文无法适用。

2. 高层级之间就追偿程序的行使缺乏联动机制。人社部未就协助查询、划拨的执行与金融机构建立协作配合机制，金融机构系统默认的查询、划拨文书并不包括人社部门出具的文书，导致《社会保险法》第 63 条的规定实际无法付诸执行。同时，人社部与人民法院就追偿方式的行使未形成统一意见，如申请扣押、查封、拍卖用人单位财产的诉讼程序、认可的行政文书等无统一规定。

3. 追偿制度的行使缺乏司法解释规定。社保经办机构与用人单位间工伤保险待遇追偿纠纷，在均提起民事诉讼的情况下，人民法院裁判结果不一致。从分析样本来看，一审法院有 24 件案件判决支持诉请，有 9 件以应依照《社会保险法》第 63 条规定判决驳回诉讼请求。其中，有的对提起行政诉讼案件予以认可，有的对行政非诉执行申请准予强制执行。由于缺乏统一的司法解释，导致各地裁判结果不一。

三、完善追偿制度的对策建议

（一）完善法律规定或制定实施细则

法律法规的完善是确保追偿制度实现的前提和基础。针对追偿主体与追偿对象间是否具有管理与被管理关系，以及先行支付金额是否已经过生效的裁判、仲裁文书确认，采取不同的追偿程序。同时，提高追偿规定法律位阶，制定实施细则。

1. 充分运用"追偿书"实现追偿。追偿对象为用人单位的，应与社保机构形成行政上的被管理与管理关系。社保机构通过责令限期偿还通知，制作追偿决定书等行政决定文书，对拒不履行偿还先行支付的社保基金通过申请非诉执行的方式，从而启动追偿程序。用人单位作为行政相对人可通过行政复议和行政诉讼的方式寻求救济。

2. 及时提起民事诉讼或直接申请强制执行实现救济。追偿对象为第三人的，区分支付金额是否已经生效裁判确认。要求先行支付的金额未经法院裁判或仲裁裁决确认的，社保经办机构可通过向第三人提起民事诉讼的方式追偿；员工申请先行支付的金额已经生效裁判或仲裁裁决确认的，社保经办机构在先行支付后，实现债权的转移，直接取得该生效裁判或仲裁裁决申请执行权，通过申请法院强制执行追偿，从而减少司法和行政资源的浪费。

3. 提高追偿制度法律位阶，制定实施细则。由于《社会保险基金先行支付暂行办法》中规定了追偿办法，但追偿制度过于原则性，缺乏实施细则，同时该文件只是人社部门内部规范性政策范畴，缺乏普遍适用性，应进一步提高追偿制度法律位阶，制定追偿实施细则，从而使追偿权的行使更具有操作性，也能得到其他部门的协作配合，维护社保基金的安全运行。

（二）相关部门的最高层级间加强协作，建立联动机制

由人社部门牵头，与金融机构、人民法院、市场监管等多部门，在高层级间建立联动机制，如为防止用人单位通过注销旧企业建立新企业逃避追偿，与工商部门建立信息共享机制，相互及时通报用人单位员工申请社保基金先行支付事项和企业注销申请，加强业务办理协作，维护基金安全；依照《社会保险法》第63条的规定，与金融机构建立用人单位存款查询、划拨业务协作规定，统一查询划拨文书的制作，规范操作流程，使该法律规定落地执行；与人民法院建立追偿权行使统一规范，根据现有法律规定，明确追偿权实施步骤、追偿程序和追偿办法等。

（三）出台司法解释，统一法律规范适用

针对地区间裁判结果不一致情况，及时出台相关司法解释，统一法律规范适用，及时解决社保机构和垫付社保费用员工追偿难题，确保法律的统一适用，实现社保基金"有出有回"，实现通过自我救济（垫付用人单位应支付的社保费用）维护自身权益的员工，最终能获得法律帮助权。

（四）强化社会征信体系建设，将恶意逃避追偿责任人员信息纳入诚信体系

发挥信息化优势，将通过注销营业执照继而更换法定代表人重新注册继续营业以规避追偿责任的企业主和企业，骗取社会保险待遇人员，有偿还能力拒不偿还社保基金人员等纳入不诚信人员名单，在招投标领域、开办企业、申请贷款、入伍入职等方面设置一定的障碍，防止恶意逃避追偿责任、骗取社保基金情况的发生。

行政非诉执行"审查前置"模式中高质效履职思考

李晋蓉 张 肖[*]

随着经济社会的发展和国家治理现代化建设的深入，行政管理的职能、事项和纠纷都在不断延伸和增多，法院受理的行政非诉执行案件也在增长，加之行政争议的尖锐性和复杂性，行政非诉执行案件执行难的问题日益突出。为助力法院破解行政非诉执行难，确保行政行为的目的有效实现，及时实质性化解行政争议，笔者将从行政非诉执行"审查前置"模式展开，结合基层行政检察的实践情况，从新的视角为高质效办好非诉行政执行监督案件提供路径思考。

一、行政非诉执行"审查前置"模式概述

（一）行政非诉执行"审查前置"模式的定义

我国法院的行政案件执行可以分为两种。一种是对法院作出的发生法律效力的行政裁判或调解书，负有义务的当事人拒绝履行的，行政机关或第三人可以向法院申请强制执行，即行政诉讼执行。另一种是行政行为相对人在法定期限内对行政机关对其作出的行政决定，既不提起行

---

[*] 李晋蓉，四川省崇州市人民检察院四级检察官；张肖，四川省成都市人民检察院四级高级检察官。

政诉讼或申请复议，又不履行行政决定确定的义务，行政机关或法律确定的权利人依法申请人民法院强制执行，即行政非诉执行。行政非诉执行的申请人一般为作出具体行政行为的行政机关，特殊情况下也可以是行政行为所确定的权利人，被执行人为公民、法人或其他组织等行政相对人。

行政强制法规定了在法院行政非诉执行中需要对行政行为进行审查，并作出是否准予执行的裁定，实践中一般称其为行政非诉执行的"审查环节"。本文将此种以"审查＋裁定"作为强制执行实施的前置程序的模式定义为"审查前置"。据此，行政非诉执行"审查前置"模式，是指在执行受理后、执行实施前，法院应当对行政行为的合法性进行审查，作出是否准予强制执行的裁定，合法性审查的结果决定着行政机关的行政决定是否能够进入法院的强制执行实施环节。

（二）行政非诉执行的流程

行政非诉执行流程最初起点是行政机关作出的行政行为，接着行政行为相对人对所负行政义务的不履行，续接救济的不作为即法定期限内不申请行政复议或者提起行政诉讼，再接没有行政强制执行权的行政机关经过催告后向法院申请执行，最后到达法院环节，法院依次进行"受理—审查—裁定—实施"（见图1）。

而行政诉讼执行流程最初起点也是行政机关作出的行政行为，接着行政相对人及利害关系人的提起诉讼，续接法院的审判活动，再接当事人的拒绝履行，行政机关或第三人申请强制执行后，最后又回到法院环节，法院依次进行"受理—实施"（见图2）。

从行政非诉执行和行政诉讼执行的基本路线可以看出，"审查环节"是在强制执行的申请到达法院后行政非诉执行的特殊程序。从行政行为的作出开始，到执行完毕，行政诉讼执行中有两个环节体现了司法权的介入，一是审判，二是执行，两个环节之间基本独立，审判的结果不是必然影响执行环节的实施，中间还有行政相对人的履行行为和行政机关、第三人的申请执行行为，一旦到达执行环节就是"直接执行"，不

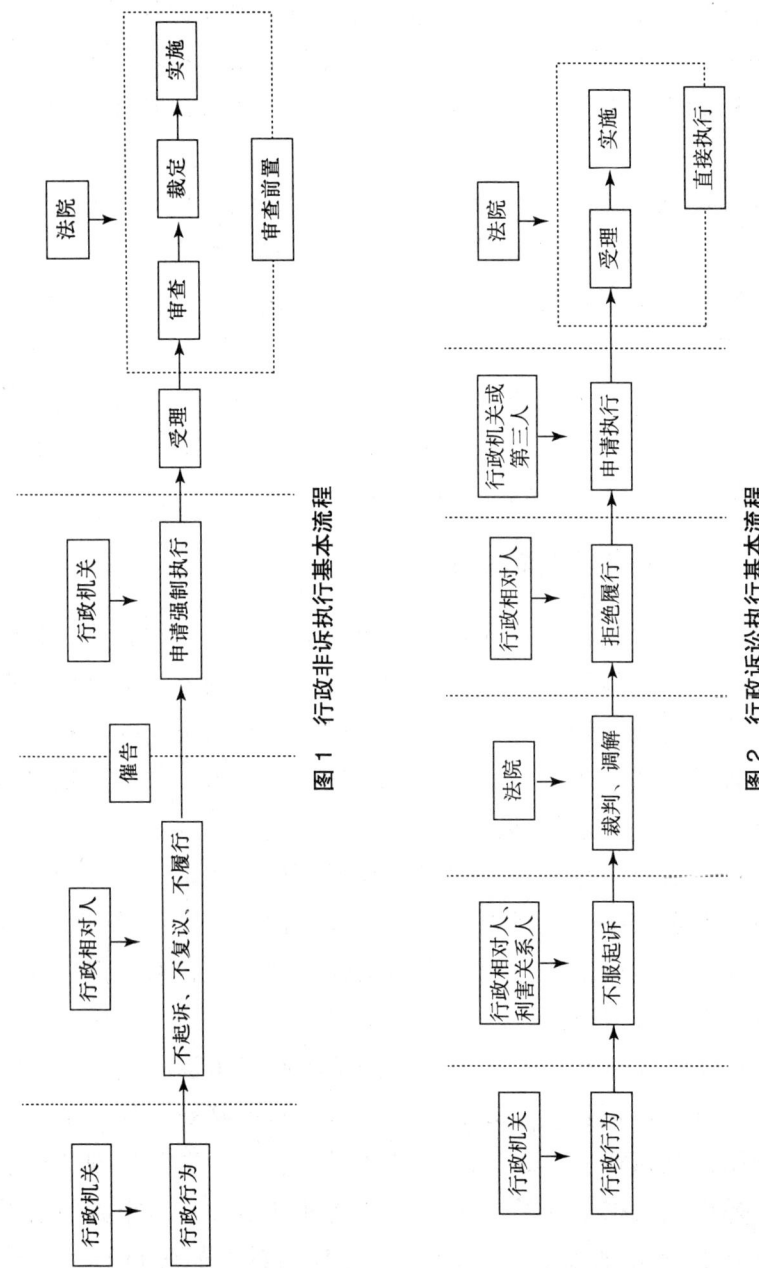

图 1　行政非诉执行基本流程

图 2　行政诉讼执行基本流程

需要再对行政行为合法性进行实体的判断。而行政非诉执行一直到执行环节才出现司法权的介入，执行受理之后也不是当然会进入实施环节，需要作出合法性判断，即是否准予执行。这么来看，行政非诉执行与行政诉讼执行也有相似之处，即都需要经法院的合法性审查，只是程序有所区别。

（三）行政非诉执行的"审查前置"

从程序履行的顺序性来看，审查环节是执行实施的前置环节，并决定着行政机关的行政决定是否能够得到司法的强力支持。是否准予执行的裁决一经作出即发生法律效力，只有行政机关对不准予执行的裁定有异议可以向上一级人民法院申请复议，行政行为相对人即被执行人则无上诉、申诉的权利。

1.审查方式。行政非诉执行案件审查程序较行政审判程序简单，人民法院对行政非诉执行的审查原则上是书面审查，例外时以听取意见的方式进行审查，如发现行政行为存在明显缺乏事实根据、明显缺乏法律和法规依据、其他明显违法并损害被执行人合法权益等情形，应当听取当事人和相关人的意见。

2.审查内容。人民法院对行政非诉执行的审查是对行政行为的合法性进行审查，但非诉行政执行案件的审查标准一般低于诉讼中的合法性审查标准。根据《最高人民法院关于适用〈中华人民共和国行政诉讼法〉的解释》第161条，当被申请执行的行政行为有实施主体不具有行政主体资格、明显缺乏事实根据、明显缺乏法律法规依据的、其他明显违法并损害被执行人合法权益的情形，法院应当裁定不准予执行。

二、行政非诉执行"审查前置"模式的理论与实践基础

（一）理论基础

1.司法中立——司法程序中的控权保民。司法中立，是指司法机

关对法律实施过程中发生的社会主体间的纠纷,以中立者的身份,以法定程序依法予以解决。①实践中有观点认为,行政相对人自己都没有提起行政诉讼来救济自身权利,法院不应当保障"在权利上睡懒觉的人",所以行政非诉执行案件的"审查环节"不应当存在。但基于行政优益性,为确保行政主体有效地行使职权,切实地履行职责,实现公共利益的目标,行政主体享有各种职务上或物质上优益条件的资格,所以双方当事人在行政决定作出过程中不论是地位还是形式上都不对等,行政相对人在面对行政执法程序中处于强者地位的行政机关,会导致行政相对人普遍存在着不知告、不想告或者不敢告的情况。同时,部分情况下行政相对人选择放弃提起行政诉讼、复议是有现实因素的,基于复杂的社会原因,我国目前行政诉讼胜诉率不高且行政诉讼的诉累并不小。另外,基于国情现实的考虑,有的行政行为相对人自身权利保护意识不足,其没有在法定期间内寻求救济,并不意味着行政决定就是合法的、正确的,如果人民法院对行政机关的执行申请完全杜绝实质审查,就会导致错上加错,既影响当事人的权益,也有损法律的公平正义,在此情形下,需要法院以中立者的身份对行政争议进行审查。

2. 司法终局——司法程序的审慎性。司法终局,是指一切案件或纠纷,一旦进入司法程序,由司法机关依法作出生效的判决、裁定或决定,便应得到最终解决或平息,任何机关和个人都不应再作处理。司法权对于纠纷具有最终的和最权威的裁判权,司法裁决具有"既判力"的效力。司法裁判的对象不仅是一般的纠纷,还包括涉及立法权和行政权的纠纷,因此在国家诸权力中它也是最后的权力。②这一理论是将司法作为解决纠纷的最后一道防线,防止无尽的程序循环,进一步维护法律的权威和社会秩序的稳定。在这一基础上,为充分保障当事人的合法权益,在司法程序终局之前应当给予当事人陈述、辩驳的权利。行政非诉

---

① 刘青峰、李长军:《现代司法理念与我国司法管理体制的重构》,载《河北法学》2004年第12期。

② 刘瑞华:《司法权的基本特征》,载《现代法学》2003年第6期。

执行案件指向的具体行政行为并没有经过诉讼，这有别于以诉讼判决结果作为裁判依据的强制执行案件。从理论上看，行政非诉执行案件的被执行人是主动放弃了司法诉讼救济和行政复议救济的机会，但在没有经过开庭质证、法庭辩论等重要诉讼过程的情形下，行政非诉执行案件如果仅是依赖于行政机关自身的审查，从而作出生效的执行实施环节的裁定，当行政行为自身存在合法性问题的情况下，可能会引发连锁反应，影响到司法权威和公信力，所以需要通过司法程序上的审查以确保其处理结果的合法性和终局性。

（二）实践基础

1. 现实考虑——司法权对行政权的有效监督。非诉执行程序不仅存在于法院行政案件中，同时在民事诉讼中也存在着公证债权文书、仲裁裁决申请非诉执行的程序，而后者均是直接"到达"执行环节。"审查前置"成为行政非诉执行与民事非诉执行之间程序上的最大区别，该环节也充分体现了司法权对行政权的有效监督。行政非诉执行与民事非诉执行对"审查前置"的适用差别原因在于：一是民事公证债权文书和仲裁裁决的民事争议经过公证机关或者仲裁机构的居中审查，而行政机关申请执行所涉行政行为虽经过前期催告，但未经过第三方机构的居中审查，强制执行一旦执行完毕再回转就会浪费司法资源；二是经过公证或者仲裁的民事法律关系多为双方意思自治的表示，民事主体之间是平等的，而行政机关的行政行为的作出多是行政机关单方的行为，对行政相对人的权益具有处分性，体现了行政主体的优益性，进入强制执行环节需要更加审慎；三是虽然行政行为具有特定性，但基于公共管理的机制机理，比起民事行为更容易影响到第三方权益、国家利益和社会公共利益，进入强制执行环节需要更加审慎。因此，"审查前置"作为行政非诉执行的特有环节，其产生正是基于行政权自身的优益性、处分性、行政性等属性。即使在当事人不起诉、不复议的情况下，法院依然可以对行政行为进行审查，可以充分实现控权保民的目的，防止老百姓不知民可告官，或民不敢告官时，连控制行政权力的主体都没有。

2. 可行性基础——法院"审执分离"模式的适用。"审查前置"表现为"审查"和"执行实施"分离，即作出是否准予执行裁定的主体为行政庭，执行主体为法院负责强制执行非诉行政行为的机构。这和法院的"审执分离"模式程序具有一致性，"审执分离"是法院内部各部门的职责分工模式，是指人民法院内部将审判工作与执行工作分开，审判员负责审判，执行员负责执行。该模式对法院审判权和执行权进行法理解析认为，审判权是司法权力，是一种具有中立性、公正性和被动性的判断权，而执行权是司法行政权力，是一种具有确定性、强制性和主动性的实现权，审判权和执行权分别由不同部门行使，符合两种权力的不同属性。即法院的执行权是一种独立的权力，由执行部门独立行使具有可行性。实践中，法院行政非诉执行的"审查前置"与"审执分离"的实施主体、方式、流程等趋于一致，只是程序繁简的区别，法院在"审执分离"改革阶段积累的实践经验对于行政非诉执行的"审查前置"都有借鉴意义和价值判断，"审查前置"模式符合法院权力运行机制。

三、检察监督视域下的"审查前置"存在的问题及原因分析

行政非诉执行既涉及行政决定能否得到执行，又涉及行政相对人的合法权益保护，是基层行政检察监督的重点。在实践中，行政非诉执行检察监督是"全流程"的监督，包括法院对行政机关申请强制执行的受理、审查、裁定和实施等。在传统的行政非诉执行检察监督中，检察机关的视野侧重于受理和执行实施环节，不论是经验总结还是案件办理对于"审查环节"的监督都是浅尝辄止，但基于行政非诉执行"审查前置"的理论和实践基础，检察监督视域都应拓展至"审查环节"，针对该环节产生的主要问题予以重视和研判。

（一）重"形式"审查

行政非诉执行案件审查环节虽然同样要求合法性审查，但实践中法官审查工作重形式化、表面化，审查"形式化"和审判"实质化"形成

鲜明的对比。这个问题的主要原因既是基于对"审查前置"模式设计的曲解,是该模式的制度不足,也是实践中法院公平与效率的现实抉择。

首先,行政非诉执行案件没有经过诉讼程序,法官对于案件细节的了解不如诉讼案件详细,有时重视程度也不如行政诉讼案件。另外,还存在着这样的理解:既然法律规定了行政诉讼程序,行政相对人认为具体行政行为侵害自身权利的可以通过诉讼途径解决,当事人在不提起行政诉讼又拒绝履行行政处罚的情况下,行政机关或第三人才申请法院进行强制执行,那么行政非诉执行"审查环节"存在的意义并不大,只用"走一走形式",仅需要对案卷书面材料、行政执法形式、法律规范文本大体上适用的正误等方面进行"形式化"审查。

其次,行政非诉执行案件法律规定的"审查"期限本就少于行政诉讼"审判"期限,且在基层法院行政案件中行政非诉执行案件数量较多,再基于行政审判庭的人员配置一般也不算充足,如果司法实践中要求对每一个行政非诉执行案件都进行严格的实质审查,达到行政诉讼案件的"审判"查明程度,法院与法官的负累和压力极大,也存在着拖慢行政效率、浪费司法资源的问题。

最后,由于法律赋予行政机关强制执行权的较少,而没有行政强制执行权的行政机关基数较为庞大,只要行政行为相对人不履行义务、不诉讼、不复议,均可以向法院申请强制执行,除"裁执分离"案件外,强制执行的实施主体也是法院,而非行政机关,换言之,法院通过审查会把行政决定案件转化成法院自身的执行案件,不可避免地会考虑到法院审查案件以及执行案件的工作量问题。

(二)高准执率与低执结率

在部分地区,法院办理的行政非诉执行案件中存在着高准执率与低执结率的反差问题。高准执率,是指一般法院受理非诉行政强制执行申请后,经过审查作出准予执行的裁定的比例较高。低执结率,是指法院作出准予执行裁定的非诉行政执行案件,经过执行实施后以完全履行方式结案的比例较低,这两者之间的反差削弱了人民法院司法裁判的权威性。

高准执率由于非诉执行案件如强制拆除建筑物等执行难度较大，容易引发矛盾，因此在实践中，有时法院对于部分案件存在畏难情绪，对明显难以执行的案件采取拒收或接收但不签收等方式，规避法定裁定期限和执行期限，使得进入审查环节的案件多数不会存在"明显"的主体资格、适用等问题。而低执结率则是由于行政非诉执行申请人多为行政机关，和行政诉讼案件裁判后多信访、多缠访的特点不同，行政非诉执行案件基本上不会产生信访压力，当事人也不会步步紧跟，因此在案多人少的情况下，法院容易产生消极执行、拖延执行的倾向性，在未穷尽执行手段的情形下，执行期限一到即裁定终结执行。

（三）审查尺度不统一

行政非诉执行审查过程中，行政强制法规定了以书面审查为主、听取意见为辅的审查原则，目的是简化审查程序以提高行政执行效率。[1]总体来看，审查标准是被申请执行的具体行政行为是否"明显违法并损害被执行人的合法权益"，且基于行政行为执行效率的要求，一般低于诉讼中的合法性审查标准。而我国行政诉讼法、行政强制法及相关司法解释对于行政非诉执行案件审查标准的规定相对模糊，虽然列举了几种"明显违法"的情形。明显违法标准是介于严格审查标准与形式审查标准之间的一种标准，正确适用明显违法标准的关键是准确把握违法是否达到"明显"程度。[2]同时，对于非诉审查标准与诉讼审判标准是否应当一致的争议一直都存在，因为没有统一的操作规范，导致司法实践中各地法院的审查标准宽松不一，即使是同一法院的不同法官对同一案件可能也有不同的审查判断结果，最终导致在实践中行政非诉执行案件同类问题适用法律不一致、同类案件结果差异化等情形，既不利于当事人合法权益的保护，也降低了裁判结果的可接受性，影响制度法律效果和

---

[1] 蔡礼节：《浅析我国非诉行政执行制度》，载《法制博览》2013年第12期。
[2] 温辉：《行政非诉执行司法审查标准》，载《法律适用》2019年第20期。

社会效果的统一。

(四)"二次申请执行"及"久拖不执"

"二次申请执行"即法院办理行政执法机关非诉行政执行申请时,在对具体行政行为的合法性进行审查并作出准予强制执行裁定后,未直接将案件移交执行局执行,而是要求行政执法机关向法院执行部门进行"二次申请",导致案件迟迟进入不了执行程序并且浪费执法司法资源。在裁定转实施的环节除了行政机关"二次申请执行"问题,还存在着"久拖不执",法院审判庭在作出准予强制执行的裁定后,未依照有关规定进行内部移送,也未要求行政机关再次申请执行,而是直接弃之不顾,导致案件一直未进入执行实施阶段。

其实,上述问题严格来讲并不是法律适用的问题,因为相关法律规定及最高人民法院的意见是相当清楚的。最早在《最高人民法院关于办理行政机关申请强制执行案件有关问题的通知》中就有明确:"行政机关申请人民法院强制执行案件由行政审判庭负责审查。经教育,行政行为相对人自动履行的,即可结案。需要强制执行的,由行政审判庭移送执行庭办理。"2011年,最高人民法院为了促进执行权的公正、高效、规范、廉洁运行,实现立案、审判、执行等机构之间的协调配合,完善执行工作的统一管理,印发了《关于执行权合理配置和科学运行的若干意见》,其中第二部分关于执行局与立案、审判等机构之间的分工协作中对此问题有明确规定,第13条"行政非诉案件、行政诉讼案件的执行申请,由立案机构登记后转行政审判机构进行合法性审查;裁定准予强制执行的,再由立案机构办理执行立案登记后移交执行局执行"。也就是说,根据规定,法院办理行政执法机关非诉行政执行申请时,在对具体行政行为的合法性进行审查并作出准予强制执行裁定后,应当通过内部程序直接将案件移交执行局执行,而非要求行政机关再次向法院申请执行。

在法律适用如此明确的情形下,为什么还会产生"二次申请执行"和"久拖不执"的情形?主要原因在于法院的实际工作即现行"审执分离"模式的弊端，该模式使法院执行工作具有相对独立的地位，最初目的也是强化法院内部监督、解决"执行难"问题、提高执行环节的专业性，但实践中也由此产生了一些弊端，法院不同环节工作分别由不同部门和人员承担，同一个案件需要在多个经办人之间移送，并履行复杂的内部审批、移交手续，导致业务相对割裂、流转烦琐、衔接不紧密，从而衍生出流程脱档、延误或不到位的问题，"二次申请执行"和"久拖不执"的问题就是来源于此。

四、行政非诉执行"审查前置"模式问题的检察监督思考

行政非诉执行监督是基层检察院解决做实行政检察的重要抓手，不论是保障行政非诉执行案件审查的准确性、公正性，还是从权利的有效救济角度考虑，都有必要设置加强对行政非诉执行"审查环节"的检察监督，具体可以从以下几个方面入手：

（一）监督法院审查尺度的统一适用

法院办理行政非诉执行案件经审查作出裁定准予执行或者不准予执行，这一法律文书意味着法院对当事人之间行政法律关系和事实有了正式的判断和结果。需要加以明确的是，法院对行政非诉执行的审查虽然不能等同于审判的标准，但行政非诉执行案件的申请执行除了需要满足程序性的材料，还需要实体审查行政行为合法性，是否符合裁定准予强制执行的条件，不同于一般执行案件的立案审查，不能仅仅是"形式化"审查或者重形式、轻实质，也不应当重程序、轻实体。检察机关开展对"审查环节"的监督，应当监督法院以形式审查为主、以实质审查为辅的审查适用，对三个"明显"的标准需结合常识、常理、常情加以判断，杜绝后果导向的裁判思维方式和法律适用上的任意解释，防止不应当准予强制执行的案件进入执行实施环节。司法解释中关于审查的四个基本标准，强调的是由于行政行为无效而不具备强制执行的资格要件，或者因为行政行为严重违法而损害相关权利人合法利益的具体行政

行为。①在此种判断标准下，检察监督应当严格注意法院对案件审查尺度的统一适用，在保障法官自由裁量权的基础上，监督法院同案不同裁、类案差别裁的现象，发现存在同类问题适用法律不一致、适用法律存在同类错误等情形的，发出改进工作的检察建议予以督促改正。同时，对于有条件的检察机关，可以推动法院建立制定行政非诉执行统一的审查操作规范和讨论机制，从而推动区域内审查尺度的统一适用。

（二）坚持全面审查和重点点位相结合

行政非诉执行案件裁定一经作出就具有了法律效力，根据现行法律规定，对于"审查环节"的准予或不予强制执行的行政裁定不能提起上诉，行政机关可以申请复议，但未规定当事人尤其是被执行人不服行政裁定的救济途径。虽然到了执行实施环节，为相对人保障其合法权益提供了执行异议、执行监督等救济途径，但因规定较为原则且有时执行已经开始，导致救济难以及时有效实现，所以从检察监督的角度对行政行为进行全面审查，也是基于保障相对人权益的考虑。同时，法院行政非诉执行审查是以合法性为基础的，但不能完全不考虑行政行为的合理性。虽然不能要求行政非诉执行案件审查与行政诉讼案件的审理采用同样的标准要求，但基于行政法最终约束和规范行政权力的目的，如果行政行为虽然形式合法，但存在严重的不合理问题，强制执行将引发社会风险时，那么应裁定不予强制执行。因此，检察机关在监督中应当坚持对行政行为进行全面的审查，不能因为是非诉行政行为而对行政行为审查的要求予以降低。不论是行政诉讼中的被诉行政行为，还是非诉行政行为，在实质上并无区别，只是在法院程序上存在繁简程度的差异，不仅要从实体上进行审查，而且要进行程序性审查，不仅要从合法性上进行审查，而且要进行合理性审查。同时，在全面审查的基础上，应当恪守行政非诉执行检察监督的边界，抓住监督的重点点位，聚焦人民群众反映强烈的自然资源、社会保障等重点领域，紧扣容易发生问题的关键

---

① 范跃:《行政非诉执行审查标准再解释》，载《法律适用》2020年第9期。

阶段和环节，如审查是否存在应准予执行而不准予执行、在特殊情况下是否听取了意见、作出准予执行裁定后超出3个月内未予执行等情形。

（三）实行个案监督与类案监督、争议化解、社会治理相结合

法院"二次申请执行"及"久拖不执"等问题往往不是存在于单一个案中，而是普遍性、倾向性的问题。检察机关在开展行政非诉执行监督中，应当把监督纠正个案与监督纠正普遍性问题结合起来，认真研究监督中发现的问题，深入分析问题产生的原因，既发出检察建议予以纠正，又针对其他非诉执行案件有可能存在的此类共性问题，与法院进行座谈沟通，促成法院进行"倒查复查"，并在内部设置抽检监督程序，对自行发现的问题及时予以纠正，防止"重蹈覆辙"。同时，行政非诉执行审查标准及难度与行政执法的质量息息相关，如果行政执法的合法性与合理性都得到很大程度的提高，那么法院审查环节也将更加高效公正，也符合立法的初衷。行政检察既监督法院公正及时审理案件，又监督行政机关依法行使职权。检察机关应当在行政非诉执行监督中也坚持"一案三查"，深入开展"穿透式"监督，避免就案办案，将目光延伸到对行政机关的申请执行活动或者执行依据的监督上，同时审查行政争议有无化解可能，避免行政行为"白条化"，做实对行政行为的监督，实现案结事了、政通人和。最后，把检察监督工作与促进社会治理体系和能力现代化、法治化结合起来，查找制度缺陷和监管漏洞，通过办理案件推动问题实质解决，对发现的社会治理方面存在的问题和漏洞，深入查找原因，研究对策建议，向有关部门提出加强社会治理的检察建议，提升监督质效。

（四）建立行政非诉执行长效监督机制

行政检察监督是统一运用法律工具平衡公益与私益、公权与私权的过程，应当秉持系统监督理念，在监督中平衡多重利益、把握多重价值、实现多重目标，更好地协调与审判机关、行政机关及行政相对人的关系。在横向协作上，一方面，与有关行政机关建立常态化行政非诉执

行协作工作机制，积极与自然资源、土地、城乡执法等较多进入行政非诉执行环节的行政决定作出机关进行联系沟通，建立信息共享、线索移送、案情通报、争议化解等工作机制，也可以通过行政机关及时发现"二次申请执行"和法院"久拖不执"等问题，实现行政检察的及时有效监督；另一方面，与法院建立常态化行政非诉执行协作工作机制，共同制发规范性文件，形成维护法律统一适用、保障行政相对人合法权益、规范促进依法行政、实质性化解行政争议的合力，为检察机关在行政非诉执行"审查环节"开展监督提供依据和保障。在纵向协作上，行政非诉执行中存在的许多问题并不是存在于单个法院中，有时呈现出区域性、普遍性的适用问题，同时法院对行政案件的集中管辖，导致行政诉讼异地法院之间存在审判标准差异，有时对应到本地行政非诉执行审查中也会产生差异性，因此出现了同区域的行政行为效力认定标准不一致的问题。上下级检察机关落实检察一体化原则，在同级监督难以达到预期效果的情形下，通过上级检察机关对接相应级别的法院，开展接力监督、一体监督，既可以解决异地监督行政机关的难题，也可以统一基层检察机关监督的适用和标准。

法律的生命力在于实施，法律的权威也在于实施。行政检察是维护法律在行政执法和司法领域统一、正确实施的重要手段，也是检察机关参与和服务社会治理的重要途径。在行政非诉执行监督的实践中不断提炼、总结出关键症结和薄弱环节，针对性地开展调查核实，以基础理念引领做实监督工作，是基层检察机关科学谋划推动行政检察高质量发展的新思路，既提升了行政检察影响力和权威性，完善了促进公正司法和依法行政的路径和体制，又促进了社会治理体系和治理能力现代化、法治化的建设。

专题三

规范办理行刑反向衔接和行政违法行为监督案件

药品执法领域的行刑反向衔接[*]

宋华琳[**]

行政执法与刑事司法的衔接，又称"两法衔接"，这既包括行政执法机关向司法机关移送涉嫌犯罪案件的正向衔接，也包括司法机关向行政执法机关移送行政处罚案件的反向衔接。

2021年6月15日发布的《中共中央关于加强新时代检察机关法律监督工作的意见》第5条强调，"健全行政执法和刑事司法衔接机制……健全检察机关对决定不起诉的犯罪嫌疑人依法移送有关主管机关给予行政处罚、政务处分或者其他处分的制度"。2021年9月6日最高人民检察院发布的《关于推进行政执法与刑事司法衔接工作的规定》明确了人民检察院适用的行刑衔接反向移送程序。2023年最高人民检察院颁布的《关于推进行刑双向衔接和行政违法行为监督 构建检察监督与行政执法衔接制度的意见》指出，着力推动行刑反向衔接机制的建构，力图防止不刑不罚、应移未移、应罚未罚的问题。

就药品安全领域而言，在2019年修订的药品管理法和制定的疫苗管理法中，较为周延地设定了药品行政法律责任。随着药品管理法对假药、劣药概念的调整，删除了"按假药论处""按劣药论处"的分类，在2020年12月26日通过的《刑法修正案（十一）》中，取消了原《刑法》第141条规定的"生产、销售假药罪"罪名，设立"生产、销售、

---

[*] 原文载于《国家检察官学院学报》2024年第2期。
[**] 宋华琳，南开大学法学院院长、教授。

提供假药罪";取消了原《刑法》第 142 条规定的"生产、销售劣药罪"罪名,设立"生产、销售、提供劣药罪";《刑法》第 142 条之一则增设了"妨害药品管理罪"。药品管理法的修订与《刑法修正案(十一)》的出台意味着药品刑事政策的嬗变,刑事法律规范中对涉药犯罪的打击范围趋于合理,避免了将药品安全领域中某些不应被刑事处罚的行为当作犯罪来处理,但当检察机关作出不起诉决定、法院判处无罪或免予刑事处罚、公安机关刑事立案侦查后又撤案时,仍需追究行为人行政责任,此时更有必要健全完善药品行政执法与刑事司法的反向衔接机制。

《药品管理法》第 113 条第 2 款规定,"对依法不需要追究刑事责任或者免予刑事处罚,但应当追究行政责任的,公安机关、人民检察院、人民法院应当及时将案件移送药品监督管理部门"。2023 年 1 月 10 日,国家药品监督管理局、国家市场监督管理总局、公安部、最高人民法院、最高人民检察院五部门联合印发了《药品行政执法与刑事司法衔接工作办法》,该办法就公安机关、人民检察院、人民法院对药品案件反向衔接的实体要件、移送程序及后续处理加以简要规定。这有助于保证所有发现的药品违法案件都可以得到合适的处理,避免药品监管部门、公安机关、人民检察院、人民法院因工作衔接问题而导致违法行为漏处理的情况,从而依法更为全面、合理地践行药品法律责任,形成合力,不枉不纵,更好地打击药品安全领域违法犯罪行为。①

需合理配置药品行政处罚与药品刑事处罚的措施与强度。药品安全犯罪作为较为典型的行政犯,实践中容易有入罪扩大化的倾向,乃至滋生出"不合常理"的热点案件。例如,对于"陆勇案"这类人数众多、金额巨大的进口药品代购案,检察院作出了不起诉决定;对于"铁马冰河"非法销售氯巴占等境外销售处方药品案,法院作出了免予刑事处罚的决定。但就这类案件的后续处理而言,都可能涉及药品行政执法与刑事司法的反向衔接。界定涉药案件中罪与非罪的界限并非易事,反向衔

---

① 参见袁杰等:《中华人民共和国药品管理法释义》,中国民主法制出版社 2019 年版,第 210 页。

接时应审查哪些重点要素，反向移送程序为何，应移送哪些证据材料，如何构建相应的药品行政执法与刑事司法信息共享平台，尚缺少统一明确的法律规则，也是制度完善的方向。

一、行刑反向衔接机制构建的法理

（一）刑法谦抑原则的践行

药品犯罪的保护法益是公众的生命健康，但表征法益是药品管理秩序。[①]药品犯罪具有了风险刑法的意蕴，在风险刑法理论下，有可能因将任何有碍人类安全的行为都视为不法行为，而将刑法作为社会控制的工具。但可能正如亚当·斯密所言："不适当的惩罚，即或者根本不应当的惩罚，或者超过了该犯罪的过失的惩罚，是对刑法的一种损害。"[②]

刑法谦抑原则不仅构成了罪刑法定主义的理念基础，也夯实了药品刑事法律规范设定和实施的根基。[③]刑法谦抑原则或体现于刑法的补充性、不完全性和宽容性。在此理路下，应审视药品行政处罚与药品刑事处罚的分野，对"刑事优先"原则加以反思。只有在行为人的社会危害性远大于一般行政违法行为，所需处罚超过行政处罚的程度，不进行刑事处罚不足以达到处罚效果时，才不得已采取刑事处罚。

药品行政处罚在维护药品管理秩序的过程中发挥着更为重要的作用。我国各级药品监管部门有着相应的人力、财力、物力资源，积累了相对丰富的专业化监管经验。相对于司法程序而言，药品行政处罚程序更为快捷及时，更有效率。药品行政处罚承载了惩罚、维护秩序、教育、预防和补救等功能，不仅能惩罚和消除已有的违法行为，还对潜在

[①] 参见喻海松：《〈刑法修正案（十一）〉后时代药品犯罪圈的重置》，载《法学》2023年第2期。

[②] 参见［丹］努德·哈孔森：《立法者的科学》，赵立岩译，浙江大学出版社2010年版，第153页。

[③] 刘艳红：《"风险刑法"理论不能动摇刑法谦抑主义》，载《法商研究》2011年第4期。

的违法者构成威慑。①虽然《药品管理法》第114条规定,"违反本法规定,构成犯罪的,依法追究刑事责任",但药品行政处罚依然是药品监管执法的主战场,所针对的是违反药品行政法律规范情节相对轻微的行为;而药品刑事处罚则针对违法情节较为严重达到犯罪的行为。例如,2020年各级药品监督管理部门查处药品案件共6.17万件,而移送司法机关327件,移送司法机关案件仅占该年查处药品案件的0.53%②,这彰显了行政执法与行政处罚的功能,较为客观地体现了药品行政法律规范与药品刑事法律规范之间的结构性、功能性与比例性关系。③

刑法的不完全性和宽容性体现在刑法不介入公民生活的每个角落,即便有时公民的自由受到侵害,其他控制手段不能有效发挥效果,也未必要诉诸刑罚。④《刑法》第142条规定的"生产、销售、提供劣药罪"的成立,即以"对人体健康造成严重危害"为前提;《刑法》第142条之一"妨害药品管理罪"的成立,即以"足以严重危害人体健康"为前提。当不符合"对人体健康造成严重危害""足以严重危害人体健康"等要件时,纵然可能构成违反药品行政管理秩序的行为,也不应对其科以刑罚。

(二)"规制金字塔"理论与一体化的行刑履职思维

在知名学者艾尔斯(Ayres)和布雷斯韦特(Braithwaite)提出的"回应性规制"(responsive regulation)与"规制金字塔"(regulatory pyramid)理论中,为规制工具的设定与实施给出了一个阶梯。上述理论假定,在规制金字塔中,应优先选择位于金字塔底部的说服教育方式,

---

① 参见宋华琳:《药品监管制度的法律改革》,译林出版社2023年版,第317页。
② 参见国家药品监督管理局综合和规划财务司、国家药品监督管理局信息中心《药品监督管理统计年度报告》(2020年),载 https://www.nmpa.gov.cn/directory/web/nmpa/images/1624869232805095741.pdf。
③ 田宏杰:《合作共治:行政犯治理的路径选择》,载《法律科学》2022年第5期;[日]平野龙一:《刑法的基础》,黎宏译,中国政法大学出版社2023年版,第91页。
④ [日]平野龙一:《刑法的基础》,黎宏译,中国政法大学出版社2023年版,第91页。

继而逐步设定与实施更为严苛、更具惩罚性的干预措施。应沿着说服教育、警示、民事责任等拾级而上，当干预性较低的方式不奏效时，才选择施加更为严格的执法措施，直至科以刑事处罚。①规制金字塔中规制工具的排序，不仅为了提供降低执法成本、减少强制性、更为尊重当事人的选择，而且当已经尝试了干预度更低的规制工具仍未奏效后，再诉诸更为严苛的规制工具，具有更多正当性。②某种意义上，规制金字塔的拾级而上，体现了从遵从性执法策略到威慑性执法策略的嬗变，可将刑法视为规制金字塔塔顶的措施，激活此措施，来威慑臭名昭著的违法者。③规制金字塔的制度安排力图激发被规制对象的主体意识与公民精神，使其能积极主动承担责任。④

就药品违法犯罪行为的打击而言，从行政处罚到刑事处罚的拾级而上，体现了规制金字塔中规制工具的多样性和比例性，即形式多样的惩罚适用以违法规制行为的严重性为依据。针对特定药品违法行为，药品行政法律规范中设定了警告制度，促使被处罚人纠正违法行为⑤；针对牟利型的药品违法行为，往往以区间倍率式的方式设定行政罚款⑥，同时还设定了没收违法所得、没收非法财物等财产罚⑦。此外，还依次设定了责令停产停业、责令关闭、吊销许可证件、限制从业、行政拘留等行政处罚。

---

① John Braithwaite, Restorative Justice and Responsive Regulation, Oxford University Press, 2002, p.30–31.

② John Braithwaite, Restorative Justice and Responsive Regulation, Oxford University Press, 2002, p.32–33.

③ 参见［英］罗伯特·鲍德温等：《牛津规制手册》，宋华琳等译，上海三联书店2017年版，第141页。

④ 参见杨炳霖：《回应性监管理论述评：精髓与问题》，载《中国行政管理》2017年第4期。

⑤ 参见《药品管理法》第117、126、127、128、130、132、134条和《疫苗管理法》第82—89条。

⑥ 参见《药品管理法》第115—118、120、122、124、129条和《疫苗管理法》第80、81条。

⑦ 参见《药品管理法》第115—118条。

以 2020 年全国查处的药品违法案件为例，罚款金额达 5.31 亿元，没收违法所得 8735.36 万元，吊销药品生产许可证、药品经营许可证合计 91 件，责令停产停业 262 户，责令关闭 72 户。2020 年全国查处的药品违法案件合计 61697 件，其中司法机关裁断的案件数量仅为 327 件，作出刑事判决数 31 件，对 119 人作出刑事处罚。① 这客观说明刑罚作为规制金字塔顶端的威慑型策略，体现了刑罚的最后手段性。

修订后的药品管理法对假药、劣药的定义加以修正，将违反药品管理秩序的行为不再按假劣药论处，使其定义相对回归于物质本身的真与假、优与劣，这不仅是对"假药""劣药"概念的瘦身，而且是对其概念作出了更为科学、合理的界定。② 因此在《刑法修正案（十一）》施行之后，适用"生产、销售、提供假药罪""生产、销售、提供劣药罪"罪名的案件有相当幅度的减少；同时"妨害药品管理罪"的设置，也并非完全将 2019 年修订前药品管理法的"按假药论处""按劣药论处"情形纳入其中。通过对药品犯罪圈的取舍与再造，药品犯罪案件量趋于下降。③

在此情形下，如存在生产、销售、提供劣药的行为，或妨害药品管理秩序的行为，但不符合刑法中规定的"对人体健康造成严重危害""足以严重危害人体健康"等要件时，或者存在其他违法阻却性事由时，不构成犯罪。

应理顺药品刑事司法中的出罪路径。但存在出罪事由不意味着就免于承担相应的药品行政法律责任。"让行政的归行政，让司法的归司法"，不仅体现了法秩序统一的宪法基本价值要求，也体现了"精巧规

---

① 参见国家药品监督管理局综合和规划财务司、国家药品监督管理局信息中心《药品监督管理统计年度报告》（2020 年），载 https://www.nmpa.gov.cn/directory/web/nmpa/images/1624869232805095741.pdf.

② 梁云、邵蓉：《新修订〈药品管理法〉中假劣药相关条款的主要变化及对执法影响研究》，载《中国药房》2020 年第 17 期。

③ 参见喻海松：《〈刑法修正案（十一）〉后时代药品犯罪圈的重置》，载《法学》2023 年第 2 期。

制"（smart regulation）的精髓。精巧规制主张丰富的政策工具组合，药品安全秩序的失范行为有着不同的场景，行政治理与刑事处罚各有各自的力量与弱点。应努力将其优势互补，以多元化组合方式实现最佳规制效果。①

此时更需建构药品行政执法与刑事司法的反向衔接机制，这是司法机关依法履职、维护社会公平正义的内在要求。行刑反向衔接避免了当事人遗漏行政责任承担的问题，更有助于实现效率与公平在执法与司法环节的平衡。行刑反向衔接有助于司法机关参与社会治理，释放司法效能。行刑反向衔接与行刑正向衔接一道，共同形成了有力打击违法行为的执法网络，推动了惩治和预防相结合、治罪与治理并重，也推动了药品安全治理的现代化。

（三）违法阻却事由与法益衡量

在刑事司法个案中，如果坚守对刑法文本及犯罪论体系的形式解释，遵循刑法原理展开高度精密化、体系化的形式判断，有可能产生法理与伦理上的个案冲突，得出与国民感情和普遍认同相抵触的，实质上违反社会普遍价值判断的结论。②

例如，近年来的陆勇案、"铁马冰河"案，都和近年兴起的海外药品"代购潮"有关，未经批准进口的药品成了"假药犯罪"的重灾区，这与民众对一些未获批准在境内上市的境外药的实际需求产生了矛盾。例如，在陆勇案中，在沅江市人民检察院附上的《关于对陆勇妨害信用卡管理和销售假药案决定不起诉的释法说理书》中指出，在国内市场合法的抗癌药品昂贵的情况下，陆勇的行为客观上惠及了白血病患者。陆勇的行为对国家药品管理秩序的危害程度，低于白血病患者群体的生命

---

① 郭雳：《精巧规制理论及其在数据要素治理中的应用》，载《行政法学研究》2023年第5期。
② 参见叶良芳：《代购境外仿制药行为的定性分析——兼评"抗癌药代购第一案"的不起诉决定》，载《法学》2015年第7期；劳东燕：《价值判断与刑法解释：对陆勇案的刑法困境与出路的思考》，载《清华法律评论》2016年第1期。

权和健康权,如果认定陆勇在主观、客观上都惠及白血病患者的代购行为为犯罪,那么"显然有悖于司法为民的价值观"。

或可从紧急避险法理的角度对此加以阐发。紧急避险是指为了使国家、公共利益、本人或者他人人身、财产和其他权利免受正在发生的危险,不得已损害另一较小或者同等法益的行为。紧急避险的特点是避免现实危险、保护较大或同等法益。①就特定情形下形式上部分违反药品管理秩序,以自用、自救、互助性质为目的的药品生产、加工、进口、销售行为而言,其可能因带来药品安全风险而妨害健康权,但实际上满足了本无财力购药患者对"救命药"的可及性与可获得性,从行为整体来看,该行为没有侵害法益。

此外,危害药品安全行为出罪事由涉及违法阻却事由和责任阻却事由。一些没有升高法益侵害风险或者为社会观念、道德规范所容许的要素,也被理论界接纳为超法规的违法阻却事由,因此"根据民间传统配方私自加工药品或者销售药品",可能涉及民间偏方、土方、秘方私自加工的"土药",虽然未经有关部门批准,但当地群众可能普遍认可其疗效,这或可被视为社会公众普遍接受的传统风俗,在一定条件下可以构成危害药品安全行为的出罪事由。针对行为人出于自我救治或者帮助他人救治而违反法律规定提供药品的情形,这涉及生命健康权与药品安全秩序的权衡,"自救、互助"属于降低适法可能性的责任降低事由,"不以营利为目的"是主观恶性降低的责任降低事由。②因此,"不以营利为目的实施带有自救、互助性质的生产、进口、销售药品的行为",不认定为犯罪。③

---

① 参见张明楷:《刑法学》,法律出版社 2021 年版,第 287 页。

② 参见金华捷:《厘清危害药品安全行为出罪事由法理根据》,载《检察日报》2022 年 11 月 9 日。

③ 《最高人民法院、最高人民检察院关于办理危害药品安全刑事案件适用法律若干问题的解释》第 18 条。

将上述相关行为纳入刑事规制范围，会严重背离公众的法感情。①但当上述危害药品安全行为出罪事由成立时，不追究刑事责任，不意味着对存在违反药品行政法律规范的相应行为，不需进行行政处罚。对于认为需要对当事人给予行政处罚的行为，还应健全反向移送机制，移送药品监管部门处理。这有助于无遗漏地对药品违法行为和违法责任人给予惩处。

二、对依法不需要追究刑事责任或免予刑事处罚的认定

药品犯罪作为行政犯，具有行政违法性和刑事违法性双重违法属性。在行政违法性和刑事违法性相互交叉的地带，某些行为并不具有实质的可罚性或者处罚的必要性，此时基于实质法治的立场，综合考察行为后果，刑事司法应当秉持谦抑性，尤其是在立法扩张的情况下，通过司法对犯罪的认定予以限定，才能形成对犯罪化的制约和平衡。②

《行政处罚法》第27条第1款规定，"对依法不需要追究刑事责任或者免予刑事处罚，但应当给予行政处罚的，司法机关应当及时将案件移送有关行政机关"。首先有必要参照刑法和刑事诉讼法中的一般性规定，以及药品管理法、《最高人民法院、最高人民检察院关于办理危害药品安全刑事案件适用法律若干问题的解释》（以下简称《药品安全刑事案件若干解释》）等实体法律规范的规定，判定在药品安全领域，哪些情形构成"依法不需要追究刑事责任"或者"免予刑事处罚"的情形。这构成了判断是否启动药品行刑反向衔接机制的前提。

（一）一般法中的规定

《刑事诉讼法》第一编"总则"第一章"任务和基本原则"第16条

---

① 参见喻海松：《〈刑法修正案（十一）〉后时代药品犯罪圈的重置》，载《法学》2023年第2期。

② 杜文俊、陈超：《行政犯出罪机制的反思与功能实现》，载《国家检察官学院学报》2023年第3期。

规定了6种"不追究刑事责任"的情形。其中与药品犯罪的出罪事由关系最密切的情形或许有三：（1）"情节显著轻微、危害不大，不认为是犯罪的"。例如"根据民间传统配方私自加工药品或者销售上述药品，数量不大，且未造成他人伤害后果或者延误诊治的"。（2）"犯罪已过追诉时效期限的"。《刑法》第87条规定了犯罪的追诉时效期限，"生产、销售、提供假药罪""生产、销售、提供劣药罪"的法定追诉时效为20年，超过20年的一般不予以追诉，如果20年以后认为必须追诉的，须报请最高人民检察院核准。"妨害药品管理罪"的法定最高刑为7年，根据《刑法》第87条的规定，其追诉时效为10年。（3）"其他法律规定免予追究刑事责任的"。此处的"其他法律"是指刑事诉讼法之外的其他法律。

就药品犯罪而言，刑法中规定了有可能"免予刑事处罚"的情形，主要包括如下5种情形：（1）《刑法》第27条、第28条设定的对从犯、胁从犯的免予刑事处罚。（2）涉及"不以营利为目的实施带有自救、互助性质的生产、进口、销售药品的行为"，实则体现了对社会正义的追求，在我国，农民、中老年人、低收入群体、患严重疾病的人可能在获得药品资源方面，相对处于不平等的地位[①]，他们所采取的"带有自救、互助性质"的行为，实则是对药品可及性的考量胜过了对药品安全性的关切，这有可能构成《刑法》第21条规定的紧急避险行为。（3）针对药品犯罪中的预备犯，可以免予刑事处罚。但应没收生产者拟专门用于生产假药、劣药的原料、辅料、包装材料和生产设备。[②]（4）中止犯是行为人积极开始实施犯罪，而又中止了犯罪所呈现的形态。在药品安全领域，针对没有造成损害的中止犯，应当免予刑事处罚。[③]（5）对于自首者，当犯罪较轻的，可以免予处罚；对于立功者，

[①] 参见宋华琳：《权利保障视角下的基本医疗卫生立法》，载《求是学刊》2020年第1期。

[②] 参见《药品管理法》第118条第2款。

[③] 参见《刑法》第24条。

有重大立功表现的，可以免予处罚。①

(二) 以行政规范或行政处理作为判定药品犯罪的出罪事由

药品管理犯罪具有典型的行政犯特征，具有行政法违反和刑法违反的双重违法性。行政法违反到何种标准才能进入刑事法违反的判断，构成了争议的焦点。以生产、销售、提供假药罪和生产、销售、提供劣药罪为例，《药品安全刑事案件若干解释》第19条明确规定，《刑法》第141条、第142条规定的"假药""劣药"，依照药品管理法的规定认定。这体现了行政法对刑法的规范效应，将行政法的概念吸收到刑法之中，将行政法规范或行政处理作为刑法的构成要件要素。②在药品管理法修订和《刑法修正案（十一）》颁布后，违法范围缩小，对于已经不具有行政违法性的行为，不应再进行刑事评价。

判定假药、劣药具有较强的专业性，法院是法律问题的专家，不一定能承担起来对涉及专门知识行政领域的全面审查任务。③药品监管部门及下属的药品检验机构具有较为丰富的监管经验和较为明显的专业技术优势，当司法机关商请药品监管部门提供检验结论、认定意见等协助的，药品监管部门有及时提供、予以协助的义务。④

《药品安全刑事案件若干解释》第19条进一步细化了在假药、劣药司法认定中，应由药品监管部门出具认定意见或药品检验机构出具质量检验结论的情形。(1) 当认定假药，需判定是否存在《药品管理法》第98条第2款规定的"以非药品冒充药品""以他种药品冒充此种药品""药品所标明的适应症或者功能主治超过规定范围"等情形时；当认定劣药时，需判定是否存在《药品管理法》第98条第3款规定情形

---

① 参见《刑法》第67、68条。
② 参见宋华琳:《论行政规则对司法的规范效应——以技术标准为中心的初步观察》，载《中国法学》2006年第6期。
③ 参见宋华琳:《制度能力与司法节制——论对技术标准的司法审查》，载《当代法学》2008年第1期。
④ 参见《药品管理法》第113条第3款。

时，需进一步判定药品是否未标明或者更改有效期、产品批号，药品是否超过有效期，药品是否擅自添加防腐剂、辅料时，可以由地市级以上药品监督管理部门出具认定意见。(2)对于根据《药品管理法》第98条规定的其他情形认定为假药、劣药的，或者对是否属于《药品管理法》第98条第2款第2项、第3款第6项规定的假药、劣药存在争议的，由省级药品监督管理部门设置或确定的药品检验机构进行检验，出具质量检验结论，司法机关根据认定意见、检验结论，结合其他证据作出认定。

药品监管部门有权出具关于假劣药的认定意见；药品监管部门设置或指定的药品检验机构，依法出具药品的质量检验结论。正如"机构能力论"论者指出的，"这些更为微妙，更加不为人所见的科学判断事项，已经完全超越了我们法院的机构能力之外"。[①]司法机关应尽量尊重行政机关或法律法规授权组织的事实认定结果，尽量避免以自己的判断代替专业机构的判断。当药品监管部门出具的认定意见或药品检验机构出具的质量检验结论不认为某批次药品为假药、劣药时，此产品一般非假药、劣药，不应当将相应活动认定为犯罪。

(三)对生产、销售、提供劣药罪入罪要件"对人体健康造成严重危害"的限定

生产、销售、提供劣药罪的成立，需以"对人体健康造成严重危害"为前提。此种后果型规定是我国定量要素立法的重要体现，并非所有生产、销售、提供劣药的行为都构成犯罪，具有犯罪定量功能的"对人体健康造成严重危害"既可厘定对劣药行政处罚和刑事处罚边界，又有助于实现刑法谦抑主义和限制刑法处罚范围的功能。[②]

从学理上看，《刑法》第142条的规定属于概括的"严重后果"，即立法者只规定了"对人体健康造成严重危害"是成立生产、销售、提供

---

① 参见宋华琳：《制度能力与司法节制——论对技术标准的司法审查》，载《当代法学》2008年第1期。

② 参见李梁：《我国刑法中的"严重后果"及其主观归责问题研究》，载《政法论坛》2023年第4期。

劣药罪的客观要件，但并未在刑法中明文规定"对人体健康造成严重危害"的具体内容。"对人体健康造成严重危害"属于对涉药犯罪行为对外界造成的不利影响的一种综合评价，属于犯罪客观方面的因素。根据《药品安全刑事案件若干解释》第5条第2款、第2条的规定，有以下情形之一的，构成生产、销售、提供劣药罪中"对人体健康造成严重危害"的情形：（1）造成轻伤或者重伤的；（2）造成轻度残疾或者中度残疾的；（3）造成器官组织损伤导致一般功能障碍或者严重功能障碍的；（4）其他对人体健康造成严重危害的情形。

审视上述司法解释所列4种情形，可见"对人体健康造成严重危害"要以可确证的"严重危害后果"为要件，而此类后果多以医疗机构出具的诊断意见或卫生行政部门出具的鉴定意见为佐证。劣药犯罪是实害犯，"对人体健康造成严重危害"是劣药犯罪成立的必备要件之一，对于生产、销售、提供劣药的行为，如果未产生《药品安全刑事案件若干解释》所指涉的后果，则不构成犯罪，但仍应对其追究行政责任。

（四）对妨害药品管理罪入罪要件"足以严重危害人体健康"的限定

2019年修订的药品管理法对违反药品管理秩序未经批准生产、进口药品等违法行为，不再以假药论处，那么，如何追究之前按生产、销售假药罪论处的相关行为的刑事责任。为了与修订后的药品管理法相衔接，在总结长春长生疫苗事件等案件基础上，《刑法》第142条之一将之前一些以假药论处的情形以及社会危害性相对较高的行为单独规定为妨害药品管理罪。[1]

妨害药品管理罪的成立除需有违反药品管理秩序的4种情形之一为前提，还将"足以严重危害人体健康"作为本罪的基本成立条件，这有助于进一步排除所涉行为尚未达到相应危险程度的案件，合理厘定作为行政违法的违反药品管理秩序行为与作为刑事不法的妨碍药品管理秩序

---

[1] 参见宋华琳：《药品监管制度的法律改革》，译林出版社2023年版，第368页。

犯罪的分野。① 妨害药品管理罪属于具体危险犯的范畴。《药品安全刑事案件若干解释》第 7 条结合 4 种违反药品管理秩序的情形，为在相应情形下如何认定"足以严重危害人体健康"确立了 9 项具体判断规则，具体判断规则的确立，主要围绕"药品的安全性、有效性和质量可控性"展开，其主要从形式上加以判断，而无须进一步论证是否存在实质危险。②

比如，针对"生产、销售国务院药品监督管理部门禁止使用药品"的情形，要判断是否"足以严重危害人体健康"，则需"综合生产、销售的时间、数量、禁止使用原因等情节"，判定是否"具有严重危害人体健康的现实危险"。

再如，"未取得药品相关批准证明文件生产、进口药品或者明知是上述药品而销售"的行为，构成了司法实践中妨害药品管理刑事案件的基本样态。需从是否违反药品管理法律规范的基本要求，特别考虑涉案药品所使用对象的特殊性③、涉案药品的高度危险性或滥用的可能性④、涉案药品信息披露的全面性与准确性⑤、涉案药品是否符合药品标准⑥、涉案药品是否在国外已上市等因素，来判断特定行为是否"足以严重危害人体健康"。相应的入罪情形主要包括：（1）涉案药品以孕产妇、儿童或者危重病人为主要使用对象的；（2）涉案药品属于麻醉药品、精神药品、医疗用毒性药品、放射性药品、生物制品，或者以药品类易制毒化学品冒充其他药品的；（3）涉案药品属于注射剂药品、急救药品的；（4）涉案药品的适应症、功能主治或者成分不明的；（5）涉案药品没有国家药品标准，且无核准的药品质量标准，但检出化学药成分的；

---

① 参见杜宇：《〈刑法修正案（十一）〉中药品犯罪修订之得失》，载《法学》2012 年第 3 期。

② 参见陈墨：《妨害药品管理罪所涉的双重法益及其司法适用》，载《医学与法学》2023 年第 1 期。

③ 参见《药品管理法》第 137 条。

④ 参见《药品管理法》第 112 条。

⑤ 参见《药品管理法》第 2、49 条。

⑥ 参见《药品管理法》第 28 条。

（6）未取得药品相关批准证明文件进口药品或者明知是上述药品而销售，涉案药品在境外也未合法上市的。

需要指出，妨害药品管理罪作为较为典型的行政犯，在认定犯罪时宜坚持形式解释与实质解释的统一，可以结合相关司法解释来认定犯罪，对于只是表面、形式上符合《刑法》第 142 条之一规定但确不存在"足以严重危害人体健康"的情形，应尽量避免将其认定为犯罪，以确保刑事处罚的实质正当性。① 此时可启动行刑反向衔接。

三、行刑反向衔接审查时考虑的重点要素

司法机关需发展出相对体系化的识别步骤，通过对重点要素的逐项判断，来确定是否启动、如何启动行刑反向衔接。司法机关应当依据行政法律规范审查当事人的行为是否构成行政违法，进而作出是否向药品监管部门移送、提出司法建议的决定。司法机关要判断案件违反了哪些药品行政法律规范，案件向哪个行政部门移送，案件是否超过追究时效，是否还有再科处行政处罚的必要性。

（一）审查有无明确的行政处罚依据

对药品行刑反向衔接移送的案件，应当有进行行政处罚的必要，应以存在相应的违反药品行政法律规范的行为为前提。为此，司法部门应当对相应药品行政处罚法律规范加以把握，对相应行政违法行为予以初步识别。药品管理行政处罚法律规范专业技术性较强，这不仅涉及药品管理法、疫苗管理法的规定，还涉及《药品管理法实施条例》等行政法规，《药品注册管理办法》《药品生产监督管理办法》《药品经营和使用质量监督管理办法》《药品网络销售监督管理办法》等部门规章，这也对司法部门提出了更高的要求。办理涉药案件的司法人员应尽可能熟悉相应的药品行政法律规范体系，能理解应受行政处罚行为的构成，以及

---

① 参见何荣功：《我国行政刑法立法的回顾与思考》，载《比较法研究》2022 年第 4 期。

它们分别对应怎样的行政法律责任。如果对涉案行为并无相应的行政处罚行为规范加以规制，则不能移送行政监管部门处罚。

(二)审查并确定适格的行政主管部门

《行政处罚法》第 24 条确立了行政处罚的违法行为发生地管辖原则，这有助于适格行政主管部门对违法行为的调查取证与行政处罚，因此，司法机关应将药品违法案件移送给违法行为发生地所在的适格行政主管部门。

《行政处罚法》第 23 条确立了行政处罚的级别管辖原理。《药品管理法》第 8 条规定了药品监督管理体制及各级药品监督管理部门的职责。在 2018 年起推进的新一轮机构改革中，在国家和省级层面组建药品监督管理局。国家药品监督管理局由国家市场监督管理总局管理，其主管全国药品监督管理工作，并负责药品研制环节的许可、检查和处罚；省级药品监督管理局负责本行政区域内的药品监督管理工作，并负责药品生产环节的许可、检查和处罚，以及药品批发许可、零售连锁总部许可、互联网销售第三方平台备案及检查和处罚。目前，单独的药品监督管理部门仅设到省一级，设区的市、县市场监管部门负责药品零售的许可、检查和处罚，并开展药品使用环节的检查和处罚。[①] 司法机关在移送药品违法案件时，需识别根据药品监管权限的纵向配置规定，以确定究竟是向国家、省还是市县层面负责药品监管的部门移送案件。

《行政处罚法》第 23 条涉及职能管辖，规定"行政处罚由县级以上地方人民政府具有行政处罚权的行政机关管辖"。职能管辖原则体现了行政机关各司其职、各负其责的精神，有助于发挥行政机关的专业化管理优势。各级药品监管部门在我国药品监督管理工作中发挥着最为重要的作用，此外，卫生健康主管部门、工业和信息化主管部门、海关、市场监督管理部门、医疗保障部门、专利行政部门、中医药主管部门、公

---

① 参见袁杰等:《中华人民共和国药品管理法释义》，中国民主法制出版社 2019 年版，第 63 页。

安机关都依法承担相应的药品监管职责。[①] 司法机关在移送药品案件时，应考察药品案件的最初来源，识别相应违法行为的性质，从而将案件移送到具有相应职能管辖权的行政监管部门。

（三）审查涉案行为是否仍在追责期限内

行政处罚追责期限，是指违反行政管理秩序的当事人，予以行政处罚的最长期限。超过该追责期限，不再给予行政处罚。这也是法安定性原则的要求。《行政处罚法》第36条规定，"违法行为在二年内未被发现的，不再给予行政处罚"。就药品行刑反向衔接的追责期限而言，其包括了药品监管部门依法查办案件所耗费的期限，与公安机关、人民检察院、人民法院等司法部门在司法程序中所耗费期限的总和。当相关司法部门在判断是否需将案件反向移送给药品监管部门时，在可能的情况下，需计算行政执法与刑事司法程序合计已耗费的期限，如果已耗费期限合计超过两年，则超过追责期限，无须再启动移送程序。

需要指出，为了贯彻党中央"加大重点领域处罚力度"的要求，本次修订行政处罚法将"涉及公民生命健康安全……且有危害后果的"违法行为的追责期限延长至5年。虽然涉药案件的确"涉及公民生命健康安全"，但并非对其一定能适用5年的追责期限，因为这要以"有危害后果"为前提，但对于司法机关不认定构成"生产、销售、提供劣药罪""妨害药品管理罪"的行为，很多时候也是没有产生危害后果的涉药行为，此时仍应适用两年的追责期限。

（四）对涉案相关行为的综合判断

1. 判断相关行为是否已被行政处罚。药品监管部门已经查明行为人的行为违反药品行政法律规范的，应当处以行政处罚。学界和实务界都在对"刑事优先"的原则加以理性反思，例如，《行政执法机关移送涉嫌犯罪案件的规定》第11条第2款规定，"行政执法机关向公安机关移

[①] 参见宋华琳：《药品监管制度的法律改革》，译林出版社2023年版，第68—73页。

送涉嫌犯罪案件前已经作出的警告，责令停产停业，暂扣或者吊销许可证、暂扣或者吊销执照的行政处罚决定，不停止执行"。根据《药品行政执法与刑事司法衔接工作办法》第15条的规定，药品监管部门依法需要给予警告、通报批评、限制开展生产经营活动、责令停产停业、责令关闭、限制从业、暂扣或者吊销许可证件的，无须以刑事程序的完结为前提。当药品监管部门在将案件移送给公安机关立案侦查前，或者在刑事诉讼过程中已对涉案行为给予相应的行政处罚时，此时秉承"一事不二罚"的原理，不宜再开展反向衔接，从而"避免双重评价"。

2.判断是否可对相关行为不予行政处罚。《行政处罚法》第33条规定了三种不予处罚或者可以不予处罚的情形：第一，违法行为轻微并及时改正，没有造成危害后果的，不予行政处罚；第二，初次违法且危害后果轻微并及时改正的，可以不予行政处罚；第三，当事人有证据足以证明没有主观过错的，不予行政处罚。《药品管理法》第124条第3款则规定，"未经批准进口少量境外已合法上市的药品，情节较轻的"，可以依法不予行政处罚。对于判断可以不予行政处罚的行为，司法机关可以选择不向药品监管部门移送。

当判定是否可以对涉药行为不予行政处罚时，可考虑如下四个方面：（1）当对是否构成"违法行为轻微"加以判定时，考虑因素包括主观过错较小、初次违法、违法行为持续时间较短、及时中止违法行为、没有违法所得或者违法所得金额较小、涉案货值金额较小、涉案药品合格或者符合标准以及其他能够反映违法行为轻微的因素。（2）当判定何为"危害后果轻微"时，考虑因素包括危害程度较轻、危害范围较小、危害后果易于消除或者减轻、主动消除或者减轻违法行为危害后果、主动与违法行为对象达成和解以及其他能够反映危害后果轻微的因素。（3）当判定何为"及时改正"时，其可能涵盖在药品监管部门发现违法行为线索之前主动改正，在药品监管部门发现违法行为线索之后责令改正之前主动改正，以及在药品监管部门责令改正后按要求改正三种情形。（4）在认定当事人是否存在"主观过错"时，需考虑当事人对违法行为是否明知或者应知，当事人是否有能力控制违法行为及其后果，当事人是否履行了法定的生产经营责任，涉案药品来源是否合法、可追溯，以及其他能够反映当事人主观状态的因素。①

结合河南、山西、湖北、贵州等省药品监管部门已经制定并公布的药品监管领域轻微违法行为不予处罚清单，考察已有药品监管实务，目前药品监管领域不予处罚的轻微违法行为主要涉及未遵守药品质量管理规范、销售不符合药品标准的中药饮片、药品标签或者说明书存在瑕疵、购销药品没有及时登记购销记录、未经批准进口少量境外已合法上市的药品、药品经营企业和医疗机构未按照规定报告疑似药品不良反应等行为。当司法机关倾向于认定涉案行为是不予行政处罚的轻微违法行为时，就不应启动移送程序。

四、行刑反向衔接机制的程序法建构

加强司法机关向行政执法机关移送行政处罚案件的反向衔接，是系统治理观的体现。就药品行刑反向衔接而言，其有助于促进药品监管链条的完整性，对药品安全领域的违法行为进行更为精准、无遗漏的制裁。司法机关在案件审查过程中如果发现涉嫌药品犯罪的行为不构成犯罪，但达到行政处罚标准的案件线索，应及时反向移送给相关行政部门。

（一）反向移送程序的制度框架

《药品管理法》第113条第2款规定药品行刑衔接中的反向移送程序，要求"对依法不需要追究刑事责任或者免予刑事处罚""但应当追究行政责任"的，公安机关、人民检察院、人民法院应当及时将案件移送药品监督管理部门。

1. 公安机关的反向移送程序。对于公安机关而言，对发现的药品违法行为，经审查没有犯罪事实，或者立案侦查后认为犯罪事实显著轻

---

① 参见宋华琳:《药品监管制度的法律改革》，译林出版社2023年版，第352页。

微，不需要追究刑事责任，但"依法应当追究行政责任的"，应当将案件及相关证据材料移送给有管辖权的药品监管部门。①

2. 检察院的反向移送程序。于检察院而言，对作出不起诉决定的药品案件，认为对不起诉人需要依法给予行政处罚、处分或者需要没收其违法所得的，人民检察院应当提出检察意见，将案件及相关证据材料移送药品监管部门处理。②这也为最高人民检察院发布的第 22 批指导性案例的第 81 号案例的"案例要旨"所佐证。③

检察机关内部的行政检察部门牵头负责检察院的行刑反向衔接工作。宜在检察机关内部完善加强刑事检察部门与行政检察部门之间的沟通衔接程序。在全国检察业务应用系统中为行政检察部门开通查阅刑事不起诉案件情况的权限，以便行政检察部门及时掌握行刑反向衔接的案件线索。还可以探索行政检察部门与刑事检察部门就拟作出不起诉决定案件的共同会商、同步审查办案模式，以破除信息壁垒，提升司法效能。

对于检察机关决定不起诉的药品案件，检察院内的承办刑事检察部门应当坚持同步审查的原则，在作出不起诉决定之日起 3 日内，对于是否需要对不起诉人给予行政处罚、处分或者没收违法所得，在审查报告中写明审查意见并说明理由，并将案件审查报告、起诉意见书、不起诉决定书及电子卷宗等材料共享或移送至检察院的行政检察部门审查。

行政检察部门审查后，认为需要给予行政处罚的，经检察长批准，提出检察意见，移送适格的药品监管部门处理。④检察意见应写明采取和解除刑事强制措施，查封、扣押、冻结涉案财物以及对不起诉人予以

---

① 参见《药品行政执法与刑事司法衔接工作办法》第 16 条，《行政执法机关移送涉嫌犯罪案件的规定》第 13 条。

② 参见《刑事诉讼法》第 177 条第 3 款。

③ 参见检例第 81 号"无锡 F 警用器材公司虚开增值税专用发票案"。其要旨指出，"对被不起诉人（单位）需要给予行政处罚、处分或者需要没收其违法所得的，应当依法提出检察意见，移送有关主管机关处理"。

④ 参见《最高人民检察院关于推进行刑双向衔接和行政违法行为监督 构建检察监督与行政执法衔接制度的意见》。

训诫或者责令具结悔过、赔礼道歉、赔偿损失等情况。①

3. 法院的反向移送程序。对于人民法院而言，对作出无罪或者免予刑事处罚判决的案件，认为依法应当给予行政处罚的，应当将案件及相关证据材料移送相关药品管理部门处理，并可以提出司法建议。②法院结案后将案卷副本移送到有管辖权的药品监管部门，由药品监管部门依照法院提供的证据材料，依照行政处罚程序作出处罚。③

（二）反向衔接所移送的材料

公安机关、人民检察院、人民法院向药品监管部门移送案件时，都应附有案卷材料，案卷材料可包括移送材料清单、案件移送书、涉案证据材料、涉案物品清单以及其他有关涉案材料。在移送材料时应注意的要点有二：第一，对于认为需要没收违法所得的，司法机关应当将查封、扣押、冻结的涉案财物一并移送给行政机关④，这有助于保障行政处罚得以正确、顺利实施。第二，移送的证据材料既包括药品监管部门先前移送的证据材料，也包括人民检察院、人民法院在刑事诉讼程序中收集的证据材料。向药品监管部门移送案件时，同步移送相关证据材料，这有助于减少重复取证，提升质效。

公安机关移送时应附有相应的不予立案或撤销案件决定书，人民检察院移送时应附有相应的不起诉决定书。⑤相应文书中应尽量释法说理。首先，应加强对事实认定的说理。可围绕证据的关联性、合法性与真实性，对案件认定事实或事实争点进行说理，例如，在江检公诉刑不诉〔2020〕189号不起诉决定书中，检察院认为"李某某……购买药品的来源、销售的去向、鉴定意见样本与其销售的药品是否为同一批次的药品均不确定"，因此认为公安机关认定李某某销售假药的犯罪事实不清、

---

① 《最高人民检察院关于推进行政执法与刑事司法衔接工作的规定》第8条。
② 参见《药品行政执法与刑事司法衔接工作办法》第17条。
③ 参见张红：《行政处罚与刑罚处罚的双向衔接》，载《中国法律评论》2020年第5期。
④ 参见《最高人民检察院关于推进行政执法与刑事司法衔接工作的规定》第8条。
⑤ 参见《广东省药品行政执法与刑事司法衔接工作实施办法》第31、32条。

证据不足，不符合起诉条件。[①] 其次，应加强对法律适用的说理。特别应说明司法文书所依据的法律规范以及适用法律规范的理由。[②] 所援引的法律规范可以是刑法、刑事诉讼法等一般性法律规范的规定，也可以是药品管理法、疫苗管理法等专业管理法律规范的要求，还可以援引相关司法解释的规定。

司法机关向行政机关移送案件时，可以制作《案件移送意见书》，载明不追究刑事责任、免予刑事处罚的结果和理由，以及建议进行药品行政处罚的情况。司法权就药品监管部门后续决定的建议应当只是初步建议，司法权不宜代替专业行政部门作出行政判断。

（三）行政机关对移送案件的后续处理程序

1. 作出是否立案的决定。立案是行政执法机关发现当事人有违法行为或违法嫌疑时，决定启动调查核实并视情况决定是否处罚的程序。[③] 目前，应当立案而不立案与随意立案、对轻微违法行为处罚过严的现象同时存在。[④]《行政处罚法》第54条第2款规定，"符合立案标准的，行政机关应当及时立案"。药品监管部门在对移送案件进行审查时，应审视涉案当事人是否有违法行为或违法嫌疑，在实体性药品法律规范中是否为该违法行为设定了相应的行政法律责任。2021年修订的药品管理法近乎无遗漏地为义务性行为规范条款设定了相应的法律责任。应审视《药品管理法》第11章"法律责任"中的相关规定，审视涉案当事人是否有落在相关条款规定违法情形的嫌疑。如涉案当事人有违法嫌疑，药品监管部门则应立案，反之则不予立案。

2. 对证据的查证属实。刑事案件转为行政案件办理的，刑事案件办

---

① 毕伟成：《生产、销售、提供假药罪不起诉案例（一）》，载微信公众号"金牙大状"2023年2月17日。
② 参见《最高人民法院关于加强和规范裁判文书释法说理的指导意见》。
③ 参见胡建淼：《行政法学》，法律出版社2023年版，第399页。
④ 许安标：《中华人民共和国行政处罚法释义》，中国民主法制出版社2021年版，第150页。

理过程中收集的证据材料,可以作为行政案件的证据使用。①刑事诉讼证据之所以有可能转化为行政证据,其机理在于:(1)一般认为刑事诉讼以"排除合理怀疑"为证明标准,行政证据的证明标准则坐落于"排除合理怀疑"与"高度盖然性"标准之间。②行政处罚的证明标准要低于刑事诉讼中的证明标准。(2)司法机关有着更为先进的技术手段,乃至可以采取特定措施获得证据,其在特定情形下获得证据的能力比药品监管部门更强。(3)从节约执法资源的角度,应允许行政机关直接使用在刑事诉讼程序中收集的证据。③

因循上述机理,公安机关、人民检察院、人民法院在侦查、起诉、审理药品违法犯罪案件时依法收集的证据材料,当移送给药品监管部门后,可以直接作为药品监管部门行政执法办案的证据。④但在侦查、审查起诉、审判阶段排除的证据,行政执法机关应当依法排除。⑤证据必须查证属实,才能作为认定案件事实的根据。证据应当是真实的;证据与待证事实有关联,确实可用来证明待证事实。⑥《行政处罚法》第54条规定,行政机关发现行政相对人有依法应当给予行政处罚的行为时,有开展客观、全面、公正调查,并收集有关证据的义务。因此药品监管部门在处理移送案件时,其利用的证据不限于刑事诉讼证据,还可以径行收集新的证据。

3. 作出行政处罚决定。对于不构成犯罪,但依法应科以行政处罚的行为,仍应科以相应的行政处罚。《药品管理法》第115、116、117条针对无证生产、销售药品,生产、销售假药,生产、销售劣药,设定了

---

① 参见《公安机关办理行政案件程序规定》第33条。
② 参见张辉、史坤:《生态环境行政执法与刑事司法反向衔接制度探析——以不起诉案件反向移送为视角》,载《人民检察》2023年第17期。
③ 参见张红:《行政处罚与刑罚处罚的双向衔接》,载《中国法律评论》2020年第5期。
④ 参见《江苏省药品行政执法与刑事司法衔接工作实施细则》第24条。
⑤ 袁雪石:《中华人民共和国行政处罚法释义》,中国法制出版社2021年版,第190页。
⑥ 参见李洪雷、李霞:《中华人民共和国行政处罚法评注》,中国法制出版社2021年版,第315页。

相应的行政法律责任。《药品管理法》第 122 条至第 135 条，对伪造、变造许可证或药品批准文件，骗取药品许可证，未取得药品批准证明文件生产、进口药品，未经批准开展药物临床试验，违反各项质量管理规范等各种违反药品管理法律规范的行为，根据违法行为的事实、性质、情节以及社会危害程度，设定了相应的法律责任。①

对于司法机关向药品监管部门反向移送的涉药案件而言，此时相应的行为已被排除于涉药犯罪的刑事犯罪圈调整之外。药品监管部门在调查和收集相关证据，查清实际发生的案件事实后，需要确定其调查所得的案件事实，与药品管理法、《药品管理法实施条例》等法律中哪一部法律规范、哪一条法律条文的全部构成要件相符合，继而在法律条文规定的行政处罚种类和幅度范围内，科以相应的法律责任，令所实施的行政处罚与违法行为的事实、性质、情节以及社会危害程度相当。②

对于反向移送给药品监管部门的案件，药品监管部门应结合司法建议，及时针对违法行为作出行政处罚，防止因不作为造成行刑衔接的真空地带。当对生产、销售假药、劣药等行为科处罚款时，其罚款幅度往往以违法生产、销售药品的货值金额为基数，继而科处一定倍率幅度的罚款。③此时货值金额以违法生产、销售药品的标价计算；没有标价的，按照同类药品的市场价格计算。④

《行政处罚法》第 28 条第 2 款规定，当事人有违法所得，除依法应当退赔的外，应当予以没收。药品安全领域的违法行为多为谋利型违法，对于反向移送给药品监管部门的案件，药品监管部门应依法没收违法当事人的违法所得。⑤违法所得数额隐蔽性强，认定相对困难，且受到各种主客观因素制约。《行政处罚法》第 28 条第 2 款规定，"违法所

---

① 参见宋华琳：《药品监管制度的法律改革》，译林出版社 2023 年版，第 341 页。
② 参见李洪雷：《行政法释义学》，中国人民大学出版社 2014 年版，第 118—119 页。
③ 参见《药品管理法》第 116、117 条。
④ 参见《药品管理法》第 151 条。
⑤ 参见《药品管理法》第 115—118、120、122、124—126、129、131、133、138、141、142、145 条及《疫苗管理法》第 80—82、85—87、91 条的规定。

得是指实施违法行为所取得的款项"。药品管理法律规范中规定的"违法所得",一般而言是指"实施违法行为的全部经营收入"。药品监管的对象是关乎个人生命和身体健康领域的违法事项,对违法所得的计算秉承"总额说"而非"差额说",不考虑违法行为成本和税费等,相对容易界定当事人一次或多次违法行为获得的违法所得,并更好发挥没收违法所得的制裁作用。①

五、完善行政规制治理与刑事司法治理结合的制度方略

反向衔接机制的践行离不开行政部门与司法部门的协作。各级药品监管部门与司法机关应当加强协作,统一法律适用,健全情况通报、案件移送、涉案物品处置、案件会商、信息共享、信息发布等工作机制。其制度方略主要有四:

其一,建立司法机关与行政机关的协作机制,各级药品监管部门与公安机关、人民检察院等部门应当建立部门联席会议制度,推动建立部门间药品安全查办联动机制,通报案件办理情况,研究分析药品违法犯罪形势,进行重大案件会商,对涉案物品处置等问题加以研究。

其二,健全与完善药品行刑反向衔接中的案件咨询与意见沟通机制。司法机关可以就案件办理中的专业性问题咨询药品监管部门,这可能涉及对相关案件定性,涉及对相关事实认定、法律适用、司法裁量权运作等问题的咨询,受咨询的药品监管部门有认真研究、及时答复的义务。司法机关可以在作出决定之前听取药品监管部门意见,例如,检察机关可以在作出不起诉决定之前,主动与药品监管部门联系,通报案情,并就拟作出不起诉决定与行政处罚可行性等问题,听取药品监管部门意见。

其三,充分发挥行政执法与刑事司法衔接信息共享平台的作用。细

---

① 参见郑琳:《行政处罚上违法所得的认定和处置研究》,载《财经法学》2022年第3期。

化药品行刑反向衔接案件办理流程、移送标准，逐步实现相关案件网上移送、线上监督。

其四，加强检察机关对药品监管部门的跟踪督促。对于检察院反向移送给药品监管部门的案件，药品监管部门应当自收到检察意见书之日起2个月内向人民检察院通报处理情况或者结果。[①]检察机关应当对药品监管部门的回复和处理情况加强跟踪督促，发现药品监管部门违法行使职权或不行使职权的，可以依照法律规定制发检察建议等督促其纠正。

总之，药品行政执法与刑事司法反向衔接机制的建构，有助于在司法上克服"必罚主义"的惯性，将行政规制治理与刑事司法治理相结合，不仅有助于更为积极适用宽严相济刑事政策[②]，也体现了不同部门法和不同社会系统的分工，从而更为全面地打击药品违法犯罪行为，保障公众用药安全和合法权益。

---

① 《药品行政执法与刑事司法衔接工作办法》第17条。
② 参见苗生明、杨先德：《论行政犯的处罚原则及其实践》，载《政法论坛》2023年第2期。

检察机关在行刑反向衔接监督机制中的作用与职责[*]

刘 艺[**]

天下之事，顺势而为易，逆势而行难。李政道先生认为所有对称性原理都根源于某些基本量不可能被观察到的假设，只要某个不可观测量变成可观测量，就会发生对称性的破坏。[①]对行刑衔接的认识也存在某种"对称性破缺"（symmetry breaking）：行刑正向与反向衔接貌似对称过程，但细致观察下会发现二者是高度不对称的，致使行刑正向与反向衔接的重点、难点大不相同。在现有制度框架下，反向衔接面临的阻力与困难远超正向衔接。行刑衔接的顺利运行需要主导机制和整体认知的支撑。在我国现有制度环境和理论体系下，更需要通过检察监督促进行政执法部门与刑事司法执法部门对此问题形成整体认知和建立主导机制，推动行刑反向衔接的健全发展。

一、问题的提出

党的十八届四中全会决定提出的"行政违法行为检察监督"司法改

---

[*] 原文载于《国家检察官学院学报》2024年第2期。
[**] 刘艺，中国政法大学教授、博士生导师。
[①] ［美］李政道：《对称与不对称》，朱允伦、柳怀祖编译，清华大学出版社2000年版，第21页。

高质效行政检察监督的理论与实践

革任务在 2017 年底因监察体制改革而暂停。2021 年《中共中央关于加强新时代检察机关法律监督工作的意见》中重新提出该项任务，但行政违法行为检察监督的内涵一直存在争歧。有学者指出，回溯到党的十八届四中全会决定提出的"行政违法行为检察监督"改革的初衷，应将行政违法行为检察监督改革与行刑衔接制度完善结合起来，探寻新一轮行政违法行为检察监督改革的"药方"。①2023 年 7 月 14 日，最高人民检察院印发了《关于推进行刑双向衔接和行政违法行为监督 构建检察监督与行政执法衔接制度的意见》（以下简称《意见》）。《意见》出台的背景在于行刑双向衔接机制正式由 2021 年《行政处罚法》第 27 条在法律层面上予以确立。在此之前，2001 年的行政法规《行政执法机关移送涉嫌犯罪案件的规定》和公安部印发的规范性文件《公安机关受理行政执法机关移送涉嫌犯罪案件规定》中都规定了行政机关向公安机关移送时的责任以及公安机关向行政机关反向移送案件的情形。在法律层面上，《刑法》第 37 条②、《刑事诉讼法》第 177 条第 3 款③都只规范了行刑之间的反向衔接。长期以来，关于行政执法机关和刑事司法机关之间移送案件时应遵循刑事优先原则还是行政处理优先原则一直有不同见解，部门规章的规定也存在分歧。比如《公安机关办理行政案件程序规定》④第 65 条规定："对发现或者受理的案件暂时无法确定为刑事案件或者行政案件的，可以按照行政案件的程序办理。"而《道路交通安全违法行为处理程序规定》⑤第 51 条规定："交通肇事构成犯罪的，应当在人民法院判决

---

① 参见刘艺：《建构行刑衔接中的行政检察监督机制》，载《当代法学》2024 年第 1 期。
② 《刑法》第 37 条：对于犯罪情节轻微不需要判处刑罚的，可以免予刑事处罚，但是可以根据案件的不同情况，予以训诫或者责令具结悔过、赔礼道歉、赔偿损失，或者由主管部门予以行政处罚或者行政处分。
③ 《刑事诉讼法》第 177 条第 3 款：人民检察院决定不起诉的案件，应当同时对侦查中查封、扣押、冻结的财物解除查封、扣押、冻结。对被不起诉人需要给予行政处罚、处分或者需要没收其违法所得的，人民检察院应当提出检察意见，移送有关主管机关处理。有关主管机关应当将处理结果及时通知人民检察院。
④ 根据 2020 年 8 月 6 日公安部令第 160 号第三次修正。
⑤ 根据 2020 年 4 月 7 日公安部令第 157 号修正。

后及时作出处罚决定。"由于《行政处罚法》第 27 条第 1 款确定了行政机关需及时向司法机关移送案件的刑事优先移送规则,所以将行政执法机关向刑事司法机关移送案件称为"正向衔接",而将刑事司法机关向行政执法机关移送案件称为"反向衔接"。我国行刑衔接机制的实践探索与理论研讨已经开展二十余年,但行刑衔接机制仍然存在诸多理论分歧和制度空白。比如何种情况可以不遵循刑事移送优先原则,移送之后检察机关和行政机关分别承担什么责任,反向移送之前司法机关可否代替行政机关作出处罚决定,若行政机关不采纳司法机关的建议,司法机关应该怎么办等诸多问题却未见系统研究。

近十年来,我国刑事犯罪结构发生明显变化,轻罪案件数量和占比持续上升。与日本行政刑罚与刑罚采取一元论的主张不同,我国采取违法和犯罪区分的二元违法构成体系。行政执法与刑事司法各自呈现直筒型运行机制。[①]两套制裁理论和执法体制各有特点和优势,并在人员、程序、规范层面呈现分立的态势。轻罪的罪刑规范缺乏或者不明确,容易模糊行政不法与刑事不法的边界,引发"不刑不罚""应罚未罚"的新问题。然而,刑事领域的不起诉并不等于行为不违法,不能得出必然不受行政处罚的结论。即便检察机关向行政机关移送不予追究刑事责任但构成行政违法的案件线索以及检察意见,即刑事检察部门与行政检察部门接力以"不起诉+检察意见"的方式督促行政机关履职,但行政机关对检察建议的综合回复率也只有 50% 左右。可见,督促行政机关继续查处行政违法行为存在较大的不确定性。行刑反向衔接的监督可以成为化解这种"倒挂"和"拒绝"现象的重要手段。因此,《意见》建构的刑事检察、行政检察双向监督机制不仅可以推动行政执法与刑事司法衔接机制的完善,也开辟了一条以检察监督为抓手推动行刑反向衔接机制完善的新路径。

---

① 参见何荣功:《轻罪立法的实践悖论与法理反思》,载《中外法学》2023 年第 4 期。

二、我国行刑衔接机制的堵点与沟壑

"衔接"既可指事物的首尾相连,也可指用某个物体将两个原本分离的物体连接在一起。行刑衔接至少也有两层含义:一是用来衔接原本并行的两套直筒机制的特殊机制;二是行刑两套机制首尾相连浑然一体的理想状态。行刑衔接既需搭建观念和机制的"管道"连通"行刑",否则就会形成"沟壑",也需避免"管道"内出现障碍,否则就会形成"堵点"。遗憾的是,目前我国行刑衔接同时存在着观念和机制的"堵点"与"沟壑"。

(一)行刑衔接的"堵点":"刑事优先移送"与"轻罪化"造成的水土不服症状

在行刑衔接领域中,"刑事不法""行政刑法""行政犯"[①]等概念都属于舶来品。受不同的域外法影响,其概念无疑被广泛滥用并引发思维混淆。本文无意对这些概念进行正本清源的梳理,只是基于现实指出这些概念的内涵实际上很难被确定。比如部分学者提出"违法就是不法,不法就是违法"[②]。但也有学者指出"不法"与"违法"存在性质、内容和程序上的区别。[③]学理上的不同意见往往是学术繁荣的前提,但在实践中缺乏共识却往往是混乱之源。行刑衔接必须在概念上明确区分行政不法与刑事不法、行政犯(法定犯)与自然犯等概念。这样行刑衔接才会有稳固的观念基础和判断上的确定性,才能拥有恰当势能,从而畅通

[①] 刑法学者对法定犯和行政犯的界定并不统一。有学者认为行政犯的范围大于法定犯。学者认为法定犯是刑法学者惯用术语,而行政犯是行政法学者惯用术语。参见郭晶:《刑事领域中法定犯问题研究》,黑龙江人民出版社2009年版,第16—20页。也有学者认为二者是等同的概念。参见张明楷:《行政刑法辨析》,载《中国社会科学》1995年第3期;陈兴良:《经济刑法学总论》,中国社会科学出版社1990年版,第14页。

[②] 甘添贵:《学术报告:刑事违法性的概念与内涵》,载贾宇主编:《刑事违法性理论研究》,北京大学出版社2008年版,第422页。

[③] 参见冷必元:《刑事不法与社会危害性的整体评价理论》,中国民主法制出版社2023年版,第3—6页。

无阻。但是，如此简单合理的前提条件却一直未能实现，这容易导致行刑衔接的参与方无所适从，程序流向紊乱并发生拥堵。

行政不法是指违反行政服从义务、破坏行政秩序的不法行为。而刑事不法则构成了对行政不法的逾越且已达到犯罪的程度。①虽然行政不法行为与犯罪的构成要件不同，但是单纯的构成要件解释并不能有效控制各适法主体的能动解释。比如刑法理论上将危险犯划分为具体危险犯、抽象危险犯。醉酒型的危险驾驶罪属于抽象危险犯；非法携带枪支、弹药、管制刀具、危险物品危及公共安全罪属于具体危险犯。但是，理论上又对妨害安全驾驶罪、高空抛物罪等属于具体危险犯还是抽象危险犯存在疑虑。属于轻罪类型的法定犯且属于结果犯的类型，行政机关和刑事司法部门都可以追究其责任。但在实体法层面上，行政不法与刑事不法的区分很难直接通过立法规范予以明确。《刑法》第13、37条虽然有实质出罪的立法规范，但该规范为司法留下了太多不确定性，实践效果并不理想。

近年来，行政不法和刑事不法区分不清的情况由于刑法中空白规范和"轻罪化"的改革变得更加严重。日本在"二战"之后受美国法治理念影响，仅保留较少的行政代执行权，将行政刑法用作强制手段广泛用于行政法各领域，并发挥中心作用。②美国轻微违法将接受民事禁令的制裁，而行政刑罚在美国称为监管性刑罚。应美国的要求，日本设置了难以计数的行政刑罚，直接由法院来确保行政义务的执行。日本实际上转向了普通法的司法执行模式，将轻罪的执行权交由法院。③于是，日本仅保留少量的秩序罚，全面转向一元违法制裁体系。因此，日本行政刑法也被称为"刑罚的依存体制"④。日本行政刑法有两种执行方式：一种是直接适用，特指直接用刑罚来确保由法律法规规定的一般性义务，

---

① 参见林山田：《刑法通论》（上册），北京大学出版社2012年版，第104页。
② 参见［日］藤田宙靖：《行政法总论》（上卷），王贵松译，中国政法大学出版社2023年版，第236页。
③ 1948年《轻犯罪法》制定时，《警察犯处罚令》则被废止。
④ ［日］阿部泰隆：《行政法解释学Ⅰ》，有斐阁2008年版，第603页。

也叫直罚型行政刑法；另一种是在行为人的行为违反法律规定的义务时，行政机关首先作出行政行为，在行为人违反行政行为时，再对其进行制裁，又被称为命令前置型行政刑法。日本的行政刑罚在进入刑事诉讼程序之前，可通过简易程序予以处理。在简易程序中，行政机关作出通告行为，处罚程序即告终止，检察官不能对同一案件提起公诉。但相对人接收到通告不遵守时，则需正式转移至刑事诉讼程序。日本的检察官有广泛的裁量不起诉权。比如《日本刑事诉讼法》第248条规定，"检察官依犯人之性格、年龄及处境、犯罪之轻重及情状与犯罪后之状况，无诉追必要者，不得提起公诉"。有日本学者统计，仅10部法律所涉违法案件受理数就占了行政刑法总数的九成，而其他领域中违反行政义务的行为很难进入刑事程序。行政刑法很难进入刑事诉讼程序阶段，刑罚依存体制造成日本对许多违法行为放任不管。这样的刑罚模式无法提供有威慑的惩罚。[1] 随着美国对日本法体系的改造，使得日本行政罚一元制裁体系与我国现行的行刑衔接机制已没有直接关联。事实上，将大量违法行为予以入罪并免责的治理思路只是治标而未能治本，并不一定走得通。特别是针对行刑衔接机制而言，借鉴日本刑罚轻罪化的出罪路径增加了我国行刑衔接的难度。

从醉驾入刑之后的实施情况来看，大量行政不法行为转化为刑事不法行为导致我国司法机关不堪重负。轻罪立法将大量的行政违法行为纳入刑法管制范围，但在更加谨慎与透明的司法程序中，相关违法行为被判决执行实刑的可能性反而更低。据统计，2023年1月至9月，检察机关在已办理的审查起诉案件中，适用认罪认罚从宽制度审结人数占同期审结人数的90%以上；检察机关提出确定刑量刑建议占量刑建议提出数的95%以上；对检察机关提出的量刑建议，法院采纳人数占同期提出量

---

[1] 王明喆：《日本行政刑法的扩张、失灵及调整——兼论对我国行政刑法扩大化的反思》，载肖盼晴主编：《日本法研究》（第6卷），延边大学出版社2020年版，第4页。

刑建议数的97.8%；不起诉41.1万人，不诉率25.8%。①确立刑事优先移送规则之后，我国行政不法行为与刑事犯罪行为之间的关联性更加紧密，但关于轻微刑事案件出罪入罪标准却不明确。在刑事优先移送规则支配下，反向衔接本来就缺乏外在动能，加上区分标准不清，势必会造成行刑反向衔接环节大量案件的"堵塞"。因此，当前亟须尽快疏通针对危险犯等轻罪的反向衔接的"堵点"。基于我国现有制度框架，可借助行政检察监督职能推动行刑之间的顺利衔接。这样既可以区分规范适用条件，化解行刑衔接中规范重合或者空白时的"淤积点"，也可提升行刑一体化制裁体系的权威性。

（二）"行—刑"规范分立路径造成的"历史沟壑"

制度不仅具有路径依赖性，还具有观念和理论叙事的依赖性。尽管我国现有行刑衔接制度根植于社会主义法治土壤，但却与近代法制史存在草蛇灰线的关联。"清末新政"直接效法日本间接效仿德国②，实行"行刑分立"且"一体化"的执法体制。1880年日本刑法直接借鉴了法国刑法典体例，并仿效法国将违警罪的管辖权交给裁判所。③该模式备受各界批判和抨击。日本学者批评这种同质说的立法体例容易导致司法权践踏行政权：违警行为属于行政事务，而非司法事务，把本属于行政事务的内容规定于刑法典中，或将致使行政权残缺不全。尽管许多国家的刑法典在规定违警罪时都把关于违警章程的制定权赋予行政机关，但事实上司法官常置行政机关制定的章程于不顾，仅重视适用刑法。行政

---

① 参见《2023年1至9月全国检察机关主要办案数据》，载最高人民检察院网，https：//www.spp.gov.cn/spp/xwfbh/wsfbt/202310/t20231025_631714.shtml#2，最后访问日期：2023年11月3日。

② ［德］李斯特：《德国刑法教科书》（修订译本），［德］施密特修订，徐久生译，何秉松校订，法律出版社2006年版，第61页。

③ 1810年《法国刑法典》规定了违警罪为犯罪之一种，其第1条明确将罪分为违警罪、轻罪与重罪，并且专设第4编"违警及其处罚"，具体规定了各种违替罪及其应科处的刑罚。参见李秀清：《〈大清违警律〉移植外国法评析》，载《犯罪研究》2002年第3期。

机关对此毫无办法。① 为此，日本仿照德国1871年《帝国法典》②制定新刑法，并于1908年单独制定了包含58个条文的《警察犯处罚令》，自此建构起日本近代的二元制裁结构。德国的《帝国法典》实则是《北部联邦法典》（该法典以1851年《普鲁士法典》为基础制定）。1851年《普鲁士法典》受法国1810年刑法典影响，将犯罪进行分类（重罪、轻罪与违警罪）。③ 但不同于《法国刑法典》第4编单独规定违警罪，而只是在第2编"罪及刑"的第29章（最后一章）中规定了部分违反警察规制的犯罪。德意志各邦国践行违警与犯罪全异说，先后制定单行的违警律与刑法区分开来，并以"是否会侵害权利"与"是否会毁损法益"作为区分违警与普通犯罪的依据。日本继承了这种立法体例，既是遵循法国模式不果，更是认识到将违警律列于刑法典中存在诸多弊端。牧野英一认为，区别违警与犯罪"非根于学理适于实际也"，毕竟是两个不同的机关适用之，分别适用不同法典使得机关之间不再互相牵制。深度参与清末新政改革的日本专家冈田朝太郎受此影响，明确提出"（违警律）与刑律无关，违警虽然称为罪，与刑法之所谓罪不同。违警罪为违反行政规则，其处分拘留罚金谓之行政罚则非刑律也。故违警罪不定在刑法中，于刑法之外另成一部分"。④ 清末1908年和1911年先后颁布了《大清违警律》《大清新刑律》，建构起了我国"行—刑"两套公共制裁机制，只是"行—刑"之间依然存在衔接问题。随着清廷的消亡，"两律"均走向了消亡，执法人员"每遇一犯""无法通览全部罚则"的困惑自

---

① 参见汤化龙：《大清违警律释义》，秀光社1908年印刷，第10—13页。转引自李秀清：《〈大清违警律〉移植外国法评析》，载《犯罪研究》2002年第3期。

② 参见［德］卡尔·路得维格·冯·巴尔：《大陆刑法史——从古罗马到十九世纪》，周振杰译，法律出版社2016年版，第247—253页。

③ 1810年《法国刑法典》第4编规定的是违警罪。参见［德］卡尔·路得维格·冯·巴尔：《大陆刑法史——从古罗马到十九世纪》，周振杰译，法律出版社2016年版，第237页。

④ 参见熊元翰：《刑法总论》，安徽法学社1911年版，第118—120页。

然也就消失了。①随后北洋政府、国民政府照搬了行刑分立又一体化的执法体系②，只是在制定或者修改《刑法》时都会同步启动《违警罚法》的修订工作，以化解两法适用时的冲突。③

我国行刑制度关联形态几经变换，最终形成了当前行刑分立的架构。"行刑"规范分立造成规范内容重叠较多、适用主观性强、适法步调不一致等问题。以治安管理处罚为例。在1957年至1979年期间，《治安管理处罚条例》长期承担公共制裁功能。因其规定的68种具体违法行为全部适用拘留且实践中将拘留作出处罚的首选，从严厉程度来看，堪称"小刑法"。④1979年刑法通过后，直至1986年实施的《治安管理处罚条例》中才增加了其他处罚类型，不再以行政拘留作为处罚类型的首选。但该条例一半的规范内容与刑法的相应条款表述相似或者相同。⑤改革开放后，我国刑事诉讼法与刑法深受日本影响，在一定程度上加剧了我国刑行衔接的"沟壑"。我国治安管理处罚制度的走向则是反其道而行之，在长期作为"小刑法"发挥作用之后，随着1979年刑法的颁布，该法呈现逐步降低行政处罚力度的发展趋势。日本确立将行政刑罚与行政上的秩序罚共同构成行政罚机制，却并不在意行政刑罚与行政上的秩序罚之间的区分。因此，日本行刑衔接的基本走向和运行逻辑与我国行刑衔接存在的问题具有根本性差异。若再像清末一般借鉴日

---

① 参见［日］牧野英一：《日本刑法通义》，陈承泽译，李克非点校，中国政法大学出版社2002年版，第6页。

② 北洋政府于1915年公布《违警罚法》，总则1章，分则8章，共53条；首次不以"违警"为"罪"称，明确犯罪行为和违警行为性质的不同。参见李春华：《我国治安管理处罚制度的建立与发展》，载《福建公安高等专科学校学报》2006年第1期。

③ 比如，1928年国民政府颁布《刑法》，同年同步修订《违警罚法》；1935年《中华民国刑法》修改公布之后，《违警罚法》的修改于1936年春启动。后因抗日战争爆发延后至1943年9月公布修订版本，之后于1946年6月19日和1947年7月16日两次修正属词句的增改修订。

④ 刘轶：《论我国治安管理处罚法律规制的变迁趋势》，载《科技资讯》2015年第29期。

⑤ 参见刘艺：《建构行刑衔接中的行政检察监督机制》，载《当代法学》2024年第1期。

本的经验，不论是借鉴刑法还是行政罚的经验，显然都不适合我国的国情。而且不论是公安等行政执法机关还是刑事司法部门在具体适用时都具有较强的主观性。2021年《行政处罚法》第33条第2款增加了行政违法行为可罚性的主观过错要件之后，行政机关对违法行为的可责性就具有更强的主动性。近年来"通过诉讼法实现非刑事化"的战略已在认罪认罚从宽、速裁程序、不起诉处理等制度中被证明是成功的。当公安机关办理的刑事案件达不到起诉条件或者决定不起诉时，通常只能将违法行为予以出罪，进而造成了一体化制裁体系中行政处罚与刑罚之间的责任失衡问题以及行政处罚与刑事立法权威丧失问题。以危险驾驶罪为例。各地仅危险驾驶案不起诉数就占全部不起诉数的61%。这样的处理结果致使醉酒后驾驶机动车所受的行政处罚还没有一般饮酒后驾驶机动车的行政违法行为所受行政处罚重的结果，显然不符合行政处罚与刑罚惩罚力度的差序递进关系。2023年12月13日公布的《最高人民法院、最高人民检察院、公安部、司法部关于办理醉酒危险驾驶刑事案件的意见》（以下简称《醉驾意见》）第12条规定，"血液酒精含量不满150毫克/100毫升的"醉驾，"且不具有本意见第十条规定情形的"，可以认定为情节显著轻微、危害不大，依照《刑法》第13条、《刑事诉讼法》第16条的规定处理。可见，该意见明确在醉驾领域不认为犯罪、不追究刑事责任或者虽然已经追究的但应当撤销案件、不起诉、终止审理、宣告无罪的适用条件。且该条件与道路交通安全法、《刑法修正案（八）》规定的"危险驾驶罪"的违法要件并不一致。另外，《醉驾意见》第20条规定："醉驾属于严重的饮酒后驾驶机动车行为。血液酒精含量达到80毫克/100毫升以上，公安机关应当在决定不予立案、撤销案件或者移送审查起诉前，给予行为人吊销机动车驾驶证行政处罚。根据本意见第十二条第一款处理的案件，公安机关还应当按照道路交通安全法规定的饮酒后驾驶机动车相应情形，给予行为人罚款、行政拘留的行政处罚。"因此，该意见明确了"血液酒精含量不满150毫克/100毫升的醉驾"行为不起诉之后还需要适用《道路交通安全法》第91条第1款进行罚款。虽然学界对该司法文件的普遍约束力提出了一些质疑，公安机关执法人员的执法思维和执法模式也并一定能马上调整过来；但若无此司法文件，饮酒驾驶的违法行为与危险驾驶罪之间行刑制裁"倒挂"的情况将无法化解，两个执法机关也无法协调行动。从行刑一体化制裁角度看，我国现行行刑制裁体系中存在明显不公平的环节。

（三）行刑衔接的"程序沟壑"

行刑衔接首尾相连的理想状态，需要一种贯通行刑关系的整体观念。这与概念上的区分并不矛盾。清晰分析上的统筹才是稳固的，统筹协调之下的分析才具有更高的实践价值。遗憾的是，由于部门法理论和实践的长期分立固化，目前仍然缺乏清晰实用的行刑关系大局观。我国行刑衔接机制实施了二十多年，因规范模糊、组织分立、程序不完善，相关各主体和程序没有形成连贯统一的良好态势。客观来看，我国行刑衔接机制始终缺乏能够提供整体判断的主导机制。

首先，从组织的层面来看，行政执法机关与刑事司法部门的分立是造成衔接不畅的根本原因。行政违法与刑事犯罪毕竟是两种性质的违法，各自负责的部门都有自主决策权，对衔接问题很难达成统一的认识。而在行刑一体化制裁体系中，检察机关、公安机关与行政执法机关之间是分工合作关系。我国检察机关无法全面指挥公安机关，公安机关也无法指挥其他行政执法机关。在刑事领域，虽然检察机关有权监督公安机关刑事侦查的职能，但却不能监督公安机关是否将不符合刑事立案条件或者不起诉的案件移送给相关行政主管部门。在行政执法监督方面，《治安管理处罚法》第114条第2款规定了检察机关可以对公安机关办理治安案件进行监督。但该监督职责在检察机关内部职责配置时被虚置了，并没有任何检察部门明确承担该项职能。在行刑衔接环节，刑事检察部门对行政执法机关不移送案件的监督并不以问责为目的[1]，而以

---

[1] 1997年刑法增加的徇私舞弊不移交刑事案件罪名在适用时被认为公安机关行使刑事司法权的执行人员不能成为本罪主体，因此无法涵摄行刑反向衔接时的违法行为。参见杨宏芹、朱铁军：《徇私舞弊不移交刑事案件罪司法认定中的若干问题》，载《人民法院报》2013年3月20日。

监督办案为根本目标。由于行刑衔接环节既涉及刑事司法活动的监督又涉及行政执法检察，但传统的机制存在不连贯和疏漏，自然会有不顺畅和断档的情形。自《意见》公布以来，刑事检察部门、行政检察部门对公安机关的活动形成了全面的监督网格。实践部门反馈在行刑反向衔接专项活动开展之后，行政检察部门监督的对象90%是公安机关。这说明《意见》建构起的监督网格对于规范公安机关活动大有助益。

其次，作为行刑衔接的关键环节，公安机关与其他行政执法机关的衔接并不顺畅。公安机关是我国政府的职能部门之一，其对政府其他职能部门并没有监督权力。当公安机关掌握无法出罪的违法线索，需要跟其他行政职能部门进行反向移送时却无法实现。我国"两法衔接"机制建立之后，公安部与相关部委签订了诸多行刑正向衔接的文件。① 这些文件中分别规定了"联合执法""联合打击"，但仍然是围绕行刑正向衔接活动展开。而且公安机关向哪些行政职能部门反向移送可能较难确定。以地市级政府为例，具有行政管理职权的机构多达56个，公安机关并未全面建立与这些机关的衔接机制。以食品安全监管为例，其监管模式分为流程监管、系统监管等模式。② 除市场监督管理部门之外，公安、卫生、农业、林业、商务等部门也负有监管职责。行政复议法修改之后将司法行政部门作为统一的行政复议机构。从反向衔接机制来看，公安机关也应与司法行政部门建立反向衔接机制，以便司法行政部门加强对其他行政部门执法的监督，也可减少检察机关——对接其他行政执法部门的困难。综上，刑事司法部门与行政机关的正向衔接还没有全面建立，反向衔接更是存在明显"沟壑"。

再次，在反向衔接程序方面，我国治安管理处罚法等法律规定的程

---

① 比如公安部、国家食品药品监督管理局印发的《国家食品药品监督管理局、公安部关于做好打击制售假劣药品违法犯罪行政执法与刑事司法衔接工作的通知》；环保部、公安部发布的《关于加强环境保护与公安部门执法衔接配合工作的意见》；知识产权局、公安部印发的《关于加强协作配合强化知识产权保护的意见》。

② 参见刘艺：《行政公益诉讼被告适格的实践分歧与规则建构》，载《清华法学》2023年第1期。

序尚不完全符合正当程序的要求。治安管理处罚法主要规定了实体内容，执法程序由部门规章《公安机关办理行政案件程序规定》来调整。且该规定中的行政处罚程序分为简易程序与快速办理程序、一般案件办理与听证程序，而非简易程序、普通程序、听证程序。其中快速办理程序实际上扩大了简易程序适用范围，只需行政相对人同意的情况下将应当适用一般案件办理的案件按简易程序办理。当然，若公安机关发现不适宜快速办理的可以转为一般案件办理。①这些程序机制与刑事领域的轻罪处罚程序设置，如认罪认罚从宽制度、不起诉处理、速裁程序之间完全没有衔接性。如果违法行为人在刑事诉讼存在自首、立功、退赃退赔等情节，行政机关再进行行政处罚时并没有被要求采纳刑事程序中认定的情节，则会影响到行政处罚的公正性。

最后，经过刑事程序之后移送回来的案件，行政机关进行处理时是否需要再经过听证、行政机关负责人集体讨论程序等？据此，最高人民检察院指导性案例第146号"卢某诉福建省某市公安局交警支队道路交通行政处罚检察监督案"作出了回应。②行政处罚法设置行政听证程序的目的是让中立的裁判者听取行政相对人的意见。但经过刑事诉讼程序确定的事实证明强度高于行政处罚程序，相对人的意见已被充分听取，相应可以减轻后续行政处罚的正当程序与证据要求。所谓正当的行政处罚程序，既需要保障对个体而言十分重要的利益，也需要考量行政机关的财政与效率等因素。③在行刑一体化的体系中，行政程序与刑事诉讼程序应当有对标衔接机制，以便行政机关对移送回来的案件进行处理时采纳在刑事环节中确认的情节和事实。如此方能提高国家整体执法效率。但事实证明，行政（处罚）程序与刑事诉讼程序之间的差异巨大，因此成为行刑衔接时的断裂鸿沟。比如在实践中，法人常常为犯罪行为提供上游或者下游的隐匿或者掩饰，但公安机关苦于无法查清上游或者

---

① 参见《公安机关办理行政案件程序规定》第48条。
② 参见刘艺：《检察监督推动"刑行双罚"统一适用——检察指导性案例第146号评析》，载《人民检察》2022年第5期。
③ See Mathews v. Eldridge, 424 U.S.319 (1976).

下游的犯罪事实而只能撤销刑事立案转为行政案件。但公安机关对该行为进行处罚时，又因在刑事领域里将扣押物已经作出没收等处理，若进行行刑反向移送再对相对人作出没收处理，相对人则会以不符合法定程序为由提起行政诉讼。①

三、行刑反向衔接中检察机关的作用

（一）职权主导衔接的德国模式

德国的"行刑一体化"运行模式为什么没有出现"堵点"与"沟壑"呢？我国行、刑两套体制分别由不同的主体执行，客观上是两个独立自主的直筒式运行机制。各个直筒系统内的出罪入罪问题都在各自结构内以漏斗的方式予以化解，而不是以移送或者回流的方式解决。而德国两套体制都由检察官办公室承担。检察官办公室有权决定是否追究这两项责任，因为检察官充分了解违法的情况，可以决定是起诉还是不起诉，或者提起哪种行政监管制裁。② 由于德国行政机关在《违反社会秩序法》中能处罚的范围极为有限，德国检察官可以主导对《违反社会秩序法》行为的查处。我国公安机关处理的治安案件占比较大，与德国检察院、法院介入违法社会秩序领域较多形成了鲜明对比。③ 因而，德国和我国的检察机关在行刑衔接中发挥的作用差异巨大。但我们可以从德国检察官的作用中借鉴一些经验。

从德国的历史来看，行政刑法是违警罚法的变身。德国区分自然犯

---

① 参见张宏娟、王蒙：《朱某诉甲市公安局行政处罚案》，载杨建顺主编：《新时代中国行政法前沿问题研究》，中国法制出版社 2023 年版，第 461—464 页。

② B. F. Keulen, u. a., De Punitieve Handhaving van de Omgevingswet, Uitgeverij Paris, 2015, p. 167.

③ 夏菲：《新中国治安学发展之回顾与展望——兼纪念 79 刑法颁布四十周年》，载《犯罪研究》2009 年第 6 期。

与法定犯的目的是将违警罪排除于刑法之外。①1952 年出台《违反秩序法》(Gesetzüber Ordnungswidrigkeiten)②就是为了限制刑事犯罪的数量，以便刑法只适用于那些真正必要的案件。1975 年，德国将原刑法分则中第 29 章的违警罪删除，将较常见的违警行为并入《违反秩序法》；部分有必要升格为犯罪的违警行为仍保留在旧规定中。理论上，《违反秩序法》中的行政罚和《刑法》中的刑罚不能同时实施，而且有衔接关系。比如，《违反秩序法》第 21 条规定"刑罚与行政罚竞合的处理方法"是："如果一项行为既是犯罪又是违反秩序行为，则只适用刑法。可以处以其他法律规定的附加措施"；"但是，在本条第（1）款的情形，如果没有科处刑罚，可以将该行为作为违反秩序行为处罚"。③综合来看，德国检察机关在行政罚款与刑罚的处置上有以下权限。

1. 在管辖权层面。德国《违反秩序法》第 41 条规定："如果有迹象表明该行为构成刑事犯罪，行政机关应将案件移送检察院"；"如果检察院不提起刑事诉讼，应将案件退回行政机关"。但是，"在刑事诉讼中，除非法律另有规定，检察院负责对行政违法行为进行起诉"④。可见，检察机关对行政违法行为有管辖权，只是有前提条件的。比如"如果追究与违反秩序行为相互关联的犯罪，即有人既被指控犯罪又被指控违反秩序行为，或者同一案件中既有人被指控犯罪又有人被指控违反秩序行为，即犯罪与违反秩序行为之间存在相互关联，检察院可以在行政罚款决定发出之前，由检察院接管对该违反秩序行为的追究"⑤；"如果涉嫌的违法行为既构成刑事犯罪，也可能构成行政犯罪，或对是否涉及

---

① 胡业勋、郑浩文：《自然犯与法定犯的区别：法定犯的超常性》，载《中国刑事法杂志》2013 年第 12 期。

② 该法经过多次修订并于 2023 年 3 月进行了最新一次的修改，载线上法律网，https://www.gesetze-im-internet.de/owig_1968/BJNR004810968.html，最后访问日期：2024 年 1 月 2 日。

③ 参见《违反秩序法》第 21 条第（1）项。

④ 参见《违反秩序法》第 40 条。参见德国《违反秩序法》（1987 年 2 月 19 日公布文本，1992 年 7 月 15 日最后一次修改），郑冲译，载《行政法学研究》1995 年第 2 期。

⑤ 参见《违反秩序法》第 42 条。

金钱或其他刑事案件存在疑问，则应将诉讼提交检察官办公室处理"①；而且"接管显然有利于加快程序，或者因为案件存在相互关联，或者出于其他原因有利于调查或作决定的情形，检察院方应当接管"。在刑事诉讼程序中，检察院对当刑事程序没有开始或者已经停止或者免予刑罚时，依据《违反秩序法》第 30 条（对法人和团体罚款）的第（4）项规定"可以单独科处罚款。但是，如果该项犯罪或违反秩序行为由于法律原因可以不予追究，则此规定不适用；本法第 33 条第（1）款第 2 句不受影响"。由于检察机关在刑事诉讼程序中本身就有对违反秩序行为的管辖权，因此只有当检察机关停止了犯罪追究程序，或者检察机关依据《违反秩序法》第 42 条没有接管对违法秩序行为的追究权，又有证据表明可以将该案作为违反秩序行为予以追究，才由检察院将案件移送行政机关。

2. 在优先处置权方面。当违法行为同时违反了刑法和秩序法时，检察院对违反秩序行为有优先的接管权。当违法行为既可作为违反行政监管的犯罪也可作为刑事犯罪被起诉时，或者当对某项犯罪的行政制裁和刑事制裁程序同时启动时，通常检察机关具有优先处置权。如若出现检察机关对犯罪提起公诉时需要接管对违反秩序行为的查处情形时，而且刑事调查可以为此提供充足的理由，则需要将公诉扩展至违反秩序行为。②而且案件是否作为犯罪追究，行政机关受检察院决定的约束。如果检察机关接管追究违反秩序行为，则原来主管的行政机关受命调查违反秩序行为的人员具有与警署官员在罚款程序中相同的权利和义务。原来主管的行政机关可以依照《刑事诉讼法》对检察院协助官员的规定下令收缴、紧急出售、搜查和调查。检察机关对涉及违反秩序行为的起诉书和请求颁发刑罚令的申请应当通知原来主管的行政机关。③但是，当罚款决定已经具有法律效力，或者如果法院已经对该违反监管的行为作

---

① 参见《违反秩序法》第 28 条第（2）项。
② 参见《违反秩序法》第 64 条。
③ 参见《违反秩序法》第 63 条。

出最终裁决，则同一违法行为不能再作为行政犯罪进行起诉，而且该行为作为行政犯罪的最终判决也排除了将该行为作为刑事犯罪进行起诉的可能性。①对于违反秩序行为的追究，如果是向法院提起，而且法院认为不必处罚，则由法院经检察院同意之后终止诉讼。相对人对此种裁定不得申明不服。②但是，如果检察机关考虑因违法秩序行为而停止程序，应当听取原来主管的行政机关的意见；若决定无须行政机关的特殊专业知识，则可以不听取意见。当然，如果检察院是起诉机关，其他主管行政机关有权查阅法院获得的或在诉讼程序中必须提交的案卷，以及检查扣押和没收的物品。行政机关也有权查阅以纸质形式保存的案卷。③这样可以保证行政机关也对案件完全知情。

3. 在移送权方面。当检察机关无法启动刑事诉讼程序或者该行为不构成犯罪时，检察机关无法处理违反秩序行为时，就必须将案件移送行政机关处理。④《违反秩序法》第35条规定由行政机关追究和处罚的情形有：在依照本法不由检察院或者在采取某些具体追究措施的情况下由法官取代检察院管辖的情形，由行政机关管辖追究违反秩序行为。或者如果依照本法不由法院管辖处罚，行政机关管辖处罚违反秩序行为。可见，德国《违反秩序法》与刑法之间有紧密衔接关系。因此，行政机关对违反秩序行为的处置权也是先排除适用刑法之后再确定行政机关的管辖权。从移送顺序来看，法律重点规范的是法院、检察院向行政机关移送的问题，也就是我国行刑反向衔接问题。只有不属于检察院和法院管辖的案件才由行政机关管辖。针对预防危险行为的行政制裁，德国虽然设置了对同一行为实施行政、刑法双重制裁的体制，但行政机关也无权干涉检察官依据法律决定何种违法行为应该接受何种行政罚款或者刑事

---

① 参见《违反秩序法》第81条。
② 参见《违反秩序法》第47条第（2）项。
③ 参见《违反秩序法》第49条。
④ 参见《违反秩序法》第43条规定，"如果检察院接管追究，检察院可在程序进入法院审理之前，将案件移送行政机关；如果检察院仅只因为相互关联的犯罪而停止程序，则必须将案件移送行政机关"。

制裁。① 比如德国《刑事诉讼法》第153条a规定"经负责开始审理程序的法院和被指控人同意，检察机关可以对轻罪暂时不予提起公诉，同时要求被告人：（1）作出一定的给计，弥补行为造成的损害；（2）向某公益设施或者国库交付一笔款额；（3）提供有利于公益之义务劳动；（4）承担一定数额的赡养义务；（5）致力于与被害人达成全部或大部分赔偿之和解或努力达成赔偿之和解；（6）参与依照道路交通秩序法的强制受训课程。"为符合上述之负担或指示，检察官应给予被告一定的履行期限。检察官得以事后提高数额或延长期限每次三个月。若被告如期履约，检察官不得对该轻罪再行起诉。以上就是德国缓起诉制度之规定，而据此对于遵期履行负担或指示者，检察机关不得对于同一案件再行起诉。综上，我国在推进行刑反向衔接监督机制时，也应该反思治安管理处罚法与刑法的关系。因为我国治理管理处罚混杂了行政刑罚与秩序罚的特性，所以针对违反秩序的不起诉刑事案件，行政检察部门需要非常慎重地调查是否需要回移给公安机关对同样的行为进行违反秩序行为的处罚。

检察官在德国行刑衔接中发挥了主导和关键作用。这首先是因为德国检察机关是"审查侦查的领导者"。德国也存在检察机关是属于司法权还是属于行政权的争议。依据《德国法院组织法》的规定，检察长向司法部负责，检察官有义务遵守地方当局主管们的命令。② 因此，司法部长有权向州检察机关提出一般指导以及对个案指示。所以，检察机关并非独立于行政权力，而是由从属公务员（检察官）组成的等级机构。③ 但为了保障检察官的独立性，欧洲理事会的欧洲检察官协商理事会（CCPE）于2014年公布了一份系统性阐述欧洲检察官规范与原则的《罗马宪章》。该宪章第14点指出，虽然大多数欧洲检察机关是等级

---

① D. Klesczewski, Ordnungswidrigkeitenrecht, Verlag Franz Vahlen, 2016, p. 228.

② 参见《德国法院组织法》第146条。

③ C. Roxin and B. Schuenemann, Strafverfahrensrecht (Muenchen, C.H.Beck, 2017) § 9 A H. 转引自［澳］维多利亚·科尔文、菲利普·斯坦宁：《检察官角色的演变——挑战与创新》，谢鹏程等译，郭烁校，中国检察出版社2021年版，第224页。

制结构为基础的,但不同层级之间的关系应该由明确、平衡的规则来管理。案件的指派和重新指派应符合公正性的要求。①《波尔多宣言》亦持相同意见:"在采取层级制检察体制的法治国家中,对于检察官来说,起诉的有效性与透明的权力流程、问责和责任密切相关。对检察官个人的指示应当依照法律并在适用情况下遵循公开发布的起诉准则和标准以书面形式提供。根据法律对检察官起诉或不起诉的决定进行的任何审查都应公正客观地进行,且应适当考虑受害者的利益。"②2000年欧洲委员会部长理事会《关于检察官在刑事司法体系中所扮演角色》建议原则上应禁止政府在特定案件中发出不起诉的指令,例外的指示在遵守国内法的前提下充分保证透明性和公平性,还应保证检察官可自由地向法院提交意见。③在德国已达成广泛共识,认为"检察机关是刑事司法系统中的独特机构,将国家这两种权力要素综合在一起"④。而这种本身就具备整合性的定位,决定了德国的检察官能够依职权成为行刑衔接的主导力量。

(二)监督主导衔接的中国模式

我国行刑衔接,特别是反向衔接存在的问题主要是因为缺乏行刑关系整合理论和衔接的主导机制而致。行刑衔接机制的完善既需善用外部动能,更需理顺内部势能。⑤从我国法治的整体生态来看,行政违法检

---

① CCPE, Rome Charter: European Norms and Principles Concerning Prosecutors, p.14 (Council of Europe 2014).

② Bordeaux Declaration, Judges and Prosecutors in a Democratic Society, CCJE (2009) OP12E, p.9. https://rm.coe.int/1680747391, Last Visited on 2nd January 2024.

③ Committee of Ministers, The Role of Public Prosecution in the Criminal Justice System, p.13.

④ [澳]维多利亚·科尔文、菲利普·斯坦宁:《检察官角色的演变——挑战与创新》,谢鹏程等译,郭烁校,中国检察出版社2021年版,第224页。

⑤ 一般来说,动能是系统的外能,是由位置移动及移动速率决定的能量形式。势能是系统的内能,是由位置决定的能量形式。势能是相互作用的物体所共有,而非一方所独有。本文并非从严格的物理学意义使用这两个概念,只是在比喻性的意义为主题研究提供有意义的分析维度。

高质效行政检察监督的理论与实践

察监督可以有效利用外部动能,集聚内部势能,成为行刑反向衔接的核心机制,其高质效运行也有利于达致行刑一体的理想衔接状态。与一些国家将检察官的司法官(magistato)地位明文规定在宪法中不同①,我国宪法没有明示检察机关属于司法机关。但从检察机关在我国刑事诉讼中的功能定位来看,其作为司法机关的定性是毋庸置疑的。宪法上的法律监督机关的定位是否包括检察机关可以监督行政机关,还需要进一步明确。新中国成立之初,"法制监督机关"或"法律上的监督机关"的描述大概指检察机关通过抗议其他行政机关的不合法决定,保证行政机关的正确活动,维护法制统一。②王桂五认为,"人民检察院所实行的监督是专门的法律监督,它从法制统一的观点上,抗议一切违法的决议、命令和措施……"③1979年彭真在《关于七个法律草案的说明》中指出:"列宁在十月革命后,曾坚持检察机关的职权是维护国家法制统一。我们的检察院组织法运用列宁这一指导思想,将人民检察院定位为国家的法律监督机关。"④大多数国家都强调检察机关身负确保法律公正适用的职责。

随着社会主义法制向社会主义法治转化,我国检察机关的职责也从监督严格适用法律转向了公正适用法律。虽然2018年修订的《人民检察院组织法》第20条并未写明人民检察院可以监督行政机关的执法活动,但第4项"依照法律规定提起公益诉讼"和第7项规定的"对监狱、看守所的执法活动实行法律监督"都有对行政机关的监督职责。2019年颁布的《人民检察院检察建议工作规定》第9条规定了"人民检察院在履行对诉讼活动的法律监督职责中发现有关执法、司法机关具有下列情形之一的,可以向有关执法、司法机关提出纠正违法检察建议"的内容。其中包括"人民检察院办理行政诉讼监督案件或者执行监督案件,发现行政机关有违反法律规定、可能影响人民法院公正审理和

---

① 参见《意大利宪法》第107条第3项。
② 陈启育:《新中国检察制度概论》,人民出版社1951年版,第32页。
③ 王桂五:《王桂五论检察》,中国检察出版社2008年版,第147页。
④ 《彭真文选》,人民出版社1991年版,第377页。

执行的行为的"情形。但是，面对反向移送的案件，大部分行政机关和行政相对人的态度都是不理解或者拒绝。因为在传统认知中，行政机关认为已经移送给刑事司法部门的犯罪案件不应再作出行政处罚，即"罪不别罚"。该认知并不符合法规范的要求。通常行政机关会采取"应作为"或者"不作为"的态度。"应作为"又分为"应作为且积极行动的行为""应作为而消极违规不作为"两类。"不作为"又分为"不应作为而有积极违规行为""不应作为且消极作为"两类。第一类和第四类属于合法情形。第二类、第三类属于违法，检察机关应对其进行监督。

《意见》明确规定行政检察部门的监督手段有"提出检察意见""跟踪督促""制发检察建议"三种手段。其中，检察意见需经检察长批准；检察意见书应当写明采取和解除刑事强制措施，查封、扣押、冻结涉案财物以及对不起诉人予以训诫或者责令具结悔过、赔礼道歉、赔偿损失等情况。[①] 像检察意见这样由刑事检察部门在正向衔接监督中行使的监督权，行政检察部门是否可以行使？行政检察业务在"四大检察"中具有短、弱、小、冷的特点。不论是理念、实践的完备程度还是在重视和投入程度方面，行政检察业务相较于其他检察业务都有明显差距。[②] 检察机关肩负着法律监督的责任，从理论上虽然有权监督政府机构、社会组织、自然人的活动，但要运用监督权监督行政机关，还需要法律明确授权，才符合法治原则。根据《最高人民检察院、全国整顿和规范市场经济秩序领导小组办公室、公安部关于加强行政执法机关与公安机关、人民检察院工作联系的意见》的规定，在行刑正向衔接过程中，"对于行政执法机关不移送涉嫌犯罪案件，有关单位、个人举报或者群众反映强烈的，人民检察院可以向行政执法机关查询案件情况；经协商同意，还可以派员查阅有关案卷材料，行政执法机关应予配合。必要时，人民检察院应当向行政执法机关提出检察意见，建议其按照管辖规定向公安

---

① 2021年《最高人民检察院关于推进行政执法与刑事司法衔接工作的规定》第8条第2款第一句。

② 参见张相军：《关于做好新时代行政检察工作的思考》，载《中国检察官》2019年第4期。

机关移送涉嫌犯罪案件，行政执法机关应当反馈落实情况"。针对"行政执法机关仍不移送的，检察机关应将情况书面通知公安机关。公安机关经过审查，认为有犯罪事实需要追究刑事责任，且属于公安机关管辖的，应当立案侦查"。从以上规定并不能类推出行政检察部门也可以行使刑事检察部门的上述方式。检察机关类推适用于行刑反向衔接监督中。再比如，依据《最高人民检察院关于推进行政执法与刑事司法衔接工作的规定》第9条规定，"人民检察院提出对不起诉人给予行政处罚的检察意见，应当要求有关主管机关自收到检察意见书之日起两个月以内将处理结果或者办理情况书面回复人民检察院。因情况紧急需要立即处理的，人民检察院可以根据实际情况确定回复期限"。在实践中，若行政机关不按人民检察院的要求回复意见时，行政检察部门通常会再向行政机关制发检察建议督促其履职。但检察建议的约束力明显弱于检察意见书。行政机关对这样的"组合拳"十分反感，检察机关也倍感无力。需要厘清的是，行政检察部门对行刑反向衔接进行的监督职能并非传统的问责机制，而具有指导、协调和治理的功能。行政机关的不回应是对检察机关的监督不理解、不认同，检察机关应加强与行政机关的沟通交流，切勿以监督者自居，还应严格恪守机关之间分工合作的宪法原则。

进入新时代之后，检察机关确立了"四大检察"的法律监督基本格局。若要推动"四大检察"全面协调充分发展，亟须增强行政检察的动能，使其从主观动机、客观动力、实施程序方面具备履行监督职能的基本条件。行政检察部门要实现指导、协调和治理的功能，其监督手段应增加一些手段。比如，有学者建议在轻罪行刑衔接案件中，授权检察机关可以作出检察罚。即检察机关在作出附条件不起诉决定环节，应当听取并考量行政机关的意见，确定不起诉考验期，作出附条件不起诉决定，行政机关不再作出处罚决定。检察罚符合我国行刑两套直筒运行机制的特点，也可以合并检察程序、行政处罚、民事损害赔偿程序，将不同国家机关之间的串联程序改为并联程序，将公法中的制裁与私法中的损害赔偿救济合并起来，统一由检察机关对外实施，以解决行刑衔接案件程序烦琐、周期漫长、治理效果低等问题。①另有学者提出，也可以提高罚金的制裁力度或者增加附加刑罚的类型来解决该问题。总之，行政检察机关的监督手段是驱使行政机关采取行政管理手段，若行政机关无正当理由仍然不履行且构成犯罪时，检察机关可以对其进行监督。但是，我国行政检察部门在行刑反向衔接监督中，是监督不承担刑事责任或者承担刑事责任的自然人与法人继续承担行政责任或者民事责任。这对于相对人而言无疑是加重其义务。因此，不能只为了实现对行政机关和行政相对人的全过程监督而武断行使监督权。行政检察部门的监督手段必须有法律予以明确授权，否则无法产生对行政机关或者相对人的强制约束力。

四、检察机关在行刑反向衔接中的监督职责

《意见》确立的是行刑双向衔接的监督机制。但鉴于刑事检察监督的理论较完备，而行政检察理论薄弱且实践迷茫等原因，本文重点分析行政检察部门在行刑反向衔接中的监督职能。《意见》明确授予行政检察部门三个方面的监督职责：一是检察机关决定不起诉的案件，承办刑事检察部门在作出不起诉决定之日起3日内提出是否需要对被不起诉人给予行政处罚的意见，并移送行政检察部门审查。行政检察部门审查后，认为需要给予行政处罚的，经检察长批准，提出检察意见，移送行政主管机关处理。行政检察部门对行政主管机关的回复和处理情况要加强跟踪督促，发现行政主管机关违法行使职权或不行使职权的，可以依照法律规定制发检察建议等督促其纠正。二是行政检察部门在履行行政诉讼监督职责中，发现行政主管机关违法行使职权或不行使职权的，可以依照法律规定制发检察建议等督促其纠正。三是其他检察部门在履行法律监督职责中发现行政违法行为监督线索的，依照《人民检察院内部

---

① 参见袁雪石：《整体主义、放管结合、高效便民：〈行政处罚法〉修改的"新原则"》，载《华东政法大学学报》2020年第4期。

移送法律监督线索工作规定》，通过案管部门移送本院行政检察部门统一筛查办理。但是，《意见》中对行政检察部门的职责规定还有不明确的地方需要进一步厘清。

（一）行刑反向衔接监督的基础应予以明确

我国行刑衔接机制已经运行了 20 多年，但不论是理论层面还是规范层面，都没有明确行刑衔接时是应该以"任务""领域"还是"行为""形态"作为衔接基础。2001 年 4 月出台的《国务院关于整顿和规范市场经济秩序的决定》规定的行刑衔接范围是以任务为基础，因为建立"行刑衔接机制"的任务原本只是为了"整顿和规范市场经济秩序"。学界通常认为行刑衔接问题主要集中在刑法分则第三章和第六章的罪名中。但从实践情况来看，刑法分则第一章、第二章、第四章、第七章也涉及行刑衔接的问题。我国《道路交通安全法》第 91 条针对饮酒后驾驶机动车的罚责则是以行为为标准建立的行刑双罚制。然而，这样以行为为标准的划分机制不具有普适性。比如，《刑法》第 201 条逃税罪中，却采取了"首违不罚"但"五年内累积二次以上行政处罚"才给予刑事制裁的规定。而在生态领域，最高人民法院 2022 年公布的指导性案例"铜仁市万山区人民检察院诉铜仁市万山区林业局不履行林业行政管理职责行政公益诉讼案"（以下简称铜仁案）中却又强调不能因移送刑事领域而撤销原来已经作出的行政处罚。交通、税务、生态领域的违法行为为什么存在这么大的行刑衔接基础和标准的差异，从理论上尚不能得出统一的解释，但却窥见我国行刑衔接的基础性问题尚存在很大争议。

奥地利明确是以行为标准建立行刑衔接机制。比如《奥地利行政违法法》第 22 条规定共同犯罪行为："（1）除行政法规另有规定外，只有在法院管辖范围内不构成刑事犯罪的，才按行政犯罪处罚；（2）如果某人通过多项独立行为实施多项行政违法行为，或者一项行为受到多项非排他性处罚威胁，则必须同时实施处罚。行政违法行为与行政机关应当处罚的其他犯罪行为同时发生的，亦同"。①

我国也区分了行刑衔接的处罚类别。比如《食品安全法》第124条明确规定违法行为人尚不构成犯罪的，可以处以没收、罚款、吊销许可证的处罚。若行政检察机关在行刑反向衔接中，对于不起诉的案件据此条款督促行政机关给予处罚，行政机关本不应该拒绝，但实践中行政机关会以案件已经移送刑事司法部门为由予以明确拒绝。再以危险作业罪为例。危险作业罪是《刑法修正案（十一）》新增的罪名之一，是指在生产、作业中违反有关安全管理的规定，有刑法规定情形之一的，具有发生重大伤亡事故或者其他严重后果的现实危险的行为。对违法犯罪行为采取不同性质的制裁并不违反"一事不再罚"原则。但是，《安全生产法》第90条、第94条第2款等有刑事责任与行政处分责任并处，第91条有刑事责任与纪检监察责任并处，第92条有行政处罚与民事责任同处的规定，第92条第3款和第94条第3款有刑罚与行政处罚的资格罚并处的规定。但第94条第3款是否适用行政机关先作出资格罚还是行刑反向移送之后再作出资格罚却不明确。同样，第95条是否属于刑事责任与行政处罚责任并处的规定也不明确。因此，当检察机关将涉嫌构成危险作业罪而不起诉的案件移送给安全生产部门，督促其按安全生产法相关条款对涉案企业进行行政罚款时，安全生产部门明确予以拒绝。出现这类情形，不仅我国相关立法需要修改，我国行政执法机关对于行刑反向衔接的观念也需要改变。目前，也有学者提出以"形态"来确定行刑衔接监督机制如何运行，并提出单一罚、吸收罚、双罚、关联罚中反向衔接监督的重点。②但文章也没有穷尽各种形态中可能出现的监督情形。因此，行刑反向衔接监督的问题除了检察机关积极探索之外，还需要理论界和行政机关转变观念并积极配合。

---

① 《奥地利行政违法法》最近一次修订为2023年11月，载奥地利联邦法律信息系统，https://www.ris.bka.gv.at/GeltendeFassung.wxe?Abfrage=Bundesnormen&Gesetzesnummer=10005770，最后访问日期：2023年11月7日。

② 参见刘艺：《建构行刑衔接中的行政检察监督机制》，载《当代法学》2024年第1期。

（二）行政检察部门行刑反向衔接监督应包括免予或者不予刑事处罚的案件

《意见》将行刑反向衔接监督限定在不起诉案件①，但是我国法律规定和实践中的行刑反向衔接却远不止于此。首先，依据《刑事诉讼法》第 16 条、第 168 条②的规定，检察机关并非只对不起诉案件有决定权，还有撤销案件的决定权和核准权。2020 年 7 月 20 日修正的《公安机关办理刑事案件程序规定》第 188 条第 1 款规定，"犯罪嫌疑人自愿如实供述涉嫌犯罪的事实，有重大立功或者案件涉及国家重大利益，需要撤销案件的，应当层报公安部，由公安部商请最高人民检察院核准后撤销案件。报请撤销案件的公安机关应当同时将相关情况通报同级人民检察院"。而且《人民检察院刑事诉讼规则》第 248 条规定，"人民检察院因其他原因撤销案件，对于查封、扣押、冻结的犯罪嫌疑人违法所得及其他涉案财产需要没收的，应当提出检察意见，移送有关主管机关处理"。因此，对于人民检察院核准撤销的案件，行政检察部门也应该进行反向移送的监督。其次，根据《刑法》第 13 条、第 37 条、第 201 条第 4 款规定的先予行政处罚而免予刑事责任的规定在适用时，也存在行刑反向衔接的监督问题。比如，"对于犯罪情节轻微不需要判处刑罚的，可以免予刑事处罚，但是可以根据案件的不同情况，予以训诫或者责令具结悔过、赔礼道歉、赔偿损失，或者由主管部门予以行政处罚或者行政处分"的规定，就表明免予刑事处罚的，仍然需要由主管部门予以行政处罚。所以，免予刑事处罚案件仍然需要加强反向衔接的监督。最后，在遵循"一事不再罚"原则的行刑衔接案件中，一般情况下行政机关作出行政处罚之后再决定移送给刑事司法机关时，人民法院作出拘役或者有期徒刑以及罚金时，会考虑与罚款、拘留相折抵，似乎不需要考虑行刑

---

① 刑事诉讼程序中存在五种不起诉决定：法定不起诉、酌定不起诉、存疑不起诉、附条件不起诉和特殊不起诉。

② 《刑事诉讼法》第 168 条规定："人民检察院侦查终结的案件，应当作出提起公诉、不起诉或者撤销案件的决定。"

之间反向移送问题。然而，在"税务首违不罚"的规定①中，如果受过行政处罚，就无须移送刑事司法部门时，不会出现行刑之间的反向衔接。但是，该条还规定"五年内因逃避缴纳税款受过刑事处罚或者被税务机关给予二次以上行政处罚"而除外的情形。这也意味着，当出现需要追究刑事责任的情形时，即再次接受刑事处罚或者三次或者以上被行政处罚的案件，还是会接受刑事追究。而被刑事追责时，就可能会有行刑双罚的情形。此时，仍然要加强行刑之间反向衔接的监督。

（三）行政检察部门行刑反向衔接监督应包括行政处罚之外的案件

以铜仁案为例，公益诉讼检察部门发现刑事部门未对全部违法行为提起公诉而且行政机关在移送案件之后撤销了包括责令限期恢复原状在内的所有处罚决定。根据《公安机关受理行政执法机关移送涉嫌犯罪案件规定》第2条第1款规定，对行政执法机关移送的涉嫌犯罪案件，公安机关应当接受，及时录入执法办案信息系统，并检查是否附有相关材料。第2款规定，"移送材料表明移送案件的行政执法机关已经或者曾经作出有关行政处罚决定的，应当检查是否附有有关行政处罚决定书"。据此说明，行政机关发现同一行为既违反行政法应受处罚，又触犯刑律应受刑事处罚时，并不一定要撤销已作出的行政处罚。而且该案中，行政处罚内容并非只涉及罚款或者拘留。"责令限期恢复原状"不属于行政处罚法规定的行政处罚种类，不应适用"一事不再罚"原则。因此林业局依据"一事不再罚"原则主动撤销行政处罚行为，未能责令武陵公司恢复原状，还致使非法占用鱼塘乡29.1亩林地的行为未被制裁，也无法恢复原状，显然属于违法处理。因此，人民法院经审理认为，"违法行为人的同一行为既违反行政法应受行政处罚，又触犯刑法应受刑罚处罚的情形下，行政机关在将案件移送公安机关时不应因案件移送而撤销已经作出的行政处罚"。本案也说明，检察机关若发现行政机关移送的

---

① 参见《刑法》第201条第4款。

违法行为并没有完全被刑事判决所涉及，行政机关原本应在刑事判决生效后再作出行政决定的，行政机关却未作出时，检察机关可以建议行政机关履职，行政机关仍未完全履行职责时，人民法院会予以支持。该案中人民法院、人民检察院要求行政机关采取代履行措施（恢复原状、补植复绿）而非作出行政处罚决定。本指导性案例虽然是行政公益诉讼案件，但确立的要旨却并不限于行政公益诉讼领域，也可以延展到行刑衔接环节的行政违法行为检察监督领域。行政强制执行与行政处罚并非同类行政行为。当涉及行刑衔接时，不能违法适用"一事不再罚"原则。若法律没有禁止性规定，不能主动撤销行政行为以规避行政责任。

需要特别指出的是，当刑罚无法吸收行政处罚时，行政检察部门该采取何种监督手段的问题。在铜仁案中，林业局撤销的行政处罚所涉的罚款金额为2035134元，因武陵公司已缴纳194000元罚款，未收缴的罚款金额为1841134元。而刑事判决中只对沈某处以5万元罚金。若林业局没有撤销原行政处罚，这样行政罚款金额明显高于罚金，该如何折抵呢？现行行政处罚法和刑法都没有相关规定。所以林业局撤销处罚之后再移送案件就不会面临这样的适用困境。2021年7月15日生效的新《行政处罚法》将原《行政处罚法》第28条修改成第35条，还增加了行刑衔接时"行政机关尚未给予当事人罚款的，不再给予罚款"的规定。只有刑事部门不依法追究刑事责任或者免予刑事处罚时，才会将案件移送回行政机关。而本案已由刑事部门处理了，不会出现案件回移的情况。行政机关也会因刑事判决在先，会以已移送刑事部门或者"刑事部门已经处罚"为由，不再对行为人处以行政罚款。但这样的结果让行为人免受高额的罚款。在此种情形下，检察机关应监督行刑制裁强度倒挂问题。在立法层面，我国目前还未确立"如果罚款高于罚金，高出部分则不再追缴"的规则。目前，当被科以行政处罚与刑罚的违法行为是同一行为时，以刑罚作为最终或者最重制裁机制的认知与实践中大量行刑制裁错位或者倒挂的情形是存在内在冲突的。基于行刑违法相对论观点，行政机关在将案件移送刑事司法机关之前，一律撤销已作出的行政决定并不具有正当性。检察机关可以监督行政机关是否履行了收缴高于罚金的罚款的执行职责。

（四）反向衔接监督机制应聚焦法人的违法问题

我国刑法中的个人罚与单位罚的双罚制并不健全。罗马法确立的法人拟制说，认为"法人不可能犯罪"。该学说对德、日刑罚观念影响较大。比如，德国现行刑法典与判例就仍对法人犯罪持否定态度。理由是若法人因受雇人之罪行而受到制裁，即是因为法人未尽到选任或者监督的义务而将受雇人应该受到的非难转嫁到法人身上，反而会助长受雇者作出更多违法行为；法人代表的行为属于代理人行为，不等于法人的行为，不应由法人来负责。但为了预防法人犯罪，德国《违反秩序法》第30条专门规定了对法人和社团的罚款。遗憾的是，我国行政法律规范不仅没能一一设置对应监管性刑罚，对法人的罚则更是十分欠缺。如某村委会擅自与某企业订立协议，在未办理草原审批手续，也未获得采矿许可证的情况下，将160余亩草原交由某企业占用采石，收取租金。我国《刑法》第342条非法占用农用地罪的本罪是结果犯，即只有当行为人非法占用农用地的数量较大并大量毁坏该农用地的，才构成本罪的既遂。虽然《刑法》第346条规定了单位罚，但实践中却很少适用。土地管理法、草原法则没有针对法人或者组织设置相应的罚则。"双罚"很难被严格适用并非只是实践中存在的问题。反观行政机关，其对单位采取限制其资格或者行为的方式更为便捷、灵活。行政检察部门在开展行刑反向衔接监督时，应针对个人不起诉的案件重点排查，若发现法人有违法行为，可运用检察意见予以反向衔接监督。

（五）政务处分类案件的移送宜由刑事执行检察部门负责

《意见》只规定了"需要给予行政处罚的""移送行政主管机关处理"的内容。但是，《刑法》第37条规定"对于犯罪情节轻微不需要判处刑罚的，可以免予刑事处罚，但是可以根据案件的不同情况，予以训诫或者责令具结悔过、赔礼道歉、赔偿损失，或者由主管部门予以行政处罚或者行政处分"。而2018年修订的《刑事诉讼法》第177条第3款规定"对被不起诉人需要给予行政处罚、处分或者需要没收其违法所得的","人民检察院……移送有关主管机关处理"。没收违法所得是行政处罚的一种类型,按行刑反向衔接程序运行即可。《中共中央关于加强新时代检察机关法律监督工作的意见》提出"健全检察机关对决定不起诉的犯罪嫌疑人依法移送有关主管机关给予行政处罚、政务处分或者其他处分的制度"。这里的"有关主管机关",不仅包括享有行政处罚权的行政职能部门,还包括监察机关、公职人员任免机关和单位等。监察机关对违法公职人员作出的"政务处分"是由《监察法》第 11 条第 3 项和第 45 条第 2 项授权的惩罚方式,并由 2020 年 6 月 20 日通过的公职人员政务处分法予以全面规范。政务处分与传统的行政处分之间有一定重合。比如,公职人员政务处分法规定公职人员的任免机关、单位也可以适用该法作出行政处分;并规定监察机关对公职人员任免机关、单位是否作出或者作出行政处分违法、不当,都有权提出监察建议。按照检察机关的内部分工,刑事执行检察部门与监察机关之间有业务衔接关系,应由刑事执行检察部门负责向监察机关或者公职人员任免机关、单位反向移送政务处分类案件。

行刑反向衔接重点问题实证研究

梁 云[*]

2023年7月，最高人民检察院印发了《关于推进行刑双向衔接和行政违法行为监督 构建检察监督与行政执法衔接制度的意见》（以下简称《意见》），对加强行刑双向衔接工作提出明确要求，特别强调行政检察部门要牵头负责反向衔接工作。但长期以来，司法实践中对反向衔接的性质存在争议，导致在审查标准、审查强度、意见明确程度等问题上认识不一。本文以2022年以来某基层检察院刑事不起诉案件为样本，分析反向衔接工作中存在的理论和实践困惑，从厘清反向衔接性质入手，对行政处罚主体、处罚时效、单位犯罪与行政处罚对象的对应关系等问题进行实证分析，以期为行政检察部门发挥好反向衔接牵头作用提供借鉴。

一、某基层院行刑反向衔接工作开展现状

《最高人民检察院关于推进行政执法与刑事司法衔接工作的规定》（以下简称《规定》）第8条第1款规定，"人民检察院决定不起诉的案件，应当同时审查是否需要对被不起诉人给予行政处罚。对被不起诉人需要给予行政处罚的，经检察长批准，人民检察院应当向同级有关主管机关提出检察意见，自不起诉决定作出之日起三日以内连同不起诉决定

---

[*] 梁云，江苏省南京市人民检察院党组成员、副检察长。

书一并送达。人民检察院应当将检察意见抄送同级司法行政机关,主管机关实行垂直管理的,应当将检察意见抄送其上级机关"。一直以来,反向衔接工作由刑事检察部门负责。2022年1月以来,某基层院刑事检察部门共办理刑事不起诉案件161件,其中,向行政主管机关提出检察意见的案件有137件,占比85.1%。

从相对不起诉、存疑不起诉、绝对不起诉三种不起诉类型来看,相对不起诉案件158件,占比98.1%,是反向衔接中的主要案件类型;存疑不起诉案件2件,占比1.2%;绝对不起诉案件1件,占比0.6%。

从刑事罪名来看,共涉及罪名22个,数量较多的案件包括:危险驾驶罪50件,占比31.1%;盗窃罪31件,占比19.3%;非法吸收公众存款罪19件,占比11.8%;诈骗罪12件,占比7.5%;虚开发票罪7件,占比4.3%;故意伤害罪6件,占比3.7%。另有帮助信息网络犯罪活动罪和非法捕捞水产品罪各5件,交通肇事罪4件,过失致人死亡罪、污染环境罪、寻衅滋事罪与掩饰、隐瞒犯罪所得、犯罪所得收益罪各3件,非法收购、运输、出售珍贵、濒危野生动物、珍贵、濒危野生动物制品罪名2件,其余罪名案件各1件。

在提出检察意见的案件中,向公安机关提出的有154件,占比95.7%;向农业农村主管部门提出的有4件,占比2.5%;向生态环境主管部门、市场监督管理部门、税务部门各提出1件,分别占比0.6%。可以说,在刑事检察部门主导下,反向衔接主要呈现出检察机关与公安机关的二元互动模式。

二、反向衔接检察实践中的困惑

从某基层院的数据来看,向行政主管机关提出检察意见的案件占全部不起诉案件的85.1%,看似比例较大,但其中95.7%的案件是向公安机关提出的。与之对比,全部不起诉案件中与公安机关行政处罚权相关的罪名仅占比 65.8%①，这说明，有很大一部分涉及其他行政主管机关的案件没有提出检察意见，或者本该向其他行政主管机关提出却向公安机关提出，存在检察意见对象错误。实践中，还有处罚时效是否超期判断不准，单位犯罪与单位、个人处罚的对应关系混乱等问题。归根结底，是对反向衔接的性质没有准确认识，导致检察意见诸要素的精准度不高。

（一）反向衔接的性质认识难

反向衔接是一种线索移送还是一种检察监督行为？实践中存在不同的看法。从字面上看，检察意见不同于检察建议。一位省级检察院的部门主任曾在与笔者讨论时这样说，公安机关对待检察意见和检察建议的态度截然不同，对检察意见可以说是"来者不拒"，但对检察建议存在一定程度上的抗拒，这从形式上就足以说明检察意见不具有检察建议的监督属性，两者性质不同。但反向衔接是否就等同于纯粹的线索移送呢？《行政处罚法》第 27 条"对依法不需要追究刑事责任或者免予刑事处罚，但应当给予行政处罚的，司法机关应当及时将案件移送有关行政机关"的规定又内涵着，作为司法机关的检察机关决定移送前，需要对行政处罚的必要性、可能性、处罚主体、处罚内容等进行实质判断，这样的审查和判断已经超出了一般线索移送行为的范畴。正因如此，明晰反向衔接的性质，对检察机关的审查标准、审查内容、意见明确程度等至关重要。

（二）行政主管机关"识别"难

判断向哪一个行政主管机关提出检察意见，是实践中的难点问题。向不具有处罚权的行政机关制发检察意见，特别是简单化地一律向移送审查起诉的公安机关制发检察意见，有悖于行政法中职权法定和依法

---

① 因危险驾驶罪、盗窃罪、诈骗罪、故意伤害罪、交通肇事罪、寻衅滋事罪等刑事罪名对应的行政处罚依据均为治安管理处罚法，享有行政处罚权的行政主管机关为公安机关，相关罪名占比 65.8%。

行政的要求。以某基层院办理的两件非法吸收公众存款罪反向衔接案为例,两件均为某基层院所在区公安局移送审查起诉的案件,其中一件作不起诉后,刑检部门直接向区公安局提出检察意见,而另一件既向区公安局提出检察意见,也向区金融局提出检察意见。两起案件罪名相同,违法情形类似,行政处罚管辖相同,而检察意见对象单位却不同,反映出在识别判断行政处罚主管机关问题上,实践认识还比较模糊。

(三)行政处罚时效判断难

向行政主管机关提出处罚意见的案件,应当是处于行政处罚追究时效①内的案件。将已经超过处罚时效而无法给予行政处罚的案件移送给行政主管机关,既不符合行政处罚的立法目的,也不利于统筹反向衔接与后续的行政违法行为监督。《行政处罚法》第36条第1款规定,"违法行为在二年内未被发现的,不再给予行政处罚",这是时效判断的一般规则。但何为"发现"?只有行政主管机关"立案"才算发现吗?如果案件本身就是行政主管机关向司法机关移送涉嫌犯罪案件的正向衔接案件,是否属于行政主管机关早已发现?对于公安机关移送审查起诉案件,不起诉后又由公安机关作出行政处罚的,能否视为公安机关在刑事侦查时已经发现?此等问题亟须明确。

(四)个人罚、单位罚选择难

《刑法》第31条规定,"单位犯罪的,对单位判处罚金,并对其直接负责的主管人员和其他直接责任人员判处刑罚"。即在刑法中,单位犯罪实行双罚制,既追究单位刑事责任,也追究相关人员个人责任。而《治安管理处罚法》第18条规定,"单位违反治安管理的,对其直接负责的主管人员和其他直接责任人员依照本法的规定处罚。其他法律、行

---

① 广义上的行政处罚时效可分为追诉时效、裁决时效与执行时效,《行政处罚法》第36条规定的只是追究时效,又称追罚时效,即行政机关可以追究处罚责任的期限。参见杨伟东主编:《中华人民共和国行政处罚法理解与适用》,中国法制出版社2021年版,第117页。

政法规对同一行为规定给予单位处罚的，依照其规定处罚"。也即，违反治安管理行政法律法规的，一般情况下只罚个人，不罚单位，实行单罚制①。但除了治安罚以外，其他行政处罚中并不存在如此限制性的规定。所以，刑事处罚与行政处罚在处罚对象是单位还是个人问题上存在多种可能性和对应关系，单位犯罪在不起诉后，面临行政处罚的单位罚或个人罚的选择问题。

三、行刑反向衔接中的几个重要问题探析

《意见》明确由行政检察部门牵头负责反向衔接工作，是最高人民检察院党组赋予行政检察的重要责任和使命。针对以往反向衔接工作中存在的问题和实践困惑，着眼于提升行政检察工作质效，有必要对相关问题进行研究。

（一）反向衔接是一种特殊的线索移送

反向衔接的性质决定着行政检察部门在案件办理中的审查标准、审查强度、检察意见的明确程度等问题。实践中对行刑反向衔接的性质有两种认识，一种观点认为反向衔接是线索移送行为，另一种观点则认为反向衔接属于检察监督行为。

如果把反向衔接看作一种线索移送，那么审查中就会采取较低的审查标准，即仅从是否"可能"构成行政处罚来判断是否提出检察意见，从是否"可能"具有行政职权职责作为行政主管机关的认定标准。在检察意见书中，也只需要笼统阐释给予行政处罚的意见，而无须交代处罚的法律依据、处罚种类和幅度等问题。在某基层院的大部分检察意见书中都作如下表述，"建议你局根据相关法律规定对某某作出相应的处罚"，这是把反向衔接作为一种线索移送来看待和处理。

---

① 参见王宏君：《论单位违反治安管理行为》，载《中国人民公安大学学报（社会科学版）》2011年第4期。

如果把反向衔接看作一种检察监督行为，审查中就会采用较高的审查标准。[1]不单要审查是否构成行政处罚立案标准，还要审查是否构成处罚的作出标准；不单要明确"相关部门"负有处罚职权职责，还要明确到具体行政主管部门；检察意见中，不单要列明行政处罚的法律依据，还要给出适当的处罚种类和幅度意见。

要明晰反向衔接的性质，首先要明确其定位。行刑反向衔接是检察监督与行政执法衔接制度的一部分，解决的是不刑不罚、应移未移、应罚未罚问题，目的是实现行政处罚和刑事处罚依法对接。因此，反向衔接与正向衔接一样，本身不是一种监督行为，而是线索移送行为。但是，与一般的线索移送不同，反向衔接有自身特殊性：其一，反向衔接之所以由刑事检察部门移转至行政检察部门牵头负责，一个很重要的原因就在于行政检察部门在行政处罚这一问题上的判断比刑事检察部门更具专业性。如果仅仅是一般意义上的线索移送，无法体现出这种专业性。其二，《意见》明确要求"统筹考虑与行政违法行为监督的对接"。"统筹"二字意味着，检察意见书不能仅仅是笼统或描述性地提出处罚意见，而是要体现精准性。[2]当然，出于检察权的谦抑性和对行政自由裁量权的尊重，检察意见书中不宜对裁量类行政行为提出过于具体的意见。

因此，检察意见是一种特殊的线索移送，这种特殊性体现在检察意见与即将作出的行政处罚行为之间要存在适当的张力，即要在行政自由裁量范围外提出足够明确的处罚意见。当然，在行政检察部门承接这项工作的初期，意见可能相对简略，但随着工作的开展，特别是在罪名与处罚对应关系的类型化研究和实践深入之后，处罚意见应趋向具体和明确。

---

[1] 此时就应参照《人民检察院检察建议工作规定》第16条的规定，对案件事实认定、法律适用等问题作出明确阐述。

[2] 检察意见与检察建议的关系，类似于公益诉讼中诉前检察建议与公益诉讼起诉书的关系。按照最高人民检察院的要求，诉前检察建议要达到起诉书的标准，即一旦进入起诉环节，检察建议的建议对象、建议内容等可以直接转化为起诉书中的被告、诉讼请求等要素。

（二）检察意见对象是对被不起诉人具有直接处罚权的行政主体

《刑事诉讼法》第 177 条第 3 款规定，对被不起诉人需要给予行政处罚、处分或者需要没收其违法所得的，人民检察院应当提出检察意见，移送有关主管机关处理。"有关主管机关"应当理解为对被不起诉人具有直接处罚权的行政主体，即具有部门、地域、级别、事项管辖权的行政主体。这样的理解，符合刑事诉讼法的立法本意，也是《意见》"统筹反向衔接与行政违法行为监督"的应有之义。如果向一个不具有处罚权的行政主体提出检察意见，该主体客观上无法作出处罚，一旦作出即构成超越职权，形成逻辑悖论。而实践中向不具有部门管辖权的行政主体提出检察意见是常见错误。

如前述某基层院 2022 年办理的两件非法吸收公众存款罪反向衔接案中，其中一件案件向区公安局提出检察意见，而另一件案件既向区公安局提出也向区金融局提出。这反映出办案人员对非法吸收公众存款罪对应的行政处罚法律依据不熟悉，进而不了解具有该处罚权的行政主体。根据相关法律规定，国务院银行业监督管理机构及其派出机构具有对非法吸收公众存款行为的行政处罚权[1]，检察意见书应该发给银行业监督管理机构。再如，某基层院 2022 年办理的祁某生产、销售有毒、有害食品罪刑事不起诉反向衔接案中，检察意见书中提出"建议你局依照《治安管理处罚法》有关规定对祁某作出行政处罚"。根据食品安全法的规定，县级以上人民政府食品安全监督管理部门具有对生产经营不符合法律、法规或者食品安全标准的食品行为的行政处罚职权，在县区一级，该职权属于市场监管局，检察机关应当向市场监管局提出检察意见。在部门管辖权问题上，还要注意集中行使行政处罚管辖权的行政机

---

[1] 《银行业监督管理法》第 44 条规定，"擅自设立银行业金融机构或者非法从事银行业金融机构的业务活动的，由国务院银行业监督管理机构予以取缔；构成犯罪的，依法追究刑事责任；尚不构成犯罪的，由国务院银行业监督管理机构没收违法所得，违法所得五十万元以上的，并处违法所得一倍以上五倍以下罚款；没有违法所得或者违法所得不足五十万元的，处五十万元以上二百万元以下罚款"。

关和承接县级人民政府部门处罚权的乡镇政府、街道办事处。①

在地域和层级管辖问题方面需要注意的是,《规定》第10条与《意见》并不冲突,依然有效,即需要向上级有关单位提出检察意见的,应当层报其同级人民检察院决定并提出,或者由办理案件的人民检察院制作检察意见书后,报上级有关单位的同级人民检察院审核并转送。需要向下级有关单位提出检察意见的,应当指令对应的下级人民检察院提出。需要异地提出检察意见的,应当征求有关单位所在地同级人民检察院意见。意见不一致的,层报共同的上级人民检察院决定。

(三)应审慎判断是否超过处罚时效

符合处罚时效规定是行政处罚的必要条件之一,检察机关提出检察意见的案件,应当处于处罚时效之内。《行政处罚法》第36条第1款规定,"违法行为在二年内未被发现的,不再给予行政处罚;涉及公民生命健康安全、金融安全且有危害后果的,上述期限延长至五年。法律另有规定的除外"。但实践中对"发现"的理解不一,需要探讨。

1."发现"的主体。法律对此没有明确的规定,实践中有广义说与狭义说。广义说认为"发现"的主体包括所有的公权机关,狭义说则认为仅限于具有特定案件处罚权的行政机关。《司法部办公厅关于对违法违纪律师行政处罚追诉时效有效问题的通知》规定:"经研究,并经全国人大常委会法工委批复同意,明确《行政处罚法》第29条规定的发现违法违纪行为的主体是处罚机关或有权处罚的机关,公安机关、检察机关、法院、纪检监察部门或者司法行政机关都是行使社会公权力的机关,对律师违法违纪行为的发现都具有《行政处罚法》规定的法律效

---

① 根据2021年《行政处罚法》第24条第1款的规定,很多省级政府已经将部分县级政府部门的处罚权下放至乡镇和街道一级。譬如,连云港市连云区政府根据《江苏省司法厅关于连云港市在乡镇(街道)开展相对集中行政处罚权工作的复函》,制定了本区内乡镇、街道办处清单,参见连云区人民政府:《关于调整乡街集中行使行政处罚权力清单的通知》,载连云区人民政府网,http://www.lianyun.gov.cn/lyq/tzgg/content/74b0ecde-493e-47f1-bb57-faba28f518d0.html,最后访问日期:2023年8月30日。

力。"这是一种广义说观点。但是，这种观点与行政职权法定原则存在冲突。不具有特定案件处罚权的其他国家机关即便发现了案件线索，也无法进行处罚，其"发现"不具有终止处罚时效的合理性。因此，狭义说的观点更符合处罚时效稳定社会秩序和法的安定性的立法目的。①

2."发现"的认定标准。实务中存在主观标准和客观标准两种观点。主观标准认为，行政机关知道或可能知道即为发现，哪怕是收到群众举报，都可以认为是"发现"。②客观标准则认为，行政机关正式立案才能认定为"发现"。③在治安管理处罚案件中，公安机关"发现"的标准通常以公安机关是否已经对违反治安管理行为予以"立案"为界分："对于已经立案的，应当认定为公安机关已经发现；对于没有立案的，不能认定为公安机关已经发现，即公安机关'没有发现'。"④很明显，主观标准将"发现"的起算点前移，有利于行政机关作出处罚决定。但将"发现"的解释空间完全交由行政机关，行政机关可以借由这种便利而制造各种"主观知悉"，从而逃脱处罚时效的控制。⑤因此，客观标准更具合理性，有助于社会公众形成对处罚时效的明确预期，也有助于法院司法审查和检察机关的精准监督。

当然，在客观标准之外，还有几种特殊情形需要讨论。第一种情形，不起诉案件本身就是行政执法机关向司法机关移送涉嫌犯罪案件的正向衔接案件。譬如，某基层院办理的南京某无损检测服务有限公司污染环境罪不起诉案，该案就是区生态环境局向区公安局移送的案件。此类正向衔接案件，在刑事司法机关调查处理之前，具有处罚权的行政执

---

① 参见杨小君：《行政处罚研究》，法律出版社2002年版，第239页。
② 参见吴高盛主编：《〈中华人民共和国行政处罚法〉释义及实用指南》，中国民主法制出版社2015年版，第83页。
③ 参见应松年：《行政处罚法教程》，法律出版社2012年版，第184页。
④ 参见梁凤云：《最高人民法院行政诉讼批复答复解释与应用（法律适用卷）》，中国法制出版社2011年版，第10页。
⑤ 参见胡梦瑶：《权力期间视角下行政处罚时效的适用》，载《华东政法大学学报》2023年第1期。

法机关客观上已经知悉案件线索，有的时候甚至已经立案查处。①只不过由于案件符合刑事立案标准，需要移送刑事司法部门作刑事处理。但检察机关是否作出不起诉决定，对行政执法机关而言属于不可控因素，不应将刑事处理的时间计算在处罚时效内。原环境保护部、公安部、最高人民检察院联合制定的《环境保护行政执法与刑事司法衔接工作办法》第16条明确规定，"涉嫌犯罪案件的移送办理期间，不计入行政处罚期限"②。这一规定即可佐证上述观点。

第二种情形，具有行政处罚权的行政机关本身就是公安机关。这是反向衔接中的普遍现象，如《道路交通安全违法行为处理程序规定》第51条规定，处以吊销机动车驾驶证的，应当自违法行为人接受处理或者听证程序结束之日起7日内作出处罚决定，交通肇事构成犯罪的，应当在人民法院判决后及时作出处罚决定。此时公安机关扮演了双重角色，既是刑事案件中的侦查机关，又是具有处罚权的行政机关。如果坚持严格的客观标准，此类案件中绝大多数在刑事处理前都没有进行过行政立案，但不能否认公安机关在客观上知晓违法事实。所以，这类案件应当认定为公安机关在刑事处理前已经发现。③

第三种情形，被不起诉人以外的第三人向行政机关投诉、举报的。这常常发生在治安行政案件中，举报人为被害人。如《公安机关办理行

---

① 譬如，《行政执法机关移送涉嫌犯罪案件的规定》第11条第2款规定，行政执法机关向公安机关移送涉嫌犯罪案件前已经作出的警告，责令停产停业，暂扣或者吊销许可证、暂扣或者吊销执照的行政处罚决定，不停止执行。

② 原环境保护部、公安部、最高人民检察院:《环境保护行政执法与刑事司法衔接工作办法》，载中华人民共和国中央人民政府网站，https://www.gov.cn/gongbao/content/2017/content_5220919.htm，最后访问日期：2023年8月30日。

③ 对此问题，亦可参见《公安部关于公安机关办理醉酒驾驶机动车犯罪案件的指导意见》第11条的规定，案件侦查终结后，对醉酒驾驶机动车犯罪事实清楚、证据确实、充分的，应当在案件移送人民检察院审查起诉前，依法吊销犯罪嫌疑人的机动车驾驶证。对其他道路交通违法行为应当依法给予行政处罚。案件移送审查起诉后，要及时了解掌握案件起诉和判决情况，收到法院的判决书或者有关的司法建议函后，应当及时归档。对检察机关决定不起诉或者法院判决无罪但醉酒驾驶机动车事实清楚、证据确实、充分的，应当依法给予行政处罚。

政案件程序规定》第 154 条第 3 款规定,被侵害人在违法行为追究时效内向公安机关控告,公安机关应当受理而不受理的,不受本条第 1 款追究时效的限制。之所以如此规定,是因为考虑到第三人举报这一介入因素,为了保护第三人的权益,可以在法的安定性之外进行利益衡量,以实现利益平衡。

因此,实践中对"发现"的界定应当以客观标准为主,同时考虑是否存在正向衔接、处罚机关为公安机关以及第三人向行政机关投诉举报等情况。除此之外,若存在充分的客观证据证明具有处罚权的行政机关确实曾经知晓违法事实,因为移送刑事处理等原因导致行政处理超过处罚时效的,时效宜从行政机关实际知晓之日起中断。

(四)厘清单位犯罪被不起诉人和被处罚人的对应关系

刑事不起诉案件中的被不起诉人是单位及相关责任人员个人的,行政处罚中被处罚人则不必然与被不起诉人相同。行政处罚中既存在单罚,也存在双罚①,检察意见书中应当准确认定处罚对象。单位犯罪被不起诉人和行政处罚被处罚人的对应关系可以类型化为以下几种模式:

1."刑事:单位+个人"—"行政:单位+个人"(被不起诉人是单位和个人,被处罚人也是单位和个人)。传统上,对单位违法的行政处罚一般直接针对单位作出,不涉及决定或作出违法行为的单位成员,即个人的行政法责任被单位吸收。但随着法治发展,在生态环境、食品药品、公共安全等行政领域已经引入双罚制来提升行政处罚的威慑力度。②比如,《刑法》第 150 条规定,单位犯本节第 140 条至第 148 条规定之罪的,对单位判处罚金,并对其直接负责的主管人员和其他直接责任人员,依照各该条的规定处罚。据此,单位从事该法第 143 条规定的生产、销售不符合安全标准食品的行为,单位和相关个人均要承担刑事责

---

① 参见喻少如:《论单位违法责任的处罚模式及其〈行政处罚法〉的完善》,载《南京社会科学》2017 年第 4 期。

② 参见谭冰霖:《单位行政违法双罚制的规范建构》,载《法学》2020 年第 8 期。

任。而根据《食品安全法实施条例》第75条规定,"食品生产经营企业等单位有食品安全法规定的违法情形,除依照食品安全法的规定给予处罚外,有下列情形之一的,对单位的法定代表人、主要负责人、直接负责的主管人员和其他直接责任人员处以其上一年度从本单位取得收入的1倍以上10倍以下罚款……"在满足该条特别规定的情况下,对作为被不起诉人的单位和相关个人实行行政处罚双罚。此时,被不起诉人与被处罚人重合。①

2. "刑事:单位+个人"—"行政:单位"(被不起诉人是单位和个人,被处罚人是单位)。在行政实体法没有对行政处罚作出双罚制度安排的情况下,行政处罚只针对单位,个人的行政责任被单位吸收,如虚开发票行为。《刑法》第205条之一规定,"虚开本法第二百零五条规定以外的其他发票,情节严重的,处二年以下有期徒刑、拘役或者管制,并处罚金;情节特别严重的,处二年以上七年以下有期徒刑,并处罚金。单位犯前款罪的,对单位判处罚金,并对其直接负责的主管人员和其他直接责任人员,依照前款的规定处罚"。即虚开发票罪可以构成单位犯罪。作为行政处罚依据的《发票管理办法》第35条规定,"违反本办法的规定虚开发票的,由税务机关没收违法所得;虚开金额在1万元以下的,可以并处5万元以下的罚款;虚开金额超过1万元的,并处5万元以上50万元以下的罚款;构成犯罪的,依法追究刑事责任"。因此,单位构成虚开发票罪的,对单位和相关人员刑事双罚,但不起诉后,只对单位行政单罚。

3. "刑事:单位+个人"—"行政:个人"(被不起诉人是单位和个人,被处罚人是个人)。这一类的典型是违反治安管理的行为。比如,《刑法》第312条规定,"明知是犯罪所得及其产生的收益而予以窝藏、转

---

① 再如,《环境保护法》第63条规定,"企业事业单位和其他生产经营者有下列行为之一,尚不构成犯罪的,除依照有关法律法规规定予以处罚外,由县级以上人民政府环境保护主管部门或者其他有关部门将案件移送公安机关,对其直接负责的主管人员和其他直接责任人员,处十日以上十五日以下拘留;情节较轻的,处五日以上十日以下拘留;……"这也是典型的行政双罚。

移、收购、代为销售或者以其他方法掩饰、隐瞒的,处三年以下有期徒刑、拘役或者管制,并处或者单处罚金;情节严重的,处三年以上七年以下有期徒刑,并处罚金。单位犯前款罪的,对单位判处罚金,并对其直接负责的主管人员和其他直接责任人员,依照前款的规定处罚"。掩饰、隐瞒犯罪所得、犯罪所得收益罪可以构成单位犯罪,但治安行政领域则不同。《治安管理处罚法》第60条规定,"有下列行为之一的,处五日以上十日以下拘留,并处二百元以上五百元以下罚款:……(三)明知是赃物而窝藏、转移或者代为销售的……"对掩饰、隐瞒犯罪所得、犯罪所得收益的行政违法行为,只处罚个人,不处罚单位。

反向衔接作为一种特殊性质的线索移送行为,重在精准移送,即准确认定具有处罚权的行政主管机关和处罚对象,准确判断是否超过处罚时效,并在此基础上提出检察意见。检察机关行政检察部门应当在实践中不断提升反向衔接工作能力,发挥好牵头负责作用,进一步提升行政检察工作质效。

行政检察监督视角下行刑反向衔接的逻辑与路径

陈重喜[*]

党的二十大报告强调"提高公共安全治理水平""完善社会治理体系"。健全行政执法和刑事司法衔接机制，关乎国家长治久安、关乎法治建设和国家治理大局。违法和犯罪行为分属不同的执法主体，自然就需要多主体的协同治理，形成部门合力。[①]随着行刑衔接工作规范体系和制度机制不断健全，信息共享平台建设取得积极进展，检察机关法律监督作用有效发挥。但是行刑"反向衔接"重视不足，不刑不罚、应移未移、应罚未罚问题成为突出短板。检察机关作为国家法律监督机关，以移送流程监督和行政违法行为监督的跟踪监督为抓手，发挥在行政违法和刑事犯罪双轨治理体制的调和作用，保障国家法律统一正确实施。

一、行刑反向衔接的主体与定义

（一）行刑反向衔接责任主体的界定

行刑反向衔接发生在相关行政机关和刑事司法机关之间，准确界定这两个责任主体必须先厘清"行政执法"和"刑事司法"的概念。2001

---

[*] 陈重喜，湖北省武汉市人民检察院党组成员、副检察长。
[①] 李怀胜：《网络犯罪治理的刑行衔接——基本价值与运作模式》，载《南京师大学报（社会科学版）》2023年第3期。

年国务院《行政执法机关移送涉嫌犯罪案件的规定》(以下简称2001年《移送规定》)第2条规定行政执法机关是指依照法律、法规或者规章的规定,具有行政处罚权的行政机关,以及法律、法规授权的具有管理公共事务职能、在法定授权范围内实施行政处罚的组织。"行政执法"指的是行政执法机关以及法律、法规授权的组织,在其职权范围内,对涉嫌违反行政法规范的行为作出处罚决定并执行的活动。① "刑事司法"主要指拥有刑事司法权的国家机关,依法查处刑事犯罪案件、追究刑事责任的专门活动。② 而刑事司法主体范围尚无法律法规予以明确,有学者观点认为刑事司法主体是指拥有刑事司法权的国家机关依法查处刑事犯罪案件、追究刑事责任的专门活动,其主体主要包括公安机关、人民法院和人民检察院。③

随着国家监察体制改革,监察委员会是行使国家监察职能的专责机关,承担对公职人员涉嫌职务犯罪案件进行调查的职责。最高人民检察院2021年出台的《关于推进行政执法与刑事司法衔接工作的规定》(以下简称2021年最高检《衔接规定》)第2条规定,人民检察院开展行政执法与刑事司法衔接工作,加强与监察机关、公安机关、司法行政机关和行政执法机关的协调配合,确保行政执法与刑事司法有效衔接。因此笔者认为,刑事司法采取广义的概念,主体范围除了公安机关、人民检察院、人民法院,还应当包括监察机关。

(二)行衔反向衔接的基本概念

行刑衔接包括行政机关与刑事司法机关双向衔接。"正向衔接"是行政执法机关将其在行政执法过程中发现的涉嫌犯罪的案件或移送通报

---

① 王春丽:《行政执法与刑事司法衔接研究——以医疗两法衔接为视角》,华东政法大学2013年博士学位论文。
② 王春丽:《行政执法与刑事司法衔接研究——以医疗两法衔接为视角》,华东政法大学2013年博士学位论文。
③ 周佑勇、刘艳红:《行政执法与刑事司法相衔接的程序机制研究》,载《东南大学学报(哲学社会科学版)》2008年第1期。

至有管辖权的刑事司法机关。有学者提出"反向衔接"是指公安、司法机关立案侦查的案件，检察机关经审查，依法作出不起诉决定，不追究刑事责任，但是需要给予行政处罚，向有关主管机关提出处理建议，并移送相关案件的法律活动。[①]

但是实践中存在既承担刑事处罚，又承担行政处罚的"双罚"情况，如判决交通肇事罪、危险驾驶罪的，还应当撤销出租车、网约车从业资格。因此笔者认为，"反向衔接"不限于检察机关不起诉案件，而应当取广义概念。即反向衔接公安机关、检察机关、审判机关和监察机关在刑事司法过程中发现公民、法人或者其他组织违反行政管理秩序的行为，向有管辖权的行政机关移送行政违法案件或线索的制度。

二、行刑反向衔接制度现状与存在的问题

（一）制度建设现状（见表1）

表 1　行刑反向衔接制度现状

时间（年）	制度条文	具体规定
1979	刑法	第32条：对于犯罪情节轻微不需要判处刑罚的，可以免予刑事处分，但可以根据案件的不同情况，予以训诫或者责令具结悔过、赔礼道歉、赔偿损失，或者由主管部门予以行政处分
1997	刑法	第37条：对于犯罪情节轻微不需要判处刑罚的，可以免予刑事处罚，但是可以根据案件的不同情况，予以训诫或者责令具结悔过、赔礼道歉、赔偿损失，或者由主管部门予以行政处罚或者行政处分
2011	《关于加强行政执法与刑事司法衔接工作的意见》（以下简称2011年《衔接意见》）	第1条第5项：人民检察院对作出不起诉决定的案件、人民法院对作出无罪判决或者免予刑事处罚的案件，认为依法应当给予行政处罚的，应当提出检察建议或者司法建议，移送有关行政执法机关处理

---

① 鲁建武：《行刑双向衔接机制的推进与完善》，载《人民检察》2022年第9期。

续表

时间（年）	制度条文	具体规定
2018	刑事诉讼法	第177条：犯罪嫌疑人没有犯罪事实，或者有本法第十六条规定的情形之一的，人民检察院应当作出不起诉决定。对于犯罪情节轻微，依照刑法规定不需要判处刑罚或者免除刑罚的，人民检察院可以作出不起诉决定。人民检察院决定不起诉的案件，应当同时对侦查中查封、扣押、冻结的财物解除查封、扣押、冻结。对被不起诉人需要给予行政处罚、处分或者需要没收其违法所得的，人民检察院应当提出检察意见，移送有关主管机关处理。有关主管机关应当将处理结果及时通知人民检察院
2021	行政处罚法	第27条：对依法不需要追究刑事责任或者免予刑事处罚，但应当给予行政处罚的，司法机关应当及时将案件移送有关行政机关
	《中共中央关于加强新时代检察机关法律监督工作的意见》（以下简称《法律监督意见》）	第5条：健全检察机关对决定不起诉的犯罪嫌疑人依法移送有关主管机关给予行政处罚、政务处分或者其他处分的制度
	2021年最高检《衔接规定》	第8条第1款：人民检察院决定不起诉的案件，应当同时审查是否需要对被不起诉人给予行政处罚。对被不起诉人需要给予行政处罚的，经检察长批准，人民检察院应当向同级有关主管机关提出检察意见，自不起诉决定作出之日起三日以内连同不起诉决定书一并送达。人民检察院应当将检察意见抄送同级司法行政机关，主管机关实行垂直管理的，应当将检察意见抄送其上级机关
		第8条第2款：检察意见书应当写明采取和解除刑事强制措施，查封、扣押、冻结涉案财物以及对被不起诉人予以训诫或者责令具结悔过、赔礼道歉、赔偿损失等情况。对于需要没收违法所得的，人民检察院应当将查封、扣押、冻结的涉案财物一并移送。对于在办案过程中收集的相关证据材料，人民检察院可以一并移送
		第9条：人民检察院提出对被不起诉人给予行政处罚的检察意见，应当要求有关主管机关自收到检察意见书之日起两个月以内将处理结果或者办理情况书面回复人民检察院。因情况紧急需要立即处理的，人民检察院可以根据实际情况确定回复期限

续表

时间（年）	制度条文	具体规定
2023	《关于推进行刑双向衔接和行政违法行为监督 构建检察监督与行政执法衔接制度的意见》	第3点：反向衔接工作由行政检察部门牵头负责。检察机关决定不起诉的案件，承办刑事检察部门应当在作出不起诉决定之日起3日内提出是否需要对被不起诉人给予行政处罚的意见，并移送行政检察部门审查。行政检察部门审查后，认为需要给予行政处罚的，经检察长批准，提出检察意见，移送行政主管机关处理。行政检察部门对行政主管机关的回复和处理情况要加强跟踪督促，发现行政主管机关违法行使职权或不行使职权的，可以依照法律规定制发检察建议等督促其纠正

整体而言，经过40余年的发展，行刑衔接工作规范体系和制度机制不断健全，行政执法和刑事司法信息共享平台建设取得积极进展，检察机关法律监督作用有效发挥，在推进解决有案不移、有案难移、以罚代刑，实现行政处罚和刑事处罚依法对接方面取得显著成绩。相较而言，现有法律规范对刑事司法向行政执法的反向移送多采用概括性的立法方式，并未给出具体清晰的制度设计，导致"双向衔接"逐步沦为"单向移送"，反向衔接近年来才逐步进入检察机关工作视野。① 不论是理论还是实践均发育不足，行政检察监督下的反向衔接仍属于待开发的领域。

（二）理论研究现状

自20世纪90年代起，相关研究集中于行政处罚与刑事处罚衔接难的表现及原因、衔接适用的规则与原则以及衔接的制度设置等方面的研究。② 关于"反向衔接"，最早见于周佑勇、刘艳红教授《论行政处罚与

---

① 周佑勇：《行政执法与刑事司法的双向衔接研究——以食品安全案件移送为视角》，载《中国刑事法杂志》2022年第4期。

② 练育强：《"刑事—行政"案件移送要件研究》，载《国家检察官学院学报》2021年第4期。

刑罚处罚的适用衔接》(1997年)，文中提到"对于人民法院已经适用了刑罚或免予刑罚处罚的，行政机关在适用行政处罚时应采用'类似罚则不得再处罚''不同罚则可予再处罚''免刑后应予再处罚'的方法使之与刑罚处罚相衔接"。该文初步探讨了对于人民法院判决后如何反向衔接的具体适用问题，其余文章均未涉及。

笔者在中国知网以"两法衔接"为关键词共搜索到407篇文章，时间跨度涵盖2000年到2020年。20年时间中，对"两法衔接"研究绝大多数是涉及行政执法向刑事司法的正向衔接。被引最多的文章甚至将"行刑衔接"直接定义为"行政执法部门在执法过程中，发现涉嫌犯罪的案件或案件线索，依法向刑事司法机关移送查处的一种工作机制"[①]，有意无意地忽略了反向衔接的存在价值。近两年，开始陆续出现了反向衔接的研究成果，从法学理论层面关于刑行双罚是否违反"一事不再罚"和"禁止双重评价原则"已无争议[②]，也有部分文章讨论了反向衔接案件移送标准问题，但尚未形成定论。[③] 实务层面研究集中在检察机关不起诉案件的反向移送问题，也讨论得较为清楚。也有研究从食品安全案件移送角度、网络犯罪治理角度涉及反向衔接。但从检察机关特别是行政检察发挥反向衔接监督职能，从而开展行政违法行为监督的研究角度，尚无人触及。

（三）司法实践现状

《法律监督意见》出台以后，反向衔接才进入检察机关的重点关注视野。2021年最高检出台《衔接规定》，发布行刑衔接工作典型案例，均积极推动民生领域制度建设，进一步扩大了检察履职的法律效果、社

[①] 赵旭光:《"两法衔接"中的有效监督机制——从环境犯罪行政执法与刑事司法切入》，载《政法论坛》2015年第6期。

[②] 张庆立:《行政执法与刑事司法衔接的困惑与解惑》，载微信公众号"上海市法学会 东方法学"2023年7月28日。

[③] 练育强:《"刑事—行政"案件移送要件研究》，载《国家检察官学院学报》2021年第4期。

会效果。同时，该批案例中也有反向衔接典型案例，如"上海某电子科技公司、某信息技术有限公司涉嫌虚开增值税专用发票案""重庆谈某某涉嫌非法占用农用地案"，为检察履职提供了方向性指引。部分省市刑事检察部门也进行了积极探索，如江西省院突出问题导向，对反向衔接工作中存在的突出问题进行调研分析；浙江、广东等地检察机关分别出台工作指引，规范反向衔接工作程序。

2023年最高人民检察院出台《关于推进行刑双向衔接和行政违法行为监督 构建检察监督与行政执法衔接制度的意见》（以下简称2023年最高检《衔接意见》）、"两高"发布《关于办理环境污染刑事案件适用法律若干问题的解释》，明确了反向衔接工作由行政检察部门牵头负责，逐步推进反向衔接制度由粗到细、由点到面、纵深发展，反向衔接工作在全国全面铺开。

（四）实践中存在的问题

从检察机关行刑反向衔接实践来看，监督工作有序开展、逐步推进。发现的问题有：

一是刑法及司法解释与行政法衔接不畅，限制监督职能发挥。如存在处于刑法非罪空间，而行政法无衔接性规定的情形。走私制毒物品的"情节较重"行为，以走私制毒物品罪论处。《禁毒法》第64条、《易制毒化学品管理条例》第39条仅规定不构成犯罪的依照相关法律、行政法规给予行政处罚。而相关法律、行政法规并无相关规定如何处罚。再如存在行政处罚与刑事处罚"倒挂"情况。"两高"司法解释对非法采砂入刑点为5万元，长江保护法以货值10万元为界分处两种高额罚款，因此存在行政处罚门槛高于刑事处罚的可能。立法缺失和司法解释适用影响了检察机关作出是否监督判断，制约检察监督职能发挥。

二是反向衔接审查标准不清、衔接程序缺乏，影响监督质效。行政检察部门审查的标准尚未明确，不仅要判断是否需要移送处理，还要判断移送的主管机关，涉及行政检察监督能力与监督职责能否匹配的问题。文书标准不统一，有的检察意见书对基本案情和诉讼经过完整表述；有的检察意见书只有诉讼经过情况；还有的检察意见书仅简单表述对某某案件作出了不起诉，就建议行政机关处罚。检察业务系统权限与业务部门职能存在错配现象，检察业务应用系统中仅能在刑事条线制作检察意见，行政条线尚未配备相关案件类型和文书，案卡只能在行政违法行为类别创建，影响了行政检察部门制发检察意见的积极性。

三是外部衔接机制缺乏，制约检察监督效果。目前工作中，主要还是刑事检察部门通过检察意见、检察建议形式直接建议行政机关进行处罚，少以直接移送线索的方式。因此行政机关收到检察建议后存在抵触情绪，认为未能行政处罚的原因是不知晓违法行为的发生，未及时作出行政处罚属客观不能，而非主观不想履职。此外，作出行政处罚前一般需经调查环节，如果违法主体在异地下落不明或者违法行为无证据固定，行政机关无法及时作出行政处罚，案件可能出现悬而未决的状态。因此行政机关无法作出决定以及回复，将影响检察机关检察法律文书的采纳率，检察监督效果无法实现最大化。

三、行政检察监督介入行刑反向衔接的角色与角度

（一）行政检察监督的地位

2001年《移送规定》、2011年《衔接意见》均强调了检察机关加强对衔接工作的监督职能。监督职责主要包括：对公安机关立案监督、对行政机关移送监督。可见人民检察院不仅对刑事司法活动进行监督，还对行政机关案件线索移送活动具有监督权，检察机关行使检察监督权无疑是规范行政权与司法权依法行使的重要法宝，亦是促进涉罪案件有序移送以及实现行刑无缝衔接的重要推力。

检察机关深入贯彻落实习近平法治思想，积极适应党中央关于加强行政执法和刑事司法双向衔接、行政违法行为监督的新要求，综合考虑监督链条的完整性、职能归口的统一性、监督办案的专业性。检察机关通过行使检察监督权，促进刑事司法机关与行政执法机关开展衔接，推

动形成更大的执法司法合力，弥合行刑衔接中行政权、司法权的断裂之处，在推进解决有案不移、有案难移，彻底扭转各权力"分治"之局面，实现行政处罚和刑事处罚在法律实施层面得到有效统一。

（二）行政检察的职能定位

行政检察是一项政治性极强的业务工作，也是一项业务性极强的政治工作。作为"四大检察"法律监督格局和国家法律监督体系的重要组成部分，行政检察发挥着既监督法院公正司法又监督行政机关依法行政的作用。党的十八届四中全会通过的《中共中央关于全面推进依法治国若干重大问题的决定》以及《法律监督意见》均明确提出，检察机关"在履行法律监督职责中发现行政机关违法行使职权或者不行使职权的，可以依照法律规定制发检察建议等督促其纠正"，为检察机关探索开展行政违法行为监督提供了政策依据。

开展行政违法行为监督，目的是发挥法律监督职能，促进行政机关严格执法、依法行政，维护宪法法律权威，维护国家利益、社会公共利益以及公民、法人或者其他组织合法权益。就行刑衔接与行政违法行为监督的关系而言，行刑反向衔接是行政违法行为监督的线索来源，行政违法行为监督是行刑反向衔接机制顺利运行的重要保障。即行政检察部门通过刑事部门移送、运用"两法衔接"平台主动发现线索、扩大案源，针对不刑不罚、应移未移、应罚未罚的行政机关违法行使职权或者不行使职权进行督促纠正，国家法律完整统一正确实施。

四、行政检察监督反向衔接的实践展开

（一）加强对移送环节的监督

1. 全面监督刑事司法机关移送的范围。应当包括公安立案侦查、监察机关调查、检察机关审查以及审判机关审理刑事案件中需行政处罚的情形。刑罚是最为严厉的制裁措施，而进入行政处罚的主体、行为范围

都要广于刑事处罚。关于两者的关系，有研究提出根据不同的情况，将刑事处罚和行政处罚的关系分为"吸收罚""补罚"和"双罚"①。还有研究提出刑行交叉案件可依据处罚状态分为递进处罚案件、双罚并行案件、衍生处罚案件。②但是每一个犯罪案件涉及的所有违法犯罪的节点，都要成为行刑衔接的对象，移送的范围不能仅限于刑事案件的犯罪主体及其犯罪行为，还应包含其他关联人员及关联行为。因此笔者认为，"反向衔接"的常见行刑交叉情形，除了吸收罚、补罚、双罚的情形，还应当包括关联类的情形，即追究刑事案件中承担刑事责任的犯罪嫌疑人、被告人本人其他关联违法行为，或者其他关联人员违法行为行政责任。如在办理赌博罪、开设赌场罪案件中，对其他部分参与赌博或者协助人员，依照《治安管理处罚法》第70条规定，可以处拘留、罚款的行政处罚。

武汉市检察机关在"反向衔接"工作中，也将关联类的情形纳入移送线索的范围，对于违反相关行政法律、法规的被害人、证人给予行政处罚。如办理的许某某职务侵占案，被害单位采用刷单的方式让员工进

---

① "吸收罚"类型是指部分刑事处罚与行政处罚的目的和宗旨相同，"行刑"之间根据情节轻重、社会影响等"择一而从"。"补罚"类型是指公安机关作撤案处理、检察机关作出不起诉决定或者法院判决无罪、免予刑事处罚之后，仍需给予行政处罚的，移送有关主管机关处理。"双罚"类型是指因同一违法行为既需追究刑事责任，又需给予行政处罚的情形。详见高景峰等：《行刑双向衔接的内在逻辑与有效运用》，载《人民检察》2023年第3期。

② 第一，递进处罚案件。指行政机关移送的刑事案件，该类案件系行政机关在查处行政违法案件中，认为应追究刑事责任，转而进入刑事诉讼程序。2001年《移送规定》明确了行政执法机关移送涉嫌犯罪案件，应当接受人民检察院和监察机关依法实施的监督。第二，双罚并行案件。指基于法律法规的特别规定，必须同时进行刑事追究、行政处罚的案件。最常见的就是存在醉酒情节的交通肇事案件。根据《道路交通安全法》第91条第2款，醉酒驾驶机动车的，由公安机关交通管理部门约束至酒醒，吊销机动车驾驶证，依法追究刑事责任。该类案件除了追究刑事责任，还一律实施吊销机动车驾驶证的行政处罚。第三，衍生处罚案件。指刑事案件作非刑罚或免予刑罚处理后，如降格作为行政案件、从轻处理作不起诉等，导致后续行政处罚的案件。按照诉讼环节又可以具体分为：公安撤案案件、检察院不起诉案件、法院判处免予刑事处罚、无罪案件。详见周国勇：《刑行交叉案件中做实行政检察的几点建议》，载《中国检察官》2020年第10期。

行推广违反了反不正当竞争法,在对被告人许某某提起公诉后,向市场监督管理局移送线索,建议对被害单位进行行政处罚,督促行政机关积极履职,实现了无缝衔接。并且从前文刑事司法机关的内涵以及正向衔接的监督职责来看,"反向衔接"移送监督的线索来源应当包括公安立案侦查、监察机关调查、检察机关审查以及审判机关审理刑事案件全过程。因此,检察机关应当全链条、全主体履行法律监督责任。

2. 准确界定刑事司法机关移送的标准。除刑法基于同一行为作出与行政处罚功能相同的刑罚外,其余违法行为都应当移送。该问题实质为刑事处罚和行政处罚的关系问题,只有厘清了两者的界限,才能把握好移送监督的尺度。我国行政犯罪与行政违法行为界分的具体标准应是以危害程度的轻重为界分的基础,即"量的区分说"。我国刑法理论通说认为,行政违法和行政犯罪行为的界线主要在于社会危害性程度的不同,严重的行政违法即构成犯罪。因而,这两种行为的界分就在于社会危害程度的把握。理论的通说在立法当中也体现得极为明显,典型的例子是治安管理处罚法和刑法分则对具体的违法或者犯罪行为的条文表述基本一样,区别仅仅在于危害程度的表述不一样。①

一个行为无论是否受到刑事司法判断,通过移送到行政机关处理,落脚点仍应在该行为是否应受行政处罚,以违反行政管理规范的尺度予以把握,重点关注行政处罚种类是刑事处罚无法吸收的种类。至于刑法对违法行为已经吸收评价的情形,予以排除即可。因此,笔者认为不采取正面列举,而采用反面排除的方式,即刑事司法机关在刑事司法活动中,发现公民、法人或其他组织的行为违反行政法律规范,除刑法基于同一行为作出与行政处罚功能相同的刑罚外,都应当将线索移送给主管行政机关。

3. 明确刑事司法机关移送的内容。不论案件是否需要刑事制裁或者行政处罚,都应该移送案件最终的处理结果。刑事程序中所使用的证据

---

① 高铭暄、孙晓:《论行政犯罪与行政违法行为的界分》,载《江海学刊》2008年第5期。

一般在标准上更加严格，应该将刑事司法过程中收集和审查的证据及材料一并移送，并以检察意见的方式为行政机关的判断提供参考意见。

检察机关内部案件移送是行刑反向衔接的重要组成部分。内部移送分为两个步骤，一是刑事检察部门移送到行政检察部门，二是行政检察部门审查后移送行政主管机关处理。刑事检察部门移送到行政检察部门的移送标准是如前所述除刑法已就同一行为入罪的情形，发现其他行政违法线索均移送。行政检察部门经过审查，只需有初步的行政违法行为线索，即可通过制发检察意见的方式向行政主管机关移送违法线索。

（二）加强对移送线索的跟踪监督

1. 对行政机关立案监督。《行政处罚法》仅在第54条第2款简单规定了符合立案标准的，行政机关应当及时立案。对行政机关是否立案进行监督，实质上就是检察机关要把握行政机关予以行政处罚立案标准问题。但是现行行政法律规范体系中与行政处罚立案标准、立案条件有关的规定大多散见于各中央行政机关就行政处罚程序制定的部门规章或行政规范性文件中。因此立案标准问题目前尚未统一，这给检察机关开展立案监督带来困难。有研究对有操作性规定的部门规章（行政法规对立案均作原则性规定），以提取公因式的方法提出了立案标准的模型。①

立案监督着重于有案不立和违法立案情形的监督，为了确保立案监督的质量和效果，检察机关应当从严把握，一般应是能够行政处罚的案件，如果是否需要行政处罚难以把握，应当将材料移送给主管机关，由主管机关作出决定。如果法律、行政法规属于羁束性法律规范，即行使行政处罚没有自由裁量权限行使余地，检察机关可以采取发出检察建议的方式跟踪监督，要求行政机关履职处理。如果属于裁量性规定，则检察机关应当尊重行政机关首次判断权，在调查核实时应当侧重对是否依照法律程序履职进行判断。

---

① 参见商思刚：《行政处罚立案标准的构建与完善》，载《中国司法》2022年第11期。

2.对行政机关违法行为监督。检察机关开展行政违法行为监督旨在实现检察监督与实现行政机关履职、纠错的有效衔接。检察机关从行刑衔接平台以及刑事案件中摸排大量线索,为开展行政违法行为监督提供了源源不断的动力。强化行政违法行为检察监督要依法用好调查核实权。检察机关在反向衔接后续跟踪,发现违法行使职权或不行使职权的情形,需要调查核实的,应采取相应方式调查核实。亦可以借助公开听证、专家咨询、案件座谈等多措并举方式提升监督精准度。采用案件化办理方式,将监督过程中的线索研判、受理立案、调查核实、审查终结、提出检察建议、后续跟踪等各个环节都纳入办案系统,由系统生成相关法律文书和工作文书。①

检察机关行使该项职能是在反向衔接后的接续手段,要把握好事后监督的原则,不能参与和影响行政行为决策和作出的过程,而应当在行政机关作出的处理结果后,从事后的角度对行政行为是否违法作出判断和纠偏。同时也要把握好监督和支持并重的原则,在制发检察建议前,主动与制发对象单位协调沟通,听取制发对象单位的意见,防止因对象错误、行政处罚措施不当等问题导致检察监督无法落实。要努力打造良性互动的关系,推动行政机关主动纠错、自我纠正,实现双赢多赢共赢的格局。

(三)加强对移送程序的监督

1.关于线索移送的监督。检察机关外部线索移送监督机制实践中已有部分探索,通过会签工作机制,加强线索移送力度。2023年最高检《衔接意见》规定了反向衔接工作由行政检察部门牵头负责。检察机关决定不起诉的案件,承办刑事检察部门应当移送行政检察部门审查。行政检察部门审查后,认为需要给予行政处罚的,经检察长批准,提出检察意见,移送行政主管机关处理。内部移送在审批程序上突出检察长重点监督,实现各部门在联动中强化监督、在协作中突出制约。向行政机

---

① 江国华、王磊:《行政违法行为的检察监督》,载《财经法学》2022年第2期。

关移送总体上要把握加强与行政机关沟通协调的原则，加强合作、信息互通、督促行政机关积极履职，形成社会治理合力。同时，《人民检察院内部移送法律监督线索工作规定》规定了人民检察院应当将线索移送情况纳入检察工作和检察人员考核，应移送未移送或未及时移送的在考核中予以负面评价。

其他地方检察机关的探索也有借鉴意义。如《湖南省长沙市雨花区监察委员会与区人民检察院关于建立行政违法问题线索双向移送机制的暂行办法》第5条规定了区监委向区检察院移送行政违法问题线索。①《福州市中级人民法院、福州市人民检察院关于建立行政审判与行政检察衔接配合机制的意见》实行司法建议情况双向备案机制，规定了全市两级法院对于因行政行为违法、行政机关不作为等原因制发的司法建议情况均应向市法院研究室备案，并抄送同级人民检察院或行政机关所在地人民检察院。因此，其他刑事司法机关的线索移送应当通过会签机制，确定各单位的移送线索职责，检察机关通过查看台账、案件评查、文书备案等方式发挥督促职能。

2.关于处理结果的监督。2021年最高检《衔接规定》第9条、第11条规定了有关主管机关应当自收到检察意见书之日起两个月以内将处理结果或者办理情况书面回复人民检察院。如行政机关不回复不处理的，检察机关可以通过书面通报同级司法行政机关、提请上级人民检察院通报其上级机关，必要时可以报告同级党委和人民代表大会常务委员会等方式发挥监督作用；如行政机关处理并无不当，不符合监督条件的，不存在违法行为的终结审查；对于行政行为存在违反法律规定、违

---

① 具体包括：（1）在查办辖区范围内，对行政相对人直接履行行政许可、行政处罚、行政强制、行政征收、行政收费、行政检查等执法职责的行政机关违法行使职权或不作为；（2）在查办辖区范围内生态环境和资源保护、食品药品安全、国有财产保护、国有土地使用权出让等领域负有监督管理职责的行政机关违法行使职权或不作为，侵害国家利益和社会公共利益的；（3）在查办生态环境和资源保护、食品药品安全、国有财产保护、国有土地使用权出让等领域的其他领域，负有监督管理职责的行政机关违法行使职权或不行使职权，应当由检察机关督促其依法履职的；（4）需要向区检察院移送处理的其他案件、问题线索。

反法定程序并且影响当事人合法权益的，需要监督纠正的，制发检察建议督促纠正。

（四）明确检察监督的方式

1. 检察意见。检察意见的核心是提出行政处罚的意见，移送有关主管机关处理，这是我们开展行政违法行为检察监督的前置程序。检察意见的适当运用，可及时纠正违法，给予行政机关一定容错空间，行政机关便于接受。《刑事诉讼法》第 177 条、2021 年最高检《衔接规定》明确了对需予以行政处罚的不起诉案件移送有关主管机关处理的，检察机关都应当提出检察意见。从目前的规定来看，检察意见相对的主体只能是被不起诉人，检察意见只能在不起诉环节提出，主要适用于相对不起诉案件的刑事责任型反向衔接、存疑不起诉和绝对不起诉案件的线索移送型反向衔接。因此，在法律法规没有授权的情况下，检察意见的适用范围不宜扩展。

此外，公安机关对于撤案的案件，需要追究行政法律责任的，可以同时向行政执法机关提出书面建议。根据《公安机关办理刑事案件程序规定》的规定，公安机关决定撤销案件或者对犯罪嫌疑人终止侦查时，对行政执法机关移送的涉嫌犯罪案件，公安机关立案后决定撤销案件的，应当将撤销案件决定书连同案卷材料送达移送案件的行政执法机关。对依法应当追究行政法律责任的，可以同时向行政执法机关提出书面建议；法院对于免予刑事处罚或者判决无罪的案件，需要追究行政法律责任的，可以根据《最高人民法院关于加强司法建议工作的意见》的相关规定，同时向行政执法机关发出司法建议书；监察机关在办理案件的过程中，发现监察对象所在单位需要追究行政法律责任的，可以根据《监察法实施条例》第 205 条的规定，向有关机关提出监察建议。以上是检察机关办理的不起诉案件之外的行刑反向线索移送，同时也为检察机关后续开展行政违法行为检察监督提供了案件来源。

2. 检察建议。检察建议是人民检察院依法履行法律监督职责，参与社会治理，维护司法公正，促进依法行政，保护国家利益和社会公共利益，保障法律统一正确实施的重要方式。在反向衔接后的行政违法行为监督，检察建议作为最重要的跟踪问效的方式，对行政机关违法作为案件，可以制发纠正违法类检察建议；对行政机关不作为案件，制发督促履职类检察建议；行政机关未采纳检察意见、公安机关书面建议、法院司法建议的案件，制发跟踪监督类检察建议。对发现的普遍性问题，可以向有关单位和部门提出改进工作、完善治理的检察建议。探索将检察建议办理、回复、履职整改情况纳入平安考核事项，提升监督刚性。

3. 发出通报。2021年最高检《衔接规定》第14条规定了人民检察院应当定期向有关单位通报开展行政执法与刑事司法衔接工作的情况。因此可以探索对行政机关工作中存在的普遍性问题和突出问题进行年度或者专题分析，对可能滥用执法权的苗头性、倾向性问题或者某方面问题的特点和趋势，促进依法行政的意见和建议，并报送地方党委、人大、政协、纪委等相关部门，共同推动和创新社会治理。

（五）健全监督保障机制

1. 信息共享制度。各单位之间信息壁垒是行刑衔接不畅的主要原因。因此进一步强化信息共享，打破行业壁垒、链接数据孤岛，逐步实现所有参与单位之间的网络互联、数据互通、信息共享。刑事司法机关信息管理系统与行政机关、人民检察院的信息联网共享，做到信息共享、密切合作。信息共享平台应当具有基础数据、案件办理、网上移送、网上监督、流程跟踪等功能。①

2. 建立健全备案审查制度。笔者认为，可以通过会签机制或者法律明确规定刑事司法机关向行政执法机关移送行政处罚案件，应及时抄送同级人民检察院或者行政机关所在地人民检察院备案。同时，行政机关对刑事司法机关移送的案件，经审查作出立案或不立案决定的，应报同级人民检察院备案，主动接受监督，从而实现检察机关全主体、全链

---

① 闻志强:《法治中国视野下检察机关参与"两法衔接"的功能定位》，载《桂海论丛》2016年第4期。

条、全方位监督。

3. 完善考核体系和激励机制。要进一步建立和完善考核考评等奖惩机制，以发挥移送和监督积极性、主动性。笔者建议可以参考湖北省委、省政府委托检察机关履行省直部门绩效考核、省委政法委法治湖北建设考核等工作考核的做法，加强检察机关参与刑事司法机关、行政机关考核权重与比例。完善检察机关不起诉案件考核评价体系，建议将开展行刑衔接、跟踪督促非刑罚处罚落实到位纳入不起诉案件的重要考核内容。此外，还应将检察意见作为行政检察部门单独的考核加分项目。

"法与时转则治，治与世宜则有功。"改革开放四十多年来，国家治理体系和治理能力现代化水平明显提高，全面依法治国总体格局基本形成。在行政执法和刑事司法衔接方面，从过去强调向刑罚渠道单向衔接，转为同步重视刑事司法向行政执法移送的反向衔接。由此，健全行政执法和刑事司法衔接机制成为党和国家赋予检察机关的时代重任。针对目前司法机关向行政机关移送行政处罚案件的机制构建重视不足，检察机关要严格落实中央关于行刑衔接工作的决策部署，统一思想，形成共识，主动作为，确保刑事司法与行政处罚有机衔接。

统筹推进行刑反向衔接与行政违法行为监督研究

王海云*

全国检察机关"两反"转隶及内设机构改革部门分设以来，行政检察工作从最高人民检察院定位"四大检察"业务中"弱项中的弱项，短板中的短板"，到有开局性发展，但仍是"四大检察"中的弱项。2021年6月，党中央首次就加强检察机关法律监督工作专门印发文件，即《中共中央关于加强新时代检察机关法律监督工作的意见》（以下简称中央《意见》）对反向衔接和行政违法行为监督提出明确要求。2023年7月，《最高人民检察院关于推进行刑双向衔接和行政违法行为监督 构建检察监督与行政执法衔接制度的意见》（以下简称《衔接意见》）也对上述两项工作进行了部署，明确反向衔接工作由行政检察部门牵头负责，要求"积极推动行政违法行为监督工作"。至此，行政检察监督业务充分拓展，行政诉讼监督中对案涉行政行为的诉讼内监督拓展到"对履行职责中发现"的行政违法行为开展诉讼外监督，行政违法行为监督成为检察机关助力法治政府建设的重要途径，也成为新时代行政检察工作新的增长极。实践中，该两项工作从监督对象、案件来源、监督手段、效果保障等方面存在内在逻辑和外部关联，二者均属于行政检察工作的重要内容，所以需要一体谋划，统筹推进。本文通过应然与实然分析，理论与实务论证，探究统筹推进反向衔接与行政违法行为监督优化

---

* 王海云，河南省人民检察院党组成员、副检察长。

路径,以期能够助力行政检察行稳致远。

一、统筹推进反向衔接与行政违法行为监督必要性分析

党的十八大以来,以习近平同志为核心的党中央高度重视健全"两法衔接"机制和行政违法行为监督,并提出系列明确要求。党的十八届三中、四中全会作出部署,中央《意见》进一步对反向衔接提出明确要求,强调"健全检察机关对决定不起诉的犯罪嫌疑人依法移送有关主管机关给予行政处罚、政务处分或者其他处分的制度";强调"在履行法律监督职责中发现行政机关违法行使职权和不行使职权的,可以依照法律规定制发检察建议等督促其纠正"。检察机关不起诉案件反向衔接与行政检察职能高度契合,依托反向衔接机制开展行政违法行为监督,将成为检察机关履行行政检察职能的重要途径。因此,统筹推行反向衔接和行政违法行为监督两项制度,对进一步充实做实行政检察具有重要意义,进而对于推动"四大检察"全面协调充分发展,完善中国特色法律监督体系具有现实意义。

(一)检察机关反向衔接制度分析

1.发展历程。2001年国务院《行政执法机关移送涉嫌犯罪案件的规定》和2011年中共中央办公厅、国务院办公厅转发国务院法制办等部门《关于加强行政执法与刑事司法衔接工作的意见》(以下简称《关于衔接工作的意见》),明确司法机关作出不追究刑事责任决定,向有关主管机关提出行政处罚处理建议并移送案件的要求。历次修订刑事诉讼法均赋权检察机关对作出不起诉决定,需要给予行政处罚的案件,应当提出检察意见,移送有关主管机关。2021年《最高人民检察院关于推进行政执法与刑事司法衔接工作的规定》确定了检察机关开展行刑衔接工作的基本原则,扩充了互涉对象、内容和机制等内容,促进了行刑双向衔接的制度化、刚性化。2023年最高人民检察院又出台《衔接意见》,对检察机关反向衔接制度作出明确规定。检察机关作为国家法律监督机

关，应当成为反向衔接制度的重要一环和积极推动者。可以说，目前反向衔接的法律、法规规定已经较为明确、细致，深化反向衔接，提升监督质效，重在落实。①

2.反向衔接制度分析。（1）行刑衔接与反向衔接。"行刑衔接"是"行政执法和刑事司法相衔接"的简称，也被称为"两法衔接"，主要指行政机关、公安机关、人民检察院、人民法院在依法履职过程中，对发现的涉嫌犯罪案件或依法不需要追究刑事责任但应追究行政责任的案件，移送主管机关进行处理的工作机制。最初的行刑衔接是指检察机关会同行政执法机关、公安机关、行政监察机关实行的旨在防止以罚代刑、有罪不究、降格处理现象发生，及时将行政执法中查办的涉嫌犯罪的案件移送司法机关处理的单向衔接工作机制。随着行刑衔接工作经验的积累，以及对行政执法与刑事司法研究的不断深入，行刑衔接的基本内容逐步完善。作为一种工作机制，行刑衔接并非始终是单向的，而应当是双向的。一是由行到刑的衔接。检察机关称之为正向衔接，是指行政执法机关将涉嫌犯罪的案件移送给相应主管机关的程序性工作机制。根据相关规定，由行到刑的衔接主要包括以下内容。第一，行政执法机关在查处违法行为的过程中，发现应当由公安机关立案侦查的犯罪线索，应当及时通报并移送公安机关。第二，行政执法机关在查处违法行为的过程中，发现涉嫌职务犯罪的案件，应当移送监察机关或者检察机关。二是由刑到行的衔接。检察机关称之为反向衔接，是指刑事追诉机关经侦查、审查、审理发现案件事实不成立犯罪，仅属于一般行政违法行为时，就应将案件移送有关机关或部门依法予以行政处理的工作机制。

（2）根据移送主体不同，反向衔接包括四个方面：

第一，由公安机关移送。这是指公安机关作为刑事追诉部门对不构成犯罪但需要由其他行政执法机关或者部门进行行政处理的案件，应当移送其他行政执法机关或部门。公安部2020年7月20日发布的《公安

---

① 高景峰等：《行刑双向衔接的内在逻辑与有效运用》，载《人民检察》2023年第3期。

机关办理刑事案件程序规定》第 3 条，将"对不够刑事处罚的犯罪嫌疑人需要行政处理的，依法予以处理或者移送有关部门"规定为公安机关在刑事诉讼中的基本职权之一。由于公安机关对大量刑事案件行使立案侦查权，所以，公安机关的移送也应当是大量的。

第二，由检察机关移送。这是指检察机关对于作出不起诉决定但需要由行政机关给予行政处罚的案件，应当移送给相关行政机关。《刑事诉讼法》第 177 条明确规定："人民检察院决定不起诉的案件，应当同时对侦查中查封、扣押、冻结的财物解除查封、扣押、冻结。对被不起诉人需要给予行政处罚、处分或者需要没收其违法所得的，人民检察院应当提出检察意见，移送有关主管机关处理。有关主管机关应当将处理结果及时通知人民检察院。"

第三，由人民法院移送。这是指人民法院审理后认为被告人的行为不构成犯罪，或者构成犯罪但不需要判处刑罚的，或者虽然应当判处刑罚但同时应给予行政处罚的，应当在结案后将案卷副本移送到相关行政机关，由行政机关依照人民法院提供的证据材料，按照行政处罚程序作出行政处罚。《关于衔接工作的意见》第 1 条第 5 项指出："……人民法院对作出无罪判决或者免予刑事处罚的案件，认为依法应当给予行政处罚的，应当提出……司法建议，移送有关行政执法机关处理。"

第四，由监察机关移送。这是指监察机关在调查职务犯罪案件时，如果发现被调查人的行为不构成犯罪，但应由相关行政执法机关给予行政处罚的，应当将案件移送到相关行政执法机关。例如，监察机关在调查甲涉嫌行贿的案件过程中，认为甲的行为不构成行贿罪，但发现甲存在操纵证券市场的违法行为，需要由证券监督管理机构给予行政处罚。在这种情形下，监察机关应当将案件移送证券监督管理机构处理。

（3）概念界定。检察机关行刑反向衔接，是指检察机关决定不起诉的案件，认为依法应当对被不起诉人给予行政处罚，由检察机关提出检察意见，并将行政处罚案件移送行政主管机关依法办理的工作机制。实践中，有人认为检察机关反向衔接不应仅限于不起诉案件，应包括不批捕案件和提起公诉的案件。笔者认为，不起诉案件作为检察机关终局处理决定,对被不起诉人是刑法上的结论性评价,未被追究刑事责任是进行反向审视是否需要追究行政责任的前提,而不批捕决定只是检察机关程序性处理,随后由侦查机关对犯罪嫌疑人作出处理,如果需要反向衔接,由侦查机关进行衔接。提起公诉的案件,如果需要反向衔接,则由人民法院进行。

(4)最高人民检察院《衔接意见》对检察机关反向衔接制度作出较为明确的规定。监督主体:检察机关行政检察部门。监督对象:行政机关的行政行为。线索来源:本院刑事检察部门。范围:为刑事检察部门作出不起诉的案件。刑事检察部门职责:应当在作出不起诉决定之日起3日内提出是否需要对被不起诉人给予行政处罚的意见,并移送行政检察部门审查。行政检察部门职责:审查后,认为需要给予行政处罚的,经检察长批准,提出检察意见,移送行政主管机关处理。反向衔接与行政违法行为监督的融合:行政检察部门对行政主管机关的回复和处理情况要加强跟踪督促,发现行政主管机关违法行使职权或不行使职权的,可以依照法律规定制发检察建议等督促其纠正。监督方式:检察意见、检察建议等。

(5)对反向衔接的监督。要使行刑衔接的工作机制发挥应有的作用,就必须进行监督。对反向衔接的监督本身,也是反向衔接工作机制的重要内容。《关于衔接工作的意见》第3条对"加强对衔接工作的监督"的主要内容作了详细、具体的规定,要求"县级以上地方人民政府、人民检察院和监察机关要依法履行监督职责,严格责任追究,确保行政执法与刑事司法衔接工作有关制度落到实处"。据此,检察机关具有监督反向衔接的职责,可以对公安机关和法院等的反向衔接工作进行监督。

(二)行政违法行为监督制度分析

1.发展历程。党的十八届四中全会决定提出:"检察机关在履行职责中发现行政机关违法行使职权或者不行使职权的行为,应该督促其纠正。"这项工作在2018年之前在一些地方检察机关进行了试点,但是

高质效行政检察监督的理论与实践

"两反"转隶之后,特别是在人民检察院组织法修订的过程中,有关部门存在不同认识,所以人民检察院组织法没有作出规定。因此,有人怀疑检察机关能否进行行政违法行为监督。中央《意见》明确提出:"检察机关在履行法律监督职责中发现行政机关违法行使职权或者不行使职权的,可以依照法律规定制发检察建议等督促其纠正。"两个文件进一步明确了检察机关开展行政违法行为监督的案件来源、监督内容和监督手段。中央《意见》关于行政违法行为监督的要求实际上重申了十八届四中全会决定中关于行政违法行为监督的规定。同时,中央《意见》对此作出规定,再次明确。

2. 制度分析。(1)行政违法行为监督的内涵。一是行政违法检察监督对象的有限性。并非所有行政行为都是行政违法检察监督的对象,在合理范围内开展有限监督,支持行政机关依法履职。行政违法行为监督的本意是通过检察机关的法律监督职能促进行政机关依法履职。范围包括:其一,具体行政行为。在行政权中,只有行政执法权对公民权利有直接、重大的影响,监督的必要性最突出,行政违法检察监督主要应集中在这个方面。对于具体行政行为中的违法进行监督,主要是行政行为证据不足、适用法律错误、违反法定程序、超越权限、滥用职权、不履行或拖延履行法定职责、行政处罚显失公正等。其二,抽象行政行为。检察机关作为国家的法律监督机关,其监督应及于抽象行政行为,应该有权对规范性文件的合法性进行检察监督,而且这一职责在整个检察监督中应该居于首要地位。但检察监督亦应有重点,主要针对行政主体制定的规范性文件违反上位法或制定规范性文件的程序违反法律规定的情况。

二是行政违法检察监督属于程序性权力。检察机关的法律监督职能是为了保障宪法和法律的统一正确实施,行政违法检察监督本质上属于程序性权力。其一,行政违法检察监督是程序性权力而非实体性权力。行政违法检察监督没有终局权和强制力。检察机关发现行政违法只能对行政机关提出检察建议,而不能取代其作出决定,也不能强制行政机关执行。其二,行政违法检察监督是结果监督而非过程监督。检察机关对行政过程的监督既不可能，也不符合法律监督原理。行政检察，即检察院对于行政权的监督，必须以不损及行政过程的完整性为前提，这就为具体的监督手段及其法定效果确定了一条总体界限。

三是行政违法检察监督遵循补充谦抑原则。检察权对行政执法活动的法律监督，是以积极主动的形式出现的，但是这一主动性有前提，只有法律规定的情形出现时才能实施法律监督。对属于行政违法行为监督范畴的，应敢于监督、善于监督，在其他内部和外部监督手段不能有效纠正行政违法行为时，依法开展监督；对于涉及不同领域的监督事项，则应依法协同其他机关共同解决问题，促进不同监督机制之间的衔接顺畅。例如，当发现行政违法行为监督中涉及具体人员的违纪、违法行为时，应当根据具体情况向有关行政部门、纪检监察部门移送线索；但相关行政违法行为本身的违法性并不因责任人员接受处理而消失，其违法性仍需由检察机关调查处理，并全程督促该机关通过法定程序对相应行政行为进行纠正。

（2）最高人民检察院《衔接意见》规定。要求"积极推动行政违法行为监督工作"，并从以下几个方面作出明确规定。监督主体：检察机关行政检察部门。监督对象：行政机关的行政行为。线索来源：检察机关行政检察部门在履行行政诉讼监督职责中，发现行政主管机关违法行使职权或不行使职权的，或者其他检察部门在履行法律监督职责中（包括在反向衔接过程中）发现行政违法行为监督线索。线索移送：依照《人民检察院内部移送法律监督线索工作规定》，通过案管部门移送本院行政检察部门统一筛查办理，行政检察部门要建立案件线索接收、审查、处理及反馈机制；其中，认为行政违法行为具有可诉性，属于公益诉讼案件线索的，通过案管部门移送本院公益诉讼检察部门办理。监督方式：依照法律规定制发检察建议等督促其纠正。

（三）统筹推进反向衔接与行政违法行为监督的内在逻辑

通过以上分析可以看出，反向衔接与行政违法行为监督这两项制度，在监督主体上均为检察机关行政检察部门，监督对象上均为行政机关的行政行为，案件来源上有关联、监督方式上均有检察建议，诸多方面存在内在逻辑和外部联系，需要一体谋划，统筹推进。

1. 从内涵上看，反向衔接是行政权与刑事司法权共同参与社会治理的一项制度。尽管行政执法与刑事司法在主体、范围、内容、对象等方面存在本质差别，但行政责任与刑事责任、行政处罚与刑事处罚之间不是非此即彼的关系，多数情况下存在"双罚""补罚"等情形，行政权与司法权相互补充，应当是一种良性的、双向的互动，司法机关不应只是被动接收者的角色，这是反向衔接的应有之义。

2. 反向衔接实质上包含了行政违法行为监督的内容。近年来，刑事犯罪结构发生明显变化，严重暴力犯罪持续下降，轻微刑事案件占比攀升。以某省检察机关为例，2018年至2022年，全省刑事案件不起诉率上升了5.1个百分点。对犯罪嫌疑人作不起诉处理，并不意味着其不再承担任何法律责任，其可能需要依法承担相应的民事、行政法律责任。对犯罪情节轻微，依照刑法规定不需要判处刑罚或者免除刑罚的犯罪嫌疑人，检察机关作出不起诉处理，符合法律规定和刑事政策要求，意味着不再追究他们的刑事责任，但他们的行为依法需要给予行政处罚、处分或者没收其违法所得，检察机关有责任与有关主管机关做好衔接，追究其相应的行政法律责任。行政与司法之间的联系、互动更加紧密，一体谋划、统筹推进反向衔接和行政违法行为检察监督，对于从全局上系统破解公法责任分置产生的问题，形成参与社会治理的合力，推进法治政府建设具有重要意义。

3. 反向衔接制度运行中发现行政机关不作为、乱作为问题，是行政违法行为监督的重要线索来源。最高人民检察院《衔接意见》规定检察机关行政检察部门在履行行政诉讼监督职责中，发现行政主管机关违法行使职权或不行使职权的，或者其他检察部门在履行法律监督职责中发现行政违法行为监督线索，可以依照法律规定制发检察建议等督促其纠正。行政检察部门通过本院刑事检察部门办理的大量不起诉案件，审查对不起诉人是否需要作出行政处罚，履行反向衔接职责过程中发现行政机关不作为、乱作为问题，将成为行政违法行为监督线索稳定的重要的来源。

二、统筹推进行刑反向衔接与行政违法行为监督的实践困境

（一）行刑反向衔接与行政违法行为监督的法律供给不足

在法律层面上，虽然刑事诉讼法、行政处罚法等多部法律法规及最高人民检察院的文件都对行刑反向衔接提出了法律依据，但均为概括性的立法，缺乏制度设计，可操作性不强。检察机关作为法律监督机关，在履行监督职责中发现行政机关违法行使职权或者不行使职权的，可以依照法律规定制发检察建议等督促其纠正。依据《人民检察院行政诉讼监督规则》，行政违法行为监督仅能从行政诉讼入手，监督面较窄，对于行政机关大量的行政行为中的未进入行政诉讼程序的违法行为无法监督，从立法层面来说检察机关开展行政违法行为监督的范围、程序、方式、效力等无明确规定。

（二）对行刑反向衔接与行政违法行为监督的重要性、必要性认识不到位

一方面由于实施行刑反向衔接与开展行政违法行为监督过程中存在多种问题，多数检察机关对于行刑反向衔接工作在扩宽监督渠道、防止司法权和行政权滥用、参与社会治理等方面的重大意义，在思想上认识不足，存在畏难情绪，缺乏攻坚克难的信心和积极性。另一方面随着社会发展，严重暴力犯罪持续下降，轻微刑事案件占比大幅攀升，宽严相济刑事政策、认罪认罚从宽制度的深入实施，不起诉案件大幅上升，行政检察部门牵头负责该项工作的情况下，办案力量不足的矛盾也制约检察机关特别是基层检察机关对该项工作开展，极易在工作中存在"说起来重要、干起来次要、忙起来不要"的情形。

（三）检察监督的单一性与行政执法的多元性相矛盾

一是检察机关监督行政执法的案件来源单一与行政违法行为多样相矛盾。最高人民检察院《衔接意见》对于行刑反向衔接案件的来源，仅

高质效行政检察监督的理论与实践

规定了对于不起诉案件中对被不起诉人需要提出行政处罚检察意见的，由行政检察部门牵头负责。但实践中，就刑事检察案件办理过程中，检察机关在批捕环节作出的不构成犯罪不批捕案件，能否对不构成刑事犯罪的嫌疑人提出进行行政处罚的检察意见尚未明确规定，对于提起公诉案件中存在的行政执法机关未进行行政处罚的行政违法行为人，能否由检察机关提出给予行政处罚的检察意见也未明确。而行政执法机关有大量的行政行为未移送给公安机关立案侦查从而进入检察环节，对于违法行政行为，检察机关在诉讼外获取的线索不能作为检察监督的案件来办理，也大大限缩了案件来源。二是检察监督方式的单一与行政违法行为监督方式多样性的需要相矛盾。检察机关在行刑反向衔接过程中，需要对被不起诉人给予行政处罚的，先要向有关行政主管机关提出检察意见，在有关行政主管机关不行使或违法行使职权时，也仅是向有关行政主管机关制发检察建议。监督手段的单一性造成检察机关在行政违法行为监督方面的疲软，监督效果不佳。三是检察监督的能力与监督行政违法行为的需求有差距。最高人民检察院应勇检察长指出行政检察监督存在"不敢""不力"问题，侧面反映出检察机关行政检察干警履职能力不能适应行政检察业务的发展要求。明确行政检察部门牵头负责行刑反向衔接工作之前，是否给予行政处罚的意见直接由刑事检察部门提出，行政检察办案人员在办理该类案件过程中，存在业务能力和人员力量不足的困境。一方面，行政处罚类别多种多样，专业性极强。办案人员对行政处罚领域业务知识了解不足，对被不起诉人是否需要行政处罚难以把握，发出的检察意见可能与行政执法尺度不一，实践中可能难以落实，造成检察意见采纳难，继而影响行政违法行为监督的效果。另一方面，检察机关与行政执法机关层级不对应也对有效开展检察监督提出挑战。一般而言，检察意见应当"向同级行政执法机关"或者"向同级有关主管机关"提出。但由于行政执法体制改革，有些行政处罚权上收至市级层面行使，如公安机关吊销驾驶证的行政处罚权，县级行政机关不具有独立的行政处罚权。此种情况下，市级检察院与基层检察院的主体责任不明确。检察机关与行政执法机关在层级和管理上的不统一，导致在开展工作对接时遇到诸多不便,更不论不同级别的行政机关的行政执法权限和种类不尽相同,给行刑反向衔接工作与行政违法行为监督带来一定的困难和挑战。

(四)内外部统筹协调机制不健全

在检察机关内部,行刑反向衔接工作由刑事检察部门调整为行政检察部门牵头负责,目前行政检察仍然是"四大检察"中的短板弱项,在人员配备、办案力量等方面与工作职责、工作要求不相适应。刑事检察部门和行政检察部门形成合力不够,各自优势尚未得到充分发挥。在检察机关外部,"两法衔接"涉及不同层级政府职能部门行政执法职权配置,仅中央层面至少涉及20个以上的国务院部委和直属机构,有的部委内部往往又涉及多个内设机构。经常出现一个检察院需与数个行政机关衔接,或者一个检察院数个内设机构需与同一个行政执法机关衔接的情况,"多龙治水"的现象既造成各检察部门之间重复劳动,也因多头对接影响行政机关的配合度和积极性,导致工作衔接不畅。

(五)"两法衔接"信息共享平台没有发挥出应有作用与价值

"两法衔接"信息共享平台的建立,促进了检察机关与行政执法机关信息共享,拓宽了监督线索来源,但也面临一些突出问题。一是某些行政执法机关自身案件管理系统并未真正打通,只能依靠行政执法机关人工录入行政执法案件,导致行政执法信息即时性、全面性、准确性、覆盖面得不到保障,检察机关通过信息共享平台不能及时、准确地获取涉嫌犯罪的行政执法案件信息[①];二是在行刑反向衔接中,由于存在"多龙治水"现象,个别案件中难以确立实施行政处罚的"有关主管机关";三是行政执法机关职权广泛,除公安机关还有海关、环保、税务等部门,由于缺少统一的管理单位,线索移送还是以零散、自觉的移送为主。现有的行刑衔接机制主要由检察机关为主导开展,就工作的推进情

---

① 参见鲁建武:《行刑双向衔接机制的推进与完善》,载《人民检察》2022年第9期。

况看，部分单位参与的主动性积极性不高，各机关的参与程度不一。以河南省检察机关掌握数据为例，全省监督行政执法机关向公安机关移送涉嫌犯罪案件线索数2019年之后呈现较大波动（2017年308件、2018年174件、2019年28件、2020年29件、2021年22件、2022年85件），这种情形的存在使得"两法衔接"数据平台没有发挥出应有作用与价值，也给行刑反向衔接与行政违法行为监督工作的推进造成困扰。

三、统筹推进行刑反向衔接与行政违法行为监督的路径选择

（一）完善行刑反向衔接与行政违法行为监督法治保障

由于当前行刑反向衔接与行政违法行为监督缺乏整体的法律依据，法律依据的缺失必然引发被监督对象对监督权力合法性的质疑，也直接导致检察机关对行政违法行为监督缺乏强制性和约束力[①]。因此，完善行刑反向衔接与行政违法行为监督法制保障迫在眉睫。一是通过完善立法明确职权。建议通过修订人民检察院组织法增加检察机关依法对行政违法行为进行监督的职权；通过修订《人民检察院行政诉讼监督规则》，明确行刑反向衔接工作由行政检察部门牵头负责，刑事检察部门应当积极配合，做好不起诉案件线索的内部移送工作。二是通过完善立法规范程序。目前开展行刑反向衔接与行政违法行为监督工作，主要依据的是中央政策文件、最高人民检察院制定的"意见"，缺少更高位阶的法律法规，导致在司法实践中程序不统一、不规范。建议通过修订《人民检察院行政诉讼监督规则》，规范反向衔接案件线索的审查、移送、处理、监督各环节，细化行政违法行为监督案件的办理流程。

（二）优化调整检察机关内部职责分工

检察机关在行刑反向衔接与行政违法行为监督中主要承担四项职

---

① 参见山东省青州市人民检察院课题组：《行政违法行为检察监督的路径选择及程序设计》，载《潍坊工程职业学院学报》2017年第6期。

责：一是对刑事检察部门移送的不起诉案件线索进行审查，不需要对被不起诉人给予行政处罚的，作出终结审查决定；二是需要对被不起诉人给予行政处罚，但行政主管机关未给予行政处罚或者仅给予部分种类行政处罚的，应当向行政主管机关提出检察意见；三是在履行监督职责中，发现行政主管机关违法行使职权或不行使职权的，可以依照法律规定制发检察建议等督促其纠正；四是将对不起诉案件办理结果及行政主管机关的回复、处理情况反馈刑事检察部门。综合考虑监督链条的完整性、职能归口的统一性、监督办案的专业性，按照"一个部门牵头抓总、其他部门各负其责、全院一体协同履职，相互配合形成合力"的原则，建议由最高人民检察院适时出台统筹推进行刑反向衔接与行政违法行为监督工作指引，优化检察机关内部职责分工。细化反向衔接工作由行政检察部门牵头负责、刑事检察部门予以配合的具体事项内容和操作流程。自上而下建立完善的检察监督与行政执法衔接的内部统筹、外部协调机制，减少基层检察院推进工作中的阻力。科学评估工作调整后的办案需要和人力资源配置，及时调整充实行政检察人员力量。

（三）积极构建检察监督与行政执法衔接制度

随着检察履职范围不断拓展，尤其是随着行政违法行为监督和公益诉讼工作的开展，检察机关与行政执法机关衔接配合的领域和内容也不断丰富和完善，"四大检察"都有与行政执法衔接的现实紧迫需求。行政检察部门依托行刑反向衔接机制开展行政违法行为监督，既有助于解决现有法律制度供给不足、有关部门认识不一致等问题，也有利于推动行政检察与其他三大检察全面协调充分发展，形成监督合力。行政处罚法、刑事诉讼法等法律对行刑反向衔接与行政违法行为监督只有原则性规定，建议在保持"两法衔接"现有模式的基础上，构建"检察监督与行政执法衔接"制度，通过检察机关、司法行政机关、行政执法机关共同会签实施办法性质的文件，统筹推进行刑反向衔接与行政违法行为监督工作。

（四）实行案件化办理，增强监督的精准性

利用现有办案系统为行刑反向衔接与行政违法行为监督服务。重大监督事项案件化办理，是检察机关推进监督事项从"办事模式"向"办案模式"转变的重要举措。对于在行刑反向衔接中获取的案件线索和其他检察部门在履行法律监督职责中发现行政违法行为监督线索进行案件化办理能够避免案件线索移送空置化。在检察机关不同办案部门共同使用同一办案系统的情况下，实现案件化办理存在很大的可行性。可以探索在全国检察业务应用系统中开发行刑反向衔接和行政违法行为监督案件模块，对刑事案件不起诉后提出需要行政处罚的检察意见的、其他检察部门在履行法律监督职责中发现行政违法行为监督线索的，以案件线索的形式通过应用系统移送到案管部门后分配到行政检察部门。行政检察部门通过线索受理、审查、立案、调查核实、提出监督意见等规范化办案流程办理案件，增强监督的精准性。

（五）完善检察监督与行政执法衔接信息共享平台

信息共享平台是开展行刑反向衔接与检察监督的数据基础。一方面，要激活现有"两法衔接"平台预设的巨大功能作用，就需要打破数据壁垒，实现数据共享。建议由党委政法委或司法行政机关协调各行政机关，统筹整合不同行政执法系统建立行政执法统一业务应用平台，为不同行政机关在该平台中设置不同行政执法子系统，共同将"两法衔接"平台打造为行政执法和司法办案的大数据池。另一方面，将检察业务应用系统和行政执法统一业务应用平台进行对接，避免行政执法数据二次录入、选择性录入等问题。不同行政机关的行政执法案件数据经系统抓取自动上传至行政执法统一业务系统进行备案，由司法行政机关和检察机关进行审查，对于涉嫌犯罪的，由检察机关通过检察业务应用系统将检察意见移送至行政执法统一业务应用平台，由平台分配至相应行政机关办理。当检察机关认为不起诉案件需要作出行政处罚的，可以通过检察业务应用系统将检察意见和相关案件信息移送至行政执法统一业务应用平台，最终实现办案数据的双向畅通。

交通肇事相对不起诉案件的反向衔接要点

何 娟 贾 颖 巫辅相[*]

一、问题的缘起：法院专属定罪权

《道路交通安全法》第 101 条第 1 款规定："违反道路交通安全法律、法规的规定，发生重大交通事故，构成犯罪的，依法追究刑事责任，并由公安机关交通管理部门吊销机动车驾驶证。"检察机关依法对交通肇事行为人作出相对不起诉决定后，是否需要向公安机关交通管理部门制发吊销机动车驾驶证的检察意见，这一问题在实务中观点分歧较大，主要有否定吊销机动车驾驶证说和赞成吊销机动车驾驶证说两种。

（一）否定吊销机动车驾驶证说

否定吊销机动车驾驶证说的理由为：第一，"构成犯罪"应该解释为确定有罪，根据《刑事诉讼法》第 12 条，没有经过法院的审判，不应当认定行为人构成犯罪。在检察环节，只能表述为行为人涉嫌构成犯罪而不是构成犯罪，检察机关没有给犯罪嫌疑人定罪的权力，所以相对不起诉决定不能成为认定犯罪嫌疑人构成犯罪的标准。第二，根据 2017 年公安部《道路交通事故处理程序规定》第 82 条，对发生道路交通事故构成犯罪，依法应当吊销驾驶人机动车驾驶证的，应当在法院作出有罪判决后，由设区的市公安机关交通管理部门依法吊销机动车驾驶证。

---

[*] 何娟，四川省成都市人民检察院行政检察部主任；贾颖，四川省成都市郫都区人民检察院党组书记、检察长；巫辅相，四川省成都市郫都区人民检察院一级检察官。

依据该规定可推断出道路交通安全法中规定的"构成犯罪"应当理解为只有当法院作出有罪判决之后，方可对行为人作出吊销机动车驾驶证的处罚。①

（二）赞成吊销机动车驾驶证说

赞成吊销机动车驾驶证说的理由为：第一，检察机关作出相对不起诉决定的基础是行为人的行为已经符合刑法规定的犯罪构成要件，只是因为犯罪情节轻微或者有其他法定情节，检察机关认为不必提起公诉也能达到法律实施的效果，而依法行使裁量权作出对犯罪嫌疑人构成犯罪而不予刑事处罚的一种法律评价。这与《刑事诉讼法》第12条规定的"未经人民法院依法判决对任何人都不得确定有罪"并不冲突，是法律赋予检察机关的起诉裁量权的特别功能体现。第二，从文义解释来看，道路交通安全法规定的"构成犯罪"要承担两个后果——一是刑事责任；二是行政责任（即吊销机动车驾驶证）。该条文使用了"并"字表明这两种责任为并列关系，即使检察机关作出不起诉决定，也只是免除了刑罚，并不能免除行政责任。第三，道路交通安全法系法律，而《道路交通事故处理程序规定》系部门规章，法律的效力位阶高于规章，因而《道路交通事故处理程序规定》的内容并不能支撑第一种观点。②第四，交通肇事已造成人员伤亡、财产损失的严重后果，危害后果和情节等比醉酒驾驶机动车大多更为严重，如不吊销机动车驾驶证，会出现"轻罪吊销、重罪不吊销"情况。肇事人的行为与其所受惩罚不相适应，有违惩罚均衡原则，有损法律的权威性和公平性。③第五，相对不起诉的前提是构成犯罪，而不是认定有罪，构成犯罪是一种客观存在的事物

---

① 阮方晓、耿永洁、李金航：《交通肇事相对不起诉后应否吊销驾照》，载《人民检察》2023年第17期。

② 阮方晓、耿永洁、李金航：《交通肇事相对不起诉后应否吊销驾照》，载《人民检察》2023年第17期。

③ 李雅：《肇事人被相对不起诉后其驾驶证应当吊销》，载《人民检察》2022年第16期。

和现象,符合刑法所规定的犯罪的构成要件即构成犯罪;确定有罪则是法院经过依法审理,对被告人的行为构成犯罪的主观上的评价。①

由此可见,上述观点的分歧在于如何理解《道路交通安全法》第101条第1款规定的"构成犯罪"。而造成这一分歧的根源在于《刑事诉讼法》第12条规定的法院专属定罪权对解释"构成犯罪"带来的影响。本文认为,上述两种观点未能深入问题的本质;吊销机动车驾驶证属于行政法律关系判定的范畴,与法院专属定罪权并无本质关联,我们要解决的并不是法院专属定罪权带来的质疑和困惑,而应回归行政法律关系,以刑事优先原则的正确理解为基础,以道路交通安全法的风险预防为导向,厘清吊销机动车驾驶证的规范逻辑,明晰其适用规则。

二、问题解决的基础:刑事优先原则的正确理解和适用

(一)行刑反向衔接基础规范缺失下的刑事优先原则

否定吊销机动车驾驶证说的行政规范依据表面上系公安部关于道路交通安全行政执法方面的部门规章,实质系1996年制定的《行政处罚法》第22条②规定的刑事优先原则(该条款一直沿用至新行政处罚法实施之前)缺乏行政责任反向追究制度的配套规定(行刑反向衔接),导致在法律规定行刑双罚(本文特指法律规范将行政责任表述在刑事责任之后的情形,《道路交通安全法》第101条第1款即为典型)的情况下,行政机关与检察机关倾向于将刑事责任的承担作为追究行政责任的前提,无异于将行刑双罚领域的刑事优先原则当作终止行政处罚程序的依据。

本文认为,之所以存在上述认识,系因刑事诉讼法并非调整行政处罚的基础性法律。基础性法律是指由全国人大及其常委会制定的用于综

---

① 谷某诉某市交通管理局吊销机动车驾驶证案,(2020)冀01行再2号判决书。
② 《行政处罚法》(1996年)第22条规定:违法行为构成犯罪的,行政机关必须将案件移送司法机关,依法追究刑事责任。

合调整某一类社会关系或规制某一类行为的综合性法律。① 在行政处罚法——行政处罚领域的基础性法律未明确规定行刑反向衔接，且《刑法》第 37 条②只对此作了任意性规定的情况下，基于法功能的不同及长期以来对行刑反向衔接的重视程度不足，导致检察机关对交通肇事相对不起诉等行刑双罚案件，倾向于认为刑事优先原则阻断了其对追究被不起诉人行政责任的判断，同时也导致公安机关认为其无法追究被不起诉人的行政责任。

（二）行刑反向衔接基础规范具备下的刑事优先原则

2021 年《行政处罚法》全面修订，该法第 27 条第 1 款③从基础性法律层面规定了刑事优先原则及行刑反向衔接配套制度。该条款强调违反行政法律规范的行为涉嫌犯罪的，行政机关应当及时移送司法机关追究刑事责任，同时在行政法层面强调了被不起诉人行政责任的判断和追究，使行刑反向衔接具有了基础规范地位。从基础性法律的功能来看，行刑反向衔接基础规范地位的确立，决定了尽管《道路交通安全法》第 101 条将行政责任表述在刑事责任之后，但除非其立法用语毫无疑义地表明刑事责任的承担是追究行政责任的前提，否则均应受行刑反向衔接基础规范的约束。

（三）刑事优先原则的法理阐释

本文认为，无论有无行刑反向衔接基础规范，以及法律是否规定行刑双罚，在不起诉案件涉及的行政法律关系中，除刑事责任得以吸收行

---

① 胡建淼：《论"基础性法律"的地位及其适用——以〈行政处罚法〉为例》，载《法律适用》2023 年第 9 期。
② 《刑法》第 37 条规定：对于犯罪情节轻微不需要判处刑罚的，可以免予刑事处罚，但是可以根据案件的不同情况，予以训诫或者责令具结悔过、赔礼道歉、赔偿损失，或者由主管部门予以行政处罚或者行政处分。
③ 《行政处罚法》（2021 年）第 27 条第 1 款规定：违法行为涉嫌犯罪的，行政机关应当及时将案件移送司法机关，依法追究刑事责任。对依法不需要追究刑事责任或者免予刑事处罚，但应当给予行政处罚的，司法机关应当及时将案件移送有关行政机关。

政责任外,刑事优先原则均不能阻断行刑反向衔接。理由如下:

首先,刑事优先原则体现了法律体系的层次性调整。在行政刑法[①]领域,刑事优先原则不仅体现了行政和刑事法律责任追究的顺序,也体现了法律体系的层次性调整。刘大生认为,法律体系由宪法、礼法、罚错法、刑罪法四个层次构成。[②]"罚错法"是关于一般违法予以处罚(本文限定于行政处罚)的法,"刑罪法"是关于对犯罪通过暴力手段(刑)予以惩处的法。"如果只有刑而没有罚则无异于不教而诛;如果没有刑法作为后盾,罚也难以实施。"[③]对于涉嫌犯罪的行政违法行为,优先选择高层次的"刑罪法"进行调整,其背景是我国以罚代刑、有案不移较为严重的时期[④],主要功能是充分惩戒犯罪,给予社会公众足够的安全感;但当行政违法行为人依法出罪时,意味着其并不需要高层次的"刑罪法"进行调整,但社会公众的安全感仍然处于较为缺乏的状态,被破坏过的行政管理秩序仍然有受损之虞,因此需要转由较低层次的"罚错法"进行调整。

其次,除法律、司法解释另有规定外,刑事优先原则产生中断行政责任追究程序的法律效果。有观点认为,对于移送刑事司法的案件,中止行政调查,在司法机关处理后才能继续对违法行为进行行政处罚。《行政处罚法》(2021年)将第27条的内容放在"行政处罚的管辖和适用"一章,其内在意思是一旦涉嫌犯罪则行政机关不再有管辖权,应当

[①] 郭特希密特以"司法与行政的并立,应该有其不同的目的与领域"为理论出发点,认为为达司法目的而采取的强制手段是司法刑法,为达行政目的而采取的强制手段是行政刑法。并据此推演出其核心理论观点:违反司法刑法的行为即刑事不法,系一种"法律违反";违反行政刑法的行为即行政不法,系一种"行政违反"。且进一步认为,前者违反基于伦理的刑法规范,是一种特别的伦理的非价判断;而后者只具有形式上的要素,只是违反行政意思而应加以处罚的行为。转引自李晓明:《行政刑法新论》,法律出版社2014年版。

[②] 刘大生:《法律层次论》,天津人民出版社1993年版,第7页。

[③] 刘大生:《法律层次论》,天津人民出版社1993年版,第9页。

[④] 谢小剑:《行政犯"行刑衔接"困境破解——从分离式到联动式》,载《中国法学》2024年第2期。

由公安机关管辖，启动刑事侦查程序。① 本文认为，在未移送司法机关之前，涉嫌犯罪的行政违法行为仍然由行政机关管辖，在法律、行政法规、司法解释有特别规定时，行政机关可先予行政处罚，否则因其客观上造成的危害后果或具有的危险性较之一般行政违法行为更大，基于过罚相当原则，行政处罚手段无法达到惩戒目的，须及时移送司法机关追究刑事责任。因此，行政违法行为涉嫌犯罪只是中断行政责任追究程序、优先追究刑事责任的原因；当行政机关作出行政处罚决定后再移送司法机关时，司法机关有可能基于不同的证明标准作出与行政处罚决定不同的事实认定，动摇国家行政执法公信力，破坏不同部门法协调实施的平衡。

再次，刑事优先虽然指优先追究刑事责任，但并不以刑事实体处理为导向。以刑事责任追究的实体结果为导向来理解、适用刑事优先原则，实质系以刑事审判结果决定行政责任的承担与否。而行政责任的承担系以行为人违反行政管理秩序的客观事实为前提和基础，行为人是否被判决有罪仅指司法是否选择对其刑事法律地位进行终极宣告和确认，只能影响其刑事责任的承担，无法当然涵盖其行政责任；即便刑事责任追究程序停止于审查起诉阶段，也不影响检察机关对行为人违反行政管理秩序这一客观事实的认定，进而向行政机关制发给予行为人行政处罚的检察意见。质言之，对于行政责任的追究，以违法事实的存在即事实要件为基础，只要满足事实要件，就具有认定行为人违反行政管理秩序的基础；法院判决有罪系国家对行为人犯罪分子这一刑事法律地位的确认和宣告，法律意义依附于其事实基础，不论是否经法院判决有罪或无罪，均不能改变行为人违反行政管理秩序的客观事实认定。

最后，刑事责任追究程序终结后，检察机关即应考虑行刑反向衔接，贯彻过罚相当原则。行政处罚与刑事处罚在法律属性、实施机关、

---

① 谢小剑：《行政犯"行刑衔接"困境破解——从分离式到联动式》，载《中国法学》2024年第2期。

适用依据、适用对象、处罚方式、处罚程序等方面均存在明显差异。[①]单纯强调其中一种处罚结果，都不利于做到"过罚相当"。过罚相当原则，从广义来说，作为公法上的一项基本原则，是指国家对违法者所施予的制裁行为与被制裁行为造成的危害程度相适应。通俗地讲，有什么样的违法行为就应当给予与该违法行为相适应的处罚，违法行为的危害若严重则重罚，违法行为危害轻则轻罚，做到罚当其过，过罚相称。其既体现在宪法领域，也包括刑罚领域的罪刑相适应和行政处罚领域狭义的过罚相当等。[②]因此，即使对于类似交通肇事行刑双罚案件，检察机关作出不起诉决定后，仍然要判断应否制发给予被不起诉人行政处罚的检察意见。

三、问题解决的导向：道路交通领域的安全风险预防

（一）引入风险预防讨论的必要性

从检察机关不起诉决定具有准司法效力的角度而言，《道路交通安全法》第 101 条第 1 款之所以会在执法司法中产生歧义，主要在于该条款规定的"构成犯罪"是仅指法院判决有罪，还是包括经过检察机关行使审查起诉判断权对犯罪事实的认定？"并由公安机关交通管理部门吊销机动车驾驶证"是指刑事责任与行政责任一定要并存，还是行为人至少被法院判决宣告有罪？在我国行政刑法规范[③]中，关于追究行政违法行为人刑事责任的条件，立法机关作了立法技术上的规范，即一般表述为"构成犯罪"。一般情况下，"构成犯罪"在语义上与"犯罪构成"无异，不应存在分歧。这里涉及法律与语言的关系，在阿甘本看来，语言与法律之间存在一个结构性的类比。阿甘本指出："语言与法律之间的结

[①] 李煜兴：《行刑衔接的规范阐释及其机制展开》，载《中国刑事法杂志》2022 年第 4 期。
[②] 胡建淼：《法律基本原则研究》，中国社会科学出版社 2021 年版。
[③] 出于论证的需要，这里的行政刑法规范不包括刑法典中规定的行政犯罪，仅指行政法律规范中涉及刑责的规定。

构性类比可以在这里得到阐明。正如语言的本质存在于非语言之中,而不一定有完全确认的指称(这种本质仅仅在实际的话语之中才能获得),例外状态中的规范具有效力却缺乏对现实的指涉。"① 简言之,任何语言在现实中都希望有一个清楚的指涉,但是这一要素与现实中的指涉总是存在一种不一致。同时,任何规范都希望在现实中实现某种适用,然而其与现实的适用之间也总会存在紧张。②

由此可见,"构成犯罪"单纯在语义学上并无歧义,但其与法律的具体实施结合起来时,仍然不可避免地引起法律适用上的歧义。前文所述,刑事优先原则中断而非终止行政责任追究程序,说明行政管理秩序仍然有被行为人再次违反的风险。追究行政责任,不仅是对违法行为人的惩戒,更是预防其今后再次实施违法行为,而刑事责任并不当然能够达到此种行政管理效果。因此,引起上述歧义的并不在于检察机关不起诉决定是否具有认定行为人有罪的司法效果,而在于如何预防行政管理秩序被继续违反的风险,从而有必要讨论在道路交通管理领域的风险预防。

(二)交通肇事法律责任追究要达到有效预防道路交通安全风险的立法目的

一般而言,法律规范保护的利益规定在立法目的条款中。关于立法目的,古罗马法学家西塞罗曾经指出:"毫无疑问,法律的制定是为了保障公民的幸福、国家昌盛和人们安宁而幸福的生活;那些首先通过法规的人曾经向人们宣布,他们将提议和制定这样的法规,只要它们被人民赞成和接受,人民便可生活在荣耀和幸福之中。"③ 杨临宏认为,立法的目的是为社会的行为提供规范和标准,使人们清楚自己的行为规则,明

---

① Giorigio Agamben, State of Exception, trans.by Kevin Attel, Chicago: The Univesity of Chicago Press, 2005, p.36.
② 张宪丽:《阿甘本法律思想研究》,法律出版社2016年版。
③ [古罗马]西塞罗:《国家篇法律篇》,沈叔平、苏力译,商务印书馆1999年版,第188页。

确应该怎么做、不应该怎么做、违反了法律将会受到什么样的惩处。从实质上看，立法的目的反映一个国家立法机关的价值观。[①]虽然学者对立法目的有不同的理解，但仅系基于手段和功能角度的不同，本质上，法律制定的终极目的是保护国家、社会和人民的利益。在行政管理领域，保护国家、社会和人民利益的重要前提是风险预防。

本文认为，在道路交通安全管理领域，根据《道路交通安全法》第1条、第3条之规定，该法的价值追求为秩序、安全、效率；第1条将"预防和减少交通事故"置于该法第2小句的位置表明，确保道路交通有序进行，直接目的是预防和减少交通事故，根本目的是保护人民的人身、财产安全或其他合法权益。结合道路交通安全法及其实施条例可知，一般情况下，道路交通违法行为人受到行政处罚，系因其违法行为对道路交通秩序、安全、效率分别造成不同程度的破坏，但立法规制的重要目的在于预防安全风险，尤其是预防和减少交通事故。

结合上述立法目的，分析道路交通安全法罚则规定可知，其对违法行为设定行政处罚的标准之一在于违法行为带来交通安全风险的可能性：可能性较低的，一般给予警告、罚款等处罚；可能性较高的，给予暂扣、吊销机动车驾驶证、行政拘留等处罚；发生重大交通事故，涉嫌交通肇事罪的，说明安全风险不容小觑，需要追究刑事责任，但不论最终有没有追究刑事责任，公安机关交通管理部门均要进行行政处理，预防安全风险，否则道路交通安全法的立法目的难以实现。因此，在交通肇事案件中，追究行为人的法律责任不只是为了惩戒，更要以预防交通安全风险为导向，妥善处理具体的刑事责任和行政责任。

四、问题解决的关键：《道路交通安全法》第101条第1款的正确解释

如前文所述，在交通肇事案件中，优先追究刑事责任系对刑事优先

---

① 杨临宏：《立法学：原理、程序、制度与技术》，中国社会科学出版社2021年版。

原则的遵守，且中断了行政责任追究的程序，只有当刑事责任能够吸收行政责任时，才能终止行政责任追究的程序。若将《道路交通安全法》第101条第1款"构成犯罪"解释为法院作出有罪判决，则在交通肇事相对不起诉案件中，被不起诉人实际上已构成交通肇事罪，只不过赔偿损失、认罪认罚等情节因素使其无须受诉审判，却因法院未作出有罪判决，无须承担机动车驾驶证被吊销的行政责任，就会违背刑事优先原则，不当终止行政责任追究程序，导致交通安全风险得不到有效预防，同时也违背"过罚相当"原则。本文认为，需要回归行政法律关系的角度去理解吊销机动车驾驶证这一行政处罚，让行政的归行政，刑事的归刑事，同时需要结合刑事优先原则、过罚相当原则、道路交通安全风险预防等角度，正确解释《道路交通安全法》第101条第1款。

（一）交通肇事属于违反道路交通秩序程度较高的违法行为

根据《道路交通安全法》第91条[①]、第99条[②]、第100条[③]、第101

[①] 《道路交通安全法》第91条："饮酒后驾驶机动车的，处暂扣六个月机动车驾驶证，并处一千元以上二千元以下罚款。因饮酒后驾驶机动车被处罚，再次饮酒后驾驶机动车的，处十日以下拘留，并处一千元以上二千元以下罚款，吊销机动车驾驶证。醉酒驾驶机动车的，由公安机关交通管理部门约束至酒醒，吊销机动车驾驶证，依法追究刑事责任；五年内不得重新取得机动车驾驶证。饮酒后驾驶营运机动车的，处十五日拘留，并处五千元罚款，吊销机动车驾驶证，五年内不得重新取得机动车驾驶证。醉酒驾驶营运机动车的，由公安机关交通管理部门约束至酒醒，吊销机动车驾驶证，依法追究刑事责任；十年内不得重新取得机动车驾驶证，重新取得机动车驾驶证后，不得驾驶营运机动车。饮酒后或者醉酒驾驶机动车发生重大交通事故，构成犯罪的，依法追究刑事责任，并由公安机关交通管理部门吊销机动车驾驶证，终生不得重新取得机动车驾驶证。"

[②] 《道路交通安全法》第99条第1款第2项、第4项、第2款：有下列行为之一的，由公安机关交通管理部门处200元以上2000元以下罚款：（2）将机动车交由未取得机动车驾驶证或者机动车驾驶证被吊销、暂扣的人驾驶的；（4）机动车行驶超过规定时速百分之五十的；行为人有前款第2项、第4项情形之一的，可以并处吊销机动车驾驶证……

[③] 《道路交通安全法》第100条第1款、第2款："驾驶拼装的机动车或者已达到报废标准的机动车上道路行驶的，公安机关交通管理部门应当予以收缴，强制报废。对驾驶前款所列机动车上道路行驶的驾驶人，处二百元以上二千元以下罚款，并吊销机动车驾驶证。"

条①、第110条②的规定可知,行为人有以下第5种或第6种情形的,公安机关交通管理部门可以吊销其机动车驾驶证;有其他几种情形之一的,公安机关交通管理部门应当吊销其机动车驾驶证:(1)因饮酒后驾驶机动车被处罚,再次饮酒后未达到醉酒程度驾驶机动车;(2)醉酒驾驶机动车;(3)饮酒后未达到醉酒程度驾驶营运机动车;(4)饮酒后尚未达到醉酒程度驾驶机动车发生交通事故构成交通肇事罪;(5)将机动车交由未取得机动车驾驶证或者机动车驾驶证被吊销、暂扣的人驾驶;(6)驾驶机动车超过规定时速百分之五十;(7)驾驶拼装的机动车或者已达到报废标准的机动车上道路行驶;(8)违反道路交通安全法律、法规,发生重大交通事故,构成犯罪;(9)无正当理由逾期未接受暂扣或者吊销机动车驾驶证处理。

从以上机动车驾驶证吊销的法定情形可以看出,只有第4种和第8种情形产生了危害后果,并作为吊销机动车驾驶证的适用条件之一,其他几种情形均未要求造成危害后果。道路交通安全法的罚则部分主要在秩序违反层面列举违法行为(以下简称交通秩序违反行为),并视其可能或必将引发的交通安全风险程度,规定不同种类的行政处罚。结合前文所述,行为人在道路上通行,应当遵守交通秩序,根本目的是预防和减少交通事故的发生,其义务并非仅包括形式意义上的秩序遵守,还包括不侵犯他人人身和财产安全的作为或不作为义务,即交通事故预防,此种义务属于实质意义上的交通秩序范畴。由此可见,一般的交通秩序违反行为造成交通事故等危害后果时,其秩序违反程度随之上升,应当规定相应严厉程度的行政处罚,这也是为什么行为人造成交通事故后逃

---

① 《道路交通安全法》第101条第1款:"违反道路交通安全法律、法规的规定,发生重大交通事故,构成犯罪的,依法追究刑事责任,并由公安机关交通管理部门吊销机动车驾驶证。"

② 《道路交通安全法》第110条第1款、第2款:"执行职务的交通警察认为应当对道路交通违法行为人给予暂扣或者吊销机动车驾驶证处罚的,可以先予扣留机动车驾驶证,并在二十四小时内将案件移交公安机关交通管理部门处理。道路交通违法行为人应当在十五日内到公安机关交通管理部门接受处理。无正当理由逾期未接受处理的,吊销机动车驾驶证。"

逸但不构成犯罪时,《道路交通安全法》第 99 条规定公安机关交通管理部门可以对其进行行政拘留,而不仅仅是罚款。质言之,对交通肇事人进行行政处罚,其针对的违法行为仍然属于交通秩序违反范畴。因此,交通肇事本质上是交通秩序违反程度较高的违法行为,不论其造成的危害后果有多严重,均不能改变其秩序违法属性。据此,交通肇事行为人被吊销机动车驾驶证,并非针对其构成的犯罪,而是针对其严重违反交通秩序的行为。

从另一个角度而言,交通肇事罪法定刑仅是对行为人损害他人人身、财产安全的行为进行惩戒,无法在法律上预防其承担刑事责任后继续对道路交通安全带来的风险,故此系《道路交通安全法》第 101 条第 1 款同时规定吊销机动车驾驶证的实质原因。

(二)交通肇事案件中吊销机动车驾驶证仅针对机动车驾驶人

《道路交通安全法》第 101 条第 1 款并未明确规定非机动车驾驶人构成交通肇事罪,其合法持有的机动车驾驶证是否应予吊销。对此,2006 年 7 月 20 日,浙江省公安厅交通管理局作出《关于能否吊销未驾驶机动车但构成交通肇事罪被追究刑事责任人员机动车驾驶证的批复》:"杭州市公安局交警支队:你支队《关于能否吊销未驾驶机动车但构成交通肇事罪被追究刑事责任人员机动车驾驶证的请示》(杭公交〔2006〕103 号)收悉。通过咨询负责《道路交通安全法》法律修改、审议工作的有关领导以及厅法制处,经研究,现批复如下:《道路交通安全法》第一百零一条中对违法人员予以吊销机动车驾驶证以及'终生禁驾'的规定,从立法原意上,针对的是交通事故当事人中的机动车驾驶人,而不包括交通事故中的其他责任人员。因此,同意你们第二种意见。此复。"

此外，在徐某诉石家庄市公安局交通管理局一案中①，河北省石家庄市中级人民法院认为："本案被上诉人虽持有机动车驾驶证，但是其驾驶的是非机动车，发生交通事故是因为其驾驶非机动车引起的，市交管局作出吊销其机动车驾驶证的行政处罚与被上诉人违法行为的事实、性质、情节并不相当，其作出的处罚决定亦不符合《道路交通安全法》第101条规定。"

本文认为，"惩罚必须具有与行为相联系的某种关系，即在某种意义上，惩罚必须和行为相适应或相均衡"②，结合《行政处罚法》第5条第2款之规定，设定和实施行政处罚必须以事实为依据，与违法行为的事实、性质、情节以及社会危害程度相当。吊销机动车驾驶证作为行政处罚，其针对的违法行为必须要与其行政行为的性质相适应或相关联，否则违反"过罚相当"原则。机动车驾驶证系公民依法通过考试取得的道路驾驶机动车的资格，系法律对公民在道路上驾驶机动车时能够保证道路交通安全的能力、技术、安全意识的肯认。虽然在重大交通事故中，非机动车驾驶人构成交通肇事罪，说明其违反道路交通安全法律、法规的行为具有较高的安全风险，但此种安全风险并不能当然推导出行为人驾驶机动车亦会出现相同的安全风险；相反，机动车本身的安全风险高于非机动车，行为人在驾驶机动车时，依据人类趋利避害的心理，

---

① （2021）冀01行终20号。2019年8月16日21时41分许，徐某驾驶红色电动二轮车，沿鹿泉区铜冶镇红旗路由北向南行驶至××院××电杆南侧9米处时，将在道路西侧同向步行的行人郝某撞伤倒地，造成交通事故。2019年9月19日，鹿泉交警大队作出《道路交通事故认定书》，认定徐某负此事故全部责任，郝某无责任。2020年5月20日，鹿泉区人民法院作出（2020）冀0110刑初63号《刑事判决书》，判决徐某犯交通肇事罪，判处有期徒刑1年，缓刑2年。2020年7月28日，被告石家庄市交通管理局向徐某作出《公安交通管理行政处罚告知书》，对原告进行了行政处罚前的书面告知。2020年7月31日，被告石家庄市交通管理局作出石公（交）行罚决字［2020］×号《公安交通管理行政处罚决定书》，查明原告于2019年8月16日21时41分，在红旗路××院××电杆南侧9米处，违反《道路交通安全法》第70条第1款，实施造成交通事故后逃逸，构成犯罪的违法行为。依据《道路交通安全法》第101条第2款，决定吊销原告徐某机动车驾驶证，终生不得重新取得机动车驾驶证。并向原告邮寄送达处罚决定。

② ［美］H.C.A.哈特：《惩罚与责任》，王勇等译，华夏出版社1989年版，第153页。

其亦有可能会安全驾驶机动车。且结合上述吊销机动车适用的法律明文列举的情形中,只有将机动车交由无资格驾驶机动车的人驾驶的行为人,脱离了其机动车驾驶行为而被吊销其机动车驾驶证,其他均系行为人因不安全驾驶机动车的行为被规定处以吊销机动车驾驶证,这也从立法上限定了吊销机动车驾驶证的一般主体对象。因此,交通肇事案件吊销机动车驾驶证的受罚对象为机动车驾驶人,不包括非机动车驾驶人、乘车人、行人。

（三）对《道路交通安全法》第101条第1款"构成犯罪"在吊销机动车驾驶证法律关系上的理解

第一,吊销交通肇事人机动车驾驶证是为了预防其继续引发交通事故的安全风险。"保护公民和组织的权益,是现代国家权力运作的基点。为了维护国家的、公共的利益或者使公民和组织的合法权益免遭不法侵害,国家权力必须干预社会生活,用司法上的或者行政上的权力制裁各种违法行为。"[①]可见,行政处罚能够剥夺相对人合法权益或增加其义务,仅系行政处罚的功能向度,并非行政处罚的根本目的;行政处罚的根本目的是预防行政管理秩序被继续违反的风险。具体到交通肇事案件,公安机关交通管理部门吊销肇事人机动车驾驶证,不仅是消灭其继续在道路上驾驶机动车的法律可能性,还是一种对其继续引发交通事故风险的法律预防。

第二,"构成犯罪"指需要通过吊销机动车驾驶证来预防行为人继续引发交通事故风险的事实判断标准。《道路交通安全法》第101条第1款规定:"违反道路交通安全法律、法规的规定,发生重大交通事故,构成犯罪的,依法追究刑事责任,并由公安机关交通管理部门吊销机动车驾驶证。"首先,"发生重大交通事故"并不意味着行为人对重大交通事故具有主观过错,"发生"仅表明交通事故客观上与行为人道路交通违法行为有关联,并非指行为人对交通事故有主观过错。其次,"构成犯

---

① 郭法言:《当前行政处罚需要研究的若干问题》,载《中国法学》1992年第2期。

罪"是追究行为人刑事责任和吊销其机动车驾驶证的前提条件。但在吊销机动车驾驶证的适用上,"构成犯罪"不应被解释为法院作出有罪判决。理由如下:

如前文所述,吊销交通肇事行为人机动车驾驶证,是为了预防其驾驶机动车继续引发交通事故的安全风险,但公安机关交通管理部门在作出吊销决定前,应当遵守比例原则,即吊销机动车驾驶证具有必要性,该必要性取决于交通肇事行为人因其违法行为反映出来的交通安全风险可能性,此种可能性的高低需要结合其主观过错和危害后果来认定。由此可见,"构成犯罪"应理解为行政机关根据《刑法》第133条及《最高人民法院关于审理交通肇事刑事案件具体应用法律若干问题的解释》的相关规定,判断交通肇事行为人驾驶机动车继续引发交通事故的安全风险可能性;若符合规定,则应认定引发安全风险的可能性较高,仅通过罚款、行政拘留、暂扣机动车驾驶证等行政处罚无法预防,有必要吊销其机动车驾驶证。

综上,《道路交通安全法》第101条第1款应当被解释为:行为人驾驶机动车违反道路交通安全法律、法规,其主观过错、事故危害后果符合《最高人民法院关于审理交通肇事刑事案件具体应用法律若干问题的解释》第2条规定[①]的,属于交通秩序违反程度较高的违法行为,在依法追究其刑事责任的同时,应当吊销其机动车驾驶证。

---

① 《最高人民法院关于审理交通肇事刑事案件具体应用法律若干问题的解释》第2条:交通肇事具有下列情形之一的,处3年以下有期徒刑或者拘役:(1)死亡1人或者重伤3人以上,负事故全部或者主要责任的;(2)死亡3人以上,负事故同等责任的;(3)造成公共财产或者他人财产直接损失,负事故全部或者主要责任,无能力赔偿数额在30万元以上的。交通肇事致1人以上重伤,负事故全部或者主要责任,并具有下列情形之一的,以交通肇事罪定罪处罚:(1)酒后、吸食毒品后驾驶机动车辆的;(2)无驾驶资格驾驶机动车辆的;(3)明知是安全装置不全或者安全机件失灵的机动车辆而驾驶的;(4)明知是无牌证或者已报废的机动车辆而驾驶的;(5)严重超载驾驶的;(6)为逃避法律追究逃离事故现场的。

五、交通肇事相对不起诉案件检察意见制发要点

结合前文所述,交通肇事行为人被检察机关作出相对不起诉决定的,公安机关交通管理部门应当吊销其机动车驾驶证。但实践中,不少公安机关执法人员仍然依据《道路交通事故处理程序规定》等部门规章认为,只有交通肇事行为人被法院判决犯交通肇事罪,才应吊销其机动车驾驶证。因此,为了妥善处理好不同国家机关对法律规定的理解分歧,释放最大法律监督效能,对交通肇事相对不起诉案件,检察机关在制发检察意见时,应当注意以下要点:

（一）有限承认部门规章的法律效力

公安部部门规章《道路交通事故处理程序规定》（2017 年）第 82 条规定:"对发生道路交通事故构成犯罪,依法应当吊销驾驶人机动车驾驶证的,应当在人民法院作出有罪判决后,由设区的市公安机关交通管理部门依法吊销机动车驾驶证……"检察机关制发检察意见时,应在检察意见书中阐明该条款仅适用于符合刑事起诉条件的交通肇事案件。理由如下:

首先,行为人涉嫌交通肇事罪被检察机关依法起诉的,其道路交通违法事实系构成交通肇事罪的要件之一,而该事实是否清楚、证据是否确实充分,均应遵循司法最终原则,由法院进行司法认定,否则,若行政机关在刑事判决前作出的吊销机动车驾驶证决定,将因其违反《道路交通安全法》第 101 条第 1 款之规定,属重大程序违法。因此,公安机关交通管理部门应当在法院作出有罪判决后,才能吊销机动车驾驶证。

其次,结合前文所述,交通肇事行为在行政法意义上,本质是一种道路交通秩序违反程度较高、安全风险较大的秩序违法行为,"构成犯罪"仅系判断交通秩序违反程度及安全风险大小的证据标准;在检察机关作出相对不起诉决定后,相关证据已达到"排除合理怀疑"的证明标准,行政机关对此具有行政法律适用的权力,无须依靠刑事审判。因此,行为人涉嫌交通肇事罪被检察机关作出相对不起诉决定的,公安机

关交通管理部门何时吊销其机动车驾驶证，不在上述部门规章规定调整的范围。

（二）注重审查被不起诉人单纯违反道路交通秩序的行为

在交通肇事相对不起诉案件中，交通事故系由被不起诉人实施的单纯违反道路交通秩序的行为，检察机关应审查被不起诉人是否已因该行为被行政处罚，已作出处罚的，检察机关应当审查其合法性，并在制发吊销机动车驾驶证的检察意见书中指出公安机关处罚程序不当；未作出处罚的，应当在吊销机动车驾驶证的检察意见书中一并建议公安机关交通管理部门依法作出行政处罚决定。理由如下：

一是交通肇事行为涉嫌犯罪时，公安机关应当及时立案侦查，并依法移送检察机关审查起诉。即使引发交通事故的道路交通违法行为在案证据确实、充分，基于刑事优先原则对行政责任追究程序的中断，除法律、司法解释另有规定外，公安机关交通管理部门也不宜在移送审查起诉之前作出行政处罚，否则违反刑事优先原则，破坏法秩序的平衡。检察机关作为法律监督机关，有监督法秩序失衡的职责，应当在审查认定行政处罚合法的基础上，在吊销机动车驾驶证的检察意见书中，及时向公安机关交通管理部门指出其行政处罚程序不当，但醉酒驾驶引发交通事故的除外；①行政处罚不合法的，检察机关应当按照《最高人民检察院关于人民检察院在履行行政诉讼监督职责中开展行政违法行为监督工作的意见》处理。

二是公安机关交通管理部门发现行为人涉嫌交通肇事罪，未作出行政处罚的，检察机关应审查被不起诉人因其单纯违反道路交通秩序的行为，应否受到除吊销机动车驾驶证之外的行政处罚，不能仅在检察意见书中建议吊销机动车驾驶证。需要注意的是，若交通事故系因醉酒驾驶导致的，检察机关应依法建议公安机关及其交通管理部门依法作出行政

---

① 在醉酒驾驶引发的交通肇事案件中，公安机关应当依法在移送审查起诉前作出相应的行政处罚。

拘留、罚款等行政处罚。

（三）特殊违法主体构成交通肇事罪的，不宜制发吊销机动车驾驶证的检察意见

如前文所述，当非机动车驾驶人、乘车人、行人引发交通事故并构成犯罪时，检察机关不宜建议公安机关交通管理部门吊销其机动车驾驶证，而应审查其违反道路交通安全法律、法规的行为，依照道路交通安全法及其实施条例建议公安机关交通管理部门作出相应行政处罚决定。

行刑反向衔接视域内过罚相当原则的实现

罗 琳[*]

当前犯罪结构发生变化，实践中的轻罪比例上升，关于轻罪案件办理的认识也逐渐加深。轻罪出罪，不代表行为无违法性、无可罚性。在此背景下，刑罚领域的"罚当其罪"也逐渐向行罚领域的"罚当其过"演进。2023年7月，最高人民检察院印发了《关于推进行刑双向衔接和行政违法行为监督　构建检察监督与行政执法衔接制度的意见》，各地在原有行政执法向刑事司法正向衔接良性运行的基础上，开始深入推进由刑事司法向行政执法反向衔接工作。反向衔接通过检察机关行政检察部门向行政职能部门移送涉行政违法行为案件，制发检察意见书，以实现"罚当其过"的法治效果，形成责任追究及惩戒承担的闭环。但随着反向衔接工作的不断推进，在实现刑事司法与行政执法"无缝衔接"、平台健全、加强协作的同时，检察实践中也不难发现一些"处罚倒挂"的情形，有悖于违法行为应当与处罚相适应的过罚相当原则。不能不罚，又该如何处罚？检察机关虽在履行行政检察职能时须保持审慎与谦抑，但为避免后续违法或无效行政处罚的发生，应在提出检察意见前对拟处罚事项进行必要的研判。如若不然，行政机关收到检察意见书后作出的行政处罚行为极有可能不可逆地损及检察机关公信力。[②]故如何处

---

[*] 罗琳，湖北省孝感市孝南区人民检察院党组成员、副检察长。

[②] 参见张璇、王绍莉、杨轩兴：《以提升检察意见质量强化行刑反向衔接的路径》，载《中国检察官》2024年第1期。

高质效行政检察监督的理论与实践

理反向衔接工作中可能出现的行刑"处罚倒挂"情形,如何保障衔接行政执法领域时体现过罚相当,实现行政检察高质效履职,达到化解矛盾、恢复及维护社会秩序的目的,是检察机关亟待探讨与解决的问题。

一、行刑反向衔接实践中发现的"处罚倒挂"问题

实践中,多数对被不起诉人作出的行政处罚都能体现"过罚相当"。比如涉危险驾驶、交通肇事的违法行为,根据道路交通安全法的规定,可以对违法行为人作出警告、罚款、暂扣或吊销机动车驾驶证、拘留等不同种类的处罚。其中,区分不同情形,罚款金额的上限为5000元;吊销机动车驾驶证后不得重新取得驾驶证的时间上限为终生;拘留的时间上限为15日。再如涉盗窃违法行为,根据治安管理处罚法,区分不同情形,罚款金额的上限是1000元,拘留的上限是15日。上述类型的违法行为在行政处罚法定幅度内不难实现过罚相当且有效执行。但少数领域如涉食品药品安全违法行为,在行刑反向衔接工作中可能会出现行政处罚力度某种程度上高于刑事处罚的"处罚倒挂"情形。

2022年12月,王某从渠道不明的推销者手中购进10盒"枸橼酸西地那非片",随后在其经营的药店内对外销售。2023年6月,赵某在王某经营的药店内以每盒50元的价格购入10盒"枸橼酸西地那非片"。购买后,赵某怀疑该药品系假药,遂电话投诉至市场监督管理部门。经执法人员现场协调,王某将500元购药款退还给赵某。2023年8月,市场监督管理部门经检测认定王某所售案涉药物系假药。2023年10月,王某主动到公安机关投案。2023年11月,公安机关将该案移送检察机关审查起诉。鉴于王某主动投案自首、自愿认罪认罚,销售假药金额小且全额退还,假药亦未被食用,未造成危害后果,犯罪情节轻微,检察机关作相对不起诉处理。根据行刑反向衔接的工作要求,对相对不起诉的违法行为人,检察机关应当建议行政主管部门给予违法行为人相应行政处罚。

《药品管理法》第116条规定,销售假药应没收违法销售的药品和

违法所得，责令停业，并处违法销售的药品货值金额15倍以上30倍以下的罚款；货值金额不足10万元的，按10万元计算。据此，本案王某违法销售货值500元，需要按10万元计算，处以罚款的金额为150万元以上300万元以下。如果本案对王某提起公诉，可能判处的刑罚为10个月以下有期徒刑或拘役并处销售药品金额2倍以上的罚金。此外，对销售有毒有害食品违法行为的行政罚款与刑事罚金相比较，行政罚款以10万元为起点，刑事罚金以销售金额50%为起点，同样可能出现危害后果不明显、销售金额不大但被处以巨额行政罚款的情形。对于盈利不大、规模较小的经营者而言，无法承担的巨额罚款显然大于人身罚力度，甚至表示宁愿承担刑事责任。

《最高人民法院关于适用〈中华人民共和国行政诉讼法〉的解释》第99条第3项规定，"行政行为的内容客观上不可能实施"的，属于《行政诉讼法》第75条规定的"重大且明显违法"。上述案例，若行政机关作出巨额罚款决定，经营者确实无法履行，此行政行为在行政诉讼活动中有可能被人民法院判决确认无效。一方面，对于刑事不起诉的行政违法行为，检察机关应当在行刑反向衔接工作中提出予以行政处罚的检察意见，以体现"罚当其过"，在增加违法行为人违法成本的同时更好促进社会治理。但是另一方面，在收到检察意见书后，行政机关可能对违法行为人处以巨额罚款，此类行政处罚也有可能因无法履行而导致败诉，法律效果、社会效果均不佳。

二、过罚相当原则的理解与适用

过罚相当原则是设定和实施行政处罚的核心原则，是公平正义在行政处罚领域的具体表现。《行政处罚法》第5条第2款规定，"设定和实施行政处罚必须以事实为依据，与违法行为的事实、性质、情节以及社会危害程度相当"。这是过罚相当原则在法律规定中的具体表现。"过"，即为违法主体的过错，包括主观过错和行为造成的客观过错。"罚"，即为行政处罚机关在根据各种裁量因素对违法行为进行判定后，依据法律法规对违法主体施加的与其过错程度相适应的法律效果。"相当"一词，连接"过"与"罚"的因果关系，亦是其中最不确定的法律概念，理解时容易产生分歧，执法实践中也不易把握分寸。比如，2022年8月27日新闻报道，陕西省榆林市榆阳区某个体商户以20元卖出总共5斤芹菜，被该区市场监督管理局以芹菜检验不合格为由罚款6.6万元。此案非孤例。福建省福州市闽侯县一名老农因销售不合格蔬菜，被累计处罚10万元；河南省洛阳市一名菜农销售农残超标蔬菜，获利21元，被累计罚款11万元；还有"拍黄瓜卖了139元被罚1万元""卖17斤香蕉被罚5.5万元"等新闻。以上均是过罚不当的典型案例。对于行政处罚领域已经出现的冲突，要在行刑反向衔接工作中预防和避免，对相当性进行正确判断，提升行政检察办案质效，首先须正确理解"过罚相当"的法律内涵和判断标准。

（一）立法内涵

过罚相当的立法内涵是将行政处罚的作出限制在合理合法范围内，在维护行政管理秩序的基础上兼顾相对人的合法权益，实现各方利益最大平衡。虽然行政处罚法关于过罚相当的规定相对原则化，难以在具体行政处罚活动中提供操作标准，但关于"首违不罚""主观过错""一事不二罚""从轻或者减轻情形""行政裁量基准制度"等具体规定可以补充完善过罚相当原则的执法适用。

《行政处罚法》第33条第1款中规定，初次违法且危害后果轻微并及时改正的，可以不予行政处罚，即"首违不罚"制度。"首违不罚"是柔性执法的一种体现，与过罚相当原则的内在要求高度契合，其立法化也为过罚是否相当提供一定的规范化依据。第33条第2款规定，当事人能证明自身没有主观过错的，不予行政处罚。该条款的规定，意味着除了传统的客观归责，"主观过错"也可以作为一项单独判定"过"的标准，由此细化并完善了执法判断依据。关于"罚"，除了第29条规定的"一事不二罚"、第32条规定的"从轻或者减轻情形"，第34条关于赋予行政机关可以依法制定"行政裁量基准"的规定亦能为"罚"的判断提供理论工具。

(二)"相当性"判断标准

"相当性"作为一种价值判断,比"过""罚"更加抽象,需要结合理论研究指导实践。

学术界常常将过罚相当原则与比例原则进行比较研究。有观点认为,可以把过罚相当原则看作比例原则的子原则,二者是被包含与包含的关系;有观点认为,二者内涵等同,在法律文书中可以替换使用;也有观点认为,过罚相当原则是比例原则在行政处罚领域的体现与延伸。各种观点的混杂,导致执法主体可能在作行政处罚时行使过于宽泛的自由裁量权。

比例原则起源于德国,是我国行政法立法体系中的"舶来品",亦是现行行政法律体系的基本原则。其下有三个子原则,包括适当性、必然性、平衡性原则。适当性,即行政行为的作出要适合目的的实现,不得与目的相背离;必要性,即行政行为不得超越实现目的的必要程度,须尽可能采取对公民利益影响最小的手段;平衡性,即行政手段应按目的加以衡量,不致行政机关为实现行政目的而造成公民权益的过度损害。[1]过罚相当原则源自刑法的罪刑相适应原则,是刑法理论在行政处罚中的应用,亦是扎根于中国特色社会主义法治体系的本土创造。[2]除了起源不同,二者的约束对象也不同。比例原则约束的是所有行政自由裁量权,包括实体和程序。而过罚相当原则仅适用于处罚裁量行为的实体方面。当然,二者更有相同之处。行政处罚的作出,首先,要符合维护公共利益和社会秩序的目的,即体现"适当性";其次,作出的处罚种类及幅度须在必要的限度之内,而非有其他更适度的制裁手段,即体现"必要性";最后,行政处罚行为所维护的公共利益要大于所损害的

---

[1] 应松年主编:《行政法与行政诉讼法学》(第二版),高等教育出版社2018年版,第32页。

[2] 参见张超:《过罚相当的法理意蕴及认定标准研究》,山东大学2022年硕士学位论文。

处罚相对人利益,即体现"平衡性"。由此,笔者认为,过罚相当原则是比例原则在行政处罚领域内具体体现和成文解释。作此结论后,便也可以将比例原则作为过罚"相当性"认定的判断标准,以"解决依法治国原则运用中的大量实际问题,弥补成文法制度中存在的法律漏洞,并克服其固有缺陷"①。

此外,在对个案过罚"相当性"作判断时,还要与其他处罚行为进行平衡考量。平等原则也是行政法律体系的基本原则,要求对同等情况同等对待、对不同情况区别对待,以体现分配正义。融入平等原则的评价,能够弥补过罚相当原则侧重于审查行为人过罚之间均衡性而忽略个案之间对比的不足。比如,据《大庆晚报》2022年8月23日报道,该市某土豆经营部因将土豆售价从1.4元/斤涨至2元/斤,被市场监督管理部门以扰乱市场经营秩序为由拟处罚款30万元。次日又报道了其他8起食品零售经营者哄抬物价、扰乱经营秩序案件,处罚金额在0.5万元至3万元之间。虽然批发与零售在经营规模上有区别,但二者均是当时经济下的小微市场主体,处罚结果差异之大不利于行政目的实现。②

综上,行政处罚要实现"过罚相当",除了应当依法对违法行为的构成要件、可量罚情节等作出认定,还需要对拟作行政处罚的适当性、必要性、平衡性以及是否体现平等原则进行分析。

三、行刑反向衔接体现"过罚相当"的解题路径

刑事司法反向衔接行政执法,行政检察应当以督促行政处罚实现"过罚相当"为目标指引,对违法行为进行全面审查和处罚预判,以保障和监督行政机关实现"维护公共利益和社会秩序,保护公民、法人或者其他组织的合法权益"③的行政处罚目的。面对新命题新要求,检察

---

① 于安:《德国行政法》,清华大学出版社1999年版,第31页。
② 参见滕梦缘、谭波:《也论行政处罚"过罚相当"判断标准》,载《集宁师范学院学报》2024年第1期。
③ 《行政处罚法》第1条。

机关需要积极探索符合自身监督属性的解题路径。因行政检察应当遵循审慎谦抑原则，充分尊重行政裁量权，故检察机关不宜在行使职权时直接作出"相当性"的结论，而是应当基于"过""罚"与"相当性"的有机统一关系，以及"相当性"的判断标准，通过认定违法行为全部事实的方式妥当表达。其包括：精准定性违法行为，以"过"的认定体现"适当性""平衡性"指引；全面审查量罚情节，以"罚"的衡量体现"必要性"指引。同时，如有必要，可以适当了解同类处罚案件，以类案比照体现平等原则。

（一）精准定性违法行为

在行刑反向衔接工作中，判断对违法行为是否应当作出行政处罚，不是受犯罪标准的影响，而是应当重新衡量是否符合行政处罚行为的构成要件，要综合考虑行为的主客观因素是否符合某一法律条文的解释或者定义——确定行为的行政违法性即能体现维护社会秩序的"适当性"，确定行为的社会危害性即能体现所要维护公共利益大于个人利益的"平衡性"。

类别化处理。对绝对不起诉案件，需要重点审查涉案行为是否违反了相关行政法律法规。如对未达到刑事立案标准的合同诈骗案，应当依据《治安管理处罚法》第2条、第49条进行行政可罚性审查。对相对不起诉案件，需要重点审查行为事实构成要件。如上述王某销售假药案，行政检察要审查王某的购药渠道以证明其主观有无过错；审查药物属性、售药行为及消费情况，以证明客观危害后果。对存疑不起诉案件，需要重点审查涉案基本事实是否清楚、证据是否达到行政处罚证明标准。[①]

主观过错要件。《行政处罚法》第33条第2款在规定"主观过错"免罚情形的同时，也规定了"法律、行政法规另有规定的，从其规定"。

[①] 参见张璇、王绍莉、杨轩兴：《破解难题实质性推进行刑反向衔接》，载《检察日报》2024年1月17日。

也就是说，另有法律法规规定的，便不适用主观过错推定的一般方法来认定违法主体的主观要件，而是需要行政处罚机关来承担证明行为人主观过错的责任。这条规定一般对应受行政处罚行为的构成要件有故意或过失的明确要求。① 比如，《药品管理法》第 120 条中规定，知道或者应当知道属于假药、劣药而为其提供储存、运输等便利条件的，予以处罚。《治安管理处罚法》第 56 条中规定，旅馆业的工作人员明知住宿的旅客是犯罪嫌疑人员或者被公安机关通缉的人员，不向公安机关报告的，予以处罚。对此，检察机关应当依照行政处罚法和案涉相关法律规范，审查包括主观在内的违法行为构成要件。

处罚时效认定。《行政处罚法》第 36 条第 1 款规定，"违法行为在二年内未被发现的，不再给予行政处罚；涉及公民生命健康安全、金融安全且有危害后果的，上述期限延长至五年。法律另有规定的除外"。《治安管理处罚法》第 22 条第 1 款规定，"违反治安管理行为在六个月内没有被公安机关发现的，不再处罚"。此处"发现"违法行为的主体，除了有行政处罚权的行政机关，应当还包括公安、检察、法院、纪检监察部门和司法行政部门等国家权力机关。上述部门只要启动调查、取证和立案程序，均可视为"发现"违法行为。② 刑事追诉时效与行政处罚时效依据的法律不同，规定的可追究时间亦不同，故在行刑反向衔接中检察机关须准确作出违法行为"发现"时间是否超出行政处罚时效的判断。比如，2024 年 3 月，检察机关在审查谢某涉嫌故意伤害案中发现其于 2022 年 1 月在某社区实施了"强拿硬要"的违法行为。此行为若情节严重，构成犯罪的，仍在刑事追诉期内；但若因情节轻微不作起诉处理，即便违反了治安管理处罚法，也因发现时已超过 6 个月，不应再予以行政处罚。

---

① 参见章剑生：《行政处罚中的"主观过错"：定位、推定与例外——〈行政处罚法〉第 33 条第 2 款评释》，载《浙江学刊》2023 年第 3 期。
② 中国法制出版社编：《行政法（实用版法规专辑）》，中国法制出版社 2022 年版，第 193 页。

（二）全面审查量罚情节

在准确认定违法行为构成要件的基础上，全面审查量罚情节，是检察机关在行刑反向衔接工作中正确提出检察意见，体现过罚相当价值追求的关键——检察机关虽无权代替行政机关行使裁量权，但应当依据事实监督行政机关将作出的处罚限定在必要的范围内，防止裁量权滥用。

一是审查从轻从重量罚情节。首先是主体审查，主要审查违法行为人是否成年，是否为精神病人、残疾人等。其次是行为审查。如《行政处罚法》第32条规定了主动消除或减轻危害后果等四种从轻或者减轻情形。上述王某销售假药案，王某有主动退还购药款的减轻危害后果情节，依法应当从轻或减轻处罚。除此，第32条还明确了"法律、法规、规章规定其他应当从轻或者减轻"情形。这便意味着，除了行政处罚法，违法行为涉及的其他法律法规规章关于从轻情形的规定，都是行政检察审查违法行为是否具有轻罚情节的依据。同时注意，轻重皆不能失衡。即便行政处罚法没有单独设立关于从重处罚情节的条款，行政检察对违法行为从重情节同样需要根据相关法律法规进行审查。比如，《药品管理法》第137条规定有从重情形。

二是审查是否属于首违。处罚与教育相结合是行政处罚的原则之一，而非单纯追究违法行为人的法律责任以达到威慑效果，首违不罚制度正是体现了这一原则。"首违不罚"包括三大要件，即"初次违法""及时改正"和"危害后果轻微"。前两者是对违法行为人人身危险性不大的评价；后者是对社会危害性不强的评价。"初次违法"应以双重首次为认定标准，即违法行为人第一次违法行为和被国家权力机关第一次发现。[①]"及时改正"应包括时间的"及时"和结局的"改正"，即违法行为人有改正修复的主观意愿、被行政机关发现后再无继续实施、危害后果确有被及时修复等。"危害后果轻微"一般是指无实际损害，但在涉及社会公共利益、国家利益等特殊领域，笔者认为构成威胁便不

[①] 参见沈开举、陈小康：《行政处罚"首违不罚"中首次识别标准探析》，载《河南司法警官职业学院学报》2024年第1期。

能认为危害后果轻微。如上述王某销售假药案，行政检察需要审查王某是否第一次违法且第一次被行政机关发现、假药是否被食用或者流入市场造成实际危害后果、退还售药款具体情节等。

三是审查是否已受处罚。基于行政处罚"一事不二罚"原则，行政检察应当全面审查违法行为人已受行政处罚情况。比如醉酒驾驶机动车违法行为人，在被移送检察机关审查起诉前已经被公安机关处以罚款的，作出不起诉决定后无须再罚款；若之前仅被吊销机动车驾驶证的，公安机关应当按照"两高两部"《关于办理醉酒危险驾驶刑事案件的意见》（以下简称《办理意见》）第20条规定另外处以罚款。《治安管理处罚法》第92条规定，"对决定给予行政拘留处罚的人，在处罚前已经采取强制措施限制人身自由的时间，应当折抵"。若违法行为人在被宣告不起诉决定前已经被拘留或者逮捕的，行政机关应当折抵拘留、逮捕时间或者不再作出行政拘留的处罚。故此，行政检察需要审查不起诉违法行为是否已受处罚、已受何种处罚、处罚起止时间等，为是否向行政机关提出检察意见奠定基础。

（三）检察意见提出的完整性及谦抑性

向行政机关提出建议对违法行为人处以行政处罚的检察意见，是行政检察反向衔接工作中最重要最关键的一环。检察机关在履行行政检察监督权，体现罚当其过法治理念的同时，也应当保持检察权的谦抑性，恪守与行政裁量权的边界。故检察意见不能一提了之、一发了之，需要根据合法、合理及必要性作出应当处罚、可能处罚、绝对不处罚的认定，并以此作出检察意见提与不提的甄别。同时，检察意见应当完整表述违法主体情况、认定的违法事实和量罚情节、涉及的行政法律法规，在具体内容中体现"过罚相当"。对应当提出检察意见的案件，若行政机关存在争议与分歧，检察机关可以了解、比对同类型案件处罚情况，以供行政机关参考。

1. 应当处罚的情形。对违反行政法律法规的刑事被不起诉人，没有法定从轻或减轻情节、没有受过任何行政处罚或者处罚未尽，且未超过行政处罚时效的，检察机关须向有关行政机关提出给予处罚的检察意见。比如张某违反《固体废物污染环境防治法》第114条规定，在无许可证的情形下处置危险废物。虽没有确凿证据证明其行为后果构成犯罪，但其于二年内被行政机关查获，又尚未受过任何行政处罚，检察机关在作出存疑不起诉决定后应当建议行政机关对其进行处罚。

2. 可能处罚的情形。对违反行政法律法规的刑事被不起诉人，有法定从轻或者减轻情节，没有受过任何处罚或者受过处罚但处罚可能未尽，在行政处罚时效内的，即便检察机关认为行政机关可能不再作出处罚，也应当向行政机关提出检察意见。比如上述王某销售假药案，检察机关能够认定王某系第一次违法且第一次被行政机关发现，所售假药未被食用亦未流入市场造成实际危害后果，并退还了售药款，符合"首违"情形。同时，王某退还的售药款行为，也符合"主动减轻违法行为危害后果"的轻罚情形。此处应当注意，即便属于"首违"，后果也仅为"可以不予处罚"，而非应当不罚；轻罚情形也分为从轻和减轻。罚或不罚，从轻或减轻，都属于行政机关在法律规定范围内根据对具体事实的认定，自主决定采取何种处置方式的权力，即行政裁量权。①再如，《治安管理处罚法》第51条第1款中规定，"冒充国家机关工作人员或者以其他虚假身份招摇撞骗的，处五日以上十日以下拘留，可以并处五百元以下罚款"。此类刑事案件反向衔接行政执法时，行政机关对违法行为人是单处拘留还是并处罚款，依然属于行政裁量权的范畴。综上情形，检察机关不能越俎代庖代替行政机关作出罚或不罚、如何罚的决定。但综合考虑有可能不罚的情形，笔者认为检察意见书中，以建议行政机关"作出处理"的表述代替"作出处罚"的表述更为妥当。

3. 绝对不处罚的情形。对违反行政法律法规的刑事被不起诉人，已被处以全部行政处罚，或者已超过行政处罚时效的，检察机关不宜再向行政机关提出检察意见，避免损害自身公信力。比如杨某醉酒驾驶机动

---

① 参见罗晨中：《行政机关裁量权的合理运用研究》，载《法制博览》2023年第5期。

车案,在移送检察机关审查起诉前,公安机关已经依法吊销其机动车驾驶证并处1000元罚款。因对违法行为人再无其他可罚内容,检察机关在作出不起诉决定后无须再向公安机关提出检察意见。

(四)推动立法完善

在深化落实行刑反向衔接工作实践过程中发现的现实困境,包括无法律可依据、法律适用不一、行刑处罚倒挂等问题,最终都需要通过立法完善来促使"一揽子"解决。建议梳理整合已有的行刑衔接相关规范性文件,推动更高位阶的法律法规出台;在涉及行政处罚的法律规范中增设行刑反向衔接相应程序及实体条款;以行政裁量制度为依托,细化量罚情节等。

比如,故意伤害刑事和解不起诉案件是否需要衔接行政执法处罚问题。《治安管理处罚法》第9条中规定,"对于因民间纠纷引起的打架斗殴或者损毁他人财物等违反治安管理行为,情节较轻的,公安机关可以调解处理。经公安机关调解,当事人达成协议的,不予处罚"。比照该条款,因民间纠纷引起的侵犯公民人身权利、财产权利的刑事轻微案件,经检察机关调解促使违法行为人与被害人达成和解协议,作出不起诉决定后反向衔接至行政执法处罚的,应当不予处罚;从利于矛盾化解、恢复及维护社会秩序的角度,同样不宜再行处罚。但在无法律规范明确规定的情况下,检察机关直接作出绝对不处罚的认定而不提出检察意见,名不正言不顺,容易引起擅作主张甚至违法的质疑。

又如,《办理意见》第20条补充了关于对醉驾不起诉人或免予刑事处罚被告人,检察机关应当提出检察意见移送公安机关依照道路交通安全法规的"饮酒后驾驶机动车"相应情形进行处理的规定。对此,部分行政主管部门存在不同认识,认为道路交通安全法对醉驾行为仅规定了吊销机动车驾驶证并依法追究刑事责任,对醉驾不起诉人再按照饮酒后驾驶机动车行为处以罚款、拘留,与《道路交通安全法》第91条规定相冲突;虽《办理意见》第20条有相关规定,但道路交通安全法作为上位法,应当优先适用。道路交通安全法自2004年5月1日起施行,

2021年4月29日由全国人大常委会第三次修正。该法虽涉及"追究刑事责任",但对移送检察机关审查后未追究刑事责任的情形未作规定。针对法治发展进程中出现的新问题,应当及时弥补立法漏洞,以彻底解决法律适用的矛盾冲突。

再如,上述王某销售假药案,行政机关在依法行使裁量权过程中,可能会依据量罚情节作出首违不罚或者减轻处罚的决定,但亦有可能仅作或不作从轻处理,导致出现处以巨额罚款的处罚倒挂情形。对此,可以通过在法律中增设行刑反向衔接关于量罚情节的处理标准,也可以在相关行政处罚裁量基准中明确具体执法尺度和标准。

综上,刑事司法反向衔接行政执法工作赋予检察机关新的使命和责任,也要求新时代行政检察监督权的行使应当更全面、理性、精准。此外,作为检察权行使的表现形式,检察意见在行刑反向衔接工作中起关键作用。检察机关向行政机关提出检察意见,不仅要正确定位自身行使监督权的法律属性,也要遵循行政处罚领域的基本原则,体现法治的一致性。即检察意见的提出必须在实现"罚当其过"的同时,通过完整客观的叙述违法事实、量罚情节并释明所涉及的法律规范,衔接行政机关在对违法行为人作出行政处罚时实现"过罚相当",也避免己身成为处罚不当行为的起点。此外,在提出检察意见后,行政机关不及时作出行政处罚或者处罚明显不当的,检察机关要及时跟进监督,通过制发检察建议提升行刑反向衔接的监督刚性。

当然,行政机关行使行政处罚裁量权是体现"过罚相当"的决定性因素。收到检察意见书后,对检察机关认定的违法事实及量罚情节,行政机关仍应依法履行调查核实的职责,以比例原则为处罚判断标准,同时主动进行类案检索,以便正确行使处罚裁量权。

高质效办好行刑反向衔接案件的朝阳检察实践

马天博　程　涛[*]

行政检察的职能按照类别可被划分为"诉讼内监督"和"诉讼外监督"。"诉讼内监督"是指对行政诉讼活动、行政执行活动实施监督以及开展"行政争议的实质性化解";"诉讼外监督"是指对在履行法律监督职责中发现的行政机关实施的行政违法行为进行监督。最高人民检察院于2023年7月将"行刑反向衔接"的职能自刑事检察部门调整至行政检察部门,专门行使监督职权。

一、基层检察机关开展该类型监督活动的优势

(一)办案结构优势

相较于市级以上检察机关,基层检察机关受理"诉讼内监督"的案件较少,案件量自省(市)级检察机关至基层检察机关呈现"倒三角"的态势。在这种案件结构下,基层检察机关可以把更多的精力放在行刑反向衔接和行政违法行为监督工作上。从目前行政检察工作的发展形势来看,基层检察机关办理此类案件的比重确实逐步上升,成为各案件类

---

[*] 马天博,北京市朝阳区人民检察院党组书记、检察长,二级高级检察官;程涛,北京市朝阳区人民检察院第五检察部副主任,一级检察官。

型中最明显的增长点。

（二）前线办案优势

行政违法行为监督需要准确发现问题、直接调查问题。绝大多数的行政执法问题在基层，绝大多数的社会治理问题也在基层，基层检察机关在发现问题本身以及针对具体问题开展调查核实中，具有易于发现问题以及调查核实、监督治理更为直接、准确的优势。

（三）同级协商优势

对需要给予行政处罚的违法行为和一些具体的社会治理问题，由属地政府机关履职更为便利。基层检察机关在履行法定职责中发现上述问题后，通过提出检察意见、检察建议等方式将问题通报至行政主管机关，在双方沟通过程中，基于级别相互对应、治理目标一致、日常联络较多等先天优势，形成合力的概率更大，可显著缓解程序空转和程序冗杂问题。例如，朝阳区人民检察院与朝阳公安分局基于各自职能长期保持工作联络，在开展行刑反向衔接的工作中，双方在极短时间内即可以构建起衔接程序的运行框架并高质量执行。

（四）跟踪督促优势

上级检察机关针对行政违法行为和社会治理问题，在向同级行政主管机关提出检察意见、检察建议后，部分事项仍然需要基层行政主管机关予以处理。根据工作要求，检察机关在制发检察意见、检察建议后，应当持续跟踪督促，确保法律文书的内容得到落实。对于跟踪督促工作，基层检察机关具备时间、空间等多方面的优越性。例如，北京市人民检察院牵头开展公租房监管治理专项活动，由朝阳区人民检察院负责区域内的线索处理和监督督促工作，后通过多次协商、督促，最终监督100余套违规使用的公租房被有效盘活和依规配置。

二、基层检察机关开展该类型监督活动的原则

（一）行政违法行为监督应当坚持的履职原则

目前，行政违法行为监督还处于持续探索阶段，检察机关仍需保持审慎的态度，坚持"有限监督"和以"事后监督"为主的原则，逐步探索事中监督模式。

1.以"有限监督"为履职前提。第一，关于"在履行职责中发现"。根据《中共中央关于加强新时代检察机关法律监督工作的意见》，检察机关可以在履行职责中对行政机关违法行使职权或不行使职权的行为及时提出建议并督促其纠正，这表明只要是"在履行职责中发现"的问题，检察机关就可以开展行政违法行为监督，反之则不可。① 笔者认为，"在履行职责中发现"大致包括三种情形：一是在履行行政检察监督的其他职责时发现。例如，在办理行政执行监督案件中发现、在行刑反向衔接中发现等。若在上述案件的案卷审查、调查取证等活动中发现了相关行政违法行为，即可开展行政违法行为监督。二是在履行除行政检察监督之外的其他职责时发现。例如，在办理刑事案件时、在开展侦查活动时或者在办理民事裁判监督案件时发现等。同时，履职活动和线索发现应具备直接的关联性，否则不能开展行政违法行为监督。例如，检察官在对刑事案件开展自行补充侦查的路上，偶然发现公安机关对路边的行窃人怠于行政处罚，不属于"在履行职责中发现"的范畴。三是在上级交办或者接收其他单位的线索中发现，包括上级检察机关交办、其他机关移送相关线索等②。对于其他机关，可以是人大、政协、党政机关等行使社会公权力的机关，但不能是私营组织。需要强调的是，行政违法行为监督不能由自然人申请而启动。

第二，关于"违法行使职权或不行使职权"。对"违法行使职权或

---

① 杨建顺：《行政违法行为检察监督的构造》，载《中国检察官》2023年第19期。
② 王勇、高鹏志：《行政违法行为监督的法治化分析》，载《中国检察官》2023年第1期。

不行使职权"的理解,亦存在认识分歧。有观点认为检察机关只能对达到违法程度的、相关法律规范中规定了执法者具体处罚措施的行政行为开展监督,例如,《道路交通安全法》第115条规定,"交通警察有下列行为之一的,依法给予行政处分:(一)为不符合法定条件的机动车发放机动车登记证书、号牌、行驶证、检验合格标志的……"检察机关发现交通警察实施此类行为而未被处罚的,可以监督主管机关予以处罚。有观点认为检察机关只能对达到违法程度的且相关法律规范中规定了执法者法律义务的行政行为开展监督活动,例如,《道路交通安全法》第80条规定,"交通警察执行职务时,应当按照规定着装,佩带人民警察标志……"检察机关发现交通警察违反该条规定,无论是否规定了具体的法律责任,均可开展监督活动。还有观点认为检察机关可以对任何不合法、不合理的行政行为开展监督。笔者认同第二种观点。一方面,行政活动的效果受多维度因素影响,评价标准模糊,不能以"不合理"为监督的标准,否则会造成检察监督权的滥用;另一方面,若以"存在规定了执法者具体处罚措施的法律规范"为监督标准,条件又过于严苛。因此,只要在相关行政法律规范中规定了履职义务,而行政机关未履职或者违法履职的,检察机关即可以启动行政违法行为监督程序。

2. 以"事后监督"为主要模式。首先,检察机关应以"事后监督"为一般原则,原因为:一是行政行为常常具备持续性,某些行政行为在实施结束前一般难以判断其是否具备违法的情况,例如,检察机关不宜在行政机关行政处罚案件的办案期限中监督出其存在怠于履职的问题;二是行政活动行为常常具备连贯性,检察机关应当避免因监督影响行政行为的正常进行,例如,检察机关不宜在行政执法程序中对一些轻微的违法问题开展监督活动,从而占用行政机关的办案时限并影响行政机关履职的进度;三是检察机关尚不具备全面开展事中、事前监督的能力,行政机关的数量众多,行政行为的数量更是庞大,检察机关无法随时出现在行政机关的履职过程中或者履职前阶段,大范围地开展监督工作。因此,检察机关仍应坚持以"事后监督"为主的监督原则。

其次,在"事后监督"的一般性原则以外,应探索"事中监督"。

高质效行政检察监督的理论与实践

一是选取适宜案件开展事中监督。虽然行政行为具备持续性，但若行政机关在执法过程中已经实施了足以确认违法的行为，在不影响行政行为正常进行的情况下，检察机关可以开展事中监督。例如，虽然某民警办理的案件还未结案，但其不规范着装执法的行为已经得到确认，检察机关可以即时开展监督。二是与行政机关开展专项联动履职。例如，在道路安全和运输执法领域专项整治活动中，检察机关可以和交通执法队开展联动履职活动，检察机关对行政执法活动同步进行法律监督，在不干预执法的情况下实时监督执法活动的规范性。三是加强理论研究形成制度保障。一方面，建立"事中监督"履职清单，确认检察机关可以开展"事中监督"的领域、方式；另一方面，提升检察机关的监督能力，确保在"事中监督"中能够快速、精准履职，取得监督实效。

3.以"融合监督"为主要方式。相较于刑事检察和民事检察，行政检察的发展起步较晚，案件来源相对比较匮乏，发挥的监督作用仍然有限。通过科技赋能主动发现监督线索虽然是检察机关新的路径，但是依然缺乏稳定性。因此，"四大检察"之间的高效融合成为行政检察案件的重要来源。刑事检察基于办理的大量批捕、起诉案件，民事检察基于办理的大量依申请监督案件，均可以为行政检察监督提供线索来源，形成"线索移送＋行政检察案件办理"的融合监督方式。检察机关要以"融合监督"为主要方式，充分挖掘监督线索，逐步夯实行政检察监督基础，同时借助科技赋能，不断增加履职抓手，扩大行政检察监督的覆盖面。

（二）行刑反向衔接工作应当坚持的原则

行刑反向衔接程序可分为两个阶段：第一阶段是不起诉后向行政主管机关制发检察意见阶段；第二个阶段是因行政主管机关不履行职责或者违法履行职责制发检察建议阶段。其中，第二个阶段属于典型的行政违法行为监督。在第一个阶段，检察机关要做到高效审查、依法制发检察意见；在第二个阶段，检察机关要注重解决和行政主管机关之间的认识分歧，加强会商联动，统一执法标准，推动行刑反向衔接良好生态的形成。

1. 高效办理案件。行刑反向衔接工作由刑事检察部门承担时,检察意见书与不起诉决定书同步送达行政主管机关,行政主管机关可以迅速启动行政处罚程序。在调整至行政检察部门后,行政检察部门需要一定的审查时间,制发检察意见书的效率有所降低,虽然由行政检察部门制发检察意见书具备跟进监督督促的显著优势。在这种情况下,行政检察部门要尽可能地节省时间,对案件做到高效审查、准确决定以及快速制发文书,降低被不起诉人因时间跨度较大而失讯失联、拒绝配合的概率。在办理行刑反向衔接案件时,也要逐步实现繁简分流,对盗窃、诈骗、危险驾驶等常见案件应"简案"简办,对破坏计算机信息系统、非法经营等疑难罪名的案件,要"繁案"细办,疏通衔接渠道,提升办案效率。

2. 依法反向衔接。制发检察意见书务必要明确法律依据。一是要明确由刑事不起诉降格到行政处罚的法律依据,即《刑法》第37条、《刑事诉讼法》第177条第3款、《人民检察院刑事诉讼规则》第373条第2款;二是要明确对被不起诉人给予行政处罚的法律依据,例如,《道路交通安全法》第91条规定,"饮酒后驾驶机动车的,处暂扣六个月机动车驾驶证,并处一千元以上二千元以下罚款";三是要明确行政主管机关具有管辖权的法律依据,要在确定制发的对象单位后才能保证准确制发检察意见书,例如,《治安管理处罚法》第7条规定,"国务院公安部门负责全国的治安管理工作。县级以上地方各级人民政府公安机关负责本行政区域内的治安管理工作"。

3. 跟进监督督促。上文提到,将制发检察意见书的职能调整至行政检察部门的最大优势是行政主管机关落实检察意见书进行行政处罚的情况得到了更有效的监督,即"衔接后半程工作"的质量更高。职能调整初期,有人提出疑问:由行政检察部门制发检察意见书,需要将刑事阶段的材料重新审查,工作效率明显降低,为何一定要这样调整?答案就在这里。虽然检察机关牺牲了一部分效率,但是监督的力度显著提升,检察意见书的落实效果也得到显著改善。检察机关在制发检察意见书后，应当积极跟踪督促，联动行政机关消除顾虑、解决法律适用的认识分歧，逐步建立完善的制度机制，让行刑反向衔接成为正常运行的工作常态，最终在区域内营造出良好的两法衔接生态，有效促进依法行政、严格执法。

三、基层检察机关开展该类型监督活动的困境

（一）监督理念仍待优化重塑

《中共中央关于加强新时代检察机关法律监督工作的意见》明确指出"检察机关法律监督职能作用发挥还不够充分"，最高人民检察院应勇检察长在大检察官研讨班上指出"法律监督是检察机关的立身之本，要努力推动'四大检察'全面协调充分发展"。在这个历史时期，检察机关的法律监督职能迫切需要加强，加强法律监督职能需要主客观的统一。有些干警对检察监督的必要性理解不到位，仍停留在"重司法，轻监督"的阶段，尚未意识到加强法律监督工作的必要性、迫切性；有些干警对监督主动性的理解不到位，受批捕、起诉司法职能特征的影响，形成了被动受案、被动审查的工作习惯；有些干警对监督效果的理解不到位，误认为检察机关将线索移转出去就行，检察建议和检察意见发出去并由主管机关回函就行，将监督工作的终点错误定位在"办复"，而非获取实际效果的"办效"。作为检察机关的主要监督职能，行政检察队伍应及时优化重塑监督理念，以"诉讼内监督"和"诉讼外监督"双轮驱动，全方位强化检察履职。

（二）制度、队伍建设仍待加强

在制度建设方面，虽然行刑反向衔接和行政违法行为业务并非初次创设，但是新时代已经赋予其新的内涵以及新的历史使命，新业务、新职能的运行需要建立新制度予以保障。制度建设可分为内部制度和外部制度两个方面，检察机关对内应当建立线索发现、线索内部移转、线索

处理、案件办理、监督成效等保障程序运行、科学质效考评的制度。检察机关对外应当与其他机关建立工作衔接的制度，以行刑反向衔接为例，检察机关应当积极争取党委、政府的支持，建立检察意见制发、落实以及答复的配套制度以及与主要的行政机关会签制度规范，保障衔接畅通无阻。但是，在各项制度的建设上，检察机关与行政机关的联动协作还处于初级阶段，框架还没有搭建起来，诸多问题仍需逐步解决。

在队伍建设方面，随着检察监督的不断强化，"四大检察"职能正在逐步实现均衡发展。在发展的过程中，行政检察监督部门的人员数量、人员结构以及履职能力是影响发展速度的重要因素。行政检察起步较晚、基础较为薄弱，是"四大检察"中的弱项，而行刑反向衔接和行政违法行为监督属于行政检察中最具年轻活力的职能，需要更多的人员共同开拓进取，尤其需要复合型干部、创新型干部。行政检察队伍还应当不断提升履职能力，实现监督能力的"高人一筹"。但是，长期以来以司法履职为主的检察机关在行政检察监督履职方面还存在不敢监督、不会监督和无力监督的问题，人员匮乏、能力欠缺、创新不足、斗争精神薄弱是主要的原因。

（三）监督手段仍待创新突破

数字检察已经成为检察机关主动履行法律监督职能的最主要的手段。在目前的运行模式下，检察机关开展行刑反向衔接和行政违法行为监督工作也逐步扩大科技手段的运用，虽然已经取得了显著的进展，但是仍然没有打破监督困难的局面。基础数据的来源、科技手段的运用、监督思路的创新都成了掣肘行政检察发展的因素。检察机关数据"仓库"的主要成分仍然是检察办案数据以及其他司法机关、行政机关对外公布的裁判数据，并未实现真正的"开源"，后期可能面临数据"断供"的情况。检察机关推动数字化的时间较晚，不论是软件还是硬件，都难以充分保障不断增加的业务需求，必要时还需要其他单位给予助力。除此以外，检察机关还迫切需要提升监督的创新能力，以解决监督可持续发展的难题。

（四）监督生态仍应加紧建构

在行刑反向衔接和行政违法行为监督的过程中，检察机关和行政机关之间并没有形成良好的生态。有些行政机关是初次接触检察机关该部分的业务，尚不知行刑反向衔接和行政违法行为监督为何物，在衔接环节中多有疑虑和抵触，例如，朝阳区人民检察院基于行政执法瑕疵问题向某行政主管机关制发检察建议书，该行政机关疑惑重重，在检察院进行当面解答后才放下"戒心"；有些行政机关虽然对检察机关的该部分业务有所了解，但对检察机关监督决心的认知还停留在上一个时期，面对越来越实质化、高质量的检察监督还存在明显的不适应；有些行政机关对行刑反向衔接和行政违法行为监督的具体事项与检察机关存在认识分歧，难以统一执法标准，导致程序衔接效率较低；有些行政机关表示在落实该工作时存在没有精力、没有建立执法队伍等客观困难，无法履行相应职能，导致衔接工作暂停，甚至停止。上述情况表明，在区域内尚未形成良好的监督生态，监督和被监督的衔接程序仍呈现出不均衡、不连贯、效率低的状态。

四、基层检察机关开展该类型监督活动的实践探索

（一）广泛开展"联动履职"活动

"联动履职"模式在打开监督局面、获取实质性监督效果等方面具有显著优势，是最适合行政检察当前发展阶段的工作方式之一。"联动履职"不同于联合执法，既不属于对行政机关行政执法的补强，也不属于代替行政机关执法，而是检察机关发挥法律监督职能督促行政机关依法履职的一种工作方式。检察机关在行政机关执法的过程中，通过"伴随式"的监督及时发现问题、解决问题并确保取得实际效果。"联动履职"模式值得广泛开展的主要原因为：一是可以提升监督效能。"联动履职"模式带给行政机关更加直面的监督压力，检察机关可以在第一时间发现问题并加以确认，既减少了沟通的繁文缛节，又通过现场学习、

经验积累有效降低了因专业性不足对监督效果的制约。二是可以预防行政违法。检察机关既可以通过"联动履职"督促行政机关在执法活动中依法履职，又可以向行政机关展现检察监督的力度和决心，通过警示教育帮助行政机关在执法活动中提升规范性，预防行政违法现象。三是可以营造良好的社会效果。行政机关的规范执法和检察机关的监督履职可向社会公众释放出严格执法、公正司法的强力信号，有助于提升执法、司法的公信力和权威性，帮助检察机关和行政机关树立正面的形象。需要注意的是，在"联动履职"中，检察机关的监督活动不能干预行政机关正常实施的执法活动。2022年至2023年，朝阳区人民检察院与区交通支队、区司法局、区公安分局、区市场监管局等单位，在交通执法、行政处罚审查、护航营商环境等领域多次开展"联动履职"活动，均取得了显著成效。

（二）精准开展"专项监督"活动

行政检察监督工作具有明显的政策性特征，需要"顶层"的设计和把控。例如，在某个时期需要重点监督哪一类行政违法问题，行政检察监督的力度应当集中在何处。一方面，"专项监督"活动应当由党政机关发起或者检察机关自行发起。前者可以根据活动的需求将检察机关纳入成员单位，检察机关可以从中发挥法律监督职能。例如，朝阳区人民检察院作为2023年朝阳区道路执法整治专班督查组的成员，履行监督职能。同时，检察机关可以在系统内自行开展针对某个行政违法问题的"专项监督"活动。例如，北京市人民检察院于2022年在全市统筹开展公租房监管治理专项监督活动。另一方面，"专项监督"活动应当聚焦社会问题和民生需求。按照矛盾的规模划分，基层检察机关办理的行政违法行为监督案件可分为两类：一类为"个案"，需要处理个别问题，化解个别矛盾。例如，某违法人员被行政主管机关违规采取了行政拘留措施。另一类为"类案"，需要处理社会问题，化解社会矛盾。例如，交通执法部门在执法时普遍存在"选择性执法"的问题，针对该类问题即可以开展"专项监督"活动。按照矛盾的性质划分，案件可以分为"民生问题案件"和"非民生问题案件"。民生问题是人民群众的基本生计问题，包括吃穿住行、养老就医、子女教育等方面，极易引发社会性矛盾和群体性矛盾。检察机关对于社会中展现出的民生问题，应抓早抓小，及时开展"专项监督"活动，例如，朝阳区人民检察院于2023年开展道路交通安全隐患排除专项监督活动，对辖区内存在的影响人民群众交通出行安全的问题进行调查，并监督行政主管机关依法整治，取得了实际效果。

（三）以高质量行刑反向衔接作为监督切入点

2023年7月，最高人民检察院明确推进行政执法与刑事司法"双向衔接"中的"反向衔接"工作由行政检察部门承接，重点突出了监督职能。基层检察机关应当充分发挥职能优势，将行刑反向衔接工作做好做实，将其作为开展监督工作的切入点、突破口，打开行政检察监督的新局面。一是做好做实行刑反向衔接工作，改变衔接不全面、不及时、不准确以及监督力度差的旧貌，通过行政检察部门的专门履职，做到对不起诉案件全面审查、快速作出审查决定、准确适用法律法规以及跟踪监督行政机关依法作出行政处罚的决定并实际执行。二是对行政处罚的落实情况开展有力监督。在制发检察意见书后，若发现行政机关存在不履行职责和违法履行职责的情况，发挥行政违法行为监督的刚性作用，制发检察建议督促其整改纠正。三是通过行刑反向衔接逐步扩大监督的影响力。虽然各地情况不同，但是行刑反向衔接工作可以帮助检察机关与更多的行政机关建立联络，助力检察机关逐步了解区域内的行政执法生态，打开行政检察监督的视野并提升素质能力，从而有效提升行政检察监督的"知名度"和"影响力"。

（四）科技赋能提升法律监督功效

大数据法律监督已经成为检察机关依职权发现监督线索最强力的武器，基层检察机关开展行政检察工作离不开科技赋能的助力。当前，检察机关科技赋能面临两个主要问题：一是监督质量仍有待提升。虽然近年来检察机关大数据监督发展迅速，但是很多法律监督模型仅仅停留在表面，不具备深度和广度。例如，通过司法数据的碰撞发现犯危险驾驶罪的犯罪嫌疑人被遗漏吊销驾驶证的情况，属于简单的、一次性的数据碰撞。二是可持续发展存在困难。目前，检察机关建立的大量法律监督模型多属于一次性应用的模型，不具备重复适用的特征，行政执法的问题也随着监督的不断深入逐渐减少。一是要打开数据源头。有限的数据意味着有限的产能，检察机关应当争取当地党委、政府以及各行政主管部门的支持，努力使更多的数据流向检察机关形成"动力池"。二是要创新监督思路。监督思路和数据的获取密切关联，明确的监督思路可以助力数据获取的精准性，获取更多的数据又可以助力监督思路的创新，基层检察机关应当在二者的关系中争取监督效能的最大值，既要获取更多的数据，也要利用掌握的数据获取最大的监督效果。三是要逐步融会贯通，穿透大数据法律监督的外在形式，让大数据法律监督的理念深入骨髓，融入法律监督工作的方方面面，成为检察干警潜移默化的本领技能。

行政强制隔离戒毒
检察监督制度的构建与完善

周合星[*]

禁毒是全社会的共同责任。当前，我国的禁毒工作实行政府统一领导，有关部门各负其责，社会广泛参与的工作机制，戒毒工作采取自愿戒毒、社区戒毒、强制隔离戒毒和社区康复等多种措施。其中，强制隔离戒毒是涉及公民人身权益的行政强制措施，限制人身自由达2年甚至3年的时间，对公民的人身权利有着重大影响。党的十八届四中全会《关于全面推进依法治国若干重大问题的决定》提出"完善对涉及公民人身、财产权益的行政强制措施实行司法监督制度"。完善对强制隔离戒毒活动的司法监督制度，既有助于促进严格规范公正文明执法，切实维护公民的合法权益和戒治秩序，也是全面推进依法治国的应有之义。鉴于此，本文将以行政强制隔离戒毒检察监督为中心展开探讨，尝试回答和解决行政强制隔离戒毒检察监督以何种方式、何种尺度开展才算是行之有效。

一、强制隔离戒毒制度现状及存在的问题

（一）国外强制隔离戒毒制度概述

毒品问题是一个复杂的社会问题，毒品滥用是全世界的痼疾，许多

---

[*] 周合星，江苏省泰州市人民检察院党组书记、检察长。

国家和地区都十分重视并致力于加强戒毒方面的立法。虽然各国法律体系和风土人情存在不同，但采用强制隔离的方式对吸毒成瘾人员进行戒毒一度被公认为比较可行的方法。各国不同时期的政策，也反映出不同时期国家和社会对毒品和吸毒行为斗争的艰难复杂性以及对其认识的不断加深。正如美国法官霍姆斯所言："法律是一面魔镜，从这面镜子里，我们不仅能看到我们自己的生活，而且能看到我们前人的生活。对法律的理性研究，在很大程度上，是对历史的研究。"①

以美国为例，美国惯以"公共安全观点"或"公共卫生观点"将成瘾者划分为"犯人"或"病人"，然而，高复吸率证明单纯采取刑罚措施或者医疗戒治手段都不足以遏制毒品滥用与再犯问题。面对禁毒困境，美国建立了毒品法庭制度。毒品法庭在坚持强制性戒毒司法化的同时，引入"治疗式司法"理念，由法官带领多学科交叉的专业团队，整合司法、医疗、心理、社区等多方资源，对成瘾者实施个别化处遇措施，注重对成瘾者社会关系的修复，帮助成瘾者戒除毒瘾并回归社会。从本质上讲，毒品法庭是刑事司法的一种转向制度。一般而言，毒品法庭的运行程序可分为三个阶段，即筛选阶段、戒治与监控阶段、离开阶段。②吸毒犯罪人员经批准可参加毒品法庭戒毒项目，由法庭评估、筛选可进入该程序的成瘾者，被告人律师、家属或检察官等可以向毒品法庭举荐候选人；戒治过程中，由专业戒治人员和司法人员组成治疗团队，法官综合戒治情况作出相应决定；成功戒治的参与者可获得减免刑罚，反之，则可能会被恢复审判程序等。1989年，美国佛罗里达州创设了第一个毒品法庭，多年实践证明，毒品法庭不仅可以有效降低复吸率、修复家庭及社会关系，还能节省司法成本，毒品法庭现已遍布美国各州。当前，澳大利亚等国家也采用毒品法庭制度。

（二）国内强制隔离戒毒制度发展历程

纵观我国强制隔离戒毒制度的发展历程，主要以禁毒法的实施和劳

---

① ［美］伯纳德·施瓦茨：《美国法律史》，王军等译，法律出版社2011年版，第4页。
② 宋英辉、李瑾：《美国毒品法庭的透视与思考》，载《兰州学刊》2015年第12期。

动教养制度的废止为分水岭，大致可分为三个阶段。

一是 2008 年禁毒法实施以前。根据 1990 年《全国人民代表大会常务委员会关于禁毒的决定》制定的 1995 年《强制戒毒办法》规定："强制戒毒工作由公安机关主管"、强制戒毒所的设置"由县级以上人民政府公安机关提出方案"、对戒毒人员实施强制戒毒"由县级人民政府公安机关决定"、"强制戒毒期限为 3 个月至 6 个月"、对延长强制戒毒期限的戒毒人员"实际执行的强制戒毒期限连续计算不超过一年"。这个阶段，公安机关负责的强制戒毒和司法行政机关负责的劳动教养戒毒并存。强制戒毒所除了对戒毒人员进行药物治疗、心理治疗、法治教育和道德教育外，可以组织戒毒人员参加适度的劳动。戒毒人员在强制戒毒期间的生活费和治疗费由本人或其家属承担。当时的戒毒制度注重于生理脱毒。1979 年《国务院关于劳动教养的补充规定》明确了"人民检察院对劳动教养机关的活动实行监督"；1982 年《劳动教养试行办法》规定"劳动教养机关的活动，接受人民检察院的监督"；1992 年《劳动教养管理工作执法细则》规定了"劳动教养机关的执法活动，受人民检察的监督"。

二是禁毒法于 2008 年 6 月 1 日实施以后至 2013 年劳动教养制度废止以前。禁毒法规定：对吸毒成瘾人员的强制隔离戒毒决定由"县级以上人民政府公安机关作出""对被决定予以强制隔离戒毒的人员，由作出决定的公安机关送强制隔离戒毒场所执行""强制隔离戒毒场所的设置、管理体制和经费保障，由国务院规定""强制隔离戒毒的期限为二年""强制隔离戒毒的期限最长可以延长一年"；2011 年《戒毒条例》规定："被强制隔离戒毒的人员在公安机关的强制隔离戒毒场所执行强制隔离戒毒 3 个月至 6 个月后，转至司法行政部门的强制隔离戒毒场所继续执行强制隔离戒毒"，即强制隔离戒毒决定由公安机关作出，强制隔离戒毒执行由公安机关和司法行政机关分段负责。原强制戒毒和劳动教养戒毒统一改革为强制隔离戒毒，司法行政机关的部分劳教所同时承担强制隔离戒毒的职能。自此，我国的戒毒工作不仅重视生理脱毒，也注重戒毒人员的身心康复和回归社会后续，如禁毒法规定"强制隔离戒毒场所应当根据戒毒人员吸食、注射毒品的种类及成瘾程度等，对戒毒人员进行有针对性的生理、心理治疗和身体康复训练"。2008年《人民检察院劳教检察办法》明确了人民检察院劳教检察的6项职责，为检察机关对劳动教养场所实施法律监督提供了依据和遵循，检察机关在各劳教场所设置驻所检察室，在维护劳教人员合法权益、促进劳教场所监管秩序稳定等方面发挥了积极作用。

三是劳动教养制度于2013年12月被废止后。原劳动教养场所职能由原来的劳动教养和强制隔离戒毒双重职能，转型为执行强制隔离戒毒的单一职能。劳动教养制度废止后，各地检察机关驻劳教所的检察官办公室先后撤离。根据公安部发布的数据统计，2013年至2022年，全国共查获吸毒人员679万人次，决定强制隔离戒毒243.3万人次，责令社区戒毒社区康复217.4万人次。以S省为例，2022年11月，全省7个司法行政强制隔离戒毒所有正在接受强制隔离戒毒人员542人，其中男性为497人，占比约92%，女性为45人，占比约8%。经了解，在所戒毒人员年龄分布：18岁以下0人，18—35岁189人，36—45岁194人，46—60岁149人，60岁以上10人；进入强制隔离戒毒所次数：初次进所297人，第二次进所155人，第三次进所68人，四次以上进所22人。

（三）目前强制隔离戒毒制度存在的问题

我国禁毒法已施行十几年，对于规范戒毒工作、帮助吸毒成瘾人员戒除毒瘾、保护公民身心健康、维护社会秩序等有着积极的现实意义和深远的历史意义，但依然存在有待完善之处。

1.配套机制不完善。禁毒法和《戒毒条例》均对强制隔离戒毒人员的权益作出明确、详细规定。如禁毒法规定"强制隔离戒毒场所管理人员不得体罚、虐待或者侮辱戒毒人员"，但是对于如何接受司法监督、如何加强对公权力的制约，相关法律法规尚无具体规定，客观上造成了强制隔离戒毒工作存在监督盲区、司法实践中的操作不尽相同等现象。又如根据禁毒法规定，执行强制隔离戒毒1年后，经诊断评估，对于戒毒情况良好的戒毒人员，强制隔离戒毒所可以提出提前戒除强制隔离戒毒的意见，但需报强制隔离戒毒的决定机关即公安机关批准，实际工作中出现不少原批准机关由于各种原因批准不及时的现象；根据《戒毒条例》规定，刑罚执行完毕时、戒除强制性教育措施时或者释放时强制隔离戒毒尚未期满的，继续执行强制隔离戒毒，但实践中存在因各种原因进而导致沟通配合衔接不畅的情况。

2.治疗色彩不浓厚。随着劳动教养制度的废止，各地司法行政机关已经转变工作职能，设立戒毒管理局，原劳动教养场所绝大多数已转为行政强制隔离戒毒场所，原劳教场所的职能、任务、管理对象等都发生了改变。强制隔离制度是一种行政强制措施，而非行政处罚，从性质上看，更类似于强制医疗，而非劳动教养。戒毒工作属于专业性很强的工作，戒毒工作的顺利有效开展对专业化、科学化的治疗水平要求极高，治疗水平关乎戒毒效果，强制隔离戒毒不仅要注重生理治疗，也要注重心理治疗。我国《戒毒条例》规定，"强制隔离戒毒场所应当配备设施设备及必要的管理人员，依法为强制隔离戒毒人员提供科学规范的戒毒治疗、心理治疗、身体康复训练和卫生、道德、法制教育，开展职业技能培训"，但在落实过程中还存在着一定的阻力。行政强制隔离戒毒场所及其工作人员绝大部分都是原劳动教养所及其工作人员，这也导致转变后的强制隔离戒毒场所难免存在用劳动教养执法模式、管理经验管理强制隔离戒毒人员的情形。

3.接受监督力度不够。所谓有权必有责、用权受监督、违法必追究，权力的规范运行，需要执法者的自我约束，也需要强而有力的外部监督。强制隔离戒毒是对吸毒成瘾人员作出的行政强制措施，是在强制隔离戒毒场所内进行的，与外界隔绝程度类似于看守所、监狱，场所的封闭性及工作的保密性，导致除了工作人员，其他国家机关、社会团体和组织以及公民无从知晓场所里的日常活动，外部监督难以渗透到具体执行活动中，如提前戒除戒毒或延长戒毒期限是否规范、是否存在体罚或虐待强制隔离戒毒人员、是否存在违规使用戒具等情况。如何保障强制隔离戒毒人员合法权益不受侵犯？行政机关内部监督难以保证中立性和透明性,如果没有有效的外部监督,那就相当于强制隔离戒毒场所管理人员"既当运动员又当裁判",既不利于法律的统一正确实施,也不利于我国强制隔离戒毒工作的长远发展。目前,我国的强制隔离戒毒制度还存在内部监督不足、外部监督薄弱的情况。

二、行政强制隔离戒毒检察监督现状及存在的问题

(一)行政强制隔离戒毒检察监督现状

当前,全国检察机关与司法行政机关正在全面试点司法行政强制隔离戒毒检察监督工作。

以S省为例,2022年,全省7个司法行政强制隔离戒毒所对应驻地的6个基层检察院,均已开展对司法行政强制隔离戒毒所检察监督试点工作。一方面是健全机制建设,强化制度保障。在充分调查研究的基础上,检察机关与司法行政机关印发了关于试点工作的实施办法,明确S省检察机关对全省所有司法行政强制隔离戒毒所开展检察监督试点工作。结合省内实际,对试点工作提出具体办法,包括建议联席会议制度、联络员制度等。试点检察院均已设立驻所检察官办公室,由行政检察部门指派2名检察人员定期到司法行政强制隔离戒毒所开展检察监督工作。另一方面是强化部门联动,完善协作配合。在检察机关"四大检察"全面协调充分发展的新格局中,考虑到强制隔离戒毒的性质属于行政强制措施,是一种行政执法行为,由行政检察部门开展监督更适合,故检察机关畅通内部线索移送渠道,统一归口至行政检察部门管理。刑检部门办理涉毒类刑事案件过程中,发现可能涉及行政机关处理涉毒案件时具有不作为、乱作为线索的;执检部门在监督刑罚执行,特别是社区矫正过程中,发现可能存在强制隔离戒毒检察监督线索的;控申部门受理涉毒类控告申诉线索的,均于7日内移送本院行政检察部门;案管部门每月定期向行政检察部门推送涉毒类案件信息,着力凝聚检察机关开展对行政强制隔离戒毒检察监督工作的内部合力。

（二）行政强制隔离戒毒检察监督存在的问题

行政强制隔离戒毒检察监督作为一项崭新的工作，还面临着诸多困难和挑战。

1. 法律依据不足。一方面，监督缺乏法律依据，监督手段刚性不足。检察机关虽然是宪法规定的国家法律监督机关，但对具体事项进行监督时，仍应有法律明确授权，如人民检察院组织法、刑事诉讼法、监狱法、《看守所条例》均对刑事执行检察监督有相应规定，且《人民检察院巡回检察工作规定》对规范监狱、看守所巡回检察工作作了具体规定，但对于强制隔离戒毒的检察监督，人民检察院组织法、行政强制法、禁毒法、《戒毒条例》等法律法规目前尚无明确、具体规定。各地正在探索、试点，但操作模式不尽相同，且目前试点的领域集中于司法行政强制隔离戒毒阶段，鲜有对公安机关强制隔离戒毒阶段的检察监督。另一方面，司法行政强制隔离执法工作缺乏法律依据。当前，司法行政强制隔离戒毒工作的许多性质定位、工作规范尚未定型，客观上造成检察机关存在"如何监督""监督什么"的困惑，当前的试点工作"摸着石头过河"，对于"查什么""怎么查"，很多借鉴参考刑事执行部门对监狱、看守所的检察监督模式，但是强制隔离戒毒所与监狱、看守所又有所区别，所以可能会存在发现问题不全面、总结归纳问题不准确的问题。

2. 工作开展不平衡。在各地探索实践过程中，关于强制隔离戒毒检察监督的方式，有的以派驻方式进行检察监督，有的通过巡回检察方式进行监督，有的建立派驻与巡回检察相结合的方式，以派驻检察为基础，结合巡回检察的优势；关于强制隔离戒毒检察监督的范围，主要集中在试点对司法行政强制隔离戒毒所及其执法人员的执法活动进行法律监督，有的主要对在强制隔离戒毒人员刑罚执行完毕后未继续执行强制隔离戒毒决定的情形予以检察监督，也有的探索开展对公安机关强制隔离戒毒决定、变更及解除等强制隔离戒毒全流程进行检察监督。

3. 监督力量不足。强制隔离戒毒程序复杂、周期长，检察监督工作存在"点多、线长、面广"的特点。目前强制隔离戒毒检察监督工作主要由基层检察院行政检察部门负责，多数基层院的行政检察部门与民事检察部门、公益诉讼检察部门甚至控申部门是同一个部门，当前的试点工作普遍面临行政检察人员力量不足的问题，导致在强制隔离戒毒检察监督方面投入的精力不够充分，不足以全面掌握所内情况，易存在监督不到位、监督力度不够的情况。

三、关于行政强制隔离戒毒检察监督制度的完善建议

（一）立法明确检察机关有权监督强制隔离戒毒执法

人民警察法规定"人民警察执行职务，依法接受人民检察院和行政监察机关的监督""公民或者组织对人民警察的违法、违纪行为，有权向人民警察机关或者人民检察院、行政监察机关检举、控告"；《中共中央关于全面推进依法治国若干重大问题的决定》提出"完善对涉及公民人身、财产权益的行政强制措施实行司法监督制度。检察机关在履行职责中发现行政机关违法行使职权或者不行使职权的行为，应该督促其纠正"；《中共中央关于加强新时代检察机关法律监督工作的意见》提出"人民检察院是国家的法律监督机关"、检察机关"在履行法律监督职责中发现行政机关违法行使职权或者不行使职权的，可以依照法律规定制发检察建议等督促其纠正"等；以上均为人民检察院对包括行政强制措施在内的行政违法行为实施法律监督提供了制度遵循。行政强制隔离戒毒作为一种行政强制措施，是国家行政机关执法活动的重要组成部分，理应受到检察机关的监督，这既符合时代发展的需求，也有利于推进法治国家建设。为促进检察监督成为行政强制隔离戒毒活动的有力有效监督方式，建议在禁毒法中明确检察机关有权对公安机关和司法行政机关的强制隔离戒毒执法工作进行全过程监督。建议检察机关制定《人民检察院行政强制隔离戒毒检察办法》，进一步明确检察机关对强制隔离戒毒活动的法律监督职责、范围、方式和程序等，规范检察监督行为。

（二）检察监督范围

目前，我国的强制隔离戒毒由公安机关和司法行政机关分段执行，检察监督范围不仅要针对司法行政强制隔离戒毒所及其执法人员的执法活动进行法律监督，重点开展对强制隔离戒毒人员出入所、所外就医、所内吸毒、所内死亡、提前解除或变更强制隔离戒毒措施、延长强制隔离戒毒期限等管理活动的检察监督，也要注意对公安机关在决定、变更强制隔离戒毒措施等重点环节的检察监督。通过制发纠正违法通知书、检察建议书等纠正不当的执法行为，降低日常执法风险，不断促进行政强制隔离戒毒执法规范化，充分保障戒毒人员的合法权益。不属于检察机关管辖的案件线索，移送有关机关处理。

（三）检察监督方式

各地可以根据实际灵活运用派驻检察和巡回检察相结合的方式，拓宽检察机关对行政强制隔离戒毒执法活动监督的路径。

1. 派驻检察。派驻检察有助于日常监督，几十年的检察监督历程证明，派驻检察对于加强日常监督是必不可少的方式。在强制隔离戒毒所设立派驻检察官办公室，指派检察人员定期在强制隔离戒毒所开展检察监督工作，设置检察官信箱，告知戒毒人员权利义务及维权救济途径、检察机关的监督职能，及时受理控告、举报和申诉，甚至可以在派驻检察官办公室实现与强制隔离戒毒所执法信息网络联网，通过电脑查看强制隔离戒毒所监控录像，及时发现和纠正强制隔离戒毒执法中存在的问题，实现对强制隔离戒毒所检察监督的常态化、主动化。为扩大受众范围，还可以在检察机关网站、微信公众号等开设戒毒执法举报窗口。同时，为避免派驻检察人员被"同化"，应对派驻检察人员实行定期轮岗、责任考核，还可实行异地交流制度。

2. 巡回检察。巡回检察具有快速机动的特点，可以有效弥补派驻检察的不足。因戒毒工作是一项专业性非常高的工作，除了负责的部门条线干警，巡回检察组可邀请具有法医、会计等专门知识的干警参加，通过张贴巡回检察公告、与相关人员谈话、发放统计调查问卷、审查档案资料、复听复看录音录像等多种方式，对一定区域内的强制隔离戒毒所开展覆盖式巡回检察。此外，还需适时组织"回头看"，推动检察监督意见落地见效，防止整改不到位或者相关问题反弹。

3.建立联席会议制度。检察机关加强与行政强制隔离戒毒所的沟通，可实行联席会议制度、联络员制度、信息共享制度机制，如召开季度或年度联席会议，通报戒毒执法情况和检察监督情况，就规范戒毒执法、强化监督实效研究探讨，有效衔接戒毒执法工作与检察监督工作，共同及时推动行政强制隔离戒毒工作严格、规范、公正、文明开展。

4.通过大数据赋能。研究建立检察机关与行政强制隔离戒毒信息共享平台，实时交换工作信息。强化数字赋能，融合智慧检察与智慧戒毒，打破孤立，联通一定区域内的数据资源，充分运用大数据赋能的效用和价值，探索强制隔离戒毒领域大数据法律监督模型，可挖掘应当作出强制隔离戒毒决定未作出、应当移送执行未移送、行政拘留违规代为执行强制隔离戒毒、强制隔离戒毒人员刑罚执行完毕后未继续执行强制隔离戒毒决定等监督线索，加强类案监督与专项治理。

（四）检察监督职能定位

1.监督与支持并重。检察机关肩负着监督我国现行所有法律正确统一实施的重要职责。一方面，要依法监督。"监"是指从旁查看，"督"是指督促，监督就是察看并督促。强制隔离戒毒检察监督，正如前文所述，是指检察机关要立足工作职责，规范有序开展法律监督工作，促进强制隔离戒毒所公正文明执法、保障戒毒人员的合法权益，同时不干预强制隔离戒毒所的正常执法活动。另一方面，要支持配合。法律监督不是你错我对的零和博弈，监督与被监督方目标一致、责任一致，目的都是把习近平法治思想贯彻落实好，把党的法治事业建设好，把人民的根本利益维护好。检察机关和行政机关虽然职责分工不同，但都有着共同的目标：以人民为中心，促进共建共治共享的社会治理格局建设。检察机关要始终秉持双赢多赢共赢的监督理念，优化监督方式，形成工作合力，促进强制隔离戒毒所坚持严格规范公正文明执法，提升戒毒执法的公信力。

2. 促进社会治理。通过开展对司法行政强制隔离戒毒所检察监督，调查研究吸毒人员的家庭背景、朋友圈、学习生活环境等，深入剖析吸毒人员的吸毒原因，跟踪戒毒人员后续康复情况，不断加强深层次研究，为更好地解决实际问题提供理论支持，以"我管"促"都管"，彰显现代法治精神，促进完善对戒毒人员吸毒及复吸的综合治理，不断推进国家治理体系和治理能力现代化。

专题四

服务高质量发展
加强民生司法保障

以检察建议助推涉住建领域的合法规范运营[*]

——以最高人民检察院第170号指导性案例为例

杨建顺[**]

虽然最高人民检察院先后颁布了多部关于检察建议的司法文件[①],并于2018年修订人民检察院组织法时将"检察建议"列为人民检察院行使法律监督职权的履职手段,但"检察建议"首次出现在行政法的法律法规中则是在2017年修订的《行政诉讼法》第25条第4款。行政诉讼法以专门添加一款的独特方式,将检察建议确立为人民检察院对行政机关违法行使职权或者不作为进行监督的重要方式和手段。这标志着检察监督权在行政司法领域迎来了新的契机。[②] 第25条第4款规定的到底是检察行政公益诉讼诉前检察建议还是其他类型检察建议,一直存在诸多学术争议。通说一直将该款理解为"检察行政公益诉讼制度条款",认为该款为检察行政公益诉讼提供了诉讼法依据,也确立了检察建议作为行政公益诉讼前置程序或曰诉前程序的地位。所谓行政公益诉讼前置程

---

[*] 原文载于《行政法学研究》2024年第3期。
[**] 杨建顺,中国人民大学教授。
[①] 参见《人民检察院检察建议工作规定(试行)》(2009年),《人民检察院检察建议工作规定》(2019年)(以下简称《检察建议工作规定》)等。
[②] 参见张晨、彭向宇、吕婷斐:《行政公益诉讼检察建议研究》,载《法治论坛》2019年第3期。

序，是指人民检察院在提起行政公益诉讼前应当履行的法定程序，即首先针对行政机关违法行使职权或者不作为，发出检察建议督促其进行改正，在行政机关依然不依法履行职责的情况下，才能启动行政公益诉讼程序。似乎只有检察机关提起行政公益诉讼才能体现检察机关的监督价值。① 这样理解符合当初推动立法的事实。② 按照目前通说的观点，为了慎用或者少用诉讼手段，而在其基础上附加了作为前置程序的检察建议制度③；但是，这与实践中检察建议得以广泛运用的地位不太相符。一方面，将检察建议限定为检察行政公益诉讼的附带性机制，使其受到诉权、受案范围、原告资格等诉讼要件的约束；另一方面，希冀通过检察建议尽可能避免或者减少启动检察行政公益诉讼，高效率地实现对国家利益或者社会公共利益保护。这种"以诉前实现维护公益目的为最佳司法状态"④的价值观值得提倡。应当将该款理解为首先确立了检察机关制发检察建议的制度，然后再在此基础上附加了检察行政公益诉讼制度，将后者视为确保前者具有实效性的保障手段。

检例第170号为我们提供了重新认识《行政诉讼法》第25条第4款以及检察建议的地位和作用的启示。该案表明在诸多并不适宜提起诉讼的监督范围内，更宜以检察建议方式对行政违法行为进行监督。该案中，检察机关适用检察建议时依据的是《检察建议工作规定》，而不是《行政诉讼法》第25条第4款。但是，如果重新理解行政违法行为检察监督与行政公益诉讼的关系，则可以探寻出行政公益诉讼的诉前程序必然会与行政违法行为检察监督中制发的检察建议发生重合。⑤ 在行刑

---

① 参见孙佑海：《如何用行政公益诉讼检察建议督促纠正政府违法行为？——海南省检察院一分院行政公益诉讼检察建议案评析》，载《中国法律评论》2020年第5期。

② 关于推动检察行政监督的立法进展，参见刘艺：《构建行政公益诉讼的客观诉讼机制》，载《法学研究》2018年第3期。

③ 参见刘艺：《构建行政公益诉讼的客观诉讼机制》，载《法学研究》2018年第3期。

④ 张军：《最高人民检察院工作报告——2022年3月8日在第十三届全国人民代表大会第五次会议上》，载最高人民检察院网，https://www.spp.gov.cn/tt/202203/t20220315_549263.shml，最后访问日期：2024年1月7日。

⑤ 参见刘艺：《建构行刑衔接中的行政检察监督机制》，载《当代法学》2024年第1期。

衔接视角下，人民检察院推进行政违法行为检察建议和检察行政公益诉讼，都可以将《行政诉讼法》第25条第4款作为法律依据。下一步修改行政诉讼法或者制定检察公益诉讼法时，宜明确行政违法行为监督过程中制发这类检察建议的时机、条件等内容。①

一、检例第170号的检察建议发挥了综合治理的功能

（一）检察建议是人民检察院推进行政违法行为检察监督的重要方式和手段

2020年11月16日，习近平总书记在中央全面依法治国工作会议上作重要讲话，强调指出："法治建设既要抓末端、治已病，更要抓前端、治未病……更加重视基层基础工作，充分发挥共建共治共享在基层的作用，推进市域社会治理现代化，促进社会和谐稳定。"②最高人民检察院贯彻习近平总书记重要指示精神，于2023年2月15日以"行政检察推进社会治理"为主题发布了第42批指导性案例（检例第167—170号）。其中检例第170号表明，人民检察院可以通过行政诉讼案件信息和电话热线等平台，发现住房竣工验收是人民群众关心的热点问题，并运用诉讼之外的检察建议。

人民检察院针对备案中存在的普遍性问题推进专项治理，聚力于建立和完善处在治理末端以备案为重心的合法规范运营机制；基于扎实的调查核实并进行深入分析以明确：建设工程竣工验收后须向主管部门备案，建设单位的义务规定须落实到位；行政主管部门仍然负有监管职责，要依法进行监管，对于违法者要依法予以惩处。人民检察院制发检

---

① 参见赵于樊、刘德福：《环境公益诉讼的实效分析与完善路径——跨法域的个例分析衍射的环保法评价》，载《江西警察学院学报》2023年第3期。

② 习近平：《坚定不移走中国特色社会主义法治道路 为全面建设社会主义现代化国家提供有力法治保障》，载求是网，http://www.qstheory.cn/dukan/qs/2021-02/28/c_1127146541.htm，最后访问日期：2023年11月21日。

察建议，继续依法监督，以"我管"促行政机关"都管"，积极开展类案监督[1]，实现了住建领域矛盾纠纷的实质性化解和源头治理。这种各方主体自觉践履法规范的状态，恰好揭示了合法规范运营机制的内涵[2]，为推进基层社会治理、市域社会治理现代化提供了重要示范。

（二）该类检察建议制发前提并不以诉权作为保障

在检例第170号案例中，当人民检察院依法受理王某申请监督案之后，确认了法院所作出的行政裁定和民事裁判均无不当，亦即通过审判监督程序无法求得问题的实质性解决。并且，人民检察院对市住建局在接到王某投诉后的应对工作进行了确认，发现了其未依法履行监管职责的行政不作为问题。检例第170号没有涉及检察行政公益诉讼案件的办理，但是，所涉事项"未办理竣工验收即交付使用""未按时办理竣工验收备案手续""竣工验收备案资料内容不齐全完成竣工验收备案"等问题则事关公共利益。本文提出将检察行政公益诉讼视为检例第170号启示之外的保障路径，是因为该案现实中并未转化为检察公益诉讼，而是完全凭借检察建议这种路径实现了预期目的。公益诉讼的本质在于为维护公共利益而提起诉讼。[3] 如果该案中经由人民检察院提出检察建议进行警示，相关被建议单位却不接受检察建议，没有积极配合，未在规定期限内以书面形式回复人民检察院，阐明采纳检察建议的情况或者不能采纳检察建议的理由，或者相关回复没有达到要求，亦即行政机关仍然未依法、正确履行其法定职责的，人民检察院依法向人民法院提起诉讼。当然，目前检察行政公益诉讼的受案范围并不包括城乡建设领域。

---

[1] 参见张步洪：《行政检察以"我管"促"都管"的作用机理》，载《检察日报》2022年5月11日；王渊、杨建顺、李文峰：《以检察建议释放提升社会治理效能》，载《检察日报》2022年11月7日。

[2] 参见杨建顺：《论食品安全风险交流与生产经营者合法规范运营》，载《法学家》2014年第1期。

[3] 参见杨厚瑞、张梦蕾：《社会组织提起个人信息保护公益诉讼的阻力与优化》，载《司法警官职业教育研究》2022年第4期。

检例第170号表明，人民检察院运用检察建议也可以实现对住建领域的有效监督。因此，从立法政策层面看，对检察建议和检察行政公益诉讼制度二阶层机制的制度合理性展开深入探讨很有必要。在检察行政公益诉讼层面，制度功能主要是维护国家利益和社会公共利益。而行政违法行为检察监督制度则要求人民检察院全面加强行政检察监督工作，在履行职责中发现特定领域负有监督管理职责的行政机关违法行使职权或者不作为，即使没有造成国家利益或者社会公共利益的现实损害，检察机关也可以向行政机关提出检察建议，督促其依法履行职责。本案中人民检察院发现住建领域竣工验收备案存在普遍性的漏洞，经过前期的调查核实、座谈调研，并且根据人民法院的分析，作出了更加贴合实际的检察建议，最后以检察建议方式启动了行政检察监督程序。这种方式有利于避免或者减少主观诉讼之外的客观法争议，实现和维护法制统一，全面提升法律监督的质量和效果。

（三）实行全过程监督，推动和夯实合法规范运营的重要手段

检察建议在推进系统治理、社会治理等方面具有显著优势，主要是由其自身的"制度柔性"和"效果刚性"所决定的。《行政诉讼法》第11条所规定的检察机关的传统诉讼监督职权，依据该法第91条、第93条，被限定在人民法院已经发生法律效力的判决、裁定和调解书存在特定情形的范围之内，无法对判决、裁定和调解书所指向对象以外的行政违法行为展开检察监督。而诉讼监督环节延伸出来的检察建议，对于化解矛盾的根源，进行源头治理大有助益。人民检察院坚持"穿透式"监督的理念，从监督行政审判活动穿透至监督行政机关的行政行为，从个案监督穿透至类案监督，从类案监督穿透至相关政策、规范和制度机制的制定完善，并跟踪落实和反馈情况，切实做好"后半篇文章"。检例第170号中，某市人民检察院向市住建部门发出检察建议书，围绕房地产开发项目竣工验收备案问题，提出了开展专项检查整治的建议。对于下级人民检察院提出的行政监督检察建议，上级人民检察院应当予以相应的指导和支持，以形成上下级机关联动，共同助推各相关部门建立健

全长效机制。① 为了确保该检察建议的实效性，人民检察院撰写了《关于涉住建领域执法规范行政检察专项监督情况的专题分析》，在向市住建部门进行通报的同时，注重调配其他方面的资源，以便形成治理的合力。不论是向市委政法委报告，还是抄送市中级人民法院，以及抄送市司法局，都是向有关部门发出了共同督促行政机关依法履行监管职责的邀约，有助于促成各方主体协力推进合法规范运营机制。② 在检例第170号中，检察机关将检察建议的反馈和评价，及时向当地政法委报告。党委政法委发挥总揽全局、协调各方的功能，调动多元主体参与，凸显了党的领导在"整体政府"建设中不可替代的定位。该党政机关帮助人民检察院实行了全过程监督，推动和夯实合法规范运营，加强系统治理、依法治理、综合治理、源头治理，提升了我国检察建议的治理效能。

二、行政违法行为检察监督中行政监督检察建议的概念和特征分析

（一）行政监督检察建议的概念

根据《检察建议工作规定》，检察建议分为五种类型。③ 但是，我们无法将这种分类方法不加修正地适用于《行政诉讼法》第25条第4款所规定的检察建议，该款所规定的检察建议是一种复合型的检察建议，除了不能归类为"再审检察建议"之外，几乎可以归类为余下的所有种类的检察建议。它既是纠正违法检察建议，又是公益诉讼检察建议（作为检察行政公益诉讼前置程序的检察建议），还是社会治理检察建议和其他检察建议（例如，功能论角度的推动立法型检察建议和督促监管型

---

① 参见《最高人民检察院第四十二批指导性案例》，载《检察日报》2023年4月6日；王磊、张玲：《涉住建领域行政诉讼监督案件办理方式与启示》，载《中国检察官》2023年第8期；张相军、张立新、刘浩：《行政检察依法能动履职深入推进社会治理——最高人民检察院第四十二批指导性案例解读》，载《人民检察》2023年第10期。

② 参见《最高人民检察院第四十二批指导性案例》，载《检察日报》2023年4月6日。

③ 参见《检察建议工作规定》第5条。

检察建议）。每一种类型都是对诸多形态的检察建议的高度概括，各类型之间难免存在交叉重合的情形。因此，为了全面准确表述针对行政违法行为而制发的检察建议之内涵和外延，提议使用融合了复杂属性的检察建议新术语：行政监督检察建议。

在行政违法行为检察监督领域，既不能纳入行政诉讼受案范围又未造成"两益"的实质性损害的行政违法行为，检察机关仍然有权认定行政主体违法行使行政职权或者不作为。为了避免这种检察建议与《检察建议工作规定》的分类相混淆，本文将人民检察院为督促行政主体依法履行职责而提出的检察建议，统称为行政监督检察建议。这种检察建议的概念以"行政监督"为修饰语，有助于阐明行政违法行为检察监督与行政诉讼诉前检察建议，以及社会治理类检察建议的根本差别，从而在内容和程序上构造具有统摄性的检察建议概念。

（二）行政监督检察建议的特征

1.具有从个案检察建议转类案检察建议的特征。在检例第170号中，人民检察院的监督是以个案而窥类案，以类案而启动专项治理，以专项治理而支撑检察建议，最终以检察建议等系列举措而助推各方主体合法规范运营。检察机关通过依法受理王某申请监督案之后，结合向市民服务热线管理中心调取的数据所反映出来的竣工验收备案方面的投诉、举报等纠纷情况，以及该市两级人民法院受理的竣工验收备案类纠纷案件情况，确认了建设工程竣工验收备案制度落实不到位属于普遍问题。为促进源头治理，守住房屋质量与安全的"生命线"，维护人民群众合法权益，某市人民检察院启动了从个案监督到专项治理、从专项治理到类案监督的系列程序。某市人民检察院请示广东省人民检察院，形成了上下级检察机关联动之势，为其依职权开展涉住建领域的竣工验收备案行政检察专项监督活动，乃至在全省范围内该领域展开类案监督提供了坚实支持。①

---

① 参见《最高人民检察院第四十二批指导性案例》，载《检察日报》2023年4月6日。

2.坚持"在履行职责中发现"是行政监督检察建议的重要特色。人民检察院肩负着繁重的法律监督任务,受人力物力财力等方面的影响,不宜过多介入行政过程中行政职权行使方面的问题,应当严格遵循"在履行职责中发现"的基本司法规律。"在履行职责中发现"要求检察机关必须立足于行政检察的传统职能。根据《人民检察院行政诉讼监督规则》(以下简称《行政诉讼监督规则》)的规定,人民检察院对审查终结的案件,应当区分情况依法作出提出再审检察建议、提出检察建议等决定。① 根据《人民检察院公益诉讼办案规则》(以下简称《公益诉讼办案规则》)的规定,经调查,人民检察院认为行政机关不依法履行职责,而且因此致使国家利益或者社会公共利益受到侵害的,应当报检察长决定向行政机关提出检察建议,并于检察建议书送达之日起5日内向上一级人民检察院备案。② 由此可见,基于《行政诉讼监督规则》的调查核实与基于《公益诉讼办案规则》的调查核实在程序设计和表述上各有特色。但是,两者之间不存在本质性的差异。即在行政诉讼中发现制发检察建议的案件线索,可由检察机关在全面深入调查核实的基础上制发检察建议。而在公益诉讼中,制发检察建议之后需要进行备案。这与公益诉讼办案时确立的一体化办案体制相关。而诉讼监督中的办案责任制仍然强调办案人责任制。另外,行政违法行为检察监督中制发的检察建议相对比较灵活,方式也比较多元。这与《公益诉讼办案规则》中规定的诉前程序有很大的差异。

三、行政监督检察建议的理论启示——践行合法规范运营的理念

(一)从案件监督转变为全面规范运营的监督

检例第170号涉及艰巨而复杂的庞大工程,仅靠其中任何单一主体都难免会陷入力不能及的尴尬。本案的妙处在于通过检察建议,形成了

---

① 参见《行政诉讼监督规则》第55条第1款。
② 参见《公益诉讼办案规则》第75条第1款。

全面合法规范运营之监督格局。建构涉住建领域竣工验收备案合法规范运营机制，跟其他领域一样，重要的是要弄清楚并尊重该领域的规律，要全面准确了解各相关方面的主体，并为其确立相应的应当遵守的法规范，包括法律规范、社会规范和内部规则等。①这就要求人民检察院实施类案监督、"穿透式"监督，透过个案、类案，从根本上公平、公正、有效地推行业务，切实确保竣工验收备案合法、合理、有效。在各方主体共同参与下，形成"办理一案，治理一片，造福一方"的合法规范运营重要局面。

某市人民检察院向省人民检察院汇报专项监督情况，通过省检察院推动省住建厅采取相应举措，这是将专项监督活动的效果在全省范围内推广落实的必要步骤。在省检察院的推动下，省住建厅进行了专项整治，还制定了相关配套制度机制。②这种后续跟进、"穿透式"监督和类案监督的做法，有助于形成涉住建领域竣工验收备案合法规范运营机制，值得予以肯定和发扬光大。

检例第170号展示了让各方主体动起来的合法规范运营的状态。但是，离合法规范运营的最佳状态还有相当的距离。很显然，在确保人民检察院依法履行宪法法律赋予的法律监督职责方面，还需要建立健全相关的法规范和制度支撑。但在本案中，人民检察院将监督情况和结果向市委政法委报告，获得了市委政法委的支持，予以批转至市政府。这似乎是该案顺利转为类案监督，并取得各方主体合法规范运营之效的关键所在。接下来还有很重要的一步，那就是市政府召开常务会议，专题听取执法情况汇报，并通过《市政府常务会议决定事项通知》，对住建部门提出要求，形成了系统化的改进方案。这两个步骤很关键、很重要，也令人深思：这两个步骤真的必要吗？可否省略这两个步骤？让住建部门能够直接面对人民检察院的专题分析报告，并根据其法定职责而展开

---

① 参见杨建顺：《论食品安全风险交流与生产经营者合法规范运营》，载《法学家》2014年第1期。

② 参见《最高人民检察院第四十二批指导性案例》，载《检察日报》2023年4月6日。

相应的整改落实工作,或许这才是我们应该为之努力的法治政府建设目标。如果每份检察建议都需要市委政法委批转,都需要市政府常务会议进行协调的话,恰恰说明了还没有建构起合法规范运营机制,某些环节还存在"中梗阻",还需要进一步确立和完善相关规范。相关规范确立了,相关机制完善了,有些看似关键和重要的环节就可以省略了。要进一步规范建设工程竣工验收备案管理工作需要联合自然资源局等部门,如果住建部门直接担纲,相关整改落实举措能够成为各相关部门协同推进的事项,并且其协同推进的结果能够形成系统化的改进方案,那么,这样也就可望真正形成合法规范运营机制了。

(二)从依法行政监督转变为全过程的监督网格

检察建议依照合法性原则,对行政机关的依法行政形成全过程监督网格,为各方主体指明了任务和目标。但是在具体案件中,并非只有行政机关未依法行政,其他单位或者组织也未全面守法。检察机关仍然抓住国家治理的核心环节,即行政机关的监管做文章。检察机关对于住建部门的监管漏洞,制发了相关研究报告。住建部门高度重视,认真分析研究,采取一系列举措进行回应,并形成《涉住建领域执法规范有关工作情况函复》等文件,及时回复人民检察院。但在检例第170号中,某市人民检察院重点开展调查核实工作,通过多次到市区两级住建部门走访,深入细致了解情况,发现其在执法过程中普遍存在的三大问题,并就发现的问题分别向某市某区生态环境和建设局、住建局发出检察建议,指明了四大任务和目标,包括:备案时限和主体;责令停止使用,重新组织验收;责令改正和罚款;指导商品房开发建设企业办理验收并备案,行政机关加强对竣工验收的各环节进行监督,以减少有关竣工验收的诉讼纠纷。[①] 由此可见,行政监督检察建议的制发对象以行政机关为主,并以检察机关的"我管"促行政机关的"他管"以及社会方面的"共管"。

---

① 参见《最高人民检察院第四十二批指导性案例》,载《检察日报》2023年4月6日。

四、进一步完善行政监督检察建议的规范制度

习近平总书记要求,"作决策一定要开展可行性研究"[①]。人民检察院提出检察建议,也应当对其可行性和不可行性进行研究,甚至对其他更多方面进行探讨。[②] 只有经过充分论证,得到可行性确信之后,才能够且应当制发检察建议。为了让检察建议的"制度柔性"得以充分发挥,应当扎实推进检察建议的规范化、制度化、程序化和标准化,同时兼顾多元多维多样的视角,确保检察建议相关内容具有更强的针对性,更加尊重本来的规律,故而更加具有说服力和可接受性。

(一)完善行政监督检察建议的制发程序

人民检察院制发行政监督检察建议时具有较强的灵活性。但是要保障检察建议内容的合法性,必须引入完善的检察建议制发程序,以程序机制来保障检察建议内容的准确性和规范性。人民检察院高效履职,督促、指导各相关单位积极作为,确保检察建议的专业性尤为重要。确保专业性可以有许多形式:检察听证会是在一般听证会的基础上特别导入专家学者听证员,在充分听取当事人陈述的基础上作出专业性判断;专家论证会是针对法律事实、法规范适用等方面的问题进行探讨;协调会或者联席会则是对纠纷化解方案等案件信息进行交流沟通。但是,这些会议基本程序是由检察机关召集,各方主体民主参与,阐明自己的立场和观点,最后以会议记录或者多数人同意的决议作为下一步检察建议制发的依据。质言之,不论是检察听证会,还是专家论证会,或者是各相关方面的协调会、联席会,都是检察机关召集的,其目的都是确保表达机制畅通有效,化解分歧、达成共识,为制发检察建议提供借助外脑和

[①]《习近平在中央党校(国家行政学院)中青年干部培训班开班式上发表重要讲话强调年轻干部要提高解决实际问题能力想干事能干事干成事》,载《人民日报》2020年10月11日。

[②] 参见杨建顺:《行政法典化的容许性——基于行政法学体系的视角》,载《当代法学》2022年第3期;杨建顺:《行政法典化的容许性》,载《社会科学文摘》2022年第9期。

外力的机制。

为了确保检察建议的实效性,在检察建议发出之后,人民检察院并未就此止步,而是持续跟进住建部门的整改情况,进一步推进房屋建筑和市政基础设施工程竣工联合验收工作,并根据住建部门需求进行监督协调,共同促进和支持严格规范执法,以"穿透式"监督,争取"双赢多赢共赢"的效果。人民检察院坚持"穿透式"监督不松懈,督促确保各方主体履行其法定职责。如果有的被建议单位依然没有及时以书面形式回复人民检察院,没有阐明采纳检察建议的情况或者不能采纳检察建议的理由,人民检察院便需要有相应的手段,以确保将检察建议一抓到底、落实到位。

(二)在行政程序中建构行政机关回复整改的程序

检例第170号中,住建部门采纳人民检察院的意见建议,研究解决方案,制定了整改落实情况表,把整改内容、责任单位、责任人、责任领导、完成时间列入倒排。全面开展排查,全力推动各方面的整改落实落细落地,对于未按时办理竣工验收备案的项目积极采取应对举措,扎实推进竣工验收备案手续,使得检察建议书中所指出的问题项目全部完成了相关手续。这是合法规范运营的重要体现,如果能够进一步将其确立为相应机制,让相关主体面向未来遵照执行的话,也就达到了合法规范运营机制的理想追求。因此,行政监督检察建议程序机制应当为行政机关预留行政裁量的灵活空间,整改建议不宜过分具体[①],要在检察机关谦抑的基础上,让行政机关充分发挥主观能动性和专业技术性之优势。这就需要在行政系统内部建立健全针对检察建议进行回复整改的程序机制。就横向具体领域而言,不同领域可能采取了不同监管模式;就纵向行政结构而言,整改事项可能涉及行政职能交叉、上级审批、综合执

---

① 有观点认为,"检察建议内容过于简单、缺乏具体明确的建议内容",是目前需要解决的突出问题之一。参见王文惠、袁江:《检察机关参与社会治理的内在逻辑与路径分析——以检察建议为视角》,载《贵州师范大学学报(社会科学版)》2022年第3期。笔者认为需要一分为二地看待这个问题。

法、协助执法、行政与刑事案件衔接等问题。应当以各领域的监管模式为基础，构建行政机关的回应机制，并强化以圆桌会议为代表的对话协商机制。鉴于整改具有复杂性与长期性，应当强化行政机关回复检察建议时的情况说明义务和权利，围绕行政机关监管职责范围、如何履职、是否依法履行职责等进行说明，允许行政机关进行联合回复、阶段回复，并以行政成熟原则为基础调整履职期限。

应该进一步完善检察建议的反馈和复议机制。因为检察建议有时候也存在商榷余地。检例第170号中，检察建议的某些内容与行政现实之间存在若干张力。虽然住建部门全面认可并履行了检察建议，但其所进行的说明似并未受到重视。应当以此为借鉴，聚力完善相关规则。某市人民检察院认为，行政主管部门对建设工程竣工验收备案监管缺位，导致一系列民事纠纷。人民检察院对存在的问题予以指出，并提出检察建议。从一般论的角度来说，某市人民检察院的主张都是应当支持的，住建部门也的确"照单全收"了。但对照行政机关"关于存在问题的说明"，则可以发现这里存在值得商榷的余地。未办理竣工验收备案交付使用但均是办理了竣工验收后交付使用的，这与《建设工程质量管理条例》的规定相符合。未在法定期限内办理工程竣工验收备案各有其原因，有的是由于人防工程竣工验收备案核准书未取得，无法备齐资料办理备案；有的是因用地权属关系整合规划，出现分期规划报建施工、分期竣工验收的情况，取得"某市人防工程竣工验收备案核准书"较晚。这是属于政府部门的原因导致未按时办理竣工验收备案的情形。对此，按照有关规定予以行政处罚，看似合法，其合理性却存疑。还有采取承诺容缺办法办理竣工验收备案的特殊情形。住建部门反馈竣工备案资料不齐全又办理了竣工验收备案的情形，主要是因为小区已临近交楼期限，为了维护社会稳定，才会采取承诺容缺办法，为其办理竣工验收备案。检察机关对行政监管的创新，还是应予以理解与支持。应将法律监督理念转化为被建议单位的自觉行动理念；鼓励被建议单位通过自身努力，让相关合法规范运营机制落实落细落地。

（三）应增加检察机关自我纠错的程序机制

检例第 170 号显示，针对检察机关指出的上述问题，住建部门认真回复，并说明情况。但是，行政机关所推行的诸如具体情况具体对待、采取承诺容缺办法等先进理念和做法并未引起重视，没有被作为特例来处理。这样将检察建议"照单全收"的所谓"刚性"并不一定具有合理性，相反，这样操作会存在较大的风险。为了让检察建议更加具有精准度和可行性，制发检察建议之后，检察机关不仅应当主动听取被建议单位意见，还应当及时纠正错误的检察建议内容。在关于行政违法行为检察监督的规范中应创建检察建议反馈之后的修正机制，允许检察机关修正检察建议内容。需要尊重行政领域自身的规律性，倾听行政机关的情况说明，在法规范有不同规定时，做好法规范的科学解释和适用，区分竣工验收与竣工验收备案的功能。建设单位申请竣工验收的环节和项目涉及自然资源、气象、生态环境、人防办、通信办等多个部门，在各个部门间没有联动工作机制的情况下，建设单位只能逐个单位逐个窗口递材料等审批。在 15 日内完成所有部门出具的认可文件或准许使用文件存在客观困难。针对这样的现状，检察机关应当进一步推动相关备案程序的完善。关于"房屋未竣工验收擅自交付使用"，针对《建设工程质量管理条例》和《城市房地产开发经营管理条例》分别有相应的处罚规定，处罚依据不同、处罚额度也不同的问题，应当加强法规范解释研究，制定相应的适法指导基准。

在检察机关履行法律监督职权时，应充分尊重行政机关独立行使行政权力。首先，应充分尊重行政机关的独立性。人民检察院作出检察建议，不是代替行政机关作出行政行为，而是督促行政机关作出行政行为。其次，应充分尊重行政自制性。检察建议选择一个监督手段，考虑到行政机关作出行政行为的复杂性，只有在行政机关滥用职权或者不作为，同时造成违法的现实后果时，才会需要制发检察建议。最后，只有被建议机关不能在规定时限内落实检察建议且不提供合理的理由，人民检察院才有权采取下一步的监督手段，如起诉或者公布行政违法行为等。

综上，不论是建立检察建议案件化办理机制①，还是推进跟踪监督、类案监督和专项监督等，都应当督促被建议对象乃至相关领域建立健全合法规范运营机制，都需要建构和完善全过程监督，在检察建议制发之前、制发过程之中和制发之后，都应当强调重视被建议单位等的意见和建议，以提高相关信息的准确全面性并加以掌握和利用。

---

① 有人主张："检察机关积极查找公益诉讼案件线索，及时提起公益诉讼。"参见蒲晓磊：《闫建国代表建议充分发挥检察机关监督作用持续优化营商环境保障经济繁荣发展》，载《法治日报》2023年2月14日。笔者认为这种观点值得商榷。

从监督到治理：行政检察优化营商环境的实践经验与理论阐释*

冯孝科**

一、问题提出：理解政府职能转变的检察视角

近年来，以职能转变为关键词的政府改革实践在多地开展，如上海的"一网通办"改革、浙江的"最多跑一次"改革、江苏的"不见面审批"等①，形成了丰富的经验探索和理论研究。党的二十大报告提出，"要深化简政放权、放管结合、优化服务改革"。②党的十八大以来，以优化营商环境为代表的政府改革深刻影响了新时代政府市场关系。这场"刀刃向内"的政府自我革命，是政府职能转变、激发市场和社会活力的关键举措。③大量梳理行政部门改革实践的论述为政府职能转变分析提供了基础，但对象大多集中于行政机关。中国场景下的政府内涵并不局限于行政部门，它在广义上涵盖了党领导下的公共权力体系。如果仅

---

* 原文载于《中国行政管理》2023 年第 11 期。

** 冯孝科，最高人民检察院行政检察厅三级高级检察官。

① 蒋俊杰：《全周期治理视角下我国"放管服"改革研究——以浦东新区促进盒马创新发展为例》，载《上海行政学院学报》2023 年第 3 期。

② 习近平：《高举中国特色社会主义伟大旗帜　为全面建设社会主义现代化国家而团结奋斗——在中国共产党第二十次全国代表大会上的报告》，载 https://www.163.com/dy/article/HJSRE66V05118I96.html。

③ 傅广宛、李进华：《"放管服"改革中地方政府主动优化改革的行动逻辑——基于对 S 省 A 市改革案例的考察》，载《中国行政管理》2022 年第 10 期。

关注狭义政府部门的改革行为,就难以观察政府职能转变的全貌,尤其容易忽视行政机关之外的部门所发挥的重要作用。大量理论分析聚焦政府的自我革命,对监督机关所形成的约束行政权力、规范市场行为等缺少足够重视。尤其是行政部门自身改革也受限于一些结构性因素,往往面临较大挑战。如有研究提出,权力下放是推动行政改革的应有之义[1],但"在政策执行的过程中,中间层级政府、政策执行效率差异大,政策执行的可执行度相对较差,政策的机械式传导与非合理性安排等现象广泛存在"[2]。同时,市场秩序内的种种问题成因复杂,涉及面广,行政部门在治理技术、注意力等都难以完整覆盖。因此,挖掘行政权力之外的治理资源,形成多主体的资源互补,具有重要的实践价值。

在广义政府的语境中,优化营商环境并不仅仅局限于狭义行政部门的改革,检察机构也同样是优化营商环境的重要主体。例如,江苏省检察院的专题学习指出,"江苏检察机关要善于通过检察履职发现'放管服'改革中的难点痛点及人民群众的诉求,及时反馈给政务服务管理部门,推动'放管服'改革深入推进,为推动江苏高质量发展走在前列贡献检察力量"。[3]这些实践动向显示出,检察机关作为一种重要的法律监督力量,已经较为深入地参与到了优化营商环境之中。据此,需要在理论上进一步明确的是,检察机关在政府职能转变中扮演了何种角色?它通过何种具体机制参与政府与市场关系的重塑?本文立足于行政检察的工作实践,尝试通过案例分析和理论讨论对此作出回应。

---

[1] 刘飞、柯洪波、王欣亮:《权力下放中改革效能提升的逻辑、难点与路径优化——以自由贸易试验区为例》,载《人文杂志》2021年第1期。

[2] 赵吉:《中间层级政府"放管服"改革政策执行的效能分析》,载《北京科技大学学报(社会科学版)》2019年第4期。

[3] 《省检察院专题学习研讨"放管服"改革》,载《江苏法治报》2019年11月18日。

二、矫治执法不当与市场违法：行政检察优化营商环境的实践经验

"行政检察是'四大检察'职能之一，当前已形成了以行政诉讼监督为基石，以行政争议实质性化解为牵引，以行政非诉执行监督和行政违法行为监督为新的增长点的监督新格局。"[①] 在政府与市场关系的维度中，检察机关的行政检察职能在行政诉讼监督的基础上，还包括对行政违法行为的法律监督。对优化营商服务环境而言，这集中表现为对行政执法机关违法行使职权或不行使职权的监督和市场违法现象的矫治。

（一）矫治政府执法不当

民营经济对现代化建设具有重要地位和突出作用。部分政府工作人员由于行政理念、执法尺度等原因，时常容易对民营经济的发展造成阻碍。能否创造更多便利条件，不断为企业发展松绑，是改革成效的重要标准。笔者长期从事行政检察工作，在调研相关行政检察案例时发现，行政部门过度执法的现象时有发生，对市场主体造成了一定困扰。而检察机关的介入，较好地帮助市场主体实现了权利救济，也在一定程度上实现了与政府、法院以及检察院工作的互补。以湖南某县为例，当地市场监督管理局曾于 2021 年 7 月 22 日，以某制衣厂食堂未取得食品经营许可证为由，对其作出罚款 6 万元的行政处罚。检察机关通过深入调查，最终化解了涉事企业同市场监督管理局的争议，推动企业生产的重启。益阳市人民检察院受理案件后了解到："2019 年 3 月，在外经商的陆某响应家乡号召，回乡开设制衣厂，是某县当地招商引资重点企业。制衣厂接纳了当地 85 人进厂务工，其中 84 人为留守妇女，35 人为建档立卡贫困户。2019 年底，该制衣厂被县政府认定为就业扶贫车间。益阳市人民检察院成立市、县两级一体化办案小组，通过查阅卷宗、实地调

[①] 《最高检答 21：行政检察有六大职能，已形成监督新格局》，载 https://www.163.com/dy/article/HU9JH49Q05199NPP.html。

查、询问当事人等查明：1.某制衣厂地处经济基础薄弱的边远乡镇，对促进当地经济发展、解决留守人员就业发挥了积极作用；2.某制衣厂未取得食品经营许可证开设食堂确实违反了《中华人民共和国食品安全法》相关规定；3.某制衣厂于2021年3月1日已经获得食品经营许可证，卫生环境已作整改；4.案涉食堂是为方便厂内工人就餐而开设，食堂被查封后，工人就餐问题无法解决，陆某把全部精力投入诉讼案件中，制衣厂停产停工，几乎瘫痪；5.某县市监局在执法文书中存在告知起诉法院事项错误的情形。"①

仅从法律标准的角度讨论该案例，法院的裁判并无不当。但市场监督管理局的执法和法院的裁判带来了显著的负作用。制衣厂主要负责人长期围绕行政处罚争议奔走，企业因此面临停产乃至倒闭的风险，85名员工很可能因此失业。作为一家具有一定扶贫效应的企业，其社会意义也应当作为行政执法的重要考量。检察机关通过对事件缘由和市场、社会影响的系统性考量，着力推进相关争议的实质性化解并推进制衣厂复工："2022年11月2日，益阳市检察院组织公开听证。听证员评议认为，某制衣厂虽然存在违法行为，但相对轻微且及时改正，未造成严重后果，建议双方化解争议，尽快恢复企业生产。市、县两级检察院经过沟通协调，某制衣厂与某县市监局签订分期缴纳罚款和解协议，并撤回监督申请。检察人员前往某制衣厂，就该厂面临的困难提出可行性建议，帮助企业重拾信心，重新启动制衣厂的生产经营。2023年初，在当地政府扶持下，陆某在该县开设了第二家制衣厂，接纳6名残疾人、60余名留守妇女就业，且正继续扩大生产规模，企业走上了良性发展之路。就某县市监局在涉案行政处罚中错误告知受诉法院的问题，益阳市人民检察院向该局发出检察建议，建议按照一审行政案件集中管辖改革要求，及时规范执法文书格式，某县市监局予以采纳并整改。"②

---

① 参见《最高检发布"检察为民办实事"——行政检察与民同行系列典型案例（第十三批）》，载 https://mp.weixin.qq.com/s/f_dAC3ig6YFv6knL-w9lZA。

② 参见《最高检发布"检察为民办实事"——行政检察与民同行系列典型案例（第十三批）》，载 https://mp.weixin.qq.com/s/f_dAC3ig6YFv6knL-w9lZA。

检察机关分别对制衣厂、市场监督管理局的行为方式进行了调整，最终推进了市场监督管理工作的完善，帮助制衣厂迎来新的发展契机。近年来，经济下行压力凸显，如何更好保护市场主体，支持和鼓励民营经济发展，已经成为政府治理的重要议题。同时，随着乡村振兴战略的深入推进，如何引导和推进民众回乡创业，大力解决当地百姓的就业以及多种民生问题，是地方政府需要回应的时代课题。这同时意味着，执法工作可能不应该简单地停留在"照章办事"的层面，而是要在坚持法治原则的基础上，充分考量多种市场和社会因素，平衡好国家公共权力和市场主体权益之间的关系，并统筹和兼顾多方面的治理诉求。参与该案例行政检察的某干部在访谈中表示："我们曾以优化营商环境为主题，同市监局开展座谈。对民营经济发展、乡村振兴、保市场主体、依法行政等内容提出了具体建议。我们也时常提醒政府部门，在坚守法律底线的同时，更多还要考虑企业发展的实际困难，尤其是要注意多种社会目标之间的平衡，不能为监督而监督，为处罚而处罚。所有的监督管理行为的最终目的还是优化营商环境，使得市场主体能够在法治的框架下得到更好发展，而不是受限于行政处罚，甚至因此停工停产，引发失业、返贫等社会问题。近年来，我们也加强协作，以此为契机不断深化同市场监督管理部门的信息共享，更好地发挥检察和政府间的协作效应。"（访谈资料，2023年5月7日）

（二）整顿市场违法

近年来，许多地方检察机关协同市场监督管理部门，对大量虚假注册公司等违法行为进行了有力监督和查处，在较大程度上保障了合法市场主体登记注册秩序，对商事登记权威性和优化营商环境成果进行了有效维护，持续推进了市场化、法治化的营商环境建设。以浙江省为例，近年来推出了大量数字化改革，在政府管理创新的层面形成了许多卓有成效的探索。其检察机关长期协同政府部门推进营商环境优化，在虚假登记、恶意注销等行政检察工作方面累积了丰富成果。如温岭市检察机关协同市场监督管理局，对100余家公司进行调查，对23家法定代表人违规登记的公司分情况作出相应处理。开展相关专项行动，重点关注一照多址、托管等行业的企业，共对101家企业启动吊销程序，5家办理注销，对129家企业依法列入经营异常名录并对外公示，并协同税务部门、金融机构，依法实行对违法企业的联合惩戒。台州市检察机关在办理电信网络诈骗刑事犯罪中，发现犯罪嫌疑人以营利为目的，登记注册成立公司、企业后，自己从事违法犯罪活动，或者出卖营业执照供他人实施违法犯罪活动的线索。而市场监督管理部门未依法履职，及时查处虚假注册行为。全市通过类案监督方式开展市场主体违规登记专项监督，发出类案检察建议9件，督促市场监督管理部门对190余家虚假注册公司吊销营业执照，或者变更法定代表人登记。杭州检察系统某干部在受访中提出："在最高检第七检察厅的指导，尤其是组织和统筹下，我们逐步完善了同市场监督管理部门的协作机制。有些问题是我们办理其他刑事案件时，连带发现了一些企业在市场经营中的违法现象。这种情况下，我们都会联系相关部门，协同开展工作。还有就是我们本身就有相对常态的会商机制，这几年行政机关也主动搭建了这样的平台，就我所了解的来看，很多问题在事实上得到了比较多的沟通。虽然我们仍然面临部门间信息闭塞的难题，但这种多样的会商机制也确实改进了很多工作。这个是比较柔性的机制。另外在实体层面，我们有全域法治建设。这个体系是在我们市委政法委牵头之下所做的。政法委牵头以后，由我们全市的政法机关、行政机关都共同参与进来。这在人员上的协作，包括整个工作上的协作都是有一个比较好的平台。从这样来说，在全域法治体系的保障之下，行政检察工作总体处在一种相对通畅的状态。"（访谈资料，2023年3月10日）

浙江省近年来大力推进的全域法治建设，显示出了一种党领导下的行政检察新模式。长期以来，多部门之间的协同与整合一直是中西方共同的治理难题。而党领导下的全域法治治理，为检察机关更广范围、更大程度、更高效能地履职提供了保证。同时，在具体协同过程中，数字化改革扮演了重要角色："我们现在是已经搭建了一个数据场景的平台，所有的文件交换、数据交换都是通过这个数字场景进行线上流转的。我们检察机关能提供的主要数据是我们在刑事案件办理过程当中所发现的。涉及的空壳公司，以及我们认为就是有明显证据证明是虚假登记的公司（被他人冒用的一些信息所注册的公司）。通过对这些公司调查，当我们认为有问题以后，相应的数据资料我们就同步到市场监管。而在市场监督的数据体系中，很多基础信息本身也是同步的，我们还可以根据这些公司的组成人员，进一步搜索跟进到可能有相关的关联公司。这些关联公司再同步推送给人社、税务、金融等部门，来看他们背后的这个税务缴纳、社保缴纳以及其他金融情况，判断其是不是在实际经营的。同时掌握其他违法情况。"（访谈资料，2023年3月10日）

调研发现，市场主体的一些违法行为相对隐匿，行政部门在一些具体领域和环节上并不具备优势，而检察机关在特定案件办理中具有突出的专业优势，这为其推动政府职能转变提供了重要基础。不少地方政府都主动联系检察机关，请其协助开展市场监督工作。总体上，高层级党委的推动、数字技术的应用以及府检协作机制的完善等，持续为营商环境保驾护航。其中的理论价值，值得进一步总结和提炼。

三、行政检察的治理功能：检察机关参与营商环境优化的理论阐释

作为法律监督机关的检察院，并非规范意义上的行政部门，但其职能实现过程却为地方政府优化营商环境发挥了重要作用。如案例所示，检察机关在行政处罚和法律判决之外，对市场主体扮演了十分重要的救济角色。它通过系列专业的监督措施，平衡着法律规范、市民生活、经济发展等多种伦理诉求，构筑起一道服务市场主体的监督屏障。同时，在法治化的市场建设中，检察机关通过自身办案发现线索以及行政部门委托等方式，有效弥补了行政机关在市场监督方面的结构性和技术性缺陷，对形式多样、内容复杂的市场违法行为进行了查处。检察机关的履职过程，在事实上优化了营商环境，其对公共行政的意义已经从形式上的监督走向了本质上的治理。其治理价值就体现在，它以自身的履职逻辑，约

束了行政机关的不当作为，规制了市场主体的非法行为，对政府建设乃至政府和市场的关系等基础性的治理命题都提供了重要的理论启发。作为广义政府背景下的检察职能，行政检察的实践首先形成了中国场景下新的政府概念；进一步，这种政府概念延伸到政府与市场关系，补充和发展了传统西方的政府与市场关系理论。这方面的实践，最终表现为话语权的建构，即生成公共行政学的话语体系，提升了公共行政的学科自主性。

在中国传统政治文化中，西学背景中的政府部门从来就不是完整的政府内涵。同时，近现代中国的历史基础决定了中国共产党在中国政治中的独特领导地位。因此，检察院之于社会公众而言，仍然是公权力的范畴。现代科层制虽然以专业化分工解决了大量公共事务难题，但也日益表现出碎片化的治理特征。西方公共行政理论对此专门出现了强调"领域或职能之间的横向整合和联系"[1]的整体性政府理论。作为一种尚未受到行政学理论重视的行政检察，正以一种行政部门之外的治理方式衔接着公权力的不同领域，将其整合为一种更具效能的整体性政府治理。从这个意义上说，中国式的行政检察，跨越了简单的法律监督，也超越了部门之间的分割，构成了有机的公共行政体系的一部分。

在政府与市场关系方面，作为连接政府与市场的中介、平衡和优化机制，行政检察以法治化的方式重塑了政府市场关系，持续性地为优化营商环境提供动力。在西方理论中，"守夜人""小政府"的说法大量被实务界和学术界所接受。政府和市场的关系长期被置于"政府边界"的语境中讨论，约束政府行为似乎是发展市场经济的某种"政治正确"。然而，相较于如何守住政府边界，同样重要的议题是政府何以有效地发挥治理作用。如果仅仅讨论政府的规模收缩、职能约束，并不会对治理体系和能力的现代化带来更有实质性的内容，也不会对懒政、恶政等问题提出可靠的解决方案。党的十九届四中全会提出，"把制度优势转化

---

[1] Perri L., Holistic Government, London: Demos, 1997.

高质效行政检察监督的理论与实践

为治理效能"①，以效能为关键词的理念成为当代中国之治的重要表征。行政检察一头连着公权力、一头连着市场主体，它体现和矫正着公共的权力表达，也反映和维护着市场利益。行政机关的执法失当和市场主体的行为失范，都会对营商环境造成破坏。规范行政和市场两方面的行动逻辑是营商环境改善的必要内容。以黑格尔为代表的思想家将国家和市民社会理解为一种"双峰对峙的结构"②，将其视为一对矛盾的两端。这种观念一直伴随着国家和社会孰强孰弱、谁生成谁、谁覆盖谁的漫长争论。在治理效能的语境中，行政检察的角色既是连接两端的中介，更是一种平衡各自力量尤其是规制不良行为的重要途径。检察职能的实现过程，在本质上表现为对营商环境的优化过程。总体上，行政检察以法律监督的治理方式，打开了理解政府市场关系的新维度，也提供了优化政府市场关系的新方式。这种法治逻辑的嵌入，稳定、持续地推动着优化营商环境。

在行政学话语体系方面，党领导下的府检协同，为公共行政的中国话语体系提供了重要的经验事实和理论资源。威尔逊的"政治与行政二分"③被视为行政学科的开端，二分法在解释力方面正面临着不小挑战。一方面，行政需要价值理性的引领，脱离政治的行政在实际操作中往往面临很多障碍。另一方面，仅仅将行政定位为国家内部事务的一种分工，对市场乃至广泛的社会治理议题都缺乏解释力。习近平总书记强调，"加快构建中国特色哲学社会科学，归根结底是建构中国自主的知识体系。要以中国为观照、以时代为观照，立足中国实际，解决中国问题"。④行政部门和检察机关协同参与营商环境的改善，拓展出了公共行

---

① 《党的十九届四中全会〈决定〉（全文）》，载 http://xhpfmapi.zhongguowangshi.com/vh512/share/6604286?channel=qq。

② 赵有声、鲁宇：《寻找现代行政的定位：黑格尔行政思想的理论内涵及其启示》，载《中国行政管理》2017 年第 2 期。

③ Wilson W. The Study of Administration. Political Science Quarterly, 1887(2).

④ 《习近平在中国人民大学考察时强调 坚持党的领导传承红色基因扎根中国大地 走出一条建设中国特色世界一流大学新路》，载 http://jhsjk.people.cn/article/32408562。

政的新内容,以大量经验事实展现了中国公共行政的独特逻辑。如前所述,在党的领导下,检察机关和市场监督管理部门形成常态的信息互动和联席会议机制,互通有无,实现业务上的互补。全域法治工作的深入推进,给政法体系参与行政执法矫正和市场监督提供了重要平台。这些实践经验显示出,公共行政的位置不仅是一种相对于政治的分工,还是连接国家力量和市场机制的中介。同时,公共行政体系在党的领导下拓展出了关于整体性政府、服务型政府、政府市场关系等新的内涵。所谓中国自主,就是要依托中国治理故事生成学科、学术以及话语体系,能够解释生动的中国实践,也能回到一般性的理论原理,抽离出其中的要素,提供知识增量。[①] 行政检察优化营商服务环境的中国实践,蕴藏了丰富的理论资源。作为学术研究的深化,如何进一步将其概念化、学理化并同西方理论进行系统性对话是剖析行政检察优化营商环境学术价值的重要过程。

---

① 朱正威、吴佳:《从实践语汇到学术概念:中国公共管理研究的问题意识与自主性》,载《中国行政管理》2020年第1期。

行政检察护航法治化营商环境的
探索实践与理论思考

吴世东[*]

将营商环境[①]建设全面纳入法治化轨道,是贯彻习近平法治思想,推进国家治理体系和治理能力现代化的重要内容。行政检察[②]作为"四大检察"法律监督总体格局的重要组成部分,具有促进依法行政和公正司法的监督特色。在中国式现代化视域下深化行政检察护航法治化营商环境工作,是推进高质效检察履职的必然要求。但由于理论界和实务界对行政检察职能的发挥和限度还存在不同认识,对于行政检察在优化法治化营商环境中能够做什么、承担什么样的职责使命,还存在一些分歧

---

[*] 吴世东,福建省人民检察院第七检察部主任、二级高级检察官。

[①] 国务院《优化营商环境条例》第 2 条对营商环境作了明确的规定,是指企业等市场主体在市场经济活动中所涉及的体制机制性因素和条件。这个概念最早源于世界银行,2003 年,世界银行为促进各国投资环境改善,同时也为国际投资提供指南和指导,设立专门的评估项目组,对与经济实体设立过程及经营的便利直接关联的项目进行调查,最终确认 10 项一级指标,并在一级指标下再设置一些二级指标,进行定量测算,然后每年发布《全球营商环境报告》(Doing Business),作为观测和比较世界各经济体营商监管环境变化重要窗口和指针。

[②] 根据最高人民检察院对行政检察的最新定位,目前行政检察职能主要分为三类:一是行政诉讼监督,包含行政生效裁判监督、行政审判人员违法行为监督、行政执行活动监督(行政裁判执行活动监督和行政非诉执行活动监督);二是行刑反向衔接相关工作;三是行政违法行为监督。本文所述行政检察包含以上三类职能,从监督作用来看,涵盖了通过监督诉讼活动实现对行政行为的间接监督和在一定条件下针对行政行为的直接监督。

和困惑。本文中，笔者尝试结合福建省检察机关的探索实践，就行政检察护航法治化营商环境作一些分析梳理和理论思考，以期抛砖引玉。

一、行政检察在护航法治化营商环境中具有特殊意义与作用

（一）在"四大检察"中行政检察履职具有特殊意义

检察机关是国家法律监督机关和司法机关，从检察职能来看，民事、刑事、公益诉讼检察职能都能够在服务保障法治化营商环境方面发挥重要作用。但"由于行政检察在检察机关诸职能中长期以来处于附带性地位，行政检察职能供给的社会知晓度不高"。[1] 同时，在"四大检察"中，行政检察案件特别是行政诉讼监督类案件数量较少，社会影响力还不够。但是否可以得出行政检察在护航营商环境中作用就比较小，其实际意义不大的结论？笔者认为，在法治化营商环境建设中，由于法治化营商环境与政府法治建设密切相关，由此，行政检察反而更具有发挥作用的空间，具体体现为直接性、紧密性和持续性等履职特点。

1.从直接性角度来看。刑事检察职能与民事检察职能都是检察机关法律监督职能的重要组成部分，在护航法治化营商环境中都发挥着一定的作用。我们可以分别对刑事检察与民事检察职能的履行过程进行考察。对刑事检察职能而言，一般情况下，市场主体受到不法刑事侵害时，从履职先后来看，第一时间介入刑事案件的是承担立案、侦查职能的公安机关，而后才由承担逮捕起诉职能的检察机关介入，最后再由人民法院对不法侵害行为作出刑事判决。由此可以看出，市场主体受到不法刑事侵害时，最直接承担打击犯罪保护市场主体权益的是公安机关，一般情况下也是公安机关处理终结后，检察机关才能够介入，因此，检察机关的介入是第二道程序，其介入的直接性并不强。在民商事领域也是这样，从民商事司法救济先后来看，一般情况下，市场主体民商事权

---

[1] 张相军等：《民营经济发展语境下行政检察监督研究》，载《人民检察》2022年第1期。

益受到侵害时，它首先也是向法院寻求司法救济，只有在法院作出生效判决裁定后，它才能寻求检察机关的介入监督。也就是说，检察机关的民事检察职能介入市场主体司法保护，一般都是事后的监督，也显示出其非直接性的介入的特点。而行政检察基于其双重职责的监督属性，既可以间接地通过行政诉讼监督来实现对市场主体的权利救济，也可以通过对行政机关的直接监督来保障市场主体合法权益，由此可以看出，行政检察职能在保障市场主体合法权益方面具有直接性特点，同时，正是由于行政检察监督的直接性特点，其监督的效率会更高。

2. 从紧密性角度来看。刑事处罚虽然是最严厉的惩罚手段，但绝大多数的市场主体与刑事司法关联度并不大，特别是那些从事正当合法的市场主体，其只要依法经营，一般情况下，无须经常性与刑事司法打交道，也就更少需要与刑事检察职能发生关系。至于民商事权益保护方面，虽然市场主体在市场经济条件下，经常性地遇到民商事方面的纠纷，但正常情况下，市场主体都可以通过购买法律服务来保障其合法权益，只有在极其特殊情况下，如受到明显司法不公等，才需要民事检察的介入，寻求检察机关抗诉或再审检察建议。而行政检察则不同，一方面，我国行政机关数量众多，比如税收、市监、环保、安监等，它们的履职绝大多数与市场主体有关；另一方面，行政机关的执法手段也很丰富，有的行政行为似乎不如刑事拘留、逮捕、起诉严厉，但后果可能更致命，比如一旦行政机关作出吊销许可证、责令停业整顿等处罚决定，市场主体可能就要面临倒闭或破产的危险。可见，市场主体对包括行政检察在内的行政司法的救济需求具有迫切性，从一个侧面也可以说明市场主体与行政检察之间具有较为紧密的关系。

3. 从持续性角度来看。检察机关刑事检察和民事检察职能一般体现为以办理案件或者说是案件化管理的方式进行，这种履职方式主要表现为非连续性的过程，案件一旦办理结束则其履行职能告一段落，比如刑事案件的批捕、起诉职能或者民事检察中的抗诉、再审检察建议等。而行政机关在对市场主体进行监管时，其履职方式则具有多样性，既可以案件化的方式进行处理，比如进行行政处罚、行政强制，也可以非案件化的方式进行监督管理，而这种监督管理又具有持续性特点，也就是只要市场主体存在，行政机关就可以持续性进行监督管理。行政监管是伴随着市场主体的诞生与消灭的全过程。而行政检察作为一项监督行政机关依法履职的职权，在行政监督管理权存续期间都存在履职必要性，也是伴随着行政监督的全过程，这意味着，行政检察监督也当然地具有持续性的特点。

（二）在护航法治化营商环境中具有独特作用

"法治是最好的营商环境，其诠释市场经济的法治属性，实质在于理顺政府与市场关系，规范政府职能及有形之手，规制全国统一大市场之法治秩序"[1]，行政检察承担着监督和救济的法律职责，决定了其在法治化营商环境建设中具有特殊功能和作用。

1. 有利于解决市场主体不敢诉的问题。由于行政管理部门对市场主体的监管具有长期性和持续性的特点，且在具体的执法过程中，又具有较大的自由裁量权，从这个意义上讲，其执法的松紧可能会在很大程度上决定企业的切身利益甚至决定其生死存亡。实践中，只有极少数企业会对直接影响其经营的行政机关如税务、环保、安监等部门提起行政诉讼，其背后原因虽然多样，但企业不敢诉、不愿诉是其中的重要原因。而行政检察监督可以由检察机关直接依职权向行政机关提出监督意见，督促行政机关纠正行政违法行为，在一定程度上弥补了行政复议、行政审判无法顾及的空白领域，为维护市场主体合法权益以及优化市场监管秩序提供一个新的渠道。

2. 有利于解决市场主体救济效率低下问题。市场经济是效率经济。如果市场主体维权的渠道效率低下，那么这种救济渠道就失去了其应有的价值。从我国司法实践来看，市场主体通过行政诉讼维护其合法权益，往往要历经复议、一审、二审、申请再审等程序，纠错周期较长，诉讼成本较高，而且最终即使胜诉，也已时过境迁，失去了宝贵的市场

---

[1] 刘云亮：《营商环境法治化三维论》，载《政法论丛》2024年第3期。

竞争机遇，而换来的结果无非是行政行为确认违法或撤销行政行为，但市场主体最终获得行政赔偿则可能还要经过漫长的诉讼程序。而行政检察监督具有效率性的优势，可以大大降低司法和行政成本，为市场主体提供更为便捷的救济渠道，并在第一时间维护市场主体合法权益。

3.有利于解决社会治理问题。"行政检察基于其监督这一特征属性，通过办理争议监督案件，天然也具有发现行政监管问题和漏洞的优势。"① 实践中，涉及营商环境领域产生的矛盾纠纷较多，其中既有行政不作为、乱作为、慢作为的问题，也有矛盾纠纷背后的制度性、管理性漏洞。行政检察可以着眼于国家治理体系和治理能力现代化建设，依法参与社会治理，通过直接向行政机关制发检察建议，既可以及时监督纠正个案中的行政违法行为，也可以通过类案监督解决依法行政和社会治理层面的共性问题，从源头上促进依法行政、减少行政争议，推动实现系统治理、依法治理、综合治理、源头治理。

二、福建省检察机关行政检察护航法治化营商环境的探索实践和现实困境

（一）行政检察护航法治化营商环境的福建实践

福建是民营经济最早的发轫地之一，也是民营经济强省，习近平总书记在福建工作期间就亲自总结提出的"晋江经验"。近年来，在最高人民检察院和省委领导下，福建省检察机关认真落实《福建省优化营商环境条例》，先后组织开展了多个专项行动，形成安商护企的"组合拳"。

1.找准行政检察切入点，实施精准服务。一是坚持理念先行、构建综合保障体系。牢固树立平等保护理念，2019年，在全国率先出台"行政检察服务民营经济创新创业创造"15条意见，聚焦影响民营企业健康

---

① 参见王文燕、汪培伟、刘海璇：《行政检察助力优化营商环境的地方实践》，载《中国检察官》2024年第9期。

发展的难点问题和痛点问题，健全完善行政检察的支持举措，得到最高人民检察院转发推广、《检察日报》头版报道。二是开展专项调研、主动对接企业司法需求。2023年4月，省检察院组织开展"访千企、问需求、把法脉、促法治"专题问卷调查。按照"市场主体对本地法治化营商环境的评价""行政违法问题""法治保障问题"等3大部分20项内容设计调查问卷，共登门走访国有企业、民营企业、个体工商户等市场主体，形成调查问卷1316份。数据显示，各类市场主体对本省法治化营商环境总体满意率较高，但也反映出不同程度的问题，在可归类的行政争议中，主要集中在市场监管、安全生产、经营许可等领域，占比达69.3%，主要涉及行政处罚、行政许可、行政审批等行政行为，占比达73.1%。三是借助外脑智慧、凝聚护航营商环境新动能。2023年8月，省检察院会同厦门大学、福建省法学会行政法学研究会在"晋江经验"发源地晋江市举办了"行政检察护航法治化营商环境主题论坛"。最高人民检察院行政检察厅领导和中国人民大学、中国政法大学等高校专家学者出席了论坛并作了指导，论坛还邀请了省人大常委会、省法院、省营商办等相关部门同志到会指导。此次论坛面向全国法学理论界、检察系统征集到论文114篇，论坛现场既探讨理论问题，又交流典型案例，凝聚广泛共识，共商对策建议。

2. 立法赋权助力刚性监督，促进协同共治。一方面，总结实践成果推动地方立法。积极争取党委、人大支持，2022年3月，省人大常委会结合落实中央、省委关于加强新时代检察机关法律监督工作的意见，并吸收检察机关服务大局的实践经验及相关建议，在审议通过的《福建省优化营商环境条例》第61条中规定"检察机关在履行法律监督职责中，发现行政机关违法行使职权或者不行使职权，损害市场主体合法权益的，可以依法督促其纠正"，在全国率先为检察机关在营商环境领域开展行政违法行为监督提供地方立法依据。另一方面，主动融入全省营商环境监测大格局。率先推动将行政检察监督纳入省政府的"福建省营商环境数字化监测督导体系"，测评结果作为评价全省各地营商环境状况的依据，并纳入地方政府年度绩效考核内容。设置了行政检察监督的

5项指标，即行政机关对涉营商环境行政检察建议的按期回复率、采纳率、整改率和对检察机关调查核实的配合度，以及行政检察办案力度。2022年、2023年两年共办理相关监督案件658件，检察建议按期回复率和采纳率均达100%，平均完成整改率在95%以上，既助力营商环境的优化，又促进行政检察监督刚性进一步增强。

3.注重机制创新，增强市场主体获得感。一是开展护航法治化营商环境"1+N"行动计划。以特色小专项为抓手，聚焦营商环境重点领域，采取"固定项目+自选动作"方式，每个设区市确定一个重点推进工作和若干地域特色项目，同步推进监督办案，通过加强监督保障、化解行政争议、当好法治参谋，纾解打通影响企业发展壮大的难点堵点。二是推动解决重点领域小案重罚问题。为破解食品安全违法行为"小案重罚""同案不同罚"问题，省检察院会同省法院、司法厅、市场局会商形成专业会议纪要，统一"三小"食品违法案件减轻处罚的裁量标准。省市场局也据此调整了裁量基准，为小微市场主体营造良好发展环境。通过一年多的实践，仅全省检察机关就运用该纪要提出监督意见17件，避免"小案重罚"问题。这个机制也写入了最高人民检察院的《行政检察工作白皮书（2023）》。三是探索督促行政机关履行生效民商事判决。在这类案件中民事法律关系与行政法律关系交织。从法律关系来讲，似乎是民事执行监督类案件，但从依法行政和法治政府建设角度来讲，行政检察部门介入也是符合依法行政的要求的，《中共中央办公厅、国务院办公厅关于做好党政机关执行人民法院生效判决和裁定工作的若干意见》就特别强调，"确保人民法院生效裁判顺利有效执行，是贯彻落实依法治国基本方略、建设社会主义法治国家的重要内容，是加强依法执政、建设法治政府的基本要求"，"要着力解决人民法院依法判决、裁定行政机关承担赔偿责任的案件，行政机关必须按照生效裁判所确定的内容自觉履行义务，不得以任何理由拖延、规避和抗拒执行"。福建省某市就办理了督促某乡镇人民政府履行生效判决检察监督案件，在检察机关的督促下，该乡镇结清了案件受理费、鉴定费、征地补偿款本金，工程款本金1900万元，依法保护了当事人的合法权益，促进行政机关依法行政，取得了预期的效果。从当下的经济形势来看，随着土地财政越来越困难，这类案件估计越来越多，行政检察在此领域发挥职能作用的空间也将越来越大。

总结分析近年来的行政检察探索实践，从监督的对象来看，行政机关既涉及市场、环保、自然资源等监管职能部门，也涉及县乡一级政府，行政行为涉及行政处罚、行政确认、行政协议、行政裁决、行政复议等。从监督的领域来看，包括了行政诉讼领域的监督，也包括了诉讼外的领域监督；有非诉执行监督，还有诉讼执行监督。从监督的方式来看，有检察建议、公开听证、圆桌会议等多种手段。从监督的效果来看，既有通过行政检察监督保护市场主体的正当权益，也有通过督促行政机关履职，打击以违法经营为目的的市场主体，净化市场秩序，还有针对一些虽然有轻微行政违法行为，但是具有可补救性的，通过检察机关的履职实现行政争议的化解，让市场主体轻装上阵、规范经营。可见，行政检察护航法治化营商环境具有广阔的前景和较大发挥作用的空间。

（二）当前行政检察护航法治化营商环境面临的困境

从福建省检察机关行政检察护航法治化营商环境的实践来看，当前面临的主要困难和问题有以下几个方面：

1. 法律供给不足。行政违法行为监督是行政检察护航法治化营商环境的重要手段。在本省虽有《福建省优化营商环境条例》明确授权检察机关开展行政违法行为监督，但从国家层面来看，尚无明确法律规定，只有《中共中央关于全面推进依法治国若干重大问题的决定》《中共中央关于加强新时代检察机关法律监督工作的意见》等党的文件作出的相关规定，使行政违法行为检察监督缺乏必要的法律依据，在一定程度上削弱了检察监督的底气。

2. 监督方式有限。检察建议是检察机关主要的监督方式。但从其效力来看，仅有建议的作用，实质上是一种程序性的提醒或者警示。检察建议的采纳与否、作用效力如何，在很大程度上依赖于被建议对象的配合、认可程度和自我纠错意识，缺乏惩戒手段或保障措施。实践中，一些行政机关对检察建议应付敷衍，甚至答非所问，检察监督质效和监督刚性大打折扣。

3. 价值案源线索匮乏。受部门保护主义影响，一些行政机关对行政执法与检察监督衔接存在保留思想，检察机关难以及时、有效、全面地获取行政执法信息，导致检察监督范围受限、监督滞后。一些行政相对人虽然权益受损，但为了日后与行政机关保持良好关系而选择隐忍，主动申请检察监督极少。因此，实践中，绝大多数案件来源于检察机关依职权监督。

4. 专业人才紧缺。涉市场主体类案件处于相对前沿地带，一些行政执法行为具有较强的专业性，检察人员专业素养与知识视野尚不能适应新形势新要求，仍存在较大的提升空间，容易出现为了办理一起或一类案件而临时学习相关法律政策，但因理论研究不深、脱离执法实践等问题而影响检察监督公信力。

三、行政检察护航法治化营商环境的优化路径

为更好地发挥行政检察在法治化营商环境建设中特殊功能与价值，建议从加强立法建设、重构监督方式、完善配套保障等方面，持续强化行政检察履职，推动在法治化轨道上优化营商环境。

（一）加强相关立法建设

由于在国家立法层面缺乏明确授权，使得行政违法行为检察监督"底气"不足。建议加强顶层设计，推动党内规范性文件向国家法律转化。前期，可参考《福建省优化营商环境条例》的做法，将涉营商环境行政违法行为检察监督写入国务院《优化营商环境条例》，也可先由全国人大常委会授权试点，条件成熟后，由全国人大常委会以立法或决定的形式，赋予检察机关开展行政违法行为监督的整体权限和手段，对行政违法行为检察监督的原则、范围以及监督方式等问题，作出通盘的具

体规定，为行政检察护航法治化营商环境提供法律依据。

（二）重构监督方式

"法律监督是一种程序意义上的监督而非终局意义的监督，主要是提示与提醒作用，不具有实体行政处分权或司法裁决权。"[1]基于检察权的配置特点，在法治化营商环境中，行政检察监督要区分行政违法行为类型、违法程度、权益救济紧迫性等，构建多层次的监督格局。

1. 检察告知书。对于检察机关在履行职责中发现行政违法行为线索，但没有证据证实行政机关存在明知而不履行法定职责的情形，先以告知书的方式进行通知和提醒，敦促相关行政机关及时依法全面履职，给予一定履职期限，再根据行政机关的履职情况采取进一步跟进监督措施。

2. 检察建议。发挥检察建议督促履职、纠正违法的作用，在充分调查核实基础上，针对行政机关不依法行使职权或不行使职权的行为精准发出检察建议。对无正当理由拒不整改的，给予一定数额的经济处罚或追究主要负责人行政责任，提升检察监督的刚性。

3. 检察异议。[2]创设一种准刚性的监督程序，其作用是使原行政行为失效，并由行政机关重新对行政行为进行复核，纠正原来违法或者侵害市场主体合法权益的行政行为。这既能够强制性要求行政机关进行复查，并使原行政行为暂时失效，又能够保持司法权与行政权的界限，防止司法权过度干预行政权，达到审慎谦抑监督目的。除此以外，还可以适用《人民检察院行政诉讼监督规则》规定的办理行政检察案件向行政

---

[1] 孙谦：《新时代检察机关法律监督的理念、原则与职能——写在新修订的人民检察院组织法颁布之际》，载《人民检察》2018年第21期。

[2] 从域外来看，波兰已有类似的机制，即"检察官有权要求适当的公共行政机构启动程序，以纠正不符合法律的状况"。2017年修订的《波兰行政程序法》规定，检察官启动行政程序以及检察官有权参与诉讼的每个阶段，以确保诉讼和案件的解决符合法律的法定程序。域外的做法可以为我国检察机关介入行政程序监督行政违法行为提供一些有益借鉴。参见刘艺：《检察机关促进行政争议实质性化解的必要性与可行性分析》，载《人民检察》2021年第15期。

机关通报、向党委人大报告等其他监督方式。①

（三）把握监督边界

营商环境领域行政权的行使涉及范围广、点位多，行政检察监督不可能"包打天下"。基于检察权的特点，行政检察监督应把握好介入时机：一是现有司法救济制度对保护公民权益负有首位责任②，当事人可以通过行政复议和行政诉讼寻求救济的，检察机关应建议当事人先行寻求相应救济，不宜代替直接处理行政纠纷。二是对于已申请行政复议或起诉的，检察机关不宜再启动监督程序，但可以应邀介入做一些行政争议化解工作。三是对于没有法定救济渠道、严重侵益具有现实紧迫性，以及当事人由于自身弱势地位无法有效维权的情形，监督时间节点可提前。四是针对市场主体害怕不利后果、诉讼救济渠道"失灵"问题，检察机关可视情依职权启动监督，但从监督效率、司法资源的有限性考虑，应侧重于监督纠正行政主管部门滥用行政处罚权、监督检查权等严重违法侵权行为，为企业的正常经营发展保驾护航。

（四）推进监督平台建设

"信息化手段能有效提高对违法线索的提取效率，强化对行政执法行为的监督。"③要聚力打通数据壁垒，畅通数据共享渠道，推动把检察监督纳入行政执法行为监督平台，实现检察监督实时跟踪，填补行政违法行为检察监督空白地带。要加强数字检察建设，依托数据碰撞、数字建模，推动办案模式从"个案为主、数量驱动"向"类案监督、数据赋能"转变。建议由最高人民检察院会同司法部建设统一的"行政执法与

---

① 参见张相军、马睿：《检察机关开展行政违法行为监督的理论与实践》，载《法学评论》2023年第6期。

② 魏晓娜：《依法治国语境下检察机关的性质与职权》，载《中国法学》2018年第1期。

③ 马悦、管迪、郐敏：《行政检察促进规范行政保障法治化营商环境实务分析》，载最高人民检察院行政检察厅编：《行政检察工作指导》（2023年第4辑总第4辑），中国检察出版社2023年版，第164页。

行政检察"信息共享平台和行政违法行为监督数据平台,监督机关可以随时查询行政执法数据库的数据,进行数据聚合比对,搭建各类法律监督模型,提升监督质效。

(五)健全人才培养机制

要紧跟检察工作现代化进程,针对专业化人才匮乏问题,对标现代化法治人才标准,注重通过专项培训、案例指导等形式,加强行政执法领域法律法规的准确理解与适用,不断提升监督能力。要紧扣行政执法监督行业性、专业性强的特点,探索与行政机关建立人才交流机制,安排检察干警赴行政机关挂职、交流锻炼,更加全面深入地了解行政机关的执法实践与政策背景,为深化行政违法行为监督,进一步护航法治化营商环境打好基础,切实增强监督实效。

全面履行行政检察职能
服务保障法治化营商环境

王文燕　汪培伟　刘海璇[*]

营商环境作为市场主体开展生产经营活动所依托的所有社会环境因素的总和，是保持经济发展和社会稳定的重要内容，也是一个国家或地区经济发展程度的评价标志。法治是最好的营商环境。检察机关作为我国法律监督机关，肩负着依法履行法律监督的重要职责。行政检察作为检察监督职能的组成部分，既监督法院行政司法活动，又监督行政机关依法行政。能否充分有效发挥行政检察监督职能作用，对于打造法治化营商环境，具有十分重要的价值和意义。也可以说，充分发挥行政检察监督职能，建设法治化营商环境，是检察机关服务保障社会经济发展大局的应有之义，在经济发展相对活跃的地区，对法治化营商环境建设的需求则显得更为突出。

一、正确理解行政检察服务保障法治化营商环境的必要性

（一）行政检察监督的职能定位

行政检察履行的是法律监督职能，其具体职能随着法律法规、文件

---

[*] 王文燕，浙江省宁波市人民检察院党组成员、副检察长、一级高级检察官；汪培伟，浙江省宁波市人民检察院行政检察部主任、四级高级检察官；刘海璇，浙江省宁波市人民检察院行政检察部副主任、四级高级检察官。

要求以及机构改革，不同时期有着业务类型的沿革变化和方向侧重。这里对行政检察的职能演变过程作一个梳理，以便能够用发展和更全面的眼光来理解行政检察相关职能。

对于行政检察来说，一直以来的传统业务就是行政诉讼法所规定的行政诉讼活动监督，包括行政生效裁判结果监督、行政审判人员违法行为监督和行政执行监督，采用抗诉、再审检察建议或检察建议的手段来对法院的不当裁判或执行行为进行监督纠正。2014年10月，党的十八届四中全会通过的《中共中央关于全面推进依法治国若干重大问题的决定》中明确"检察机关在履行职责中发现行政机关违法行使职权或者不行使职权的行为，应该督促其纠正"。2021年6月，《中共中央关于加强新时代检察机关法律监督工作的意见》又强调，"在履行法律监督职责中发现行政机关违法行使职权或者不行使职权的，可以依照法律规定制发检察建议等督促其纠正；在履行法律监督职责中开展行政争议实质性化解工作，促进案结事了"，行政检察依此开展了行政违法行为监督工作。2023年7月，最高人民检察院出台了《关于推进行刑双向衔接和行政违法行为监督 构建检察监督与行政执法衔接制度的意见》，明确将"反向衔接"工作调整为由行政检察部门牵头负责，此后，行刑反向衔接作为行政检察部门的一项重要工作，其与行政违法行为监督相结合，成为检察机关充分发挥法律监督职能，推进国家治理体系和治理能力现代化的有生力量和重要引擎。同时，在履行各项职能过程中，适时促进社会治理，并将行政争议实质性化解贯穿各项工作的始终。

至此，逐渐形成了以行政诉讼监督为基石，以行政争议实质性化解为牵引，以统筹推进行刑反向衔接和行政违法行为监督为新的增长点的行政检察监督新格局。当前，行政检察工作紧紧围绕中国式现代化这个最大的政治，坚持为大局服务、为人民司法、为法治担当，以"高质效办好每一个案件"为基本价值追求，以强化履职、实现有力监督为目标，以行政检察现代化为动力，全面深化行政检察监督，助力检察工作现代化，更好服务中国式现代化。

(二)发挥行政检察职能与服务优化营商环境的内在逻辑

营商环境是以商事主体保护、商业活动规范与政策、基础服务管理等为主要内容,涉及经济社会改革和对外开放众多领域的系统工程。法治化营商环境建设是根据市场主体的法治需求,运用法治思维与法治方式实现营商环境现代化治理的实践活动,构建优良的法治化营商环境与行政检察职能存在天然的需求与逻辑关联。

首先,具有政治引领性。营商环境是包括政治要素在内的,需要稳定的政治环境。而检察机关是政治性很强的法律业务机关,具有鲜明的政治属性,发挥包括行政检察在内的各项法律监督职能,服务优化营商环境,促进经济稳健发展,是检察机关的重要职责。其次,具有法治保障性。市场主体在进行生产经营等市场活动时,需要遵循一定的法律规定和管理规则,在市场准入、行为审批管理、退出机制等方面,都与行政机关的行政执法行为有着密切联系。行政机关通过监管和服务,在"第一线"直接规范各类市场主体生产经营活动,而行政检察作为维护公平公正的最后一道司法防线,通过诉讼内和诉讼外监督双轮驱动,"穿透式"对违法行政行为的监督,维护市场主体的合法权益。最后,具有稳定预期性。行政检察监督通过生效裁判监督,统一司法尺度;通过监督行政机关违法履行或怠于履行职责,发出具有社会引领性、纠偏价值的检察建议,有利于营造一个法治化、规范化的执法司法环境,给予市场主体以稳定的生产经营和行为预期,坚定其放心投入和参与经营的信心。

二、行政检察服务保障法治化营商环境的地方实践

浙江N市地处东南沿海,经济较为活跃,经营主体超130万户,该市检察机关落实行政检察护航法治化营商环境的工作部署,也进行了一些有益的实践和探索。

（一）涉营商环境案件办理基本情况

从该市近3年涉营商环境行政检察案件办理基本情况来看，2021年至2023年，行政生效裁判结果监督案件共受理156件，其中涉营商环境受理28件，监督或化解9件；行政审判活动违法行为监督受理26件，其中涉营商环境受理7件，监督或化解7件；行政诉讼执行活动监督2件，没有涉及营商环境；行政非诉执行监督受理552件，其中涉营商环境受理212件，监督或化解203件；行政违法行为监督受理104件，其中涉营商环境41件。公开听证的运用情况上，近3年该市行政检察共公开听证17件，其中涉营商环境9件，分别为2021年1件、2022年2件、2023年6件，呈逐年上升趋势。

（二）呈现的主要特点

第一，涉营商环境类案件在行政检察案件中占有相当比例。在各类行政检察案件中，涉市场主体案件占总案件数的26%。说明涉市场主体行政行为存有争议的情形有一定规模，部分市场主体对政府行政行为存在异议。第二，非诉执行监督案件数量较多。一是受开展专项活动影响。2021年行政非诉执行工作刚刚开展，组织专项活动排查前期所有案源，集中办理了一大批行政非诉执行监督案件。二是案件本身特点原因。非诉执行中易发现串案，在最高人民检察院规范检察建议类案制发标准前，采取的是一案一发方式，故案件体量较大。在非诉执行监督涉市场主体案件中，减免企业加处罚款类型的案件相对较多。第三，审判活动违法和诉讼执行活动监督出现短板。审判活动违法和诉讼执行活动监督这两项行政检察业务，相较于其他业务类型，办案数量有一定的差距。其中涉市场主体的案件更是少之又少。如诉讼执行活动监督涉营商环境数为零。第四，涉营商环境案件办理体现出一定效果。涉营商环境行政检察案件实现监督或争议实质性化解的，占到近一半比例。检察机关重视办案成效，充分发挥检察调处对行政争议进行实质性化解，让市场主体早日摆脱争端，轻松上阵，保障企业顺利高效运转。第五，公开听证办案手段得到一定程度的运用。行政检察进行公开听证的案件数量呈逐年递增趋势，其中涉营商环境的听证案件亦逐年递增，并占有较高比例，行政检察重视运用听证手段提升涉营商环境案件的办理质效，充分听取市场主体的意见，让市场主体对法治更信任更可感。

（三）落实专项行动的主要做法和成效

浙江N市行政检察积极落实护航法治化营商环境专项行动要求，因地制宜找准、抓实行政检察服务经济发展的切入点、着力点，加大对企业合法权益保护和发展支持力度，2024年以来已办理涉市场主体案件36件，其中提出检察建议19件，提出检察意见12件，为企业挽回损失92万余元，1件案件入选最高人民检察院服务营商环境典型案例。主要从以下几个方面开展工作。

1. 立足地方经济发展，开展特定领域专项监督。建筑业是N市传统的支柱产业，为规范建筑市场秩序，近年来N市检察机关针对案件中发现的建设施工领域违法分转包等情形开展专项监督，不仅督促行政机关对9家市场主体和26家违法企业分别作出处罚、约谈、通报、扣减信用分等处理，还牵头联合法院、发改、住建等七部门建立司法与行政执法衔接机制促进源头规范。2024年以来，该市检察机关又针对履职中发现的建筑工程项目备案后工伤保险"应参未参"问题，部署开展专项法律监督，目前已建议行政机关督促108家建筑施工企业、142个在建工程项目依法参加工伤保险，1万余名农民工工伤保险权益得到有效保障。通过延伸职能协同治理，在推动全市建筑企业高质量发展方面取得了多个效果的有机统一。

2. 专项治理"小过重罚"，维护市场主体合法权益。聚焦社会关注的"小过重罚"等机械执法、违法执法问题，排查案件线索，依法开展行政违法行为监督，并在全市范围内部署开展"小过重罚"行政检察监督专项，关注对市场主体，尤其是企业处罚过重情形，及时督促行政机关纠正。N市某县检察院在办理某企业环保行政处罚监督案中，发现被处罚企业存在相较于同类情形处罚过重情况，经过充分调查核实后，向县综合执法局发出检察建议，督促其纠正错误行政处罚决定，将对企业罚款从4万元变更为1万元，维护了涉案企业合法权益，取得了良好法律效果和社会效果，并以此案为基础，构建"小过重罚"大数据监督应用模型。目前全市已运用该模型检索出相关线索81条，涉及企业66条，涉及执法机关5家，办理监督案件13件，移送行政机关自行纠错6件，相关工作做法被最高人民检察院推广。

3."教育与惩戒"相结合，助力企业轻装上阵。一是强化行政检察与行政执法沟通协同。N市检察院牵头该市委依法治市办、市司法局联合出台《行政违法行为检察监督工作实施办法（试行）》，在涉企行政检察案件办理中加强行政检察与法治督查、行政执法监督以及行政执法的协调配合，确保案件处理公平公正。例如，该市某区检察院在办理一起涉商业贿赂违法案件中，与纪检监察、司法行政等部门召开圆桌会议、举办公开听证会等就案件处理达成共识，通过检察办案引导企业依法依规经营，支持企业健康长远发展，取得了良好的法律效果和社会效果，该案也获评全市政法机关助力营商环境优化提升十大典型案例。二是促进执行和解减免企业加处罚款。针对行政非诉执行活动中适用法律尺度不一问题，N市检察院联合市中级法院共同出台了《关于在行政非诉执行和解工作中加强协作配合的意见》，就减免加处罚款等统一适用尺度，确保惠企政策落实。对被执行企业向检察机关申请请求减免加处罚款的，经充分调查核实后，认为符合减免加处罚款规定和情形的，协调行政机关与被执行人依法达成执行和解，对加处罚款部分予以适当减免，减轻企业运营负担，助力企业轻装上阵。

4.整治市场"竞争乱象"，打造规范有序的营商环境。一是开展不正当竞争专项治理。部署开展涉政府消费券违法行为专项监督，对涉政府消费券诈骗39名被不起诉人向公安机关制发检察意见书，督促行政监管部门对违法行为予以行政处罚，净化市场竞争环境，让政府惠民措施真正惠及人民群众和市场经营主体。针对办案中发现的商户实施消费券套现行为但未被取消参与消费券活动资格的情形，制发检察建议督促商务部门及时履行监管职责，加强对消费券参与商户的资质审查与日常监管。通过行政检察专项监督,已督促行政机关查处27件案件、137人,保障经营者和消费者的合法权益。此外,还开展了商业贿赂违法行为治理等多个专项监督,通过"法律监督+行政监管""法律监督+社会治理"等立体化工作模式,9家基层检察院先后向市场监管部门制发类案检察建议,行政监管部门根据检察建议共行政立案查处21家企业或个人,已作出行政罚款或没收违法所得110万余元,在服务保障法治化营商环境方面贡献检察力量和智慧。二是规范企业的市场准入和退出。在"准入"方面,关注企业冒名虚假登记注册乱象,开展虚假市场主体登记治理,维护企业市场准入秩序和被冒名企业家信誉安全。N市某区检察院通过运用证据材料文检鉴定等方式,对两件涉及企业冒名登记的生效裁判案件进行监督,撤销了违法登记,有效维护了被冒名企业家的合法权益。在"退出"方面,对企业不履行清算义务,违规恶意注销现象进行监督,防范企业"逃废债"。N市某县院对企业恶意注销逃避法律责任监管不到位,开展行政检察监督,向区市场监管部门制发检察建议,督促对3家公司以虚假材料申请简易注销登记的行为依法查处,建立诚信、规范的市场主体退出机制,维护市场交易安全。

三、服务保障法治化营商环境的职能创新和探索

(一)发挥营商环境投诉监督中心作用,拓展行政检察监督广度

为破解企业维权梗阻问题,2021年N市领先全国进行履职创新,率先在检察机关设立营商环境投诉监督中心,作为全面统筹行政执法监督、检察法律监督和纪检监察监督职能的机构。投诉中心主要负责受理市场主体反映的有关机关或具有公共服务职能的单位及其工作人员不履职或不正确履职,影响营商环境的问题,办理与营商环境有关的行政执法违规违法,刑事诉讼、民事诉讼及行政诉讼违法,党员及公职人员违纪违法投诉事项,对涉及营商环境的重大疑难复杂投诉事项,组织召开联席会议商议协调解决,对辖区营商环境投诉情况进行分析总结,为党

委、政府决策提供参考等。从组织结构上该中心受党委政法委领导，纪委监委、检察院、司法局在现有职能不变的情况下派员联合办公，由检察院负责召集联席会议，代行日常运行管理职责，联席会议成员单位由纪委监委、信访、发改、经信、司法、市场监管、综合行政执法、政务服务、检察院共9家单位组成。中心建立统一便捷的举报系统，畅通线上投诉路径，探索实施投诉保密制度，让市场主体主动打消顾虑，大胆投诉。目前，N市两级院都已经实现了营商环境投诉监督中心设立的全覆盖，该中心的设立，创建了涉企投诉监督增值服务新模式，初步构建起以法治化手段一站式化解涉企矛盾纠纷的营商环境投诉监督体系。

N市行政检察注重做好与营商环境投诉监督中心工作衔接，依托该中心，拓宽了案件线索来源，在履职范围内，将行政检察各项监督职能予以进一步发挥。对于营商环境投诉监督中心受理的相关案件线索，经研判符合行政检察监督条件的，依法及时受理，实现"办事模式"与"办案模式"无缝衔接，办理了一批行政检察监督案件，切实维护了市场主体合法权益，以法治力量护航经济健康发展。

（二）探索行政检察与行政执法良性衔接新路径，协同服务保障法治化营商环境

行政检察与行政执法在为营商环境优化提升提供法治保障方面有着共同的目标和价值追求，应当进一步加强府检联动，充分发挥各自职能优势，构建"行政检察+行政执法"双向互动的工作格局。为此，N市检察院同该市委依法治市办、市司法局联合制定了行政违法行为检察监督工作办法，规范了法律监督与法治督查、行政检察与行政执法监督、行政执法的工作衔接，对促进行政机关依法行政、有效保护包括市场经营主体在内的行政相对人的合法权益进行了有益探索。如为充分发挥行政检察职能服务保障营商环境优化提升"一号改革工程"积极作用，N市检察院部署开展商业贿赂行政违法行为专项监督。实践中，商业贿赂等不正当竞争行为较为隐蔽，行政监管部门难以发现案件线索，该市检察机关与市场监管部门达成专项治理共识，明确工作目标任务，将建设

高质效行政检察监督的理论与实践

工程、医疗卫生、旅游餐饮等领域多发的商业贿赂等违法行为作为工作重点,推动市场监管部门同步部署打击商业贿赂专项执法行动,创新了法律监督与行政执法同频共振的工作新模式。此外,结合专项监督工作开展情况,检察机关在办理类案的同时,主动延伸职能,深入剖析违法行为产生的原因、研究预防措施,得到了纪检监察、公安、市监等部门支持配合,同时建立反不正当竞争行政执法监督与协作机制,打破线索发现和案件查办之间的行刑信息壁垒,实现常态化线索移送、一体化预防打击,在服务保障营商环境中形成了司法行政执法合力,取得了良好成效。

(三)发挥大数据赋能作用,构建数字模型实现监督规模效应

最高人民检察院强调要深化实施数字检察战略,以数字革命赋能法律监督。浙江检察机关转变监督理念,确定试点单位专攻数字化监督工作,并建立以省检察院为主导、市检察院为纽带的数字化监督推进模式和定期报告制度。加强数字办案场景建设,搭建大数据类案监督模型。内部创设数据监督平台,实现检察自有数据查询,为行刑双向衔接做好技术保障。N市目前已构建农民工工伤保险、再生资源保护、重型工程车道路交通安全运输、"小过重罚"等多个数字监督模型,以大数据辅助办案。N市某基层检察院构建"建筑项目农民工工伤保障权益类案监督"数字模型,向相关职能部门调取并导入全市建工项目施工许可、工伤保险参保登记信息、工伤保险费用缴费信息等数据,比对筛查获得的未参保在建建筑项目线索,以类案办理促社会治理,督促建筑工程项目规范开展,该数字监督模型被省检察院在运用行政检察数字监督模型助力营商环境优化提升专项行动通知中作为典型模型予以推广。N市某县检察院聚焦社会关注的"小过重罚"等机械执法、违法执法问题,研发构建"小过重罚"数据监督模型,对行政机关行政处罚"过罚不相当"问题开展监督,该行政检察数字监督模型被最高人民检察院在全国予以推广。

（四）加强行政检察职能宣传，以"走进检察"为载体增进检企交流

为充分了解企业法治需求，增强检察履职契合度，N市检察院与营商环境中心共同组织开展"走进检察"活动，不定期邀请工商联、人大代表、企业家、基层经济体代表等，走进检察机关进行交流座谈。让各界代表通过参观营商环境投诉监督中心、检察听证中心等场所，零距离了解检察办案流程；通过听取检察官对《浙江省优化营商环境条例》的解读、保护企业合法权益典型案例宣讲，深入了解检察职能及检察服务法治化营商环境建设情况，切实增强对检察机关履职的信任度；通过面对面提问解答、交流座谈，畅通检企沟通渠道，实现企业真实司法需求得到一定程度的反馈。针对代表们提出的优化营商环境的针对性意见建议，N市检察机关有的放矢，找准履职切入点，如对代表反映的行政机关委托第三方机构对企业频繁检查的情况，会同司法局行政执法监管负责部门，拟开展行政违法行为监督，规范频繁检查检测乱象，理顺行政机关执法领域分工，保障企业正常生产经营节奏，为企业顺利高效运转"减负""减压"。

四、行政检察服务法治化营商环境进一步强化履职的路径

（一）始终坚持问题导向

浙江N市检察机关通过全面履行行政检察职能，在服务保障法治化营商环境中发挥了积极作用，取得了一定的成效，但对标更高质效履职，还存在一些问题，需要进一步的优化提升。既要高质效办好每一个行政检察案件，同时要克服就案办案的传统理念，将行政检察工作真正放置于服务大局的高度去谋划开展，增强工作的主动性和积极性。要充分认识行政检察与政府管理部门的监督关联度，充分发挥最前端的营商环境优化和治理功能，进一步强化履职效能。根据行政违法行为监督、行刑反向衔接等新职能的要求，要通过建章立制加强与法院、公安、政

府职能部门、工商联、行业协会等之间联系沟通,推进常态化协作配合。此外,要准确把握行政检察监督履职边界,在服务营商环境履职过程中,尤其是行政违法行为监督工作中,在发挥法律监督职能作用的同时,亦需要注意把握案件准入和履职边界,防止出现干预行政机关行政执法的情况出现。

(二)进一步发挥行政检察职能构建法治化营商环境的建议

一是更新新时代服务保障营商环境的行政检察监督理念。思想是行动的先导,要认真学习和领会党中央关于服务优化营商环境的各项文件精神,尤其是基层检察院,要更新行政检察监督理念,真正提高站位,筑牢服务大局思想,进一步强化行政检察服务法治化营商环境的意识。在履行行政检察职责中,要从服务经济社会高质量发展的高度和维度出发,聚焦保障企业发展、优化投资环境等重点工作,紧扣企业以及各类市场主体发展中的"痛点""难点""堵点"问题,为经济发展营造公正透明、可预期的法治化营商环境。

二是强化全面履职注重监督质效。充分发挥各项监督职能,突出行政检察对营商环境的精准保护。第一,根据实践办案,梳理出涉营商环境的几项重点领域,深入研究,集中优势力量高质量办理案件,形成一定规模和特色,办出典型案件,促进行政检察的作用发挥和影响力提升。第二,补齐诉讼执行监督等履职短板弱项,实现全面履职,充分保证市场主体合法权利。第三,严格遵循"在履行法律监督职责中发现",着重关注市场主体在行政诉讼立案、裁判结果、行政处罚等方面的争议,结合减免企业加处罚款等前期工作实践,逐步形成相对完善的制度体系,保市场主体,稳经济预期。第四,充分运用公开听证等手段,公平公开开展行政检察监督。将行政检察争议实质性化解贯穿于办理各类案件的始终,既要促进行政执法严格规范,又要注重司法解纷高质高效。

三是深度参与社会治理助推法治政府建设。行政检察基于其"监督"这一特征属性,通过办理行政争议监督案件,天然地具有发现行政监管问题和漏洞的优势。行政检察要善于运用好这一优势，积极发挥法律监督职能，就办案中发现的各类问题，加强与政府相关职能部门之间的交流沟通，适时提出社会治理检察建议，促进行政机关执法规范化提升和管理机制的不断优化完善。对办理的服务营商环境案件要及时进行分析归纳总结，研究有助于行政和司法进一步完善的问题和事项，并形成专题报告，做好党委、政府的法治参谋。

四是真正完善落实行政检察履职配套机制。检察机关在履行行政检察职能构建法治化营商环境建设过程中，对于各方协同机制，需要真正落地、落实。与刑事、民事、公益诉讼检察等部门加强线索移送和案件研判，与行政机关真正打通信息壁垒，深化完善检企对接，府检、法检协作，检研会商等机制。有条件的地区可以建立服务保障工作动态评价体系，通过座谈会等形式定期听取各类市场主体意见反馈，了解企业当前的法治需求，对涉及营商环境法治保障特别是行政检察工作中的问题短板，认真回应解决，及时调整优化服务保障相关工作。

涉市场主体行政执法与检察监督探究

宋建华 *

行政检察作为国家治理体系与治理能力现代化的重要组成部分[①]，行政执法亦为影响市场主体合法权益最为深刻的行政行为之一，如何充分发挥行政检察既促进审判机关依法审判，又推进行政机关依法履职的特性，维护行政相对人合法权益，提升市域市场主体对地区的法治认同感与营商获得感，是新时期检察机关亟待深入调研及解决的重要课题。

本文以行政执法与检察监督立体化衔接为考察向度和价值取向，解析 F 市行政检察部门办理的具有典型意义的涉企行政执法监督案件，研判本地区推进行政执法规范化面临的机遇与挑战，并就衔接路径完善提出针对性建议与可行性对策，以期为打开行政执法与检察监督衔接奠定基础，为服务保障地方法治化营商环境建设提供参考与展望。

一、涉市场主体行政执法检察监督办案实践与主体功能分析

通过归纳总结 2020 年以来 F 市检察机关与审判机关在涉市场主体领域案件办理的数据情况与类型特点，厘定行政检察在推进市场主体领域治理的定位与作用。

---

* 宋建华，福建省福州市人民检察院检察委员会专职委员。
① 姜明安：《论新时代中国特色行政检察》，载《国家检察官学院学报》2022 年第 4 期。

（一）涉市场主体行政执法检察监督案件办理特点

1.涉市场主体行政执法检察监督案件数据情况。2020年度，F市检察机关共制发各类行政检察建议143件，其中，涉市场主体行政执法监督检察建议占比34%；2021年度，F市检察机关共制发各类行政检察建议138件，其中，涉市场主体行政执法监督检察建议占比50%；2022年，F市检察机关共制发各类行政检察建议342件，其中，涉市场主体行政执法监督检察建议占比66%。

2.人民法院行政审判部门办理涉市场主体行政执法类案件特点。从整体数据层面来看，F地区人民法院办理涉市场主体类行政执法案件具有如下特点：一是案件办理数量逐年上涨；二是案件类型较为多元，涉及行政处罚、行政登记、行政协议、履行法定职责、劳动和社会保障、行政补偿等领域；三是审判领域较为集中，大部分涉市场主体类案件体现在行政非诉执行案件领域，非诉案件则集中在土地执法、农业生态、交通运输等。

3.行政检察部门办理涉市场主体行政执法检察监督案件特点。首先，从宏观数据统计层面来看，F市检察机关办理涉市场主体检察监督类案件具有如下特点：（1）从监督数量来看，监督总数稳中有增，但区域发展差异显现，少数地区因经济发展水平、民营企业数量、地方政府营商政策等原因，2020—2022年无一件涉营商环境类行政执法检察监督案件。（2）从被监督对象来看，呈显著集中趋势，主要集中在自然资源与规划局、商务局、渔业局、公安局、城乡建设局、林业和草原局、市场监督管理局、人力资源和社会保障局、乡镇政府等行政职能部门；监督领域则集中在建筑工程、食品餐饮、高新技术、卫生健康等。（3）从监督类型来看，因行政机关在涉营商环境行政执法类诉讼败诉的主要领域为行政强制、行政处罚、行政确认等，人民法院审判领域亦集中在行政非诉执行领域，因此检察监督重点应落脚在非诉执行监督与督促履职。（4）从办案主体来看，基层检察院成为办理涉企案件的生力军，而该项工作也成为基层检察院破解级别管辖难题，突破行政检察监督业务空白的重要业务点与数据增长点。(5)从监督成效来看,主要落脚在提升行业内部监管水平、规范市场经营秩序、净化市场营商环境、保障行政执法权威等方面。

其次,从市场主体的法治需求来看,市场主体对行政检察在行政执法方面助力企业健康发展的需求较为迫切。根据笔者对 F 地区 200 余家国有企业、民营企业、个体工商户的调研情况来看,各类市场主体认为辖区内行政执法存在以下方面问题:涉企审批事项手续烦琐、知识产权维权成本高、用工管理难、过度使用刑事强制措施、涉企收费监管、土地流转供应、税费优惠减免等,对行政检察的法治需求主要体现在以下方面:一是希望行政检察部门能够在"保障市场准入与退出自由"、"减税降费"、"放管服"改革、融资贷款、资质申请、招商引资政策落实等方面加大监督力度,减轻企业经营成本负担,保持市场主体活力。二是希望行政检察部门在监督法院审判活动、执行活动、行政机关依法依规履职等领域加大推进力度,保障市场主体合法权益。

(二)行政检察推进涉市场主体行政执法监督的价值功能与角色定位

1.行政检察推进涉市场主体行政执法监督的核心内涵。行政检察在保护市场主体领域,规范行政执法中的法律职能主要体现在三个层面。

第一层,从法律定位来看,行政检察对涉市场主体行政执法监督具有必要性。行政执法权具有渗透性与扩张性,对市场主体的平稳发展具有重要影响。行政复议制度因系统内部纠错不可避免存在重程序轻实体、重协调轻化解的囹圄;行政诉讼因诉权限制严格,程序空转等问题常常陷入案结事不了的境地。[①]检察机关作为国家法律监督机关,在合理界限内对失范行政执法行为进行纠偏与重塑是贯彻习近平法治思想的重要内容,是新时期检察机关夯实法律监督基础、加强工作成效的重要遵循。

---

① 祁菲:《行政执法检察监督的范围》,载《人民检察》2017 年第 9 期。

第二层，从监督人民法院审判活动上看，监督人民法院的行政审判过程及结果是否合法，行政执行（非诉执行）是否及时有效到位。同时，将对诉讼活动的法律监督与依法查处司法腐败结合起来，发现如有公职人员假借行政执法、徇私枉法损害市场主体权益等行为及时进行线索移送，有力维护法律权威与统一，保障国家司法公正。①

第三层，从监督行政机关依法履职上看，助力行政机关依法依规行使行政权，促进行政机关依法行政、严格执法，保障国家执法权威。司法实践中，针对市场主体对行政执法抵触情绪明显、不主动履行行政处罚、行政执法是否失之偏颇等问题，应重点加大案件行政争议化解、督促行政机关依法履行职责、对人民法院判决"撤销、确认违法"需重新作出行政行为等案件办理力度，以"穿透式"视角对案件背后的具体行政行为进行规范性监督，以点概面，进一步巩固监督成效。

2.行政检察在办理涉市场主体行政执法案件中需遵循的基本原则。

其一，范围边界性原则。行政执法领域具有争议面广、政策性、时限性强等特点，且前端配有行政复议、中端配有行政诉讼等法定救济程序。因此，应坚持职权法定，准确定位检察权过程性、不具备最终实体处分权的特点，外部应把握与行政权及审判权的边界性，不应随意扩大监督范围，亦不得直接代替或干涉行政机关的内部执法活动及人民法院的行政审判活动。②内部应把握与行政公益诉讼的边界，对于涉及国有财产保护等国家利益与社会公共利益的案件应审慎处理，保证监督手段精准性。

其二，监督重点性原则。市场主体的违法类型多样复杂，而行政检察的力量与监督水平十分有限，为达到有的放矢、事半功倍的效果，应牢牢把握重点突破、以点带面的原则，将监督重心落脚在督促纠正确实减损市场主体利益、影响法治政府整体形象的行政执法行为，对于微小

---

① 刘艺：《行政检察与法治政府的耦合发展》，载《国家检察官学院学报》2020年第3期。

② 王祺国：《在履行职责中对行政执法活动加强法律监督的进路》，载《人民检察》2021年第19期。

程序瑕疵等不应过于苛求。如应加大对违反"一事不再罚"、"明确酌情减轻行政处罚情形"、特别法与一般法适用顺序等与当下"简政放权"精神不符、严重影响市场主体合法权益的领域，通过总结个案背后的同类性、同质性问题，研判弥补社会治理漏洞的可行性方案。

其三，保护高效性原则。法律风险和司法成本是必须精确控制的经营成本之一。长期涉诉将对市场主体正常经营、融资生产等带来不便。由此，办理该类案件应注重流程优化以期减轻企业的诉讼成本与诉累。如在生效裁判监督领域，可优先选用再审检察建议；在纠正违法领域，可优先适用督促履职检察建议等方式以减少中间环节，节约监督成本，保障整体监督效率。

二、涉市场主体行政执法检察监督的现实困境与原因剖析

随着市场主体的法治需求日益增大，行政执法制约市场主体的影响亦日益深远，全方位全链条运用行政执法检察监督保障市场主体合法权益的现实要求则更加迫切和突出。因此，有必要分析行政执法检察监督在推进市场主体领域治理中存在的问题，对症下药，化解潜在风险。

（一）行政检察在推进涉市场主体领域治理执法监督中的现实困境

1.行政执法与检察监督存在信息脱节、价值案源匮乏、一体化治理体系还未建立等问题。一是横向稳定性信息衔接不畅。一方面，行政执法部门与检察部门并未建立专项信息共享机制。虽多数地区已建立"两法衔接"平台，但行政机关在录入信息时不积极、不及时、不全面、不准确现象普遍，执法信息更新不全、更新较慢的问题依旧存在，同时平台亦缺乏有效的数据抽取机制，进而导致检察机关获取执法信息存在滞后性、碎片性，极易造成行政处罚的两年期限因信息流传时间过长而被涉案市场主体规避，影响执法公正。如某基层检察院办理的某公司买卖国家机关证件案，在人民法院已对涉案公司出卖公司营业执照盈利的行为作出刑事处理后，因行政审判部门与市场监管部门之间存在信息梗

阻，并未建立与之配套的协作机制，人民法院并未将该线索移送至市场监督主管部门，市场监管部门亦不掌握市场主体在人民法院生效判决中涉及的行政违法事实与处理结果，导致行政执法未及时跟进，致使本该被注销登记的公司仍在市场存续且继续经营，逃脱其应该承担的行政责任，变相损害其他合法主体的正当权益，破坏市场良性竞争秩序。另一方面，检察机关在调查核实中，常常出现调卷难、取证难等行政机关不配合提供或不主动提供涉案相关证据、证明或卷宗等情况。[1] 行政机关对检察监督的参与度及配合度各有异同，配套机制亟须构建。

二是纵向有效性案源匮乏。其一，从已办结的涉市场主体行政执法检察案件可以看出，线索来源渠道多为走访、座谈、查阅相关卷宗或依赖刑事检察部门在办案中发现并移送线索获得，除了信息互通交流、自行浏览政务网等公开网站之外，检察机关较难获取行政执法的具体信息与案件情况，线索归口渠道闭塞，呈现单一、狭窄等趋势。其二，行政机关申请检察监督的主动性不高。如在行政非诉执行领域，部分行政机关认为其已就行政相对人作出的行政处罚向人民法院申请非诉执行，自身的工作流程已经结束，后续工作应归属法院，对于具体执行是否到位，执行效果如何不甚关心，存在怠于申请检察监督的现象。[2] 其三，市场主体申请行政执法监督的能动性不强。市场主体对行政检察职能较为陌生，不甚了解。同时，市场主体多位于行政机关的行政管理之下，为了保障其自身经营便利性，除具体行政行为严重影响到自身权益外，极少主动申请监督，多数时候本着大事化小、小事化了的态度。尤其是在小作坊、小餐饮、小摊贩等"三小"领域，个体工商户等主动申请监督的频率不高。2019年以来，依市场主体主动申请监督的行政执法监督案件仅占比5.8%。与信访申诉相比，市场主体主动通过申请监督渠道提供价值线索的案件寥

---

[1] 王永虎：《破解企业恶意注销逃避行政处罚问题的检察路径》，载《中国检察官》2022年第4期。

[2] 张相军、张薰尹：《行政非诉执行检察监督的理据与难点》，载《行政法学研究》2022年第3期。

寥无几，反差较大，市场主体依法维权的意识仍需进一步提高。①

2.监督领域相对集中、监督方式缺乏刚性、全链条监督格局还未形成。一是监督成效与法治需求不匹配。首先，监督领域集中。因案源发现渠道及案件性质存在同质化，导致涉市场主体行政执法监督案件涉及领域呈现集中态势。涉市场主体行政执法案件的办理重点在于监督行政机关所作具体行政行为是否合理合法。司法实践中，具体行政执法行为则以行政处罚为重中之重。其中，对市场主体的行政处罚类型主要分布在非法占地经营违背环保要求、食药领域违法违规、建筑工程分包转包、偷逃税款缴交等领域，因此检察监督的切入点也相对单薄，辐射面较少，未能达到平等推进依法行政的总体要求。如辖区内某基层院虽一年内办理了12件涉市场主体领域的行政检察监督案件，位于各区县之首，但其办理的案件类型均为督促市场监督管理局依法对涉黑恶背景的出租车公司予以吊销工商营业执照，监督点简单，监督线条纵深不够，监督体系不够完整。

其次，监督类型集中。检察监督的案件类型主要为督促行政机关依法履职、监督行政非诉执行两个方面，监督内容多为对行政机关不履行或怠于履行职能进行监督或对法院审判中程序性事项进行监督，对于行政争议实质性化解率偏低、行政诉讼存在"程序空转"、深层次行政违法行为监督力度不够等问题还未解决，所制发的检察建议以纠正违法类居多，社会治理类较少，现有监督成效与市场主体对行政检察的期待还未相符。

最后，监督成效不强。行政执法对市场主体的合法权益影响较大，囿于价值案源匮乏、行政机关主体功能性强等原因，行政检察介入涉企行政执法纵深度不够，监督多停留诉权认定、处罚标准等表面问题，未能形成具有系列影响力的监督效果。

二是监督方式刚性与穿透性不足。一方面，检察机关较为有力的监

---

① 梅骏峰、赵辉、舒燕华：《裁执分离模式下行政非诉执行检察监督的实践与思考》，载《中国检察官》2021年第5期。

督手段为制发检察建议。嗣后，人民法院或行政机关对检察建议进行反馈，即在人民法院或行政机关自觉采纳后才可发生监督效果。然而，检察建议的刚性问题也一直为理论界与实务界所讨论。检察建议仅有建议的作用，为一种程序性的提醒或者警示，并不如审判机关所作的生效裁判文书一样具有最终定局的法定效力。另一方面，部分行政机关仅对检察建议中的问题进行原则性回复，而对具体的实操整改措施并未提及，存在对检察建议答非所问、应付敷衍等问题，造成检察建议回复低效性。另外，检察建议一定程度上存在制发不规范、制发质量不过硬、说服性和可接受性不强、论证和说理内容过于简单等问题。

（二）行政检察办理涉市场主体行政执法监督案件存在困境的原因

1.法律依据仍未明晰，条文内涵有待说明。涉市场主体领域监督案件除生效裁判、审判违法与执行监督外，主要集中在对行政机关违法行为的检察监督上。行政违法行为检察监督工作在探索与推进中也呈现出法律供给不足，监督依据较为宽泛，操作性模糊的问题。

在国家立法层面，并未明确为行政违法行为检察监督进行授权。2015年至2018年，根据党的十八届四中全会精神，各地检察机关探索开展行政违法行为检察监督工作，取得了一定工作成效。但修订后的人民检察院组织法仅将公益诉讼列入检察职权，删去了修订草案中行政违法行为监督的条款，该项监督工作进展由此放缓，引发监督弱化等问题。[1]此后，《中共中央关于加强新时代检察机关法律监督工作的意见》（以下简称《意见》）第10点提出："检察机关在履行法律监督职责中发现行政机关违法行使职权或者不行使职权的，可以依照法律规定制发检察建议等督促其纠正。"与此相呼应，2022年5月1日，《福建省优化营商环境条例》第61条规定："检察机关在履行法律监督职责中，发现行

---

[1] 冯孝科、黄琛：《行政违法行为检察监督的探索与展望》，载《中国检察官》2022年第1期。

政机关违法行使职权或者不行使职权,损害市场主体合法权益的,可以依法督促其纠正。"在全国率先从省级地方性法规层面明确赋予检察机关对行政违法行为检察监督的职权。

虽然目前尚存在省一级地方性法规进行支撑,但是统一性、权威性的全国立法仍显不足,对于该类监督的规范多见于原则性的条例规定,案件办理中缺乏统一规范的审查标准、审查程序、救济程序等,指导性实践与操作性规范仍存在缺失。①

2. 司法理念仍存局限,创新动力仍未延续。目前行政检察对市场主体的保护侧重于诉讼发生后发挥"硬法"作用,对于市场主体行政处罚维权难、行政诉讼起诉难、复议难、政策落实难等诉讼前端问题还存在较大履职空间。②在个案办理方面,还停留在就案办案、零散办案的局面;在运用行政检察职能服务市场主体方面,有关工作多局限在普法送法、座谈调研等浅表性举措,对于如何避免从事法律规定的禁止性情形、树立维护企业良好形象等具体问题未能做到主动靠前服务。如针对企业反映强烈的税收管理过于苛刻、减税降费还未落到实处、因行政规划调整或政策变化导致行政协议履行困难、行政复议改变结果难、行政征收影响企业生存经营等问题,相关服务举措还不够有力。

3. 专业人才仍显不足,培养梯队还未形成。首先,从检察机关的内设机构设置情况来看,F市则将民事检察与行政检察部门合二为一,设置于一个机构内,相对应地,辖区内除了经济发展水平较高的市将民事、行政检察单列一个部门,其他区县均将民事、行政、公益、生态刑事案件设置在一个机构内,一人一科室、两人一科室的情况比比皆是。同时,一名正式干警往往身兼多职,大部分时间与精力在于完成各类事务性工作,精耕细作、提升能力的条件并不具备。

其次,涉市场主体类案件处于相对前沿地带,所对应的行政机关类

---

① 嘉定区委政法委:《市域社会治理视野下行政检察监督工作机制创新研究》,载《上海法学研究》集刊 2021 年第 15 卷。
② 张世光:《行政争议市域协同化解机制之建构》,载《中国检察官》2022 年第 3 期。

型繁多，承办人员对法律法规的掌握存在较大的空白点与盲区，人员的专业素养与知识视野都存在较大提升空间，容易出现为了办理一个案件而去了解一部法律的情况。亦不可避免地存在对行政执法的实践规律掌握不清、对司法裁判的底层逻辑研究不足、对职能交叉部门的权力边界认识不透等问题。

最后，部分干警系统观念欠缺，对提炼经验做法与类案监督的敏感度不够，存在就案办案、"孤立"办案现象，未能主动将本职工作与优化法治化营商环境相结合，真正让行政检察服务大局成为深层次司法自觉。

三、涉市场主体行政执法检察监督的思路厘清与实践路径完善

习近平总书记要求，"要更好发挥法治固根本、稳预期、利长远的作用"。笔者认为，要以习近平法治思想为指导，主动对应法治政府建设的系列部署，既要积极稳妥，又要循序渐进，增强法律监督的整体性、循环性、有效性。在司法实践中，可通过推动立法完善、聚焦主责主业、健全协调联动机制、加大数字赋能与智慧借助力度、加强专业化人才储备等方面进行一体化推进，以搭建一条主线，延伸多个触角的监督模式，以期为下一步行政执法检察监督服务优化法治化营商环境提供有益借鉴。

（一）聚焦监督主责主业，推进源头治理，构筑整体监督链条

一是以生效裁判监督与审判程序违法监督为着力点，深耕行政检察主业。对于市场主体因具体行政行为起诉行政机关的案件应注重审查人民法院的事实认定、审判要旨及行政机关行政行为的程序与实体合法性，既关注对裁判正确性的法律监督，也关注对程序正当性的法律监督。如发现事实认定与法律适用确有错误的，通过提出抗诉、再审检察建议等方式进行纠偏；如发现人民法院未在期限内立案、未依法落实立案登记制、不予受理决定错误、采取诉讼保全措施违反法律规定，采取

高质效行政检察监督的理论与实践

先予执行措施违反规定、严重违反法定审查或者审理期限等行为应及时制发纠正违法检察建议,维护市场经济可持续发展。① 另外,需重点关注近年来行政审判中涌现的行政协议、食品药品行政处罚、招投标行政处罚等新类型涉市场主体案件,该类案件法律适用争议大,受舆论关注度高,尤其是行政机关行使行政单方撤销权、食药监领域的"过罚不当"等,通过对新领域案件的监督,提升行政检察工作的知晓度与影响力。

二是以行政执行监督为增长点,增强市场主体法治获得感。许多市场主体在被行政机关作出行政处罚后,在法定期限内既不申请行政复议,亦不提起行政诉讼,也不主动履行行政处罚,行政机关遂向人民法院申请强制执行,因此行政执行领域尤其是非诉执行领域是除前端市场准入环节外与市场主体切身利益关联性最大的环节。在执行监督领域,应关注生态和资源保护、食药品安全、劳动和社会保障等重点领域,切实保护作为被执行人的市场主体合法权益不受侵害;应监督人民法院是否依法慎用强制措施及查封、扣押、冻结措施,是否存在超标的查封、错误执行、违规执行市场主体财产、应当解除强制措施而未解除、执行款物管理不规范、对市场主体主要管理人不当采取失信、限高等信用惩戒措施等;在民营企业非法占地领域,是否存在不给予合理期限而强制要求企业搬离等。另外,可重点关注行政机关是否存在应当执行而不及时申请执行、违法撤回申请执行、滥用终结本次执行、虚假执行和解,是否存在错误行使行政处罚裁量权、过罚明显不当等情形;针对企业在行政执行中呈现的问题,应同时关注企业是否存在因行政处罚而引发生产经营困难、企业员工失业等伴生风险,以期在职能范围内帮助企业协调解决困难,最大限度降低行政行为对企业正常生产经营活动产生的不利影响,维护市场主体活力。如某基层院办理的某砂石厂非诉执行监督案件,办案过程中,该院兼顾政治效果、法律效果与社会效果统一,通

---

① 张相军等:《民营经济发展语境下行政检察监督研究》,载《人民检察》2022年第9期。

过公开听证、调查核实等方式给予企业执行过渡期，帮助企业协调相关部门解决用地困难，不仅成功监督行政处罚执行到位，也同时避免企业破产、员工失业的不利冲击，该案深受当地党委和人民群众的一致好评，亦获评最高人民检察院全国典型案例。

三是以行政争议实质性化解为突破口，将矛盾化解工作贯穿于每个案件的办案全过程，切实推进源头治理。在人民法院生效判决或裁定认定市场主体违反相关法律法规的情况下，以"穿透式"监督理念为指引，将行政检察工作端口前移，注重重心下沉，使行政争议从终端裁决向源头防控延伸，结合听取原审承办法官意见、公开听证、专家论证、司法救助等形式畅通市场主体诉求表达、利益协调、权益保障渠道，协助行政机关与市场主体妥善化解矛盾纠纷，持续提升市场主体创优营商环境动力，以期做到案结事了、人和政和。

在司法实践中，尤其注重终审判决存在一定瑕疵但不宜进行监督的案件，行政执法及行政审判存在程序违法但进行监督容易引发程序空转的案件，群体性特征明显、牵涉历史遗留问题等案件的争议化解工作。如对于涉民营企业土地征收征用过程中，发现土地征收和房屋拆迁补偿标准明显偏低的，可立足检察职能，积极协调各方，争取运用多种方式进行公平合理补偿，减少对企业正常生产经营可能造成的影响。如对于市场主体因受到行政处罚而导致经营困难的情况，可通过帮助困难企业协调减免加处罚金、帮助困难企业协调延期分期履行行政处罚、探索申请司法救助等个性化方式维持民营企业的经营稳定。①

（二）积极推动立法规范完善，加强顶层设计，精准定位监督依据

从2022年以来的F地区行政检察护航法治化营商环境小专项的各项统计数据来看，行政违法行为检察监督工作成为行政执法检察监督的重要切入点与可为点。如上所述，虽然中央政策与省级地方性立法对行

---

① 张宏羽：《实质性化解行政争议增强企业获得感》，载《检察风云》2023年第5期。

政违法行为检察监督作出原则规定，但从F地区的检察监督实践情况来看，行政违法行为检察监督的范围、方式和标准，仍是亟待厘清与解决的重点难点问题。随着对行政权合理规制的呼声日益高涨，行政违法行为检察监督案件量不断增加，案件种类也日益复杂，现行的各项制度已经面临各种挑战。①因此，需要在现有法律规定及规范指引基础上，进一步夯实与完善行政违法行为检察监督的法律依据及规范指引，在立法或司法解释层面重点针对该项监督工作的范围、方式和标准等现有争议较大的问题进行细化与明确。②

可在行政处罚法、行政许可法、行政强制法等相关行政法律法规中明确规定"检察机关有权对行政执法活动实行法律监督"。同时，规范检察机关对督促行政机关依法履职案件的审查程序、受理标准、监督范围、监督程序启动、监督方式等问题，明晰行政违法行为检察监督的操作程序与介入标准。③

在行政公益诉讼日益成熟、司法体制改革日趋完备的基础上，进一步厘清行政违法行为检察监督与监察部门、公益诉讼部门、行政复议部门的边界，推动要点规范化与定型化，处理好行政违法行为检察监督与原有检察制度安排之间的关系，为该项监督提供更为明确的法律适用依据与实践操作指引，保证独立性、可行性与边界性，为推进更科学系统的制度设计、争取立法层面的支持做好实践准备。

（三）强化内外协作，健全联动机制，以横向触发打通堵点

其一，强化与人民法院的沟通联动。加强与人民法院行政审判部门的沟通，增强行政检察监督执行力。2022年，F市检察机关与市人民法院联合签订《关于建立行政审判与行政检察衔接配合机制的意见》，在

---

① 郑新俭:《推进行政违法行为检察监督》，载《人民检察》2016年第11期。
② 李一川、宫步坦、肖慧娟:《行政违法行为检察监督与行政诉讼衔接初探》，载《中国检察官》2022年第4期。
③ 冯孝科、黄琛、李楠:《行政违法行为检察监督与行政公益诉讼辨析》，载《中国检察官》2022年第11期。

全省率先推行"行政检察+行政审判"机制,通过文书双向备案、联合培训、人才培养等机制加强两院间的有效沟通协调,并就涉企行政审判中的法律关系认定、法律适用、诉讼程序、执行程序,涉企执行中的送达监管信息共享等方面统一认识标准与裁判尺度。该项机制推行以来成效显著,人民法院将涉市场主体案件中相关裁判文书、涉市场主体行政审判中发现的新情况、新问题或其他重大敏感案件信息、已向行政机关制发但未收到反馈的司法建议同步抄送人民检察院,使行政检察部门实时掌握营商环境案件的动态,推动实现审判数据的双向互联。行政检察部门将裁判文书及司法建议进行调查核实与定向研判,并针对其中发现的行政机关怠于履职、行政机关监管漏洞、行业风险等问题制发相应检察建议,不断促进行政行为的程序化、规范化、法治化。如就涉市场主体领域案件中,人民法院作出"确认行政行为违法、责令采取补救措施""判决撤销行政行为、重新作出行政行为"等判决,可及时抄送检察机关,由检察机关对以上几类案件的执行进行监督。

其二,坚持"二元"结构设计,形成"多方共治"格局。第一,加强内部线索归口管理。善于从民事检察、公益诉讼检察和刑事检察案件中发现涉市场主体的案源和线索。如在刑事领域重点关注发案率较高的交通安全、农林牧渔矿等领域,特别是针对刑事撤案、不起诉处理以及判决无罪、免予刑事处罚的案件中是否涉及行政处罚情形进行集中摸排,提高成案率;在民事领域重点关注产权纠纷案件双方当事人恶意串通,通过以物抵债、以房抵债等方式制造虚假诉讼、恶意诉讼损害案外人产权类案件线索。第二,建立检企对接工作机制。行业协会作为第三方主体,能够帮助企业与政府进行对话,为企业消除隐形障碍,促进本行业要素效率的提升。各地可因地制宜加强与企业家联合会、工商联等部门组织、行业协会的联系协作,充分发挥各类协会熟悉民营经济的优势,为市场主体提供"融入式"检察服务,共同研究保障和促进民营经济发展的新思路。第三,融入海丝中央法务区建设。福建省第十一次党代会提出"打造法治强省,推进法治化营商环境示范区和海丝中央法务区建设,提升法治核心竞争力"。海丝中央法务区具备以企业需求为导向,依托大数据、人工智能等技术,推动法务服务质量由粗放对接向精准匹配转变的功能特点。

其三,探索建立行政执法与行政检察信息衔接机制。赋予检察机关对行政执法信息的知情权,优化信息获取及案件来源渠道,在全域范围共享裁判文书、行政执法、企业公示数据库等信息,发挥综合化履职优势,以"信息共享、监督指导、协同推动"模式,破解信息不通的堵点、难点,实现行政检察实时全面跟踪监督,健全行政权力制约和监督体系,促进行政权力规范透明运行,打开保护市场主体新格局。如某区检察院与该区城管局建立执法信息共享机制,约定城管局及时向检察机关提供行政执法信息中涉及民生、安全领域以及有关专项行动中的行政处罚信息、相关问题和线索。检察机关及时向城管局反馈办理移送相关线索、案件的处理情况,如检察机关发现城管局可能存在履职违法等问题时及时提醒告知,达到取长补短、提质增效的良好效果。

其四,加强与地方党委、人大的沟通联系,争取外部协作与支持,增强行政检察监督的合力。在已获得省委地方规范性文件的支持下,加大向党委、人大、政法委等部门的汇报力度,适时将涉企行政检察监督工作纳入人大视察与审议专项,增强地方人大对该项工作的认可度与参与度。如对于与市场准入负面清单制度不符、办案阻力较大、行政机关怠于回复、不配合监督等情况,检察机关可通过《行政检察工作白皮书》、对策建议书、资政建言书、企业涉案情况告知函[1]等形式向党委政府汇报,争取相关事项的推动与支持,有效助推行政机关"定好位""防越位""不缺位",提高行政管理的效率和效能。

(四)精益求精挖掘案源,坚持需求导向,以大数据赋能优化方式方法

其一,抓住机遇挖掘案源。为转变以依职权主动搜索案源为主的困

---

[1] 程琥:《把行政检察制度优势更好地转化为监督效能》,载《人民检察》2023年第4期。

局，需拓宽案源收集渠道，延伸监督触角。第一，加强调查核实力度。做好"一案多查"工作。根据前期筛选梳理的案源线索，充分运用审查、调查、侦查"三查融合"方式，对本案、关联案、关联市场主体进行全面梳理，通过走访现场、询问当事人、调取卷宗等形式，确保监督有根据，保障事实认定更为精准。第二，开展公开听证工作。坚持"应听证尽听证"，通过现场听取当事人意见，增加办案亲历性，在查明案情的基础上，为各方厘清关系、分析利弊，帮助各方消除抵触情绪，充分发挥检察听证查明事实、释法说理、化解争议的作用。案件办理过程中，可由检察机关牵头，召集相关行政部门、企业等各方主体，以平等协商的方式举行圆桌会议，共同解决行政执法中的问题和矛盾。第三，探索检察提前介入机制。检察监督具有灵活性，对于涉案范围较大、案情疑难复杂的案件，检察机关可在行政复议、行政诉讼阶段派员提前介入调查，有助于提升案件研判与争议化解可能性。第四，健全行刑衔接机制。健全行政执法和刑事司法衔接机制，对存在行政执法机关执法行为不规范、以罚代刑、应当移送涉嫌犯罪案件而未移送的、符合行政处罚条件而未予行政处罚或不应进行行政处罚而处罚等案件及时制发检察建议，督促行政机关履职。

其二，坚持需求导向转变理念。第一，树立平等保护理念。助力政府实行全国统一的市场准入负面清单制度，除市场准入负面清单以外的领域，各类市场主体均可以依法平等进入。重点监督政府在资金安排、土地供应、税费减免等方面保障各市场主体公平享有各类生产要素和公共服务资源的权力，提升要素交易监管和水平，进一步发挥市场在资源配置中的决定性作用。第二，筑牢善于监督理念。涉企行政执法监督不可避免将触发行政机关或市场主体的在先利益，检察机关基于宪法、人民检察院组织法、《意见》等法律法规政策赋予的监督权，需排除顾虑，卸下包袱，做到敢于监督、善于监督，打开行政执法检察的监督局面。第三，正确对待量化评估指标，促进行政机关依法行政。以行政违法行为检察监督纳入省级营商环境监测指标为契机，以"规范涉营商环境行政执法"指标为导向，将对涉营商环境督促履职类行政检察建议按期回复率、督促履职类检察建议采纳率、督促履职类检察建议完成整改率、行政机关配合度、营商环境案件平均数等五项指标用活用好，以考核指标倒逼行政机关依法行政，延展监督范围与成效。

其三，强化科技赋能变革方式方法。要运用大数据提升国家治理现代化水平。《福建省优化营商环境条例》第31条亦强调："省、设区的市大数据管理部门应当按照统一标准建设政务数据汇聚共享平台，提供共享服务。"将数字检察工作融入法治化营商环境建设是应有之义。应合理运用刚刚上线的行政检察智慧办案平台，充分发挥大数据在监督办案、纠正违法、促进国家治理中的作用，通过数据分析、案源发现、实时监控等形式，依托数据碰撞、数据挖掘、数字建模发现治理漏洞及监督线索，以数字化反哺办案，实现对涉市场主体执法司法数据的整合共享和集约化管理，打通数据壁垒，推动检察监督办案模式从零到整，从量到质突破转变。

（五）因地制宜丰富监督层次，运用多元化监督模式，形成完备监督体系

其一，拓宽外力，加强"外脑"辅助。大胆借助社会智囊，充分发挥相关领域专家、学者、律师和有法律背景的代表委员等的作用，通过召开论证会、口头或书面咨询将多元专业知识和精准法律适用意见吸纳进涉市场主体检察监督案件办理，更好确保办案质量，丰富知识结构；可择优选聘若干行政执法专业领域资深工作人员担任检察官助理，对涉及食品、药品、土地、税收、人力资源、知识产权等重要领域的调查取证、鉴定评估等方面提供专业咨询和技术支持，提出专业意见，全面发挥"特邀检察官助理"的专业优势。

其二，修炼内功，加强人才培养，推进检察队伍专业化建设。深入上下联动，运用上下一体化机制补足人才短板。首先，合理运用《人民检察院行政诉讼监督规则》，深化推进两级院一体化创建，探索案件线索交办机制，市级院可试行统一调度、统一人案分配的工作机制，将从行政生效裁判、行政赔偿、审判人员违法行为案件中发现的与民营企

业相关案件线索交由属地基层检察院办理，便于基层检察院发挥属地优势，提高办案效率。其次，市级院要加强对下指导、队伍建设及调查研究力度，通过督导、指导、定点帮扶等形式，帮助基层院排除干扰阻力，打造特色亮点。注重通过专项培训、案例指导等形式，加强涉企监督领域法律法规、行政诉讼法、行政强制法等法律法规的正确理解与适用，有力提高检察监督能力。最后，因行政执法具有行业性、专业性、区域性等特点，可加大对外轮岗交流力度。在与人民法院建立轮岗交流机制的基础上，探索与行政机关建立人才交流机制，安排检察干警赴行政机关挂职、交流锻炼，了解行政机关的执法实践与政策背景，提升行政检察专业化水平。

其三，适时加强检察宣传工作，多措并举推进行政检察职能走入寻常百姓家。用好派驻检察室、检察联络点、海丝中央法务区等平台，节选"国家宪法日""八五普法"等重要时间节点向市场主体普及行政检察职能，为人民群众答疑解惑，畅通群众诉求渠道；用好各类媒体平台，加大行政检察职能的宣传力度，提升行政检察工作的知晓度与认可度。

在推进国家治理能力与治理体系现代化，推进法治国家、法治政府建设的新时期，在构建以国内大循环为主，国内国际双循环相互促进的新发展格局上，行政检察履职应及时跟上、应势而为。检察机关应准确把握在保护市场主体领域风险防控过程中的定位，精准施策，依法维护市场主体的合法权益，实现"行政＋检察"耦合协同发展，真正为助推中国式现代化发展贡献行政检察力量。

数字检察服务经济社会高质量发展

汪珮琳[*]

北京市东城区人民检察院全面贯彻落实党的二十大和中央经济工作会议、中央政法工作会议精神，认真落实《中共中央、国务院关于促进民营经济发展壮大的意见》，根据最高人民检察院、北京市人民检察院方案制定了符合东城特点的落实方案，在精准问需对接中以企业发展法治需求牵引精准履职，举办15场座谈会，发放200余份调查问卷，涉及140余家企业，办理相关案件146件，在维护企业合法权益、助力营造法治化营商环境中贡献了东城力量。特别是针对"幌子公司""空壳公司"等异常市场主体"当罚不罚"的问题，充分发挥数字检察效能，以大数据法律监督模型的建用推动行政处罚和刑事处罚双向衔接，不断提升新质法律监督能力，取得了一定的成效。

通过法治为市场主体提供公平、公正、透明的营商环境，让市场主体健康有活力、规范有秩序，对于最大限度激发经济发展活力，吸引积聚生产要素，推动高质量发展有重大意义。党的二十届三中全会决定指出，必须更好发挥市场机制作用，创造更加公平、更有活力的市场环境，实现资源配置效率最优化和效益最大化，既"放得活"又"管得住"，更好维护市场秩序、弥补市场失灵，畅通国民经济循环，激发全社会内生动力和创新活力；决定同时强调要不断完善行政处罚与刑事处罚双向衔接制度。中央的部署和要求为检察机关高质效发挥法律监督职

---

[*] 汪珮琳，北京市东城区人民检察院一级检察官。

能，推动完善市场主体监管领域行政处罚与刑事处罚双向衔接制度提供了根本遵循和科学指引。

实践中，为实施犯罪而设立的，或者设立后主要以实施犯罪作为经营内容的"幌子公司"等日益增多，侵犯人民合法财产权利，扰乱市场经济秩序，破坏法治营商环境，损害政府公信力，甚至出现"劣币驱逐良币"的现象。新公司法于2024年7月1日正式施行，再次明确利用公司名义实施犯罪的应当吊销营业执照。刑法相关司法解释规定：个人为进行违法犯罪活动而设立的公司、企业、事业单位实施犯罪的，或者公司、企业、事业单位设立后，以实施犯罪为主要活动的，不以单位犯罪论处。当公司等市场主体完全沦为犯罪工具，刑事司法只惩戒自然人时，便需要与行政执法衔接，依法处罚相关市场主体，防止出现法人"当罚不罚"。而司法机关与行政机关之间的数据壁垒导致对上述异常市场主体依法、及时处罚存在衔接不畅、执法滞后等行政检察监督点。

北京市东城区人民检察院在办案过程中发现涉案市场主体资格未被及时吊销，通过代办中介获取的行政许可也未被及时终止，给市场经济良性发展埋下隐患。为高质效履行法律监督职能，北京市东城区人民检察院对"幌子公司"开展专项法律监督。对于利用"幌子公司"实施犯罪的情形，检察机关通过"个案办理、提炼要素、构建模型、类案监督、源头治理"监督路径，研发了"幌子公司"监管治理大数据法律监督模型，以行刑反向衔接为履职点，深挖检察机关内部"沉睡"数据，不断延伸类案监督，做实社会治理。

模型将刑事案件情况与行政公示数据碰撞对比，筛查出应吊销未吊销营业执照的"幌子公司"、应终止未终止的行政许可两类监督线索，以行刑反向衔接助推行政机关及时清理整治"幌子公司"等违法犯罪市场主体，会同行政机关建立和完善常态化涉市场主体数据共享和涉市场主体监管行刑双向衔接机制，以"府检联动"促进社会主义市场经济治理现代化。

高质效行政检察监督的理论与实践

一、"幌子公司""空壳公司"违法犯罪致市场监管五大突出问题

随着犯罪形态的演进发展,单纯以自然人为主体实施的犯罪逐步升级为以法人等市场主体为主体实施的犯罪,犯罪的规模化、链条化、集团化、隐蔽化特征逐步展现。市场主体沦为犯罪工具增加了监管打击和犯罪治理的难度,有五个突出问题值得关注。

一是"幌子公司""空壳公司"大量存在于破坏社会主义市场经济秩序类、侵财类犯罪,80%以上为非法集资类案件。法人的滥用,不仅破坏市场秩序,更是突出的金融风险。2024年11月1日施行的《受益所有人信息管理办法》也体现了行政监管部门对提升市场透明度,驱逐"劣币"的高度重视。此外,"幌子公司""空壳公司"等违法市场主体也容易被利用实施电信网络诈骗、虚开发票、洗钱、网络赌博、传销、合同诈骗、帮助信息网络犯罪活动、掩饰、隐瞒犯罪所得、犯罪所得收益等违法犯罪活动,甚至长期侵袭至反腐败领域,具有严重的社会危害性。而除这类市场主体本身沦为犯罪工具外,这类市场主体在金融机构开立的账户,也成为不法资金的结算通道,严重扰乱金融管理秩序,给营商环境良性构建、金融机构反洗钱、反诈正常履职、金融消费者依法维权带来负面影响。如杨某某、毕某某等人虚开增值税专用发票案,被告人注册20余家"空壳公司"专门用于虚开增值税专用发票,虚开金额达4亿余元。

二是在产业园区、居民住宅区注册"空壳公司"实施违法犯罪活动,隐蔽性更强。产业集群和虚拟经济产业园区使用虚拟地址作为市场主体登记住所,可有效降低小微企业经营成本、简化审批手续等行政事务。但部分不法分子却利用虚拟地址便利,注册"幌子公司""空壳公司"实施违法犯罪。如北京市某区某镇招商引资集群注册地址上登记有3000余家公司,已推动其中50家"空壳公司"被吊销营业执照。此外,有的不法分子将公司注册于居民住宅区内,私自将住宅变更为经营性用房性质,既侵犯居民合法权益,更进一步隐匿违法犯罪活动踪迹。如李

某某、张某某帮助信息网络犯罪活动案,李某某、张某某在某区某居民区注册6家"空壳公司"并开立单位结算账户,用以接收电信诈骗赃款,为他人利用信息网络实施犯罪提供帮助。

三是对行政许可资质等公司附着资产监管有待完善,掣肘市场发展联动效应。当前行政许可资质审批大多采用形式审查模式,不法分子利用便民利企政策,在获取合法经营许可后实施不法行为,加之行政许可的事前审批权、事中监管权与行政处罚权存在一定程度的分离,事中监管呈现"真空地带",事后监管难以及时精准开展,导致异常经营行为未及时受到监管处罚,潜藏犯罪隐患。如高某某等人诈骗案,涉案拍卖公司通过代办中介获取了准许从事拍卖业务的行政许可,在犯罪团伙成员被判处刑罚后,拍卖行政许可仍未被及时收回,持续存在行政许可资质被利用实施违法犯罪的风险。

四是非法租借、倒卖市场主体资格和行政许可资质形成黑灰产业链,全链条打击治理难度增加。随着代办中介行业的发展,市场主体及其行政许可均由代办中介公司完成,但部分代办中介在受托办理工商登记及行政许可过程中存在多种违法行为,且以多种方式逃避监管,已形成灰色产业链亟待加强监管整治。如王某等人非法经营案,王某等人向专门注册、倒卖"空壳公司"的中介代办或购买10余家"空壳公司"后开立银行账户和第三方支付平台账户收取钱款,为境外赌博网站提供非法支付结算服务,涉案金额高达2900余万元。

五是行刑数据、各行政主管部门数据之间壁垒尚未完全打通,制约线索互享和处罚衔接。一方面,因行政机关与司法机关间存在一定信息壁垒,"幌子公司""空壳公司"等违法市场主体在实际控制人被判处刑罚后,未能被依法及时标注异常或吊销营业执照。如李某某帮助信息网络犯罪活动案,李某某组织倒卖51家"空壳公司"并开立单位结算账户用以接收电信诈骗赃款,李某某被判处刑罚后,涉案的51家"空壳公司"仍然存续。另一方面,各行政部门间线索移送、数据共享、联动执法等工作机制需持续完善形成监管合力。如北京市某区检察机关发现疑似"空壳公司"49家,对未依法公示年报等公司信息的市场主体需同步考察其税收是否异常等实际经营情况，因相关部门衔接机制不畅，导致异常市场主体的识别与处罚滞后。

二、以数字赋能、数据思维，从个案发现法律监督"小切口"

为解决"幌子公司""空壳公司"被利用实施犯罪后所导致的市场监管突出问题，北京市东城区人民检察院从本院办理的个案入手探索，通过刑事检察、行政检察融合履职，不断挖掘监督线索，成功办理了典型的个案，以数字赋能、数据思维打开了涉市场主体监管领域行刑反向衔接的"小切口"。

2020年，在打击整治养老诈骗专项行动中，北京市东城区人民检察院办理了高某某等人诈骗案。2018年至2020年，高某某等人先后设立4家公司，并以公司名义，虚构能帮被害人高价拍卖收藏品的事实，从370余名老年人处骗取钱款共计1400余万元，造成人民群众尤其是老年人群体巨大财产损失。后高某某等人犯诈骗罪，被法院判处有期徒刑10个月至15年不等，并处相应罚金。

在该案提起公诉，甚至部分被告人被判处刑罚后，刑事检察部门通过比对市场主体登记信息，发现涉案4家公司未被及时吊销营业执照，其中3家公司获取的拍卖行政许可也未被及时终止，且公示在市区两级政务公开网站上，大量被害人以公司涉刑但未被惩戒来信来访，行政主管单位对于上述公司被用于实施犯罪的信息不掌握，无法有针对性地开展执法处罚工作。

此外，2022年至2023年，某检察院行政检察部门集中受理因某公司涉嫌非法吸收公众存款案件而引发集资参与人以某市某区市场监督管理局为被告提起的行政诉讼系列案件414件。该系列案件中，集资参与人因刑事追偿未果、民事起诉被驳回，向法院提起行政诉讼，请求确认市场监管局对某公司发放营业执照允许市场准入的行政行为违反国家强制性规定，是无效的行政行为，法院对此不予认可。集资参与人向检察机关申请行政诉讼监督。上述行政诉讼案件数量呈现规模化特征，引发了巨大的社会风险。

未被吊销的市场主体资格和未被终止的行政许可资质,不仅严重侵犯人民群众的财产安全,甚至可能被用于实施违法犯罪活动,导致政府相关部门集中涉诉、涉访,严重损害政府公信力,给市场经济良性发展埋下隐患。"放管服"不仅要放活市场准入,还要及时清退整顿违法犯罪的主体,做到"管得住"。之所以"幌子公司"能被用于犯罪且犯罪后仍然"合法"存在,是因为行政主管部门与司法机关办案数据不联通,行政主管部门未掌握"幌子公司"涉罪及判罚的情况,导致对此类违法犯罪市场主体难以及时衔接、有效监管、依法处罚。为此,北京市东城区人民检察院刑事检察部门就本案可开展的监督方式、路径和内容,与行政检察部门沟通,以前期调研与高某某等人诈骗案办理为契机,融合刑事检察和行政检察履职,针对拍卖行业监管及违法犯罪的市场主体清理整顿开展了全面调查取证和法规梳理工作,选取案件中对自然人作出相对不起诉的个案向区市场监督管理局制发检察意见书。一方面,将涉案 4 家"幌子公司"市场主体资格未及时清理的行刑反向衔接线索移转至区市场监督管理局,由该局依法吊销其营业执照;另一方面,向北京市商务局制发了移转行政执法线索的公函,及时终止了涉案 3 家"幌子公司"从事拍卖业务的许可,并深挖拍卖行业市场监管问题,向区商务局制发检察建议。通过个案的推动,涉刑市场主体当罚不罚问题得到了有效解决,市场主体监管领域行刑反向衔接渠道变得更加畅通。

三、拓宽思路、挖掘数据,以点及面延伸类案法律监督

通过个案监督的成功实践,东城区人民检察院依托数字检察战略,以行刑反向衔接为切入点延伸履职,启动集中清理"幌子公司"类案监督工作。通过类案梳理、筛查,发现"幌子公司"问题至少有三类需要重点从行刑反向衔接角度开展法律监督工作:一是被利用从事严重违法犯罪的公司,未被及时吊销营业执照,此类案件经过近 3 年数据摸排多

高质效行政检察监督的理论与实践

达133件；二是部分"幌子公司"所获取的行政许可未被及时终止，此类案件除了已经开展监督的拍卖行业行政许可，还包括私募基金管理人资格、海关进出口货物收发货人资质、对外贸易经营者资质等；三是部分被查处的"幌子公司"仍然充当犯罪工具，如北京某公司在一起假冒注册商标案中，被外地法院认定为专门从事销假的"幌子公司"，进而未认定为单位犯罪，但判决生效后，该公司还一直从事销假销劣经营活动，甚至将注册地从一所民居转移至某区科创园，检察官通过分析"12345"投诉数据发现该公司仍被持续投诉销假。

为提升类案监督的质效，以大数据赋能检察监督，东城区人民检察院针对不法分子利用公司从事犯罪被刑事处罚或相对不起诉后，涉案公司仍长期存续危害市场经济良性发展的问题，依托全国检察业务系统和行政机关公开数据建用"幌子公司"监管治理大数据法律监督模型。该模型的运行目的是通过筛查刑事业务数据中的"幌子公司"，发现涉罪的公司、企业等市场主体在法定代表人、实际控制人等被不起诉或判处刑罚后仍然存续以及所获得行政许可持续有效的行政违法行为监督线索，并依据公司法等法律规定移送相关行政主管部门，建议依法作出吊销营业执照、终止行政许可的行政决定，及时清理整治违法犯罪市场主体。模型运行的思路是通过定期对刑事检察业务数据的筛查，获得"幌子公司"数据集合，再与市场主体登记数据集合、行政许可公示数据集合进行碰撞比对，发掘行政执法监督线索，实现常态化线索发现、移转及长效监督、治理效果。模型数据源包括检察办案数据、市场主体登记信息和行政许可信息，均为无须单独授权的开源数据，充分利用内部、开源数据解决大数据法律监督最基础的数据获取问题。模型的监督路径为两条，一条为应吊销而未吊销营业执照的"幌子公司"监管治理，另一条为应终止而未终止行政许可、备案的"幌子公司"监管治理。模型的数据要素包括"公司""非单位犯罪""非被害人"等，主要算法包括筛查、碰撞、比对等。

模型运行分为四步：第一步是以"公司""非单位犯罪""非被害人"为筛查要素，从相对不起诉书、起诉书、刑事判决书中筛选出对应案件的"幌子公司"数据集;第二步是将第一步得出的"幌子公司"数据集与国家企业信用信息公示系统等开源数据库中的企业"登记状态""核准机关""注册地址"等数据进行碰撞,比对出尚存续的公司,得到应吊销未吊销营业执照的监督线索;第三步是将第一步得出的"幌子公司"数据集与政务公开网站上的行政许可公示信息进行碰撞,得到应终止未终止行政许可的监督线索;第四步是将得到的类案监督线索形成最终监督线索列表,通过磋商座谈、移送线索、制发检察意见书等履职方式,移转至行政主管单位督促其履职,建议采取行政监管、处罚措施。

为规范模型的推广应用、提升模型的监督效果,北京市东城区人民检察院还制定并试行《"幌子公司"监管治理大数据法律监督模型运用指引》(以下简称《运用指引》),从运用方法、"四大检察"融合履职等层面进行了规范,实现监督线索的跨区、跨省移转,促成该模型的跨区、跨省运用,进一步延伸治理效能。

《运用指引》从五个方面对模型运用作出规范:一是准确界定模型运用方式,明确模型运用操作规范。二是对数据信息和监督线索予以区分,明确筛查出的"幌子公司"数据集合,须通过与市场主体登记数据进行碰撞比对,得到经营状态为"存续"的公司数据集合,才具有行政执法监督价值并属于监督线索。三是规范线索移转流程,明确线索在检察机关内部移转以及向外移转的操作流程,强调刑事检察与行政检察的融合履职。四是明确线索成案判定标准,针对对内移转线索的刑事检察部门和对外移转线索的行政检察部门确立不同成案标准,划定线索成案的不同节点。五是明确了监督方式,刑事检察部门和行政检察部门融合履职、主动监督:一方面运用模型从刑事案件中排查出行政检察监督线索,以检察意见书等形式移送行政主管部门,建议作出吊销营业执照、终止行政许可等行政监管措施;另一方面会同法院、市场监管等部门,建立涉市场主体数据共享、线索移送、处理反馈等长效工作机制,通过定期磋商、信息互换、案件研判等形式,深化市场监管领域检行协作。

由于该模型数据获取便利、模型规则简洁、监督路径清晰,在北京、河南、山西等地得到了有效推广。以河南省安阳市院为例，该院应用模型，当月新增行政检察监督案件70余件，充分体现了大数据赋能法律监督及在优化"三大结构比"方面的突出效能。截至目前，北京、河南、山西等多地的检察机关已筛查出"幌子公司"行政监督线索861条，178个市场主体被吊销营业执照，清理长期未经营的虚数市场主体937户。

同时，还对模型运用成效进行了三个方面的拓展：

一是应用地域拓展，消除跨地域信息壁垒。因公司的注册地与经营地经常分离，加上司法管辖的属地性局限，对异地注册、本地经营的"幌子公司"治理更为滞后。通过《运用指引》对监督线索跨区、跨省移转的规范，加之模型的推广运用，可有效将本地经营"幌子公司"线索移转至注册地，解决了本地经营、外地登记的"幌子公司"清理难题，实现了跨区、跨省治理。目前已有从北京到河南再到山西、北京到天津、北京到河北的跨省监督实践。如河南省林州市人民检察院向山西省太原市小店区人民检察院移送"幌子公司"行政执法监督线索，小店区人民检察院向区市场监督管理局进行行刑反向衔接，督促吊销相关"幌子公司"的营业执照。从北京到河南再到山西的跨省运用、线索流转，实现模型全域共享、成效集成贯通的治理效果。

二是应用领域的拓展，针对特定问题定向监督。模型运行中发现有的公司注册在招商引资产业园区，利用"集群注册"便利实施犯罪；有的行业所涉公司实施违法犯罪具有可识别特征。因此，以一址多照为识别要素，移送异常市场主体监督线索369条，66个市场主体被吊销营业执照。以拍卖行业为切入点，对接区商务局数据开展识别，移送异常线索20条。

三是监督视角的拓展。模型运行中，一方面，发现"幌子公司"代办黑灰产亟待整治，相关人员存在违法出租出借资格证、买卖国家机关公文、证件等违法犯罪问题，应当依法对接监管和行业协会进行惩处。在移送"幌子公司"监督线索的同时，依据《公司法》第178条移送20余条涉案公司董事、监事、高级管理人员从业禁止线索，从公司惩戒拓展至人员惩戒和犯罪预防。另一方面，发现在监督"应吊销未吊销"的基础上，应当延伸至恶意注销类线索的发掘和监督，通过对某特大非法集资案P2P平台借款企业数据筛查，发现尚未结清借款的企业多达7000余家，其中1940家被吊销或注销，涉嫌通过恶意注销逃废债，下一步将对接相关市场监督管理局及法院查明是否存在恶意注销，以检察监督之力提升涉众经济犯罪追赃挽损质效。

四、府检联动、共赢共治，以法律监督共推源头治理

经过模型建用实践，"幌子公司"这类市场"毒瘤"持续以"两法衔接"的路径不断得到清理，劣质市场主体"当罚不罚"的问题得到新质检察监督之力的实质解决。

按照"个案办理—类案监督—社会治理"的路径，东城区人民检察院在类案监督的基础上，总结大数据法律监督模型建用成效，就市场主体监管的诸多深层次社会治理问题向市场监督管理部门制发了社会治理检察建议，从加强市场主体惩戒"两法衔接"工作、加快构建以信用为基础的新型监管机制、持续打造一流法治化营商环境等方面推动社会治理体系、治理能力提升，并会同区公安分局、法院、市场监管部门建立涉市场主体长效执法、司法协作机制，在市场主体监管数据共享、线索移送、处理反馈等方面深入合作，深化该领域行刑反向衔接，协同开展市场主体综合治理，该检察建议获评2022年度全国检察机关十佳优秀社会治理检察建议。

"幌子公司"监管治理大数据法律监督模型的建用，切实打通了司法机关与行政机关在市场主体违法犯罪领域的数据壁垒，对于推动建立异常市场主体全域监管的跨部门数字化协作场景奠定了坚实的基础，为市场主体登记、监管信息互联共享、信用监管分级分类管理的落实创造了生动的检察监督实践。2024年7月1日，《国务院关于实施〈中华人民共和国公司法〉注册资本登记管理制度的规定》中明确规定公司登记机关应当加强与有关部门的信息互联共享，根据公司信用风险状况实施

分类监管，可以说检察机关已经实现了先行先试的有益探索。

异常市场主体治理并不是新课题，但"幌子公司"监管治理大数据法律监督模型立足检察机关法律监督职能，着力行刑反向衔接，延伸类案监督，对完善市场准入制度，健全社会信用体系和监管制度贡献了检察智慧。该模型于2024年4月在最高人民检察院"大数据法律监督模型平台"上架后，已经通过平台筛查出监督线索，实现了模型线上运行、线索线上流转。截至目前，该模型在最高人民检察院模型平台派生应用67次，涉及广西壮族自治区人民检察院、苏州工业园区人民检察院等20余个检察院。同时，为配合模型推广应用，提升不起诉决定书、判决书等非结构化文书中的数据信息实现结构化清洗和高质效筛查，北京市东城区人民检察院模型建用团队研发配置了批量、自动化筛查"幌子公司"数据的通用智能小程序，基于Python语言，实现了对涉案"幌子公司"个性化信息的自动抓取，提升了智能化水平，不断推动模型从优化建设到广泛化、智能化应用的发展，推动"数据碰撞比对初级形态向人工智能高级形态演进"。

以"四全"工作法做实行政检察守护民生福祉

巴瑞明*

按照应勇检察长对行政检察工作提出的"站位要高、视野要宽、方向要明确、路子要走稳"的总要求，呼伦贝尔市检察机关探索践行"全程、全面、全员、全效"四全工作法，以"三个善于"引领做实"高质效办好每一个案件"，努力办出更多让人民有感受、社会有共鸣、法治有回响的高质效案件，让人民群众有更多获得感、幸福感、安全感。

一、以"全程"为原则，提升高质效办案精度

应勇检察长强调，把"三个善于"融入检察办案全过程各环节，确保案件办理经得起法律、历史和人民的检验，努力让人民群众在每一个司法案件中感受到公平正义。呼伦贝尔市检察机关围绕办案过程的全流程、全链条、全环节，充分发挥行政检察服务保障民生的作用。

（一）办案全程运用好调查核实权

调查核实是检察机关正确履行法律监督职能的重要手段，办案全过程中运用调查核实能够准确认定证据，全面厘清案件相关事实，精准归纳争议焦点，化解行政争议，提高办案质效。呼伦贝尔市检察机关在办

---

* 巴瑞明，内蒙古自治区呼伦贝尔市人民检察院党组成员、副检察长。

理行政诉讼监督案件中注重调查核实,通过调查核实发现争议的根源,寻找化解争议的突破口,将办案职能向社会治理领域延伸。如鄂温克旗检察院在履职中发现有死因不明的牛羊从屠宰车间分割后销售至个体商户,最终流向百姓餐桌。检察机关充分行使调查核实权,调取犯罪嫌疑人、证人等在公安机关的供述、证言等相关证据材料,向公安机关办案人员了解情况,通过走访、座谈等方式深入调查,发现屠宰牲畜期间检疫人员未参与、无相关检疫设备、病牛进入屠宰车间被屠宰、检疫合格证注明数量与实物不符等问题。鄂温克旗检察院监督市场监督管理部门建立工作机制,促使各相关职能部门在工作信息通报、联合执法、建设病死牲畜无害化处理场等方面达成共识,建立相关工作机制,加强监管力度,建设病死牲畜无害化处理场,推动屠宰行业规范健康发展。鄂温克旗检察院持续跟进监督,督促各相关职能部门加大执法检查力度,对违法违规屠宰行为形成高压态势,推动本地区屠宰行业规范健康发展,从源头上保障肉食品安全。

再如,海拉尔区检察院在办理多名劳动者申请追索劳动报酬支持起诉案件中发现,业主与物业服务企业之间矛盾纠纷频发,物业服务纠纷引发的信访、社会矛盾及诉讼压力较大。通过调查核实,检察机关发现业主委员会未实现全覆盖、对物业服务企业缺乏制衡、开发商遗留问题多、物业服务质量差、物业费收入及支出不透明等诸多问题。针对以上问题,海拉尔区检察院向相关行政主管部门制发社会治理检察建议,建议加强对物业服务企业服务质量的监管,细化分级管理和信用评价明奖惩;加强对住宅小区竣工验收各环节的监督,督促商品房开发建设企业减少有关竣工验收的矛盾纠纷,延伸服务,协调行政部门和运营单位勤履职等。检察机关通过依法履职,切实加强了城市住宅小区物业管理,提升了物业服务水平,推动了和谐宜居社区建设。

(二)行政检察部门以提前介入方式全程参与行刑反向衔接

作为行政权力制约和监督体系中的重要一环,行政违法行为监督和行刑衔接特别是反向衔接对于促进依法行政、推进法治政府建设具有重要意义。为解决反向衔接分工调整后审查期限紧张的问题,针对案情复杂、法律关系繁杂的反向衔接案件,在刑事检察部门初步形成不起诉意见后,行政检察部门提前介入,围绕被不起诉人是否实施了违反行政法律法规的行为、是否属于行政处罚的范围、是否在追诉时效范围内等问题同步进行审查,有效提升了审查效率。如新右旗检察院刑事检察部门对某污水处理公司负责人篡改水质检测数据涉嫌环境污染罪拟作出不起诉决定,行政检察部门提前介入,与执法部门多次沟通统一认知,受理案件后及时向相关行政机关制发检察意见书,行政机关依法作出对该企业负责人拘留7日的行政处罚。持续深化落实行政执法与行政检察衔接工作,通过提前介入办理生态环境和自然资源行刑反向衔接案件,提出检察意见68件,行政机关作出行政处罚62件,确保"罚当其错""罚当其责",有效保护了生态环境。

呼伦贝尔市检察院构建"行政执法与刑事司法反向衔接法律监督模型",该模型以破坏环境资源保护罪不起诉案件为切入点,侧重刑事司法向行政执法的线索移送,重点挖掘应行政处罚未予处罚、遗漏行政处罚项、免予行政处罚没有法律依据、申请强制执行行政处罚不符合法律规定等方面线索。对2021年以来全市非法占用农用地罪、非法狩猎罪不起诉案件进行全流程核查,经过数据梳理对比碰撞,排查出应予行政处罚未处罚案件线索31条,向行政机关提出检察意见督促作出行政处罚。运用大数据模型,以提前介入方式全程参与行刑反向衔接,能够解决开展两法衔接工作中存在的线索发现难、两法衔接案件量小的问题,拓宽办案规模,开展行政违法行为检察监督,破解基层检察院行政检察案件来源匮乏的难题,加大行政检察护航民生民利领域,推动行政检察工作现代化发展。

二、以"全面"为切入点,提升办案广度

呼伦贝尔市检察机关在履职中注重"个案发现—类案监督—系统治理",推动行政检察监督由个案向类案、由被动向主动、由办案向治理

高质效行政检察监督的理论与实践

转型升级。

（一）全角度开展"穿透式"监督，促进行政机关依法行政

呼伦贝尔市检察机关在办理涉及安全领域案件中，既要切实履行传统的行政诉讼监督职能，又要积极推进行政违法行为监督，坚持诉讼内监督与诉讼外监督"双轮"驱动，促进行政机关依法履职和系统治理。如呼伦贝尔市检察院办理的李某某诉某公安局行政拘留及行政赔偿监督案中，公安机关以李某某指使他人对电梯实施破坏为由对李某某行政拘留10日，李某某不服提起行政诉讼，人民法院驳回李某某的诉讼请求。李某某遂向检察机关申请监督。检察机关经调查核实，查明李某某确实存在违法行为，应当予以行政处罚，公安机关在收集调取证据过程中存在程序瑕疵，不影响行政处罚的合法性。呼伦贝尔市检察院通过调查核实、公开听证、释法说理等多元方式促使李某某主动撤回监督申请，同时在履职中开展行政违法行为监督，既监督被诉公安机关执法过程中的违法行为，又监督与被诉行政行为关联的行政行为，督促市场监督管理部门履行电梯安全监管职责，整治电梯维保行业恶意竞争乱象。市场监督管理部门收到检察建议后，在全市14个旗市区开展自查工作，全面排查电梯监管漏洞，加强对电梯维保行业准入、备案、违法惩处等方面的监督管理，积极推进应急救援系统建设，对电梯维保作业全过程实现全方位监督。

行政检察监督案件中对法院进行监督需充分考虑到行政行为的合理性和必要性，以及行政相对人的合法权益，避免就案办案、"一抗了之"，要善于运用多元化解措施努力在维护法治秩序和促进社会和谐稳定之间找到最佳平衡点。如鄂伦春旗检察院在办理左某某等3人诉某人力资源和社会保障局工伤认定案件中，经审查发现法院判决存在主要证据不足、适用法律错误等情形，导致审判结果错误，人社部门不予认定工伤是否合法的争议焦点一直处于未决状态，检察机关通过再审检察建议启动再审程序，促进法院纠正错误，保障法律统一正确实施，维护了当事人的合法权益。同步监督涉案行政机关违法行为，对促进依法行政

起到积极作用，促成行政争议的实质性化解。

（二）加大类案监督力度，实现以案促治

类案监督是高质效办理案件、精准监督、助推社会治理的重要方式。呼伦贝尔市检察机关树立个案监督和类案监督相结合，办理一案治理一片的监督理念，充分发挥行政检察职能，对个案中的错误应监督尽监督，注重由个案监督向类案治理的转化和升华。结合具体案件，综合运用个案研判、类案分析、调研总结等方式，通过个案监督触类旁通，穿透至类案，以类案监督堵塞社会治理漏洞。如某区检察院在履行行政诉讼监督职责中发现，某区卫生健康委员会在办理一家美容会馆未依法取得公共场所卫生许可证擅自营业行政处罚案过程中存在告知救济途径不正确、公示不及时、不全面、不准确等问题，通过研判，发现区卫生健康委员会在办理行政处罚案件中，存在行政处罚信息均系作出行政处罚决定后超过7个工作日在政府门户网站滞后公示案件77件，引用已被修订的《公共场所卫生管理条例》、引用错误法律条文案件31件，告知起诉期限错误案件10件，未告知诉讼管辖法院案件7件，一次行政处罚多次重复公示案件5件，告知复议机关错误案件4件，未准确公开行政处罚信息案件3件等诸多类似违法情形，针对以上问题制发类案检察建议。行政机关高度重视检察建议，提高责任意识，对规范执法问题进行整改，主动提升了执法质量和水平。检察机关主动归纳反思同一行政机关多个类似性质的行政行为违法情形，以类案进行监督，主动解决社会治理中的堵点问题，促成及时纠正，促进了法律的统一正确适用。

（三）丰富监督方式，强化综合治理

呼伦贝尔市检察机关紧盯与国家重大战略实施、民生民利保障、营商环境建设等密切相关的重点领域，聚焦影响行政相对人合法权益的行政争议，将办案理念向源头治理、系统治理、综合治理延伸，助推一类问题或者一个行业、一个领域突出问题的解决，实现监督效益最大化。额尔古纳市检察院履职中发现当地落实农民工工资保函制度过程中存在保险理赔困难、步骤烦琐,甚至保险公司拒绝理赔等情况,导致农民工权益受损。检察机关应当充分发挥检察职能,针对行政机关把关不严、沟通不畅导致建筑工程领域农民工工资保函制度落实难的问题,向该市人社局、住建局、水利局、交通局等4个部门制发检察建议。行政机关收到检察建议后,立即整改,促进行政机关填补制度漏洞,完善了农民工工资保函制度的适用条件。在办理本案过程中,邀请人民监督员、人大代表、政协委员参加公开听证、宣告送达,邀请人民监督员参与检察建议的研究提出,这样既可以充分听取意见,积极接受监督,不断推动检察工作向纵深发展,也可以通过权力监督、民主监督和社会监督的手段,促使行政机关提高认识,积极整改落实,提升检察建议的刚性。行政机关通过建章立制依法落实农民工工资保函制度,推动当地过半数在建工程适用农民工工资保函,助推综合治理。该案被最高人民检察院评为"百件优秀行政检察类案"。

再如,满洲里市检察院在办理一起行政非诉执行监督案件中发现,该地区外国人非法入境、非法居留、非法就业的"三非"问题频发。检察机关对案件背后深层次的社会问题进行梳理,在履行监督职责中既要监督行政机关违法行为,同时要强化源头治理,建议公安机关对"三非"外国人问题开展专项治理。为进一步拓展监督效果,与公安机关会签《关于规范开展外国人非法入境、非法居留、非法就业治理联动工作机制的意见》,与行政机关形成长效机制,以检察高效履职护航经济社会高质量发展。

三、以"全员"为保障,提升办案力度

呼伦贝尔市检察机关树牢"一盘棋"意识,紧紧把握检察一体化履职的核心特点,努力实现更优配置资源、更紧增进联动、更强凝聚合力。对外与法院、行政机关协作配合,打通信息交换、案件线索移送、争议化解协作等沟通渠道,并通过召开联席会议、开展同堂培训、干部交流挂职等方式,强化工作交流,为检察机关办理相关领域案件提供有力支撑。

（一）推进密切配合的横向一体化，提升行政检察监督质效

呼伦贝尔市检察机关强化内部一体联动，坚持系统观念和一体化办案原则，注重内设机构之间的横向沟通，强化涉及民事、刑事业务行政诉讼监督案件的综合办理和案件线索的发现、移送，完善一体化办案机制。如扎赉诺尔区检察院办理诈骗刑事案件发现被拆迁户在棚户区改造过程中申请安置房后重复申领房屋补偿款，行政检察部门收到刑检部门移送线索后向住建部门制发纠正违法检察建议，全力追缴重复发放补偿款，避免国有财产损失。

立足行政诉讼案件集中管辖实际，运用相邻院集中办案机制，加强行政诉讼案件集中管辖法院所在地检察院与涉案地检察院协作配合，坚持依法履职，落实精准监督，实现监督办案效益最大化。在办理征地拆迁、安置房保障、宜居环境建设等领域案件中，按照"地域毗邻"和"优势互补"原则，充分发挥相邻院一体化办案机制，切实保障人民群众住有所居、居有所安。如海拉尔区检察院在办理房屋征收补偿领域的裁判结果监督系列案件中，法院判决李某某等3人与政府签订的《房屋征收补偿协议》因违反法律强制性规定，被认定无效，李某某等3人的安置房面临被收回。海拉尔区检察院针对法院异地管辖问题，运用"相邻院集中办案"机制，区域一体，相互协同，从实质性化解行政争议出发，促成双方重新签订安置补偿协议，既提升了政府的公信力，又圆了百姓的"安居梦"。

（二）形成齐心协力的纵向一体化，增强行政检察凝聚力

立足行政检察监督履职，于变局中开新局，于危机中育先机，聚焦群众关切，在履行法律监督职责中开展行政争议实质性化解，为百姓求公道，为社会消戾气，努力实现办案"三个效果"的有机统一。在纵向上加强对下指导，充分发挥"案涉地"基层院距离当事人近、熟悉当地情况、便于开展工作的优势，市、旗两级检察机关共同开展调查核实，共同确定争议化解方案及步骤。呼伦贝尔市检察院积极落实行政检察

高质效行政检察监督的理论与实践

"一案三查",切实把化解行政争议作为审查行政诉讼监督案件的必经程序,将法律监督职责融贯于具体的诉讼活动中,实现"在办案中监督,在监督中办案"。实质性化解行政争议中有效利用一体化办案机制,能够整合优化办案力量,提高化解成功率。如呼伦贝尔市检察院在办理拉某某、呼某某与某市自然资源局行政复议纠纷一案中,采取由分管领导包案,市检察院出谋划策,基层检察院协调配合,两级检察院一体化联动方式化解行政争议的模式。案件办理过程中,分管副检察长带队指导新巴尔虎左旗检察院与相关行政机关召开联席会议,全面了解涉案土地的性质和土地征收补偿纠纷的渊源,共同探讨化解的具体方案及步骤,利用两级检察院一体化办案机制共同开展行政争议实质性化解工作,圆满化解了长达13年的行政争议。

呼伦贝尔市检察机关把检察一体化理念灵活运用到线索移送、案件质量评查、对下指导等多领域,形成条线沟通高效、配合紧密的格局,帮助检察机关破难题、补短板,为检察为民工作强本固基。

(三)加强对外协作,推进机制建设

内蒙古自治区检察院以机制建设推动解决民生难点问题,促成公检法司出台《关于加强交通肇事相对不起诉案件移送行政处罚的工作办法》,有效解决交通肇事相对不起诉后未吊销机动车驾驶证问题。呼伦贝尔市检察机关以此为契机,加强与公安交管部门、交通局等单位协作配合,推动会签文件9份,建立联席会议、信息共享、案件移送等工作机制,与执法机关形成良性互动,推进执法规范化建设,有效推动解决醉驾治理、超标电动车治理等问题,形成"由案到治"的监督闭环,切实保障了人民群众的出行安全。

解决群众急难愁盼问题,是呼伦贝尔市检察机关努力方向。呼伦贝尔市检察机关强化与行政机关协作配合,进一步加强社会保障领域行政检察监督工作,依法护航就业、养老、工伤认定及工伤保险、劳动监察、农民工权益保障等社会保障重点领域存在的问题,呼伦贝尔市检察院与呼伦贝尔市人力资源和社会保障局对接协作机制,会签《关于在社

会保障领域加强配合协作的意见》，建立社会保障领域行政执法与行政检察衔接配合机制，形成社会保障领域工作监管合力。扎兰屯市检察院从社会治理、纠正违法、解决行政争议产生的源头出发，在办理陈某某等 24 人不服人社局暂停发放养老保险待遇行政监督一案中，调查核实人社部门在办理集体企业养老保险待遇时存在审查把关不严致使多人可能违规领取养老金的违法行为，通过制发检察建议督促人社部门依法重新办理养老保险待遇事宜，同时与纪委监委、法院、公安、人社等部门会签《关于建立基本养老金监管协作配合机制的实施意见》，构建机制，推动困扰 24 人近 3 年之久的行政争议案件得到圆满解决。

四、以"全效"为目标，提升办案温度

聚焦老年人、妇女、农民工等重点人群权益保障，明确"为民生办实事"的宗旨理念，发挥行政检察职能，聚焦特殊群体权益保护，加强民生司法保障。

（一）以实质化解行政争议为目标，破解纠纷难题

推动行政争议实质性化解，既是落实行政诉讼立法目的的重要举措，也是推动解决行政诉讼"程序空转"、促进基层社会治理的客观要求。呼伦贝尔市检察机关从实质性化解行政争议，针对婚姻登记领域超过法定起诉期限原因无法立案等"程序空转"问题，注重法理、事理、情理的有机融合，以"如我在诉"的态度实质性解决婚姻登记领域问题。如鄂温克旗检察院在办理白某诉某旗民政局撤销婚姻登记行政纠纷检察监督案中，金某因未达到法定婚姻登记年龄，冒用其姐姐乌某的名义与白某办理结婚登记。多年后白某因其与乌某的婚姻关系存续，导致其在申请贷款、孩子学籍登记等方面存在不便，诉至法院，请求撤销该婚姻登记。法院以超过法定起诉期限为由裁定驳回起诉。鄂温克旗检察院审查认为，法院裁定驳回起诉并无不当，但由于案件未进入实体审理，白某因无法撤销婚姻登记而面临的实际困难并未得到解决，遂依托

与法院建立的协作配合机制，共同推进行政争议实质性化解工作，合力推动撤销了该案婚姻登记。2022年以来，呼伦贝尔市检察机关共实质性化解冒名顶替、弄虚作假等婚姻登记争议66起，在切实维护妇女权益方面发挥行政检察作用。

呼伦贝尔市检察院深入践行新时代"枫桥经验"，始终秉持为民情怀，坚持找准症结，化解心结，为老百姓解决好问题、化解好矛盾，在办理祁某某等6人与某公安局行政处罚决定纠纷监督案中强化精准监督，分管领导多次带队与政府及相关行政机关开展化解座谈，通过包案"打样"，调动各方力量，相关单位都参与到为民办实事中，让人民群众感受到司法机关的温情；在办理罗某某与某市人社局行政不作为纠纷检察监督案中，经审查发现罗某某因在退休计算工龄时没有工资条等印证材料，工龄认定少了4年，法院生效裁判并无不当，但罗某某的诉求存在合理之处，考虑到其长期诉讼且生活困难，为其申请司法救助金1万元，化解了长达10余年的行政争议。

（二）依托"府检联动"，以案促治、协同共治，推动落实农民工权益保护

呼伦贝尔市检察机关充分发挥行政检察职能，积极参与根治欠薪专项行动，在办理涉建设工程领域欠薪案件过程中，研究背后深层次原因，以案促治、协同共治，实现检察监督与行政执法同向发力，切实当好农民工的检察"护薪人"。海拉尔区检察院部署开展"护薪行动"，针对企业拖欠劳动者工资、劳动者维权困难的情况，推动建立保障特殊群体权益协作机制，为特殊群体依法维权"撑腰"，协助相关职能部门做好矛盾风险化解工作，防止因拖欠薪资引发群体性事件，努力维护社会稳定。阿荣旗检察院依托全国根治欠薪线索反映平台，发现辖区内8个建设工程项目欠薪线索82条，向人社部门制发类案监督检察建议，督促加强欠薪源头治理。满洲里市检察院针对劳动者索要劳动报酬同时向法院起诉并申请仲裁问题分别向法院、仲裁委员会制发检察建议，推动裁审衔接，实现信息共享，避免重复受理，共建劳动争议多元化解机

制,共筑劳动维权"防火墙"。

(三)将大数据赋能与法律监督相结合,守护老年人权益

积极顺应人口老龄化趋势,运用数字思维,以经济性、兼容性、可复制性为导向,构建死亡人员违规领取高龄津贴大数据检察监督模型,比对全市8万余条人口死亡数据和5万余条高龄津贴发放数据,发现死亡后冒领高龄津贴超过半年的有200余人,还发现在非户籍地违规申领高龄津贴、在不同地点重复领取高龄津贴等情形,针对上述问题监督民政部门追回冒领高龄津贴,加强申报环节的审核把关,建立信息互通机制,打破信息壁垒,实现动态监管,促使相关部门实现多部门协同推进高龄津贴制度有序规范实施。

专题五

大数据赋能行政检察

数字行政检察：内涵、机理、隐忧及应对[*]

张 迪[**]

《中共中央关于加强新时代检察机关法律监督工作的意见》要求，面对新发展阶段人民群众在民主、法治、公平、正义、安全、环境等方面的新需求，应加强新时代检察机关法律监督工作。[①]在这一背景下，检察机关积极作为，提出了"数字检察"这一改革方案，并得到了理论界的响应。[②]"数字检察"也称为"数智"检察、法律监督数字化，集中表现为通过大数据、智能算法等新兴技术同法律监督工作的融合，建立法律监督数字模型及其配套系统，发现与推动破解执法司法权力运行及社会治理中的深层次问题，保障法律正确实施。[③]

数字检察的提出对于行政检察的改革和发展来说，既是契机又是挑战。在"四大检察"的工作格局下，"数字行政检察"主要指数字赋能

---

[*] 原文载于《行政法学研究》2024年第3期。
[**] 张迪，华东政法大学副研究员。
[①] 参见《中共中央关于加强新时代检察机关法律监督工作的意见》，载《人民日报》2021年8月3日。
[②] 参见胡铭：《全域数字法治监督体系的构建》，载《国家检察官学院学报》2023年第1期；胡铭：《论数字时代的积极主义法律监督观》，载《中国法学》2023年第1期。
[③] 参见高景峰：《数字检察的价值目标与实践路径》，载《中国法律评论》2022年第6期。

下的行政检察①,在司法实践中又被称为"大数据赋能行政检察监督"②,它不仅是新时代发挥检察职能的重要内容③,更是数字检察的重点改革领域。众所周知,传统行政检察存在线索发现难、类案治理难、督促整改难等问题,通过"数字"赋能行政检察,为破解上述传统难题提供了新的技术支撑。但遗憾的是,当前研究虽揭示了数字检察的核心要义与发展进路④,却尚未对数字行政检察进行专门性的研究和探讨。作为实践中生发出的"新事物",数字行政检察的实践内涵与生成机理为何,它的发展存在什么隐忧,我们应如何应对这些隐忧。针对这些问题,本文首先结合笔者实地调研所掌握的信息,尝试从司法实践中提炼出数字行政检察的核心内涵,其次分析其生成机理,指出其发展隐忧,最后从理念出发,提出解决其发展隐忧的可行方案。

一、数字行政检察的实践内涵

(一)数字行政检察的实践样态

对数字行政检察的实践观察需要从两个维度进行:一是聚焦个案中数字行政检察的运行样态,二是聚焦数字行政检察监督模型的推行方案。

1.数字行政检察的个案样态。在个案办理中,数字行政检察的基本流程:第一,发现线索。一般来说,检察机关会在案件办理或调研中,从行政诉讼、行政非诉执行案件中寻找行政违法等线索,继而根据这些

---

① 需要说明的是,笔者在本文并未使用"行政数字检察"一词,这是因为,"行政检察"是"四大检察"的重要组成部分,而"数字行政检察"是"行政检察"的"数字化",因而运用"数字行政检察"称呼"行政检察"数字迭代的新样态更加贴切、合理。

② 张相军、林群晗、马睿:《践行检察大数据战略 全面深化行政检察监督——大数据赋能行政检察监督典型案例解读》,载《人民检察》2022年第24期。

③ 参见肖中扬:《论新时代行政检察》,载《法学评论》2019年第1期。

④ 参见贾宇:《论数字检察》,载《中国法学》2023年第1期;高景峰:《数字检察的价值目标与实践路径》,载《中国法律评论》2022年第6期。

线索，确定是否有类案监督的必要。第二，数据赋能。数据赋能包含数据收集和数据分析两个环节。首先，数据收集环节主要指检察机关通过各种途径收集相关数据，比如，法院数据、行政机关数据及其他社会数据。[1] 其次，数据分析主要指行政检察监督模型的构建，通过行政检察监督模型开展数据筛查、比对、碰撞、分析，以发现批量性的异常案件线索。实践中，行政检察监督模型主要有两种构建方式，即逻辑驱动型和数据驱动型。[2] 逻辑驱动型模型由于设计简单、构建成本较低等原因，成为检察机关进行模型构建的首选。第三，类案监督。当行政检察监督模型输出异常案件的线索后，检察人员会对相关线索进行筛选、整合、分析，进而依照法律规定，由负责部门制发检察建议，督促其依法履职。

2. 数字行政检察的推行样态。实践中，数字行政检察的推行依赖以下机制：其一，"1+N"的应用孵化方式。"1+N"具体指一个平台多种监督模型的统管方式。2022年11月，最高人民检察院成立了数字检察办公室，其后续的主要工作之一就是建立法律监督大数据管理平台，汇聚各种可推广的大数据法律监督模型供四级检察机关使用。[3] 安徽省和湖北省人民检察院已经构建了大数据法律监督平台，并在平台上构建不同类型的法律监督模型。这一举措是为了统筹法律监督模型研发工作，避免出现多头研究的情况。其二，典型模型全域推广机制。数字行政检察的目的是实现系统治理。实践中，部分先行地区更推出了"一域突破、全省共享"的经验做法，成为辖区内检察院"一个都不能少"的保障。[4] 总体而言，数字行政检察是数字检察的重要组成部分，其仍然从宏观上遵循了"个案办理—类案监督—系统治理"的数字检察路径。

---

[1] 以笔者实地调研的A省N市检察院为例，其数据收集由该检察院的技术部负责，技术部门通过N市大数据管理局，向相关单位调取数据。

[2] 参见刘品新：《论大数据法律监督》，载《国家检察官学院学报》2023年第1期。

[3] 参见翁跃强、申云天：《数字检察工作中的十个关系》，载《人民检察》2023年第1期。

[4] 参见刘品新：《论大数据法律监督》，载《国家检察官学院学报》2023年第1期。

（二）数字行政检察的核心内涵

内涵是一个概念所能反映的事物的本质属性的总和，明晰数字行政检察与传统行政检察的主要区别，是掌握数字行政检察核心内涵的有效途径。数字行政检察是"数字"与新时代行政检察的融合，二者结合后生成了一种"穿透式"、类案式、一体化的新型行政检察监督模式。新的法律监督有利于找准、破解、预防社会治理层面隐蔽性、深层次、老大难问题。[1]

1. "穿透式"的行政检察监督。传统行政检察着眼于对数据直接信息的分析，对数据与数据之间的关系、数据态势的异常等间接信息、隐藏信息缺乏深层次挖掘[2]，因此，难以挖掘深层的社会治理问题。数字行政检察模式下，检察机关通过分层检索、数据碰撞、数据统计等方式对海量文书进行分析研判，挖掘传统行政检察难以发现的案件线索。这种穿透表层信息、发现真正问题并加以实质化解的行政检察监督是一种"穿透式"的监督，这有助于解决传统行政检察所存在的"倒三角""程序空转""案结事未了"等难题。[3]

2. 类案式的行政检察监督。算法的运用与大数据的挖掘极大程度地降低了类案识别的难度，算法可以对海量数据进行高效率、高精度地获取、识别与分析，这为类案分析研判以及监督提供了可能。比如，传统的行政检察采用"数量驱动、案卷审查"的办案模式，这种办案模式的弊端明显，造成的是可成案线索发现不足，精力和时间被浪费在堆积如山的案卷遴选中。[4]数字行政检察实现了从个案审查到类案监督的新跨

---

[1] 参见刘品新：《论大数据法律监督》，载《国家检察官学院学报》2023年第1期；刘庆杰：《大数据技术赋能法律监督》，载《中国科学院院刊》2022年第12期。

[2] 参见卞叶：《以需求为导向深度构建数字应用体系》，载《检察日报》2023年4月26日。

[3] 参见秦前红、李世豪：《以"穿透式"监督促进行政检察功能更好实现》，载《检察日报》2022年2月11日。

[4] 参见唐陆奇、胡龙飞：《数字化行政检察的基层探索》，载《中国检察官》2021年第13期。

越。① 在行政检察监督模型构建阶段，检察机关根据办案经验对异常案件的形象进行刻画并建模。在法律监督线索发现阶段，检察机关利用监督模型对类案进行分析，批量式地发现异常案件。在法律监督意见落实阶段，检察机关就一批相似案件提出监督意见和措施。

3.一体化的行政检察监督。与传统的行政检察监督不同，数字行政检察是一种一体化的行政检察监督。这主要体现在以下两个方面：其一，上下级检察机关的一体化履职。数字行政检察模式下，特定的行政检察监督模型一旦得到认可，就可以迅速在全国铺开，形成全国行政检察部门的相互联动，这是不同于传统行政检察的一体化履职模式。其二，检察机关内部部门间的一体化履职。数字检察工作是对传统检察工作的重塑性变革，彻底改变了以往各部门被动办案、单打独斗的格局，需要多部门联合行动，形成全新的办案机制。甚至在个别领域，可以探索以综合履职方式一体化开展，集中统一履行刑事、民事、行政、公益诉讼检察职能。②

二、数字行政检察的生成机理

明晰数字行政检察的生成机理，不仅有助于我们认识数字行政检察改革的必然性和必要性，还是我们把握数字行政检察改革方向和路径的前提和基础。

（一）数字行政检察是完善我国社会治理发展的必然要求

党的十八届四中全会通过的《中共中央关于全面推进依法治国若干重大问题的决定》（以下简称《决定》）要求创新社会治理体制中法律制度的建设，完善教育、就业、收入分配、社会保障、医疗卫生、食品

---

① 参见贾宇主编：《大数据法律监督办案指引》，中国检察出版社2022年版，第26页。
② 参见申云天、徐彬：《数字检察：走好新的长征路》，载《检察日报》2023年4月26日。

安全、扶贫、慈善、社会救助和妇女儿童、老年人、残疾人等合法权益保护等方面的法律法规。从社会治理体系结构来看，我国社会治理的责任主要由行政机关来承担，但行政权力具有扩张性等特征，因此需要从外部予以监督，以制约权力的运行。检察机关作为专门的法律监督机关，是从法治维度保障社会治理有效开展的关键，位于社会治理体系的最末端，是社会治理的最后一道防线。[①]数字赋能行政检察监督有利于更加全面准确掌握情况，更加系统有效解决问题，助力推进社会治理现代化。此外，行政检察监督工作涉及法院、行政机关、案件当事人等多方主体，利益诉求多元。数字行政检察具有既监督法院公正司法，又监督行政机关依法行政的职能优势，能更好地依法履职，深度融入国家治理。

（二）数字行政检察是检察机关融入数字战略全局的必由之路

近年来，随着大数据、云计算、人工智能等的发展，数字革命正悄然进行。2023年，中共中央、国务院印发了《数字中国建设整体布局规划》，该文件指出，建设数字中国是数字时代推进中国式现代化的重要引擎，是构筑国家竞争新优势的有力支撑。加快数字中国建设，对全面建设社会主义现代化国家、全面推进中华民族伟大复兴具有重要意义和深远影响。我国已经明确了数字战略布局。在这一背景下，检察机关虽然初步完成了信息化建设，但是相较于行政机关的"数字行政"建设与审判机关的"智慧法院"建设，检察机关的数字化建设程度相对较低。对检察机关来说，在数字时代下，其必须关注数字革命，积极适应和投身到数字化建设之中，才能抢占发展的制高点，助力数字战略布局的实现。

[①] 参见傅郁林：《我国民事检察权的权能与程序配置》，载《法律科学（西北政法大学学报）》2012年第6期。

（三）数字行政检察是化解行政检察监督质效较低的必要途径

监督实际上就是发现问题、纠正问题、解决问题的过程。但是，实践中的行政检察监督存在亟须补齐的短板：其一，被动性。实践中，行政检察监督最大的问题是监督线索发现难和监督线索来源窄导致行政检察监督处于被动状态，无法进行针对性的监督。其二，碎片化。传统的行政检察监督依赖人工发现线索、审查卷宗、办理个案。这种办案方式导致行政检察监督陷入零散化的状态，缺乏系统性，行政检察监督的整体效应不强。其三，浅层次。受限于监督方式与手段，以往的行政检察监督往往无法发现和纠正深层次问题，反而会办理一些简单案件以应对绩效考核，这既不利于行政争议的实质化解，也无法实现应有的社会治理效果。① 在这一背景下，数字化赋能行政检察就显得意义重大。数字行政检察是人和模型的结合，它以检察官为主体设计理念，深化信息科技与法律监督的全域融合，是一种"穿透式"、类案式、一体化的行政检察监督，能够整体上推动法律监督体系和监督能力的质量变革、效率变革、动力变革。② 因此，数字行政检察是化解行政检察监督质效较低的切实途径。

三、数字行政检察的发展隐忧

在数字化浪潮下，行政检察监督正发生着由案件监督向数据监督转变、人力监督向算法监督转变的内嵌式变革。但是，因改革理念不清、法律规范供给不足、新兴技术异化等原因，导致数字行政检察的发展存在隐忧：在制度维度，数字行政检察的改革重心与监督边界不清；在技

---

① 参见贾宇主编：《大数据法律监督办案指引》，中国检察出版社2022年版，第10—11页。

② 参见贾宇：《检察机关参与网络空间治理现代化的实践面向》，载《国家检察官学院学报》2021年第3期。

术维度，数字技术赋能带来潜在的公正遮蔽风险。①

（一）制度维度：数字行政检察的改革重心与监督边界不清

从数字行政检察的实践样态来看，数字行政检察的改革重心并不清晰，实践中行政检察监督模型的构建方向与数据获取的难易程度直接相关，因此，数字行政检察的改革重心聚焦行政非诉执行监督与行政违法行为检察监督。此外，数字行政检察的监督边界也不清晰，这就导致数字行政检察的改革将偏离原有的制度预期。

1.数字行政检察的改革重心不明。新时代的行政检察形成了以行政诉讼检察监督为基石，以行政非诉执行检察监督、行政违法行为检察监督为新的增长点的监督新格局。数字行政检察是新时代行政检察的数字化，行政诉讼监督应当是数字行政检察的重心。但就目前改革实践来看，大部分行政检察监督模型最终会聚焦行政非诉执行监督与行政违法行为检察监督。实践中，数字行政检察的重心与数据获取的难易程度直接相关。以笔者调研的 A 省 N 市检察机关为例，大多数的检察监督模型是由当地县区级检察机关根据自身需要来构建的，在检察资源有限的情况下，数据获取的难易程度决定了模型的构建方向。相较而言，审判机关的数据较难获取，因此，行政诉讼监督的数字化工作较难开展。

应当承认，在数字行政检察的改革初期，积极鼓励各级检察机关根据自身情况构建行政检察监督模型的举措具有一定的必要性。但是，从本质上来说，数字行政检察的改革是以法律规范为依据、以社会治理现代化为方向的，在检察机关内部资源较为有限的背景下，相关数字行政检察的重心不应完全由省市县区级检察机关自行主导。特别是在行政违法行为检察监督之客体边界不清的情况下，数字行政检察的改革不能被数据所"绑架"——由数据获取的难易程度决定数字行政检察的方向。

---

① 有学者从权力、制度、技术三个维度来诠释乡村韧性治理，本文借用了此种思路，分析数字行政检察发展中的主要隐忧。从制度、权力、技术三个维度来诠释乡村韧性治理的内容，参见李艳营、叶继红：《乡村韧性治理的三重维度：权力、制度、技术——基于国家—社会关系理论的分析》，载《湖湘论坛》2022 年第 6 期。

2. 数字行政检察的监督边界不清。在数字行政检察推行的过程中,行政检察监督客体的边界一直处于模糊不清的状态。其中最为突出的是行政违法行为检察监督之客体的边界不清问题。《决定》中明确指出"检察机关在履行职责中发现行政机关违法行使职权或者不行使职权的行为,应该督促其纠正"。2019年《最高人民检察院工作报告》中首次明确"在办案中监督、在监督中办案"的理念。这些文件为行政违法行为监督提供了政策上的依据,初步划清了行政违法行为的监督边界,即监督线索需要在办案中发现。然而,实际上,数字化行政检察监督的运行,在一定程度上突破了"在办案中监督"的边界。比如,有的检察机关在阅读新闻时,发现监督线索、构建法律监督模型。[①]此外,在智能化趋势下,检察监督的物理空间被打破,若全程临场式的检察监督无针对性、无边界感地全面铺开,将导致权力部门的职能交叉,这将带来新的问题。

(二)技术维度:数字技术赋能带来潜在的公正遮蔽风险

实践中,逻辑驱动型行政检察监督模型的智能性低、建设成本小,而数据驱动型行政检察监督模型的智能性高、建设成本高。二者均由信息技术部门牵头,在听取检察官的意见后,转包给外部专业的技术公司来进行构建。但应当承认,行政检察监督模型的智能化是数字行政检察的应然走向,因此,我们不能忽视智能算法可能带来的潜在风险。具体来说,这些风险主要表现在以下三个方面:其一,算法的偏见风险。一方面,算法的设计由人来完成,这难免导致算法会存在偏见。特别是行政检察监督模型中监督点设计与运用,需要将法律规范转换成代码,在"法律代码化"的过程中,可能出现偏见的情况。另一方面,对智能算法来说,大数据本身存在的偏见问题可能导致算法结论中带有偏见。其二,算法的公开性缺陷。一方面,"数据壁垒"使得被监督者难以就数

[①] 参见贾宇主编:《大数据法律监督办案指引》,中国检察出版社2022年版,第228页。

据的真实性等问题反驳监督者。另一方面，算法黑箱的存在使得算法的解释与公开存在障碍。其三，算法的参与性缺陷。一方面，算法公开性缺陷导致被监督者的知情权、异议权和建议权难以实现，因而丧失了法律监督活动中的民主参与能力。①另一方面，行政检察监督模型中算法的引入，压缩了原有的法律监督程序，这将侵蚀传统正当程序中的"听取意见""说明理由"等参与性规则。

四、数字行政检察发展隐忧的应对

处于改革初期的数字行政检察存在诸多发展隐忧，这些问题的根源之一在于数字行政检察缺少明确、合理的改革理念。理念对于检察工作的发展具有全局性、根本性、方向性、战略性的指导作用。②只有明确数字行政检察的改革理念，才能从整体上、根本上解决数字行政检察潜在的发展问题。特别是，在一项制度的改革初期，改革者与践行者常常会忽略制度改革对其他主体的潜在影响，科学的改革理念能够在一定程度上克服这一问题。

（一）应对数字行政检察隐忧的理念：协作式的法律监督观

1. 既有数字行政检察改革理念之反思。数字检察的改革目标是"数字赋能监督，监督促进治理"③。有学者指出，数字检察下我们应奉行积极主义的法律监督观。④但是，就数字行政检察而言，其主动性更强，特别是检察权嵌入行政执法活动的法律监督更具扩张性。在改革初期可以提倡检察机关以积极的工作态度投入数字行政检察的改革之中，然而，完全积极的法律监督观有可能突破法律监督的本质要求。在数字行

---

① 有关算法侵蚀知情权、异议权和建议权的内容，参见王怀勇、邓若翰：《算法行政：现实挑战与法律应对》，载《行政法学研究》2022年第4期。
② 参见贾宇：《新时代检察理念研究》，中国检察出版社2021年版，第3页。
③ 童建明：《以大数据赋能新时代法律监督》，载《检察日报》2022年7月18日。
④ 参见胡铭：《论数字时代的积极主义法律监督观》，载《中国法学》2023年第1期。

政检察的语境下,这种积极的法律监督观念难以成为数字行政检察改革的核心观点。这由下列因素所决定:

其一,司法资源有限,数据平台、模型构建成本极高。人民检察院基于自身资源和能力的有限性,不能事无巨细地对所有的行政执法、司法活动进行检察监督,相反,行政检察监督必须有的放矢。其二,跨部门间的知识壁垒与信息差。实践中,检察官对于被监督机关的工作环节、程序、特点与规律等了解有限,检察机关的办案信息严重不足。这些因素导致检察机关难以依靠自身直接了解行政执法的痛点、难点,因此行政检察监督的目的难以真正实现。其三,治理问题各地不一,需要因时因地制宜。这一因素决定积极的法律监督需要有明确的目标和方向,而非根据案件监督的难易程度,无目的的决定监督的方向。正如有学者所言,一个地方的行政检察监督不可能,也不应该及于所有领域的所有违法行政行为,而只应根据各地的实际情况确定对违法行政行为监督的范围,不应搞"一刀切"。① 其四,行政检察监督是程序性监督,不具有终局性。行政检察对于相关行政行为并没有实体上的处分权,属于程序性权力。② 这就决定权威、超然、积极的行政检察监督难以得到被监督者的认可。

2. 协作式法律监督观的提出与证成。在网络信息时代,多元主体之间不再是一种利益争夺与支配的关系,是基于共同目标的协同关系。同理,数字行政检察以信息化推进检察系统内部相衔接的工作机制,以信息化畅通公检法等多机关,以信息化透视诉讼活动的真实情况,从整体上实现双赢多赢共赢。据此,笔者提出以"协作式法律监督观"③作为数字行政检察的改革理念。协作是指在目标实施过程中,不同国家机关之

---

① 参见姜明安:《论新时代中国特色行政检察》,载《国家检察官学院学报》2020年第4期。
② 参见江国华、王磊:《行政违法行为的检察监督》,载《财经法学》2022年第2期。
③ "观"即对事物的认识或看法,是带有某种价值判断的认识。本文中的协作式法律监督观指的是协作式的法律监督理念。

间、个人与个人之间的协调与配合。[①] 协作的前提是认识到自身的不足，需要其他个人和单位予以协助配合才能完成某些工作。就数字行政检察监督而言，行政检察部门人力、财力、物力都较为有限，同时行政检察监督的力度较为有限。在这一背景下，协作式的法律监督观有助于推进数字行政检察的效能发挥。

协作式法律监督观可以从宪法和法律中获得理论支撑。《宪法》第3条规定，国家行政机关、监察机关、审判机关、检察机关都由人民代表大会产生，对它负责，受它监督。从此条可以看出，我国的机构划分遵循在中央的统一领导下，充分发挥地方的主动性、积极性的原则。作为第一层级的权力机关派生出行政、审判和检察等第二层级的权力分支，检察机关与行政机关、审判机关同处一级，依法独立行使检察权，而二级机构之间属于权力分工关系，在特定事项的处理中相互配合。《人民检察院公益诉讼办案规则》第70条、《人民检察院组织法》第21条等规定，为检察机关与被监督机关之间的协作提供了法律支撑。除此之外，协作式法律监督观的理论出发点是"条件论"，即重视司法实践中的现实条件。正如龙宗智教授所言，"中国的司法改革总体上只能放在社会大系统内，采取司法内外互动的方法，因而只能是条件论的、渐进性的、改良的"[②]。换言之，数字检察改革应当考虑现实基础和条件。

3. 协作式法律监督观的具体内容。我们可以从监督目标、权限、态度、程序与方式五个方面来阐述协作式法律监督观的内容：

其一，在监督目标上，检察机关需要明确，行政检察监督不是全方位、无死角的行政监督，而是有方向、有重点的监督。数字行政检察的重心应当是行政违法、诉讼等中的治理重点、难点，以服务和保障广大人民群众的合法权益、促进经济社会发展、维护社会和谐稳定。其二，

[①] 就协作治理而言，这里的"协作"，是多元政治主体在遵守共同博弈规则的基础上通过协调与配合，保证各主体的多种政治需要得到持久性的表达，从而维持一种动态平衡的政治秩序。参见颜佳华、吕炜：《协商治理、协作治理、协同治理与合作治理概念及其关系辨析》，载《湘潭大学学报（哲学社会科学版）》2015年第2期。

[②] 龙宗智：《论司法改革中的相对合理主义》，载《中国社会科学》1999年第2期。

在监督权限上，检察机关需要明确自身与其他监督机关的关系。检察监督应与其他监督发挥合力，凡是其他监督主体已经在进行监督的事项，检察机关不应重复介入。①其三，在监督态度上，检察机关应持有一种法律面前与被监督机关平等适用法律的平等性监督思想，给予其他机关足够的重视。检察机关一定要摆正位置，明确监督与被监督者并非不对等的关系。特别是行政检察监督属于程序型监督，为了保障监督效果，更要与被监督者保持良好的关系。其四，在监督程序上，检察机关需要明确，一方面，协作是权责清晰下的协作，是在法律框架下的协作，协作式法律监督是依法、依规、依程序的法律监督；另一方面，检察机关要在监督过程中保障被监督者的参与权，加强与被监督者之间的平等对话。概言之，协作是一种特定的法律监督方式，强调通过自身的积极作为，策动另一方配合自身的法律监督工作。其五，在监督方式上，强调沟通式、实质化的监督方式。比如，实践中已经生发出的圆桌会议模式②，就取得了良好的效果。应当将此种监督方式在数字行政检察中加以确定和推广。

（二）应对数字行政检察隐忧的具体方案

面对数字行政检察的发展隐忧，检察机关应当从目标、权限、态度、程序与方式上秉持"协作"之理念，只有如此，才能真正地化解数字行政检察的发展隐忧。

1.以协作式法律监督观推进改革重心与监督边界之明确。首先，以协作式法律监督观推进监督重心之明确，避免行政检察监督模型的构建被数据所"绑架"。协作式的法律监督不仅是依法依规的监督，还是有目的有方向的监督。行政诉讼检察监督是行政检察的基石，理应成为数字行政检察的主要着力点之一。司法实践中，数字行政检察监督的着力

---

① 参见江国华、王磊：《行政违法行为的检察监督》，载《财经法学》2022年第2期。
② 圆桌会议机制指检察机关以圆桌会议的形式召集相关主体磋商沟通、交换意见，再由行政机关根据所得的一致意见给出整改方案与承诺，则能收获双赢多赢共赢的法治效果。参见朱梦妮：《行政权检察监督的三种模式》，载《社会科学家》2022年第5期。

高质效行政检察监督的理论与实践

点主要在于行政非诉执行检察监督与行政违法行为检察监督,这种局面与数据获取的难易程度相关。数字行政检察的改革仍然应以行政诉讼检察监督为主,以行政非诉执行检察监督与行政违法行为检察监督为辅。新时代行政检察需要注重行政诉讼监督工作的开展,以促进行政争议实质性化解,维护社会关系和谐稳定目标的实现。[1]

其次,以协作式法律监督观推进行政违法行为检察监督边界之明确。前文已述,考虑到司法资源的有限性与行政权力的丰富性、广泛性,以及数字行政检察的穿透性、扩张性,我们应当对行政违法行为检察监督进行限定。正如有学者所言,行政检察权运行所指向的对象须纳入相关程序运行的轨道,使之有效发挥行政检察制度所承载的价值功能,以有效预防和化解行政检察风险。[2]具体来说,行政违法行为检察监督应遵守如下边界:其一,行政违法行为检察监督的对象应当是民众反映强烈、与民众生活关系密切的领域。其二,行政违法行为检察监督的对象应是严重的行政违法行为。检察监督程序的启动是需要成本的,特别是数字行政检察模型的构建成本较高,如果将比较轻微的行政违法行为也纳入检察监督的范围,不但可能得不偿失,而且还可能导致行政机关的不配合。[3]其三,行政违法行为检察监督应当是对合法性问题的监督。协作式的法律监督是一种符合法律规范的监督,行政违法行为检察监督不能超越法律的边界,只能是针对合法性问题的监督。其四,行政违法行为检察监督应当是对"事"而非对"人"的监督。协作式的法律监督要求检察机关与其他监督机关之间协作配合,就此而言,对"人"的监督属于监察机关的职权范畴,检察机关不应当参与。

2. 以协作式法律监督观推动不同机关联动以化解利益冲突。针对数字行政检察所带来的数据获取难题,理论界的主流观点是,应构建数据

---

[1] 参见姜明安:《论新时代中国特色行政检察》,载《国家检察官学院学报》2020年第4期。

[2] 参见徐汉明:《行政检察客体之辩》,载《法学评论》2023年第4期。

[3] 参见刘畅、肖泽晟:《行政违法行为检察监督的边界》,载《行政法学研究》2017年第1期。

共享机制，打通检察机关与其他国家机关的数据壁垒。这一观点并未考虑到实际执行中的困难与问题。数据是在动态变化的，直接提供端口的方式较难得到其他国家机关的支持。对于数字行政检察中的数据获取难题，实务部门的学者提出，针对行政检察监督工作中信息衔接不畅通、情况掌握不全面等问题，应通过定期导入、专项获取等方式，实现与行政执法、行政诉讼、社会治理等数据共享。[①] 这一方案具有可行性，而此方案的推行需要借助协作式的法律监督观。笔者以为，应以协作式法律监督观推动部门联动以逐步化解利益冲突，具体方案如下：

其一，最高人民检察院应以中央政策为依据，明确协作目标与方向，推动与最高人民法院、国家层面行政机关等机构之间的协作联动。最高人民检察院应在数字行政检察改革中明确协作式的法律监督态度，以换取被监督者的理解；明确监督的主要目标和方向，以争取被监督者的配合；以社会治理现代化为推手，从高层推动部门之间的多层协作。实践中，2020年最高人民检察院与最高人民法院达成《关于建立全国执行与法律监督工作平台进一步完善协作配合工作机制的意见》，这表明检法两家协作开展大数据法律监督行动。这一方案就秉持了不同机关协作联动的理念，有助于推动数字行政检察的发展。

其二，省级人民检察院应推动市级检察机关积极履职以促进市级不同行政机关之间的联动，提升数字行政检察的监督质效。由市级司法机关承担数字行政检察主要工作的原因在于，司法实践中的地方数据一般由市级机关保存，当存在数据获取困难时，理应由市级检察机关主动承担获取数据的责任。

这里需要说明的是，不同层级的机关协作是共同推进、相辅相成的关系，二者共同推行的目的是不断提升检察机关的法律监督质效，以便化解权力部门间的利益冲突，将数字行政检察的方向、程序、方式等逐步法定化，最终依法依规、保质保量地推进我国社会治理的现代化。

---

① 参见翁寒屏：《数字赋能提升行政检察监督质效》，载《检察日报》2022年11月9日。

3. 以协作式法律监督观促进技术正当程序规制体系之构建。针对数字赋能带来的潜在的公正遮蔽风险，有学者已经提出运用技术正当程序理论构建技术正当程序规制体系。①笔者赞同此种观点。具体到数字行政检察领域，检察机关需要做的是，秉持协作式的法律监督理念，主动结合算法在行政检察中的具体应用场景，制定专门性的技术正当程序规制方案。具体而言，检察机关应从以下三个方面对算法风险进行防范与治理：

其一，算法偏见的防范。检察机关应坚持人机耦合战法，强调人为审查的主导地位。与此同时，明确行政检察监督的算法责任——因算法设计问题所产生的责任由设计者承担，因算法运用问题所产生的责任由运用者承担。此外，鉴于司法实践中，行政检察监督模型的构建一般采用技术外包方式，为了落实算法风险责任制度，最高人民检察院应对各级部门的技术外包合同进行统筹管理，通过制定标准化的模板，来告知和明确算法设计者所应承担的风险，以防范算法偏见风险。需要说明的是，在数字行政检察改革初期，算法备案制度可能难以构建。未来，在改革中后期，最高人民检察院应完善行政检察监督模型的备案制度，要求各级人民检察机关在使用算法前，将行政检察监督模型的相关信息向最高人民检察院报备。

其二，算法的合理公开。算法的公开需要权衡各方的利益，基于不同价值考量进行权衡分析，根据运用场景的不同进行类型化的处理。②从既有的实践状况来说，非智能型算法的应用较多，对于此类行政检察监督模型，检察机关应当一律公开。对于包含智能型算法的行政检察监督模型，因智能算法的设计和构建涉及商业秘密，合同双方一般会签订

---

① 技术正当程序理论并未否定传统正当程序理论，而是强调中立、透明、参与、可问责等核心要素，意欲通过排除算法歧视、强化算法透明、提升程序参与性、建立问责机制等来解决智能化所带来的程序法治问题。参见赵毅宇：《检察监督智能化的发展隐忧及应对逻辑》，载《法制与社会发展》2023年第2期。

② 参见张迪：《刑事诉讼中的算法证据：概念、机理及其运用》，载《河南大学学报（社会科学版）》2023年第3期。

保密协议，所以对于此类行政检察监督模型，仅要求检察机关对行政机关完全公开，同时要求行政机关对智能算法的相关内容进行保密。这里需要说明的是，智能算法一般都较为复杂，我们应要求算法设计者承担算法解释的部分义务，对算法的关键要素、构建逻辑、准确率等进行说明。

其三，全过程的算法参与。有学者提出，在事前监督环节，我们应构建算法评估制度，以保障被监督者的参与权。[①] 就实践现状而言，算法评估制度的构建成本高、程序烦琐，恐难得到检察机关的认可。笔者认为，合理的方式是，强化检察机关对行政检察监督模型的释明义务。此外，应在构建智能型行政检察监督模型时邀请被监督者的参与，这种方式更加合理、可行。在事中监督环节，我们应要求检察机关在运用行政检察监督模型进行行政检察监督时，在关键节点将监督信息告知被监督者，以保障被监督者的程序参与权。在事后监督环节，我们应当赋予被监督者以算法解释申请权、算法决策质疑权。

在新兴的数字社会，国家秩序需要不断地探寻并塑造，现代信息技术作为一种无形力量正在重塑和变革政治的运作逻辑。数字检察在这一背景下应运而生，数字行政检察作为数字检察的重点和难点，其发展却存在隐忧，这主要表现在数字行政检察的改革重心与监督边界不清、数字技术赋能带来潜在的公正遮蔽风险等方面。面对这些问题，我们需要反思数字行政检察的改革理念。立足于实践，我们应以协作式法律监督观作为数字行政检察的理念。检察机关需要在监督目标、权限、态度、程序与方式上秉持"协作"之理念，以推进数字行政检察的改革重心与监督边界之明确，推动不同国家机关之间联动，促进技术正当程序规制体系之构建，最终从实质上化解数字行政检察的发展隐忧。

---

① 参见赵毅宇：《检察监督智能化的发展隐忧及应对逻辑》，载《法制与社会发展》2023年第2期。

数字检察在行政检察与行政执法监督衔接中的应用研究

陈红伟　王晓萌　谢典书[*]

2024年1月14日，应勇检察长在全国检察长会议中强调："要探索监督事项案件化办理，深入实施数字检察战略，促进法律监督提质增效。"数字检察作为一种新型的法律监督模式，对行政检察监督模式的创新具有重要的推动作用，是检察机关法律监督工作适应数字时代的必然选择。本文结合大数据监督模型的应用实际，对行政检察与行政执法监督衔接的数字检察现状进行分析，完善数字检察"行政执法+行政检察"联动互促的应用路径，为行政检察改革提供创新思路，使数字检察将在未来的法律监督工作中发挥更大的作用，为深化行政检察改革、提升监督效能、加强法治建设提供有力支撑。希望本文能为相关领域的研究提供借鉴和参考。

一、行政检察与行政执法监督衔接中的现状分析

（一）行政检察与行政执法监督衔接的内涵

行政检察与行政执法监督的衔接是指在行政执法过程中，针对行政

---

[*] 陈红伟，黑龙江省人民检察院哈尔滨铁路运输分院党组成员、副检察长；王晓萌，黑龙江大学硕士研究生；谢典书，黑龙江省人民检察院哈尔滨铁路运输分院五级检察官助理。

机关违法行使职权或者不行使职权的行为，行政检察部门和行政执法部门之间协调合作、共享信息、相互支持，确保法律、法规和规章得到正确、及时和有效执行的一种工作机制，包括监督与反馈、信息共享、案件移送、工作协调等方面，从而提高行政效率、强化法律实施、保障公民合法权益和公共利益的维护。

行政检察监督案件主要分为对行政生效裁判结果监督、行政审判程序中审判人员违法行为监督、行政诉讼执行监督、行政非诉执行监督、行政违法行为监督与行政争议实质性化解。在衔接中，行政机关可以将相关文书抄送同级检察机关，向同级检察机关提出监督申请、立案监督建议，检察机关会对全案进行监督、审查、调查核实，依法提出监督意见，检察机关可以将行政检察案件的受理办理情况、相关法律文书、检察意见等抄送司法行政机关。通过行政检察与行政执法监督衔接可以破解"立案难"问题，进一步拓宽行政执法监督线索来源，促进检察机关与司法行政机关进行联合检查、案情通报、案件线索移送、信息共享，规范行政执法工作。《中共中央关于加强新时代检察机关法律监督工作的意见》要求执法司法机关推进跨部门数据信息共享、加强制约监督，强调"检察机关依法调阅被监督单位的卷宗材料或者其他文件，询问当事人、案外人或者其他有关人员，收集证据材料的，有关单位和个人应当协助配合"，然而目前行政执法监督与行政监督之间的衔接并不顺畅。

（二）现行传统衔接机制的问题

第一，目前的衔接存在"数据孤岛"现象，行政违法线索移送不畅。行政违法行为的线索来源多元、监督手段柔性，导致检察机关未能有效地系统性整合数据；不同部门之间的信息共享存在障碍，导致信息无法有效流通，影响了行政检察与行政执法监督的衔接效率。行政检察的案件一般分为在履职中发现案件和受理当事人申请案件两种方式，履职中发现行政检察案件主要依靠内部线索移送与对外部数据的监控，受理当事人申请案件则主要依靠当事人主动维权。一方面，实践中行政检察想要获取内部监督线索并不容易。检察机关在履行行政诉讼监督职责中，对发现行政机关违法行使职权或者不行使职权存在超越职权的、违反法定程序的、主要证据不足的、明显不当的、适用法律法规错误的、不履行或怠于履行职权等符合法律规定的应予监督的情形可以启动行政违法行为监督程序，各级检察机关通常通过与行政机关会签文件等方式实现行政内部线索信息共享，否则，对以上情况检察机关很难顺利调取信息。另一方面，由于行政检察监督职能的社会认知度较低，当事人主动到检察机关申请监督的案件十分有限。许多案件在实践中存在监督缺位的问题，以行政非诉执行案件为例，被处罚人往往不会主动申请检察监督，一些行政机关、人民法院也缺乏主动移送线索接受检察监督的意识，检察机关因信息不对称难以知晓和获取相关案件情况。

第二，目前的行政监督机制存在监督方式单一、力度不均、效率不高等问题。行政执法检察监督的主要监督方式为检察建议，这种方式并不具有强制性，导致监督效果有限。行政检察监督的覆盖面相对较窄，对行政执法活动的全面监督相对不足，监督力度在不同地区和领域之间存在不均衡。同时，行政检察监督内部的系统性不足[1]、程序不够连贯、缺乏跟踪监督，使得监督工作难以形成有效的闭环管理，如双向衔接机制不完善以及部分罪名的行刑衔接工作机制难以构建。行政检察监督受到综合多种因素的制约导致监督工作难以高效开展，效率不高。

第三，职能定位不够明确，行政责任落实不力。行政违法行为检察监督的内涵一直不明确，且长期以来，行政违法行为的监督分散在不同职能中。[2]在实际工作中，行政检察与行政执法监督的职能界限有时不够清晰，衔接机制存在概念模糊、程序不完善等问题，导致在具体案件处理中出现角色冲突和职责交叉的情况，如行政不法与刑事不法的区分不清、程序上的不连贯以及制裁力度的失衡等。

---

[1] 柏屹颖、翁芳洁：《行政检察监督与公益诉讼检察监督衔接机制研究》，载《中国检察官》2020年第18期。

[2] 刘艺：《建构行刑衔接中的行政检察监督机制》，载《当代法学》2024年第1期。

二、数字检察的内涵与作用

(一)数字检察的概念

数字检察是检察机关利用大数据、人工智能等科技手段,通过构建法律监督模型和相应的大数据平台,对案件线索进行高效识别、监督和治理,对行政执法和司法活动进行监督的创新模式,显著提升了法律监督的质量和效率。目前,数字检察主要是建立集数据采集、存储、分析、应用于一体的大数据法律监督模型或平台。创建大数据法律监督模型主要分为需求识别、数据收集、模型设计、模型测试、模型优化等几个阶段。检察机关在办案过程中发现问题和需求,归纳案件特征,针对这些问题开发监督模型。模型的构建需要在进行数据收集与整合后对数据进行处理和分析,针对案件类型总结定义监督点后进行代码研发,开发出能够进行数据分析与可视化工具,通过数据挖掘和机器学习技术,自动筛选和推送监督线索,同时形成监督模型与工作指引。

2022年全国数字检察工作会议召开以来,我国检察机关积极推进数字检察建设,通过运用先进技术手段不断提升检察工作的智能化水平,取得了显著的成效。截至2023年10月,全国检察机关研发运用取得成效的法律监督模型已达6000多个,其中已落地的行政检察大数据法律监督模型823个,利用模型挖掘线索62.1万余条,监督成案13.8万余件,助力刑事、民事、行政、公益诉讼检察监督办案8万余件,挽回各项经济损失107.8亿余元[①],这些模型能够从海量数据中发现类案线索,为法律监督提供支持。数字检察的实施不仅革新了传统的法律监督机制,而且通过促进数据共享、线索整合和类案管理,推动了社会治理体系和治理能力的现代化,是检察机关在全面推进依法治国战略中的重要实践创新,标志着法律监督模式的重大转型。

---

① 最高人民检察院数字检察办公室编:《数字检察工作情况》第12期,2023年10月17日。

（二）数字检察的意义

1. 以技术提效行政监督。数字检察实现了案件材料的电子化管理，减少了对书面审查的依赖，利用数字化工具和平台可以快速处理大量数据，对问题快速响应，提高检察工作的效率。通过建立统一的数据平台和信息共享机制，数字检察可以整合不同来源的数据，提高监督的协同性和有效性。通过大数据分析、人工智能等多样化的技术监督手段，数字检察可以全面、动态地实现对行政执法活动的监控，实现对监督工作的统一规划和协调，避免法律监督的碎片化，提高监督的系统性和整体性。

2. 形成多维性新监督。数字检察为检察工作注入了新的活力，提升了监督的多维性。第一，通过构建类案监督模型、强化协同治理等多方面措施，检察官可以利用数字检察深入挖掘案件背后的深层次问题，发现并解决一类问题的根源，提升监督的系统性和整体性，实现从个案办理向类案监督、系统治理的转型。第二，数字检察为检察官提供了高效履职的新平台和新工具，检察官可以利用大数据分析技术主动延伸监督触角，从海量的行政执法案件数据中发现监督线索，实现从被动接收案件线索到主动发现问题的转变。第三，数字检察在"虚实"空间治理并重的新行政检察模式中，实现了现实空间与网络空间的同步治理，提高了检察监督的覆盖面和深入度，为法治社会的建设提供了有力支撑。

3. 推动司法改革创新。检察信息化工作经历了"应用检务""网络检务"与"智慧检务"到现在的"数字检务"阶段，前三者都是靠技术来促使业务能力的提升，但技术释放的红利是有限度的。数字检察发展不仅仅是依靠制度，而且是在检察业务的实践引导中实现技术提升。数字检察的意义在于促进现有检察模式颠覆性转变。数字检察作为一种新型的法律监督模式，对行政检察监督模式的创新具有重要的推动作用，不仅提升了法律监督的效率和质量，而且对于推进国家治理体系和治理能力的现代化具有重要的时代价值。

（三）针对传统衔接机制问题的作用

第一，数字检察平台能够在一定层面上打破部门间的数据壁垒，打破信息孤岛，使得行政检察部门能够及时获取行政执法的相关信息，为检察监督提供更全面的信息支持，提高监督的时效性。第二，健全监督与反馈机制。通过大数据分析平台可以智能化精准识别违法行为，对行政执法活动进行智能预警，提高检察监督的精准度，也可以预测潜在的法律风险和社会问题，进而进行风险预警与预防。平台可以实现对行政执法案件统一管理，包括案件的登记、分配、跟踪和反馈等，使得行政检察部门能够更加高效地进行案件监督，数字检察平台的自动化和智能化功能减少了人工操作，提高了办案效率，缩短了案件处理时间。第三，类型化规则建构。根据不同类型的案件构建大数据监督模型，采用相应的数据建模方式，实现监督线索的智能筛查和风险预警，同时规范化案件移送流程，尽量使每种类型都有明确的操作指南和标准。通过对类案的深入分析和监督，促进同类普遍性问题的解决，实现治罪与治理并重，尤其是在处理大量案件和数据时可以提高检察监督的效率和准确性。

三、数字检察促进行政检察衔接的应用分析

（一）实践应用现状

许多检察院针对实践中存在的具体问题建立了相关监督模型，如山东省潍坊市潍城区人民检察院构建了行政机关未依法征收城市基础设施配套费监督模型、贵州省黔南布依族苗族自治州人民检察院建立了审前未羁押被告人判处实刑后未交付执行法律监督模型等。总体来看，数字检察正在成为提升法律监督质量和效率的重要工具，同时也在推动检察工作的现代化和法治化进程。

1.广东省人民检察院构建行政非诉执行大数据监督模型。针对实践中行政执法决定不能得到执行的问题，广东省人民检察院依托行政检察与行政执法监督衔接平台构建行政非诉执行大数据监督模型，通过自动获取行政执法信息平台、行政执法监督网络平台数据对接省内各级行政执法机关，依托183种结构化数据和57种执法文书实现特征筛查，将全省各级检察机关在办案中发现的常见违法事项总结为行政非诉执行大数据监

督模型，提升行政非诉执行监督案件的成案率。2021年，广东省检察机关共办理行政非诉执行监督案件7927件，通过检察建议、移送线索等方式开展监督的案件共计6137件。其中监督人民法院2733件，其中37%的违法情形属于本模型筛查的范围；监督行政机关3404件，其中48%的违法情形属于本模型筛查的范围，极大提升工作效率和办案质量。①

2. 黑龙江省人民检察院哈铁分院依托检察业务系统搭建哈铁行政检察数智平台。针对行政监督被动、碎片、广泛的实际需求，哈铁检察机关决定依托检察业务应用系统建立一个集数据分析、案源发现、实时监控功能于一体的行政检察数智平台。对于数据来源问题，一方面，该平台连接检察业务应用系统内部数据，督促控诉机关将案件线索移送给行政检察部门；另一方面，平台构建了外部线索发现功能，通过搜索中国裁判文书网、全省检察机关办案数据与调取的法院卷宗等，主动发现监督线索，打破了信息壁垒。数智平台可将同一案件、不同审级、不同法院的同类案件，同一法院不同时期对同类案件的裁判结果进行对比，通过自动化对"法院院别""本院认为""裁判结果""本院查明""争议焦点""审判人员""法律依据"等全要素进行动态分析，通过测算得出是否具备监督的可能性，比如可以通过对比两个行政机关同类案件执法标准不同的案件，发现违法线索，对需要监督的行政执法智能预警，也可以通过算法推导出案件的争议焦点，为检察官提供精准的智能化辅助，实现了使线索"浮出水面"、为办案"赋能增效"的目标。平台还有系统管理与指导调度等功能，实现了对行政执法案件的统一管理，使办案工作走向数字化、智能化，提高了办案效率。平台突出以问题为导向，创新性地通过文书对比进行数据分析发现治理漏洞或者监督线索，避免了传统设置监督点的大数据监督模型的局限性问题，有效破解了行政检察案源渠道狭窄、监督被动滞后的问题。

（二）现有数字检察应用的局限性分析

尽管数字检察在提升法律监督质量和效率方面取得了显著成效，但

---

① 最高人民检察院《大数据赋能行政检察监督典型案例（第二批）》。

现有数字检察的衔接应用仍存在问题需进一步的优化。下文将结合上述两个模型,分析数字检察在实践中存在的局限性,并探讨如何克服这些局限,以实现更广泛的应用和更深入的法律监督。

首先,针对衔接问题平台功能不足。行政检察与行政执法部门协作不明确、缺乏对行政机关落实情况的跟踪监督,不诉了之、重复处罚或过度处罚等问题尚未有效解决。与此同时,大部分大数据监督模型都是通过设置监督点解决类案问题,针对实践中存在的一些问题,如行政机关行政处罚的标准不够明确、缺乏明确的操作流程和标准、检察机关与行政机关合作和协调的方式、不起诉案件的行政责任落实不力、双向衔接机制不完善等问题尚未构建出有效的机制或模型。

其次,数据支持不足。数据抓取依然不足,如行政非诉执行案件中行政检察机关需要从法院调取卷宗或从相关行政机关调取相关佐证材料,实际上是把传统检察中存在的数据信息传递不及时不充分的问题转化成了线上的数据调取困难,本质上仍然是数据调取权限存在一定的问题。同时,行政检察本身具有数据比对工作量大、部门信息存在壁垒、类案线索难以穷尽的难题,使其对于数据接入的要求更加严格。以上面两个大数据监督模型为例,广东省人民检察院模型的数据来源包括行政处罚申请人民法院强制执行信息与行政执法卷宗(来自行政执法信息平台),哈铁分院的数据来源主要为中国裁判文书网、黑龙江省检察机关办案数据以及一定范围内可调取的法院卷宗等,目前大部分大数据监督模型的数据来源大多是中国裁判文书网与本省的行政执法信息公示平台、自然资源部门、公安机关、税务部门、交通运输部门、第三方公司(如"天眼查"等系统提供的数据接口)的数据,这些数据虽然足够支持大数据监督平台完成数据处理,但在准确性与全面性上依然存在局限。在预处理的过程中还面临着数据量大、非结构化数据处理结果准确性低等问题亟待解决。

再次,各地平台间缺少信息沟通与资源整合。东部沿海地区由于经济发展水平较高,信息化基础设施建设较为完善,数字检察工作起步较早,发展水平相对较高。而中西部地区虽然近年来在数字检察建设方面取得了显著进步，但由于经济发展水平和信息化基础设施建设相对滞后等原因，数字检察工作的发展水平有待提高。各地平台之间经验交流不足，且数字检察的技术标准和规范尚不统一，导致在不同地区和部门之间的平台共享存在障碍，可能需要制定统一的技术标准和数据格式，以便不同系统之间的无缝对接。因此，为了实现数字检察的战略目标，需要加强顶层设计，完善协调机制，包括建立和完善数据平台共享机制、制定相关标准、加强交流合作等。

最后，相关配套制度亟待完善。第一，相关法律对行政检察监督的规定较少、较为笼统，导致检察机关在实际工作中难以全面有效地开展监督。第二，数据安全问题。检察机关在推进数据共享时要保证信息来源的合理性与合法性，也要确保数据的安全，防止数据被非法获取、篡改或泄露。随着数字检察的发展，需要相应的法律和制度来规范数据的使用，确保数字检察工作合法进行。第三，随着数字检察的深入发展，对专业人才的需求日益增加。目前检察机关面临大数据、人工智能等领域专业人才的短缺问题，使各个检察机关在大数据处理、分析和呈现等方面的技术水平仍存在差距，限制了检察机关在应用创新方面的发展。

四、数字检察实践应用完善路径

（一）针对实践问题优化检察监督路径

检察机关应通过数字检察建立全面的、多维度的监督视角，明确责任和职能，建立跟踪监督与反馈机制，避免重复、过度处罚。检察机关应加强与行政机关的沟通交流，避免单方面行使监督权，而采取合作和协调的方式，可以监督但不干预行政处罚的量度，确保行政机关的自主权得到尊重；同时，通过监督避免行政机关不作为或滥用处罚权。建立案件协查机制，对于重大复杂行政执法案件，行政检察可以提前介入，与行政执法机关共同调查取证，确保案件处理的公正性和准确性。针对不起诉案件的行政责任落实不力的问题，数字检察可以建立数字追踪系统，确保不起诉案件的行政违法信息自动推送给相关行政机关，并要求反馈处理结果，以便检察官进行监督。对于刑事检察与行政检察部门协作不明确问题，可以通过数字检察平台设定不同部门的权限和职责，确保案件在不同阶段由相应部门主导，同时提供实时沟通工具，促进协作。对于缺乏对行政机关落实情况的跟踪监督，可以建立反馈机制，要求行政机关定期通过数字平台报告案件处理进度，检察官可实时查看，确保监督到位。

对于双向衔接机制不完善以及部分罪名的行刑衔接工作机制难以构建的问题，应当根据反向衔接业务的性质和目标导向，细化移送规则，确保移送内容的准确性和有效性。行政检察监督应聚焦于行刑衔接环节，监督刑事司法部门和行政机关的衔接工作，包括正向和逆向的案件移送，以及对行政违法行为的后续处理。行政检察部门应根据衔接的不同模式，如"单罚""吸收罚""补罚""刑行双罚"和"关联罚"等，确定不同的监督重点，确保在各个环节中行政违法行为得到适当处理。行政检察部门应整合不同渠道的行政违法行为线索，强化对行政违法行为的全面监督，尤其是对可能演变为刑事犯罪的行政违法行为。同时，需要构建全面覆盖的监督网络，确保刑事与行政之间的顺畅衔接，以及对回移案件的后续监督。通过行政检察监督，可以弥补行刑衔接中的制度漏洞，推动行政违法行为的及时纠正，预防犯罪的发生，维护法制统一。

（二）构建数字检察工作格局，推进治理数据联通共享

实践中，检察机关 90% 以上的案件都在基层，业务需求主要来源于基层，但基层院研发监督模型存在困难，所以监督模型研发的主体是地市级检察院。[1]一些地区如浙江、江苏等注重利用大数据、人工智能等技术手段进行案件分析和风险评估，提高检察工作的精准化水平。而另一些地区如广东、福建等则更加注重利用信息技术手段加强与公安、法院等部门的协作配合，提高司法效率和质量。全国各地数字检察工作虽

---

[1] 张雪樵副检察长在全国检察机关 2023 年度数字检察工作座谈会上的讲话（2023 年 1 月 9 日）。

然取得了一定的成绩和进展，但仍然存在较大的差异和挑战。未来需要增强顶层设计，加强区域间的合作与交流，共同推动数字检察工作的发展和创新。最高人民检察院可搭建一个数字检察监督模型平台，上架各地的优秀监督模型进行资源整合，供各地所需。如果这个模型在本地是适合的、有数据源可以支撑的，就可以布局、安装、使用。因此，在模型移植时要注意模型的通用性和可复制性，可以制定和完善数据标准、交换格式和接口规范，确保数据在不同系统和平台之间的无缝对接和互操作性。同时要注意适应不同地区和领域的特点，各地应当结合地方实际，制定数字化转型的中长期规划，明确发展目标、重点任务和实施路径，对平台进行监测评估，根据评估结果调整策略和计划，确保数字检察工作持续优化和发展。为实现可持续发展，构建长效机制，需要持续的资金投入和技术研发，检察机关应当上下一体、内外联动，通过专班推进和协同作战，发挥数字检察在社会治理中的作用。

（三）广拓数据来源，解决技术障碍

一方面，应当解决数据来源问题，数字检察的核心在于数据的整合与共享。我国应打破数据壁垒，通过立法和政策推动，确立行政执法机关向行政检察监督机关的信息数据共享规则，实现机关间的数据共享。可以先授权部分数据的使用，实现让所有检察院数据平台都有充分的数据支持案件的分析比对，再整合公安、法院、民政等部门的数据资源，通过建立统一的数据平台，为检察监督提供全面的信息支持，从目前省级的案件范围内区域内数据共享发展到全案件范围的数据共享，提高大数据监督的准确度。在整合数据来源的同时，可以通过加强自动化工具开发、标准化流程建设等解决数字检察中数据质量问题、减轻平台数据预处理工作的工作量。同时，关注最新的信息技术发展动态，及时引进和应用先进技术，推动数字检察技术的更新换代。

另一方面，随着数字检察更加深入地与行政检察监督业务相融合，平衡数据的充分利用与保障数据安全和个人隐私是一项重要任务。首先，应当建立健全数据安全管理制度和技术防护措施，确保检察工作数据的安全和保密。对数据进行分类管理，根据数据的敏感性和重要性实施不同级别的安全措施，实施严格的访问控制机制，确保只有授权人员才能访问敏感数据。可以通过技术创新，如采用匿名化或去标识化处理敏感数据，以减少泄露个人信息的风险。加强对网络安全的投入和研究，利用先进的信息技术提升网络防护能力。其次，相关的法律法规也应不断完善，在为数据的收集、使用、保护提供法律依据的同时，明确数字检察的职责范围和操作程序。需要制定统一的数据标准和安全标准，确保数据在收集、存储和使用过程中的安全，确保技术应用不侵犯个人隐私、不造成数据泄露和其他安全风险。可以建立健全监督机制，对数据使用情况进行定期审计和评估，对违法违规行为问责，根据实际情况及时调整数据保护策略和监督工作方法，确保数据使用的合法性。

（四）构建相关配套机制

首先，明确衔接责任相关规范。应当强调检察机关在衔接中的主导作用，包括在管辖权、优先处置权和移送权方面的主导地位[1]，应与《提升行政执法质量三年行动计划（2023—2025年）》中国家对于行政执法质量的提升计划配合，制定详细的协作协议，明确双方在数据共享、案件移送、协同办案等方面的具体职责和流程，规定何种类型的案件应移送至行政检察机关，以及移送的具体条件和程序，对于法律条文表述相同但移送标准模糊的，需要制定更具体的操作标准，以明确监督依据，还可以通过制定协同办案的操作手册等方式，提高监督工作的质量和效率。行政检察应注意在不起诉案件中对法人的违法行为等进行反向衔接监督，弥补刑法对法人犯罪的不足，建议增设或调整行政法律中对法人的罚则，以与刑法形成有效衔接。建立内部监督机制，对衔接责任的履行情况进行监督，明确相应的责任追究措施，确保责任落实到人，实现行政执法与监督体系的顺畅对接。

---

[1] 刘艺：《检察机关在行刑反向衔接监督机制中的作用与职责》，载《国家检察官学院学报》2024年第2期。

其次，重视人员培养。最高人民检察院要求，各省级检察院和有条件的市级检察院要参照最高人民检察院的组织模式，设立数字检察工作领导小组，数字检察工作应当独立于信息技术工作，由检察业务来主导数字检察工作，积极构建"业务主导、数据整合、技术支撑、重在应用"的数字检察工作模式。因此，要注重数字检察人才的培训和教育，一方面要求检察官在办案中更加注重案件的规律性和普遍性问题，能够准确抓住监督点，通过构建类案监督模型对一类案件进行系统性的排查和风险预防，应当吸纳精通业务、具有侦查思维和大数据理念、善于问题溯源的同志进入数字检察办公室工作，从而实现从个案正义到数字正义的跨越；另一方面，提升检察人员的数据意识和数字技能，提高检察人员对数字能力的理解和应用也是推进数字检察的关键，培养一批既懂法律又懂技术的复合型人才。检察院可以通过设置专业课程培训、组织模拟庭审与案例研讨、建立培养环境和选拔机制、优化激励机制与创新检校企协同创新合作机制等方式，为数字检察工作提供强有力的人才保障，推动法治建设的现代化进程。

综上，为实现数字检察赋能行政检察与行政执法监督的衔接的全面优化，本文认为有以下完善措施：一是优化检察监督路径，强化与行政机关监督的协作，确保监督的全面性和有效性；二是构建数字检察工作格局，推动数据联通共享，打破地域和部门间的壁垒；三是广拓数据来源，解决技术障碍，确保数据安全与隐私保护；四是建立和完善配套机制，明确责任规范，加强人员培训，提升数字检察的法治化和专业化水平。

数字检察作为检察机关适应数字时代的创新模式，对提升法律监督质量和效率具有重要作用。目前数字检察在行政检察与行政执法监督的衔接中取得了提升法律监督效率、打破信息壁垒和推动系统性治理等显著成效，但依然面临数据孤岛、监督机制单一、职能定位不明确以及配套制度不完善等挑战。数字检察是一个不断发展的领域，相信通过不断优化和创新，未来数字检察将在促进法制统一、加强行政监督和提升社会治理能力方面发挥更大作用。

专题六

加强行政检察业务管理、案件管理、质量管理

提升管理科学化水平
推进行政检察高质效履职

衣光军*

高质效案件是办出来的，也离不开科学管理。检察业务管理、案件管理、质量管理要真正关注并推动落实到每一个案件、每一个环节。行政检察是"四大检察"的重要组成部分，高质效开展行政检察工作，必须深入研究行政检察职能运行特点和规律，更新管理理念，创新管理机制，转变管理方式，以高水平科学化管理促进行政检察高质效履职。

一、优化制度管理，保障各项办案业务规范化运行

近年来，行政检察从单设机构到强化履职，从"短板弱项"到全面深化，实现了跨越式发展。行政检察职能体系日益完善的过程，既是行政检察逐步规范的过程，也是管理制度不断健全的过程。行政检察落实"三个管理"的要求，必须坚持以制度管理为基础，在建章立制、制度执行上狠下功夫。

（一）健全司法办案管理制度

制度既是方向引领，也是工作标准和规矩框架，必须善于通过制度的力量推动行政检察高质效运行。近年来，山东检察机关认真实施行政

---

* 衣光军，山东省人民检察院副检察长。

高质效行政检察监督的理论与实践

检察法律规范体系，同时结合行政检察快速发展的需求和山东实际，积极探索创新制度管理标准和方式。对法律法规和最高人民检察院司法解释性文件中有原则性要求的，坚持实践导向和问题导向，深入开展调研论证，通过建章立制细化标准程序，使办案业务的法律和制度管理真正落到实处。如最高人民检察院制定行政争议实质性化解工作指引后，我们围绕在不同类型案件中如何落实该工作指引，制定了《关于规范行政争议实质性化解工作的若干意见（试行）》，明确了不同类型案件不同情形下实质性化解行政争议的标准把握、程序对接及实体处理，有力促进了最高人民检察院专项部署的落地落细。对于最高人民检察院倡导先行先试的，积极在实践创新中推进制度创新。如着眼于回应行政非诉执行监督办案需要，制定了《山东省检察机关行政非诉执行监督工作指南（试行）》，为非诉执行监督制度化运行提供了有力保障。我们认真研究检察权与行政权的运行规律，在最高人民检察院行政检察厅指导下，较早出台了《行政违法行为检察监督工作指引（试行）》，重点从监督原则、监督范围和监督程序等方面加强业务管理和业务指导，确保监督工作积极稳妥开展，也为最高人民检察院监督意见的出台提供了有益参考。

（二）健全一体履职管理制度

从行政检察业务的层级管理看，行政检察的各项具体职能运行既有共性规律，也有不同特点。行政检察业务的层级管理只有坚持实事求是，遵循这些规律特点，才能做到管理科学化，才能实现履职高质效。我们研究发现，近年来，生效裁判监督案件办案主体主要在省市院，但争议发生和化解主要在基层，非诉执行监督案件办案主体和涉案争议发生均主要在基层，但涉案争议规范性文件解释机关和解决方案有时在上层，据此研究制定了《行政检察一体化机制工作办法》，并且持续推进常态化落实。山东办理的生效裁判监督案件实现涉案争议实质性化解的，绝大多数案件有基层行政检察人员的参与和协助。针对山东行政案件由当事人选择管辖的特点，对跨行政区划监督案件，我们注重发挥上级院的组织领导、指导协调作用，推动在争议化解、难题治理上形成合力。

（三）健全业务延伸管理制度

不管是哪一种类型的行政检察案件，其共同特点是一方当事人恒定为行政机关。这就意味着，行政检察业务的管理必然要与行政执法进行有效衔接。而行政裁判监督类案件的业务管理，也必然要与行政审判的管理相衔接。高质效办理行刑反向衔接案件，是深入落党的二十届三中全会"完善行政处罚和刑事处罚双向衔接制度"部署的具体举措。我们在推进行刑反向衔接高质效履职中，把制度管理的重点放在检察机关内部刑事检察与行政检察相衔接制度，以及行政检察与行政机关行政执法相衔接制度的建立完善上。特别是在完成内部刑事检察与行政检察相衔接制度构建后，把制度管理的重中之重聚焦于行政检察与行政机关行政执法相衔接制度上。针对涉海关案件程序衔接不畅问题，省检察院与青岛海关会签意见，建立健全走私及涉出入境检验检疫刑事案件不起诉后移送行政处理工作衔接机制。为形成洗钱等违法犯罪惩防合力，日照市检察院与中国人民银行日照市分行印发规定，进一步完善打击洗钱等违法犯罪行刑双向衔接制度。全省93个检察院与政府通过会签文件建立府检联动机制，检察机关与政府部门建立单项协调机制1000余项。

二、优化重点案件管理，保障案件办理高质效开展

"三个管理"的核心是以科学方法推动高质效办好每一个案件，尤其是高质效办好党委政府关注、事关群众实体权益实现、涉及社会安全稳定等重点案件。加强重点案件的管理，能够让我们更好地抓住办案业务的主要矛盾和矛盾的主要方面，更有力地保障高质效履职，不断提升监督能力。

（一）实施争议焦点课题式研究

高质效办好每一个案件，必然要求我们对每一个行政检察案件的争议焦点进行全面精准把握，并给予全面精准回应，找到争议解决的有效

办法。针对案件争议焦点中涉及事实认定或者法律适用的疑难问题，检察机关与法院、行政机关认识分歧大的争议焦点，以及工伤认定、养老保险等涉及容易引发信访风险的敏感案件争议焦点，我们探索推行争议焦点课题式研究，取得了良好的效果。办案中，围绕案件争议焦点，充分运用知网等载体，全面搜集相关理论和实务研究成果，深化对争议焦点的理性认识；充分运用案例检索系统和平台，广泛搜集有关指导性案例、参考性案例和典型案例，以及当事人关联诉讼案件，全面把握案件事实，全面了解把握涉案相关历史和现实因素，以及通常司法执法实践标准；必要时，充分运用最高人民检察院专家咨询平台，充分发挥行政执法机关特邀检察官助理的作用，广泛听取专业性意见和建议，在全面审查和深入研判基础上提出审查意见和监督措施。山东省办理的张某诉某公安机关治安行政处罚案，充分发挥课题式研究方式的作用，深入开展研究论证，认为张某的反击行为构成正当防卫，该案抗诉改判后，受到最高人民检察院充分肯定，办案做法向全国推广。

（二）把争议解决方案纳入案件审查范围

对于行政检察而言，高质效履职的关键是涉案争议得到实质解决。因此，我们要求办案人员在审查案件过程中必须积极寻求争议解决方案，根据不同案件情形统筹监督方式和争议解决方案。有些行政检察案件，整体把握案件事实后发现确有监督必要，但由于在事实认定、法律适用等方面存在薄弱或者分歧，如果缺乏争议解决方案、简单一抗（提）了之，再审法院可能基于诉讼规则的形式遵守或者因缺乏解决方案而维持原判。对于这类重点案件，在向法院提出抗诉、再审检察建议前，我们要求承办人员做实调查核实，加强公开听证，提出争议解决可行方案。2023年以来，山东省检察院承办和指导办理了多起这类案件，如于某兰诉交警大队行政处罚案，在案件审查过程中向行政机关制发检察建议，督促其主动纠正不当处罚决定、在省法院再审过程中与于某兰达成和解，省法院裁定准予于某兰撤诉，该案被最高人民检察院评为高质效履职办案典型案例。

（三）加强类案管理

行政征收、强制拆除类行政决定，往往影响涉众群体权益，近年来行政征收、强制拆除赔偿监督案件的类案也比较多。为保障这类案件的办理质效，我们推行清单化管理，在统一分配案件后指定具体检察官重点审查，所有承办检察官共同研究，以统一办案节奏、监督标准和争议化解方案。在类案审查中，还注重发现有无"同案不同判""类案不同判"的监督情形。对于类案中反映出的行政执法、行政审判的共性问题，通过提出监督意见或者社会治理检察建议的方式，实现"办理一案、治理一片"的效果。如省检察院和某市检察院在办理80余件诉某街道强拆赔偿系列诉讼案件中，经审查，对绝大多数案件作了不支持监督申请后，针对群众合理诉求和矛盾纠纷产生的根源，向行政机关形成专题报告、制发检察建议，推动从根本上解决涉案争议。在提升行政非诉执行监督和行政违法行为监督质效方面，我们注重强化数据赋能，加快推进行政执法数据、法院审判数据与检察办案数据互联互通，创新研发大数据法律监督模型，充分应用最高人民检察院、省级检察院建设的模型工厂、模型超市等平台模块，推动办案模式从个案向类案、从被动向主动转型。

三、优化协同管理，保障办案整体效果最大化

落实最高人民检察院"三个管理"决策部署，检察机关各业务部门和综合部门都有责任，但侧重点不同，这客观上要求各相关部门之间必须加强协同管理，形成管理合力，使办案整体效果最大化。

（一）协同抓好案件督察评查

案件质量评查是精准评价案件办理质量的基本方式，是以个案高质效促进法律监督整体高质效的重要举措。近年来，我们坚持把行政检察条线自查与全院综合督察、案管评查紧密结合起来，以督察评查促规

范、以规范促公正。2024年年中,将最高人民检察院当年强调的重点监督事项和部署要求纳入全院综合督察范围,引导各级院突出监督重点,明确监督标准。2024年第四季度,行政检察部门和案件管理部门就联合评查进行会商,明确评查重点,特别是抗诉意见、再审检察建议、检察建议未被采纳案件、撤回抗诉案件,以及涉及信访、长期未结等案件。通过交叉评查、异地评查,对院领导办理案件提级评查,确保评查质效。建立评查讲评制度和通报制度,对评查中发现的优秀案件、问题案件进行集中讲评,充分运用评查结果加强反向审视和警示教育,树立鲜明质量导向。在最高人民检察院行政检察案件评查通报中,山东省有8件案件获评优秀法律文书。

(二)协同抓好司法责任制落实

"三个管理"的主线是落实和完善司法责任制。在行政检察工作中,我们应当善于以司法责任制落实支撑高质效履职,以"高质效管好每一个案件"助推"高质效办好每一个案件"。实践中,我们注重抓基础"准确明责",认真落实检察官职权、辅助人员职责清单,坚决将"谁办案谁负责、谁决定谁负责"落到实处。注重抓过程"实时督责",按照司法责任制要求,应当由部门负责人审核的由部门负责人审核,应当由分管检察长把关、检委会研究的由分管检察长把关、提请检委会研究,行政检察部门自觉接受案管部门流程监控、及时回应"三单制"提醒。注重抓"追责警示",把办案中因故意或者重大过失被追究司法责任的案件作为警示教材,组织认真学习,举一反三、引以为戒。

(三)协同抓好风险防控管理

坚持案件办理与风险防控并重,对于案件办理中可能伴随舆论风险、重大信访风险的,行政检察部门主动与控告申诉检察部门会商,听取风险分级、风险防控意见建议,严格落实执行"三同步"机制,努力做到发现在早、处置在小,把风险防控在最低。我们要求每名办案人员都要强化案件办结不等于案件管理结束的理念，特别是对于结案后仍可能发生舆论风险、信访风险甚至极端事件的案件，行政检察部门及时与控告申诉等部门沟通案情信息，与争议发生地行政机关加强沟通衔接，提示各相关方做好风险防控预案，努力实现案结事了、政和人和。

一体抓好"三个管理"
以高水平管理促进行政检察高质效履职

雷爱民[*]

近期,最高人民检察院优化检察管理模式,鲜明提出"一取消三不再"、一体抓好"三个管理"。这一重大决策,贯彻中央精神、反映司法规律、回应基层期待,充分彰显了最高人民检察院党组对检察工作规律的深刻洞察和对基层实际状况的全面了解,对于推动高质效办好每一个案件具有重要意义。实践中,我们以高质效办好每一个案件为核心,以落实和完善司法责任制为主线,以案件质量检查评查和司法责任追究惩戒为抓手,一体抓实"三个管理",努力让人民群众在每一个司法案件中感受到公平正义。

一、在业务管理上求"准",全力服务行政检察宏观决策

湖北省检察院把业务管理作为加强行政检察理念引领、政策引导和业务指导的切入点,及时准确掌握行政检察业务总体情况、发展态势,精准查找问题、研提对策,为行政检察高质量发展提供充分、科学的参考和依据。

一是确保数据真实。"一取消三不再"不是不要数据,而是要坚决杜绝"数据加工""数据注水""数据美容"等问题,保证数据真实反

---

[*] 雷爱民,湖北省人民检察院党组成员、副检察长。

映工作情况。在这方面,湖北省检察院行政检察部门组织干警全面学习业务应用系统填录标准,对案卡填录要求、常见错误进行分析梳理,引导干警牢固树立"案卡填录就是办案""数据质量就是办案质量"意识。落实承办检察官是数据质量第一责任人的要求,督促办案检察官定期对所办案件数据填录进行自查,从源头上夯实数据质量。构建数据月分析、季度通报、年度总结制度,针对核查发现的异常数据"下钻""溯源"到具体案件,2024年以来,共发出提醒14次,纠正错误14次。

二是强化重点分析。业务管理更加突出对工作趋势、规律、特点的把握,要求通过精细化分析、精准化研判,对经验亮点"报喜",对问题不足"报忧",对短板弱项"报警"。从重要业务态势看,行政生效裁判监督案件数量呈"倒三角"特点,基层行政检察职能作用未能充分发挥。对此,我们出台了《关于强化检察一体化履职 全面深化新时代行政检察工作的意见》,构建"上下一体、横向协作、内部整合、总体统筹"一体化工作格局,更好发挥基层院属地优势,拓展履职空间。从重点办案领域看,2024年全省提出抗诉和再审检察建议仅17件,占比不足3%,有些市级检察院长期未提出抗诉或再审检察建议。为解决这一问题,我们建立下级院抗诉前报告制度,加强对下级院提抗前指导,鼓励、支持下级院对符合条件的案件积极提请上级院抗诉,提高监督成案率,办理的一起工伤行政诉讼监督案入选最高人民检察院第五十一批指导性案例。从重点案件类型看,行政违法行为监督是行政检察新的增长点。我们紧盯人民群众反映突出的"小案重罚""过罚不当"等不当执法问题发力,制发纠正违法检察建议860份,被采纳730份。

三是服务科学决策。加强业务管理不能止步于研判分析,还需做好成果转化"后半篇文章"。比如,针对"行刑"双向衔接中存在的信息沟通不畅、执法司法标准不统一等问题,我们积极争取省政府支持,建立省级层面"府检联动"工作机制,实现"两法衔接"信息平台互联互通,推进案件移送标准和程序规范化。针对下级院反映的行政非诉执行和解案件执法标准不统一问题,与省法院共商共策,联合出台规范性文件,明确法律适用和执法规范,有效指导全省工作。在"眼睛向内"的同时，立足职能将工作向前推进一步、做实一分，通过分析研判近3年来办理的长江流域河道非法采砂案件，向省水利厅制发检察建议，协同推动非法采砂问题综合治理，取得良好效果，被最高人民检察院评为优秀检察建议。

二、在案件管理上求"实"，着力强化行政检察履职制约监督

聚焦行政检察履职办案中的突出问题，把监督做细、把制约做实，努力做到权力与责任对应、放权与管权统一、管案与管人结合，以全面准确落实司法责任倒逼依法办案、公正司法。

一是科学划分职权。认真落实《最高人民检察院关于人民检察院全面准确落实司法责任制的若干意见》，按照科学放权、有效控权的原则，先后4次修订三级院行政检察检察官职权清单，将9项权限授权给检察官行使，确保"谁办案谁负责、谁决定谁负责"落到实处。制定出台入额院领导办案规定，明确行政检察部门领导办案正负面清单，细化办案数量、方式等要求，发挥好领导干部示范表率作用。随州等地结合实际先行先试，出台了行政检察部门负责人监管清单、辅助人员职权清单，压实部门负责人监督管理职责，明晰辅助人员权责边界，努力构建权责清晰、运行高效、制约有力的行政检察工作新模式。

二是加强过程控制。健全与案件管理、控告申诉等部门的沟通协作机制，明确行政诉讼监督案件受理材料移送、案卡填录、流程预警等责任，探索构建高质效办案标准体系和案件管理标准体系。制定出台检察官联席会议制度规范，规范检察官联席会议的职能职责、参加人员、案件范围、程序流程和责任划分，发挥集体会商的案件咨询、制约监督功能。建立重要法律文书、工作文书审核机制，由部门负责人对抗诉书、再审检察建议等进行审核，促进案件质量提升。落实案例强制检索制度，通过业务培训、发布典型案例、业务专家检答网答疑等方式，统一法律适用标准和尺度，防范"同案不同办"。

三是强化业务指导。坚持"在管理中指导、在指导中管理"，建立

对下指导机制，行政检察部门负责人负总责，业务骨干牵头，分片区、分类型加强对下级院行政监督案件指导，促进工作提升。完善请示案件办理机制，将所有请示和答复内容都纳入检察业务应用系统，实现线上录入、网上管理、全程监督，提升业务指导的规范性、及时性。严格落实再审检察建议备案、监督意见未采纳案件逐案分析制度，对法院未采纳但符合抗诉条件的生效裁判监督案件，及时跟进监督或提请上级院监督，做好跟踪问效，一体推进、上下联动、同向发力。

三、在质量管理上求"高"，努力提升行政检察办案品质

案件质量是检察工作的生命线。我们坚持在思想认识上转变、在管理机制上破局、在方式方法上创新，通过质量管理，既保障行政检察个案质效，又牵引行政检察业务整体向前。

一是全面管控办案实体、程序和效果。在实体上，健全行政抗诉办案指引，全面引导办案人员抓好行政案件审查、认定、处理等环节的工作，以监督办案实质化保障行政检察个案办理高质效。在程序上，推进流程监控实质化，研究制定省检察院办理案件（事项）期限规定，明确对行政审判程序中的违法行为、对行政裁判执行活动、对行政非诉执行活动监督的办理期限，对涉市场主体等重点案件开展办案时长专题监控，推动提速办理。在效果上，创新开展办案风险、影响研判工作，要求检察官对每一个行政检察案件都要透背景、析原因、判风险、看影响，依法稳妥作出处理，努力实现办案"三个效果"有机统一。

二是统筹推进内部自查与质量评查。通过内部检查和质量评查，发挥监督、纠错、指导等功能，实现辐射、带动效应。严格落实自查要求，办案人员对所办案件进行自查，引导检察人员树牢对案件负责、对自己负责的责任意识。创新开展办案部门核查，对重大、疑难、复杂案件以及关键环节，组织检察官交叉核查，做好"案前防范"。配合案管部门完善案件质量评查，省检察院行政检察部门每季度选取重点类型、领域案件组织开展专项评查，并会同案件管理部门从各地已评定合格、

瑕疵案件中抽选一定数量开展集中评查,从事实认定、证据审查、法律适用,以及办案效果等方面进行全面深入审查,及时发现问题,督促改进提升。

三是一体抓实正向激励和反向惩戒。抓实质量管理,既要管出"约束",也要管出激励,实现奖优罚劣。一方面,我们将案件质量评查结果与检察官职级晋升、绩效考核挂钩,激发检察官自我管理的内生动力。针对少数行政申诉案件就案办案、机械办案以及释法说理不到位、不善于多元化解矛盾造成案件办结后的持续申诉等问题和现象,深入开展反向审视。会同检务督察等部门,落实落细司法责任认定追究机制,对质量评查中发现的问题线索移送检务督察部门调查、处置,实现从"案"到"人"的监督衔接。另一方面,以办案质效优、办案效果好为标准,选拔组建全省行政检察人才库,让"标兵""能手"带动培养更多"行家里手"。实行以评促赛、以选促优,每季度开展行政检察优秀法律文书评选,定期开展典型案例讲评,形成"比、选、赶、超"氛围。近年来,2件行政检察案件入选最高人民检察院指导性案例,45件入选最高人民检察院典型案例、优秀案例,3件获评年度"全国行政检察十大典型案例"。

以"七个结合"推动行政检察业务管理高质量发展

谈 固[*]

最高人民检察院党组深思熟虑后作出"一取消三不再"、一体抓好"三个管理"的决定,是新时代检察管理理念的一次深刻转型,是新时代检察管理手段的一次深度调整,也是对新时代检察管理能力的一次深层考验,具有十分重要的意义。"三个管理"即业务管理、案件管理、质量管理,其中业务管理是总抓手,是宏观层面的管理。本文从七个方面展开论述。

一、加强行政检察业务管理,必须坚持管案与管人相结合

管理的核心是"人"和"人的行为",目的是让组织成员朝着组织目标正确地做事和做正确的事。管案与管人相结合、相贯通的核心目的,就是要通过管案管出一支好队伍,通过管人管出一众好业绩。检察业务管理首先是对案件的管理,实际上就是对具体检察事务的管理,管事就是要做到知事识人、知人善任,根据不同检察事务的主要特性、难易程度、专业要求和运行规律等,把高度契合该事项的人安排到这个岗位上管事、做事、主事,实现人岗相适、人事铆合,从而推动事的高效运转和高速发展。检察官是案件办理的主体,管人就是要做到人尽其

---

[*] 谈固,湖南省人民检察院党组成员、副检察长。

才、人尽其责，通过思想武装、政治淬炼、纪律约束、作风建设、考核奖惩等手段，让检察官具备先进的理念、高昂的斗志、精湛的技巧和良好的素质，进一步提升检察官驾驭事的能力和水平。一方面，人员管理的措施要服从、服务于业务管理。在人才培养上，要根据行政检察业务发展的趋势、规律和特点，有针对性地招录、培养和储备各类专业、各个年龄、不同性别的人才，形成良性梯次结构。在人力调配上，要根据办案、管案和练兵等需求，科学测算、动态研判，合理调配业务专家、专业骨干和新进人员等检力资源，参与到质量评查、专项工作和大案要案办理等工作中。另一方面，业务管理的成效要全面、全时反馈到人员管理中。及时把业务管理结果记入司法档案，将办案数量、质量、效率、效果等作为单位业务评价、部门绩效考核、检察人员考核的重要内容，考核结果要作为单位、部门评先评优和个人评先评优、等级晋升、员额管理、绩效奖金发放的重要依据。

二、加强行政检察业务管理，必须坚持管办案与管指导相结合

办案与指导相结合、相贯通的具体要求，就是寓指导于具体案件办理之中、在对下指导中进一步提升办案能力。管办案，就是要聚焦"高质效办好每一个案件"这一新时代新征程检察履职办案的基本价值追求，把案件管理融入每个案件的办理和案件办理的每一个环节，在办案中探寻、总结发案规律、办案规律、办案经验、办案规则和办案中的问题和矛盾，为解决这些问题和矛盾打下基础。管指导，一是要优化理念，把习近平法治思想和最高人民检察院党组提出的一系列检察新理念等向下层层推开，实现理念革新；二是要明确要求，把党中央决策部署和最高人民检察院工作要求及时传达下去、安排部署到位，打通"最后一公里"；三是要传授方法，通过面对面、手把手、案对案的指导，传授管理、办案、做群众工作等具体方法，达到"传帮带"的效果；四是要解答疑惑，对下级检察院在办案等过程中遇到的问题要及时回应，能够解决的及时解决到位，一时不能解决的说理解释到位。省级检察院既

是领导机关，也是指导机关，特别是行政检察办案机构呈"倒三角"模式，省级检察院办案的压力很大，指导的任务也很重，办案和指导两手都要抓、两手更要硬。要在办案中贯穿指导理念。把对下指导融入每个案件的办理和案件办理的每一个环节，在管理中发现的案件问题要运用到对案件办理的指导，办案中遇到的问题要反馈到管理中去分析和解决，为办案提供更好的服务保障。要在指导中提升办案能力。强化自我管理意识，严格落实案件审核把关、案件检查等过程管控要求。比如，对所有拟提请抗诉、制发再审检察建议的行政生效裁判监督案件，通过召开检察官联席会议的方式提级审核把关，通过案对案、面对面、手把手的具体指导，共同提升办案质效和办案能力。

三、加强行政检察业务管理，必须坚持管宏观与管微观相结合

宏观管理侧重对理念、思路、方向、趋势等的研判，微观管理侧重对具体案件、具体问题、具体流程、具体细节等的把控。管宏观的核心是管住事和人，落脚点是从思想上引导检察人员对党的检察事业乃至中国特色社会主义事业未来前进和发展的态势、趋势，保持十分敏感、做到一叶知秋，让检察人员从内心清醒地了解和科学地预判到我们的行政检察业务乃至整个检察业务会朝哪个方向走，哪里会出现问题，哪些方面需要重点加强，以事来积累能量，从而推动整个事业整体向前发展。管微观的核心是管质和效，着力点是高质效办好每一个案件，通过一个个具体案件的办理来积累经验、积蓄能量，把在具体案件办理中发现的问题、积累的经验、积蓄的能量等，综合升华并作用于对行政检察业务发展宏观趋势的分析研判，把宏观案件质效分析与微观案件质量评查有机结合起来，从而影响趋势、优化趋势、主导趋势。要强化对行政检察业务发展趋势的宏观研判。在精准把握党的二十届三中全会精神等党的大政方针政策和新时代新形势下检察工作发展方向的背景下，全面加强对行政检察业务运行规律、发展趋势、问题困难等的深度研究，特别是要加强对行政违法行为监督、强制隔离戒毒检察监督等探索性工作的调

研,提出针对性对策建议,供党中央和最高人民检察院科学决策,为精准开展对下指导提供一手资料。要强化对行政检察案件办理质效的微观把控。突出重点案件类型、重点办案领域、重要业务态势的分析研判,抓实案件审核、流程监控、案件检查和案件质量评查,从宏观质效分析中去把握态势、发现问题,在案件管理和质量管理中去解决问题。

四、加强行政检察业务管理,必须坚持管激励与管约束相结合

严管和厚爱并重、激励与约束并用,是干部管理的两个正反硬手段。管业务与管干部一样,既要有正向激励的暖心措施,也要有反向倒逼的严厉手段,这样才能有效区分干得多与少、干得好与差。最高人民检察院作出"一取消三不再"的决定,基层的同志反响强烈、特别欢迎,但不少领导干部反映抓队伍管理、业务管理的措施更加"捉襟见肘",脱离通报、考核、排名这几道"硬杠杠"后,对队伍管理、业务管理等陷入无从下手的迷茫状态。实际上,检察机关现有的管理手段仍然比较丰富,激励和约束就是两大重要"生产力"。正向激励方面,对所办案件入选指导性案例、典型案例、优秀案件,或者评定为优质案件,以及线索移送多、成案数多、成案率高的办案部门和人员要给予激励,对在监督管理工作中表现突出和取得显著成效的也要给予充分肯定和激励。反向约束方面,要严格落实司法责任,对在司法办案中故意违反检察职责的,或者因重大过失造成严重后果的,要依法依规追究其司法责任。要针对历年评查发现的问题是否整改到位、是否建章立制、是否重复出现等开展评估、督导,通过督导推动整改、固化成效。

五、加强行政检察业务管理,必须坚持管科学决策与管具体执行相结合

最高人民检察院党组强调,在全国范围内用一组指标、一个标准、一套数据来衡量、评价各地检察履职优劣,既不科学,也不全面,更不

合理，不符合实事求是这一党的思想路线，不符合司法工作规律、检察工作规律。应勇检察长在 2024 年 11 月 20 日召开的全国检察机关刑事检察工作会议上强调，加强科学管理是落实和完善司法责任制的重要内容。而科学决策是科学管理的前提，是行政检察业务管理的基础。科学决策，第一步就是要在当前理念巨变、要求繁多、期待更盛的时代背景下，围绕创造党和人民群众满意的行政检察工作业绩这一核心，找准新时代新征程行政检察工作的方位和坐标，第二步就是要围绕这一坐标谋划确定短期或长期的工作目标，第三步就是要围绕目标制定具体工作方法，第四步就是要在成熟的路径上施展具体的工作方法。具体执行，就是怎么围绕目标加强过程控制，根本就是怎么抓好落实。习近平总书记在中央经济工作会议上特别强调，要不折不扣抓落实、雷厉风行抓落实、求真务实抓落实、敢作善为抓落实。具体到检察机关而言，就是要完整准确全面落实党中央、中央政法委部署和最高人民检察院党组工作安排，用改革的办法攻坚克难，提高履职本领，深入调查研究，协调解决急难事项，努力做创造性的组织者、实施者、执行者，更好地为党、为国、为民履职尽责。省级检察院作为领导机关、决策机关和执行机关，科学决策的"最初一公里"和具体执行的"最后一公里"都要走稳、走准、走好，只有把科学决策和具体执行紧密结合，才能确保行政检察业务的每一个环节都管理和监督到位。要在科学决策上下功夫，在占有、研读大量原始资料、准确数据和各类案例等的基础上，全面深入分析行政检察履职办案情况，进而上升到理念、思路、方向、坐标上去研判。要在具体执行上下功夫，充分发挥省级检察院模范表率和中枢纽带作用，对最高人民检察院党组作出的决策部署，做到及时传达学习响应、及时研究贯彻举措、及时督促推进落实、及时反馈情况问题，在行政检察业务管理的理论和实践中架起一道双向反馈的桥梁。

六、加强行政检察业务管理，必须坚持管当前与管长远相结合

放在当下维度来说，加强行政检察业务管理就是要总结当前工作的成效规律、解决当前存在的困难问题；放眼长远角度来看，就是要站在行政检察事业发展的高度做理论性、探索性、创新性的工作。顾好当下和放眼长远同等重要。管当前就是管办案，首要是抓落实。落实最高人民检察院的新理念、新要求、新机制，在每一个工作环节当中落实好"高质效办好每一个案件"这一新时代新征程检察履职办案的基本价值追求，是什么案件就办成什么案件，是什么问题就解决掉什么问题，把问题和责任的归集、落实、处理作为当前重要的问题。管长远就是管基础理论的探究和深化、管司法理念的优化和革新等，解决好在改革面前存在的思想、理论、实践准备不充分的问题，加强储备和应用。

七、加强行政检察业务管理，必须坚持客观看待数据与正确认识考核相结合

检察业务数据是检察机关各项工作的量化体现，客观反映检察履职办案的真实情况。最高人民检察院提出"一取消三不再"，既不是不要数据、放弃"治疗"，也不是不要考核、放任"躺平"，更不是不抓管理、放任自流，相反，对检察数据、检察考核、检察管理的要求更高、责任更重、挑战更大。不唯数据论，将"数据指导、指标驱动、排名倒逼"的传统管理模式，转变为"以理念引领、以数字赋能、以制度保障"的现代管理模式，实现开放型的管理、智慧型的管理和制度型的管理思维。取消一切不必要、不恰当、不合理的考核，绝不意味着没有考核。考核永远都在，检察机关内部"小考"的取消，并不意味着其他"大考"的灭失。这些"大考"体现在三个方面：一是党委政府对检察机关在法治政府建设贡献度方面的评价，这是党委政府对检察机关的综合考核。二是人民群众对检察机关在司法为民方面的直观感受和评价，这是人民群众对检察机关的永恒考核。三是历史对每一代检察人员功过是非的事后评价和定论，这是历史对检察机关的客观考核。此外，要注意"三个防止"。一是要防止"躺平摆烂"。决不能因为不考核不排名，就认为业绩难分优劣、工作没有推动力，出现不思进取、工作躺平或者

甘愿落后、破罐破摔的情况。二是要防止"阳奉阴违"。明面上不考核、不排名、不唯数据论，暗地里仍然以数据评优劣、论英雄，搞"数字竞赛"，走简单管理的老路。三是要防止"顾此失彼"。防止从一个极端走向另一个极端，忽视数据分析在管理中的重要作用，在管理中出现盲人摸象、顾此失彼的情况。